Out of China

How the Chinese Ended the Era of Western Domination

Robert Bickers

畢可思◉著　胡訢諄◉譯

獻給 Kate、Lily與Arthur

目錄

各界好評 006
致謝 021
名詞使用說明 025
前言 027
第1章・停戰 037
第2章・搞革命 069
第3章・大地 103
第4章・協商 131
第5章・心目中的中國 167
第6章・猴子騎靈猩 201
第7章・所謂盟友 237
第8章・外國專家 269
第9章・亞洲之光 313
第10章・怪物與惡魔 345

第11章・未竟之業 383
第12章・歷史的夢魘 423
延伸閱讀與語音資料 433
注釋 437

地圖索引

一九一八年的中國 008
一九一七年的天津與天津租界 009
北伐 010
中日戰爭 012
孤立的上海（約一九四一年） 014
華北中共控制地區（一九四五年八月） 016
一九四九年起，中國周邊的起火點與衝突地區 018

OUT OF CHINA

各界好評

本書描述近百年來帝國主義對中國的影響，以及反帝的社會、文化與心理根源。作者試圖探索像義和團那樣的狂熱排外心態是如何產生？為什麼中國人一定要超英趕美？對作者而言，帝國主義對中國的衝擊不只是船堅砲利或外交折衝導致的喪權辱國，而是深入日常生活的各個面向。這些一點一滴的傳播使中國國內的歷史充滿了國際的因素，孕育出波瀾壯闊、愛恨交織的民族情緒。本書既能掌握歷史細節，又不忘記思考宏觀議題，是一本值得細讀的上乘佳作。

——黃克武／中央研究院近代史研究所特聘研究員

以往一個多世紀，觀察和研究近代中國民族主義的西方著作幾乎都無法控制自己將中國放置在基於西方歷史經驗而設想出的「應有」的位置之上，強迫性地加「批判」或「同情」的慾望。《滾出中國》是一部從中國以外的角度理解中國，但克服了這種欲望的著作。

——吳啟訥／中央研究院近代史研究所副研究員

作者畢可思不僅從史學家實事求是的態度撰寫此書，也透過細膩與鮮活的筆鋒，如報導文學般讓人親臨歷史現場；每個場景的串連，刻畫過去百餘年來中國現代化的艱苦歷程，以及民族主義得以滋長的養分。這也讓我們更容易理解，習近平上臺後提出的「中國夢」與「中華民族偉大復興」的深層原因。對臺灣的讀者而言，這是一本能檢視自身認同以及評估臺灣在兩岸關係處境的好書，值得一讀。

——王信賢／政治大學東亞研究所所長

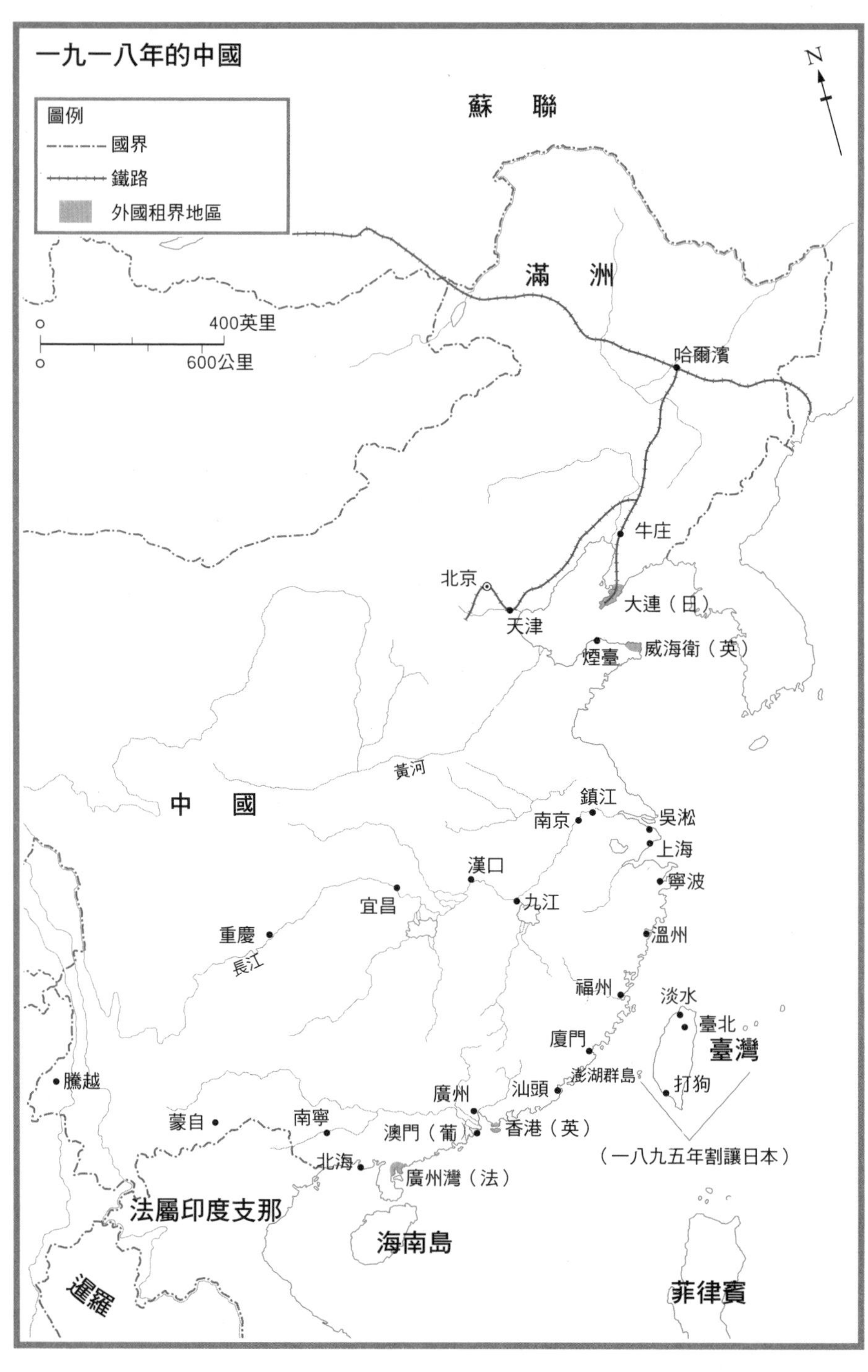
一九一八年的中國
N
圖例
國界
鐵路
外國租界地區
400英里
600公里
蘇　聯
滿　洲
哈爾濱
牛庄
北京
天津
大連（日）
煙臺
威海衛（英）
黃河
中　國
鎮江
南京
吳淞
上海
漢口
宜昌
九江
寧波
重慶
長江
溫州
福州
淡水
臺北
臺灣
廈門
澎湖群島
汕頭
打狗
騰越
廣州
蒙自
南寧
澳門（葡）
香港（英）
（一八九五年割讓日本）
北海
廣州灣（法）
法屬印度支那
海南島
暹羅
菲律賓

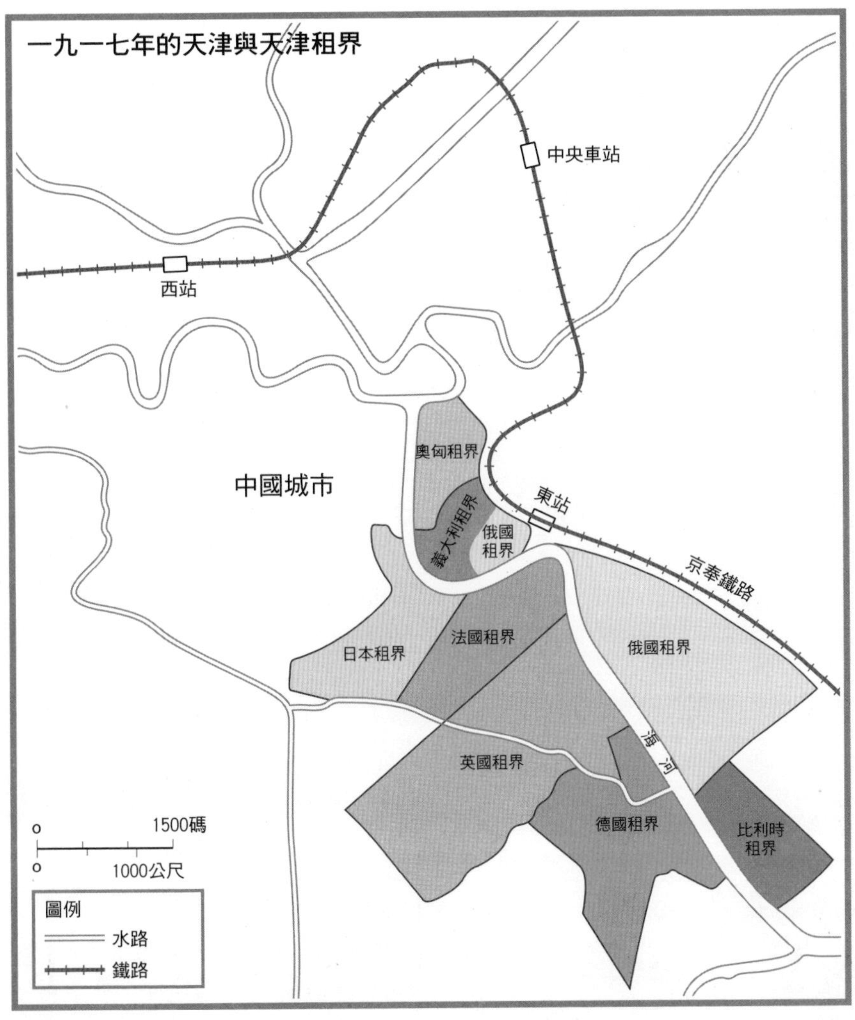
一九一七年的天津與天津租界
中央車站
西站
奧匈租界
中國城市
義大利租界
俄國
租界
東站
京奉鐵路
日本租界
法國租界
俄國租界
海
河
英國租界
德國租界
比利時
租界
o
1500碼
o
1000公尺
圖例
水路
鐵路

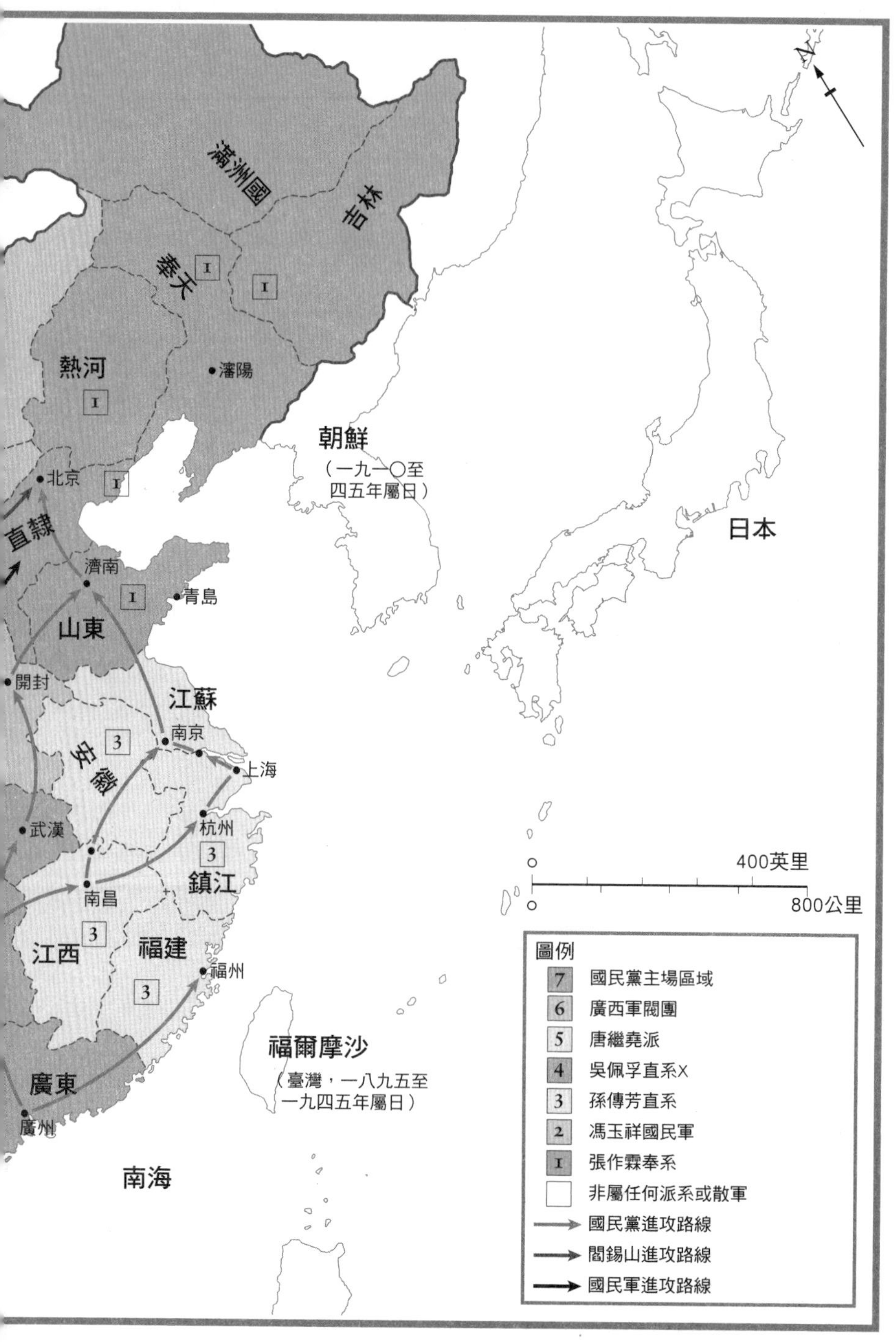

滿洲國
吉林
奉天
熱河
瀋陽
北京
直隸
濟南
青島
山東
開封
江蘇
南京
上海
安徽
武漢
杭州
鎮江
南昌
江西
福建
福州
廣東
廣州
南海
朝鮮
（一九一〇至
四五年屬日）
日本
福爾摩沙
（臺灣，一八九五至
一九四五年屬日）
N
0
400英里
0
800公里
圖例
7 國民黨主場區域
6 廣西軍閥團
5 唐繼堯派
4 吳佩孚直系X
3 孫傳芳直系
2 馮玉祥國民軍
1 張作霖奉系
非屬任何派系或散軍
國民黨進攻路線
閻錫山進攻路線
國民軍進攻路線

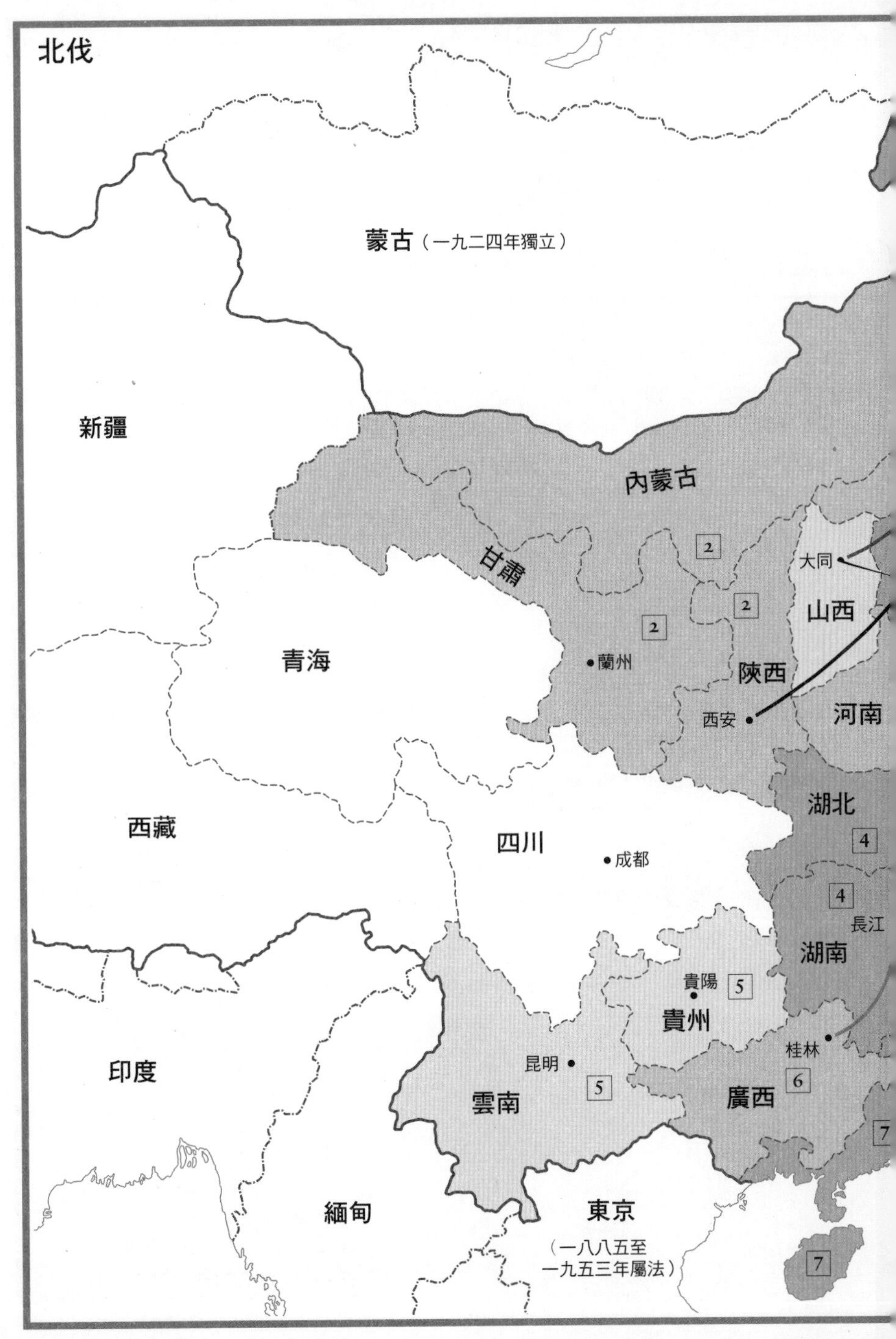
北伐
蒙古（一九二四年獨立）
新疆
內蒙古
甘肅
2
2
2
大同
山西
青海
蘭州
陝西
西安
河南
西藏
湖北
4
四川
成都
4
長江
湖南
貴陽
5
貴州
桂林
印度
昆明
5
6
雲南
廣西
7
緬甸
東京
（一八八五至
一九五三年屬法）
7

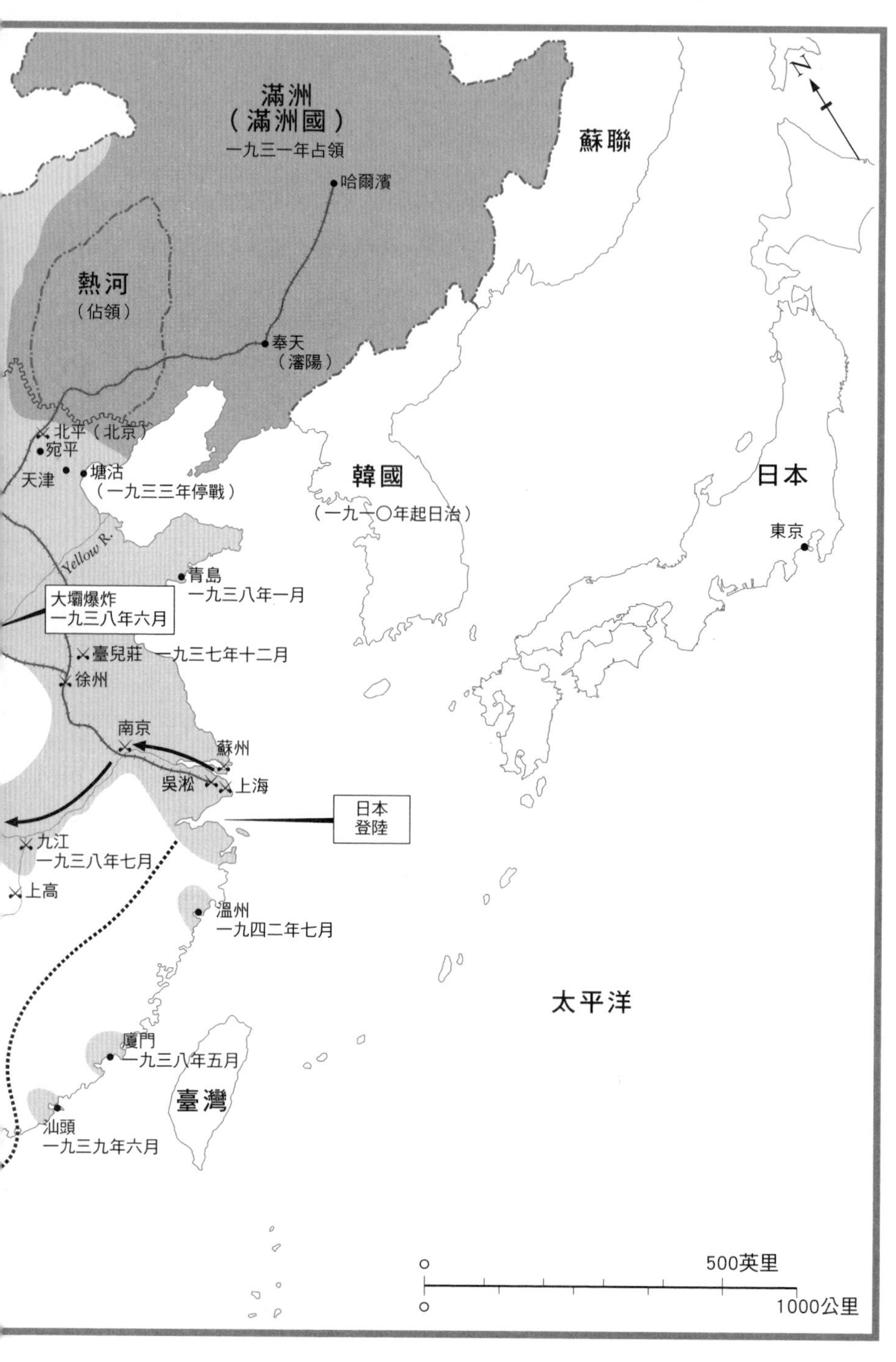
滿洲
（滿洲國）
一九三一年占領
蘇聯
哈爾濱
熱河
（佔領）
奉天
（瀋陽）
北平（北京）
宛平
天津
塘沽
（一九三三年停戰）
韓國
（一九一〇年起日治）
日本
東京
Yellow R.
青島
一九三八年一月
大壩爆炸
一九三八年六月
臺兒莊 一九三七年十二月
徐州
南京
蘇州
吳淞
上海
日本
登陸
九江
一九三八年七月
上高
溫州
一九四二年七月
太平洋
廈門
一九三八年五月
臺灣
汕頭
一九三九年六月
N
0
500英里
0
1000公里

中日戰爭
圖例
一九三三年日本控制地區
一九四二年
日本第一軍進攻路線
一九四四年初夏發動
一九三七至八年動線
一九四四年底日軍控制範圍
共產黨基地地區
蒙古
平型關戰役
一九三七年九月
太原
一九三七年十一月
延安
鄭州
一九三八年五月
西安
宜昌
武漢
一九三八年十二月
重慶
長江
長沙
芷江
南嶽
衡陽
桂林
一九四四年十一月
南寧
廣州
一九三八年十月
香港
一九四一年十二月
海南
一九三九年十二月
駝峰路線
阿薩姆
密支那
昆明
緬甸公路
親墩江
臘戌
曼德勒
薩爾溫江
伊洛瓦底江
仰光
法屬印度支拿那
暹羅
（泰國）

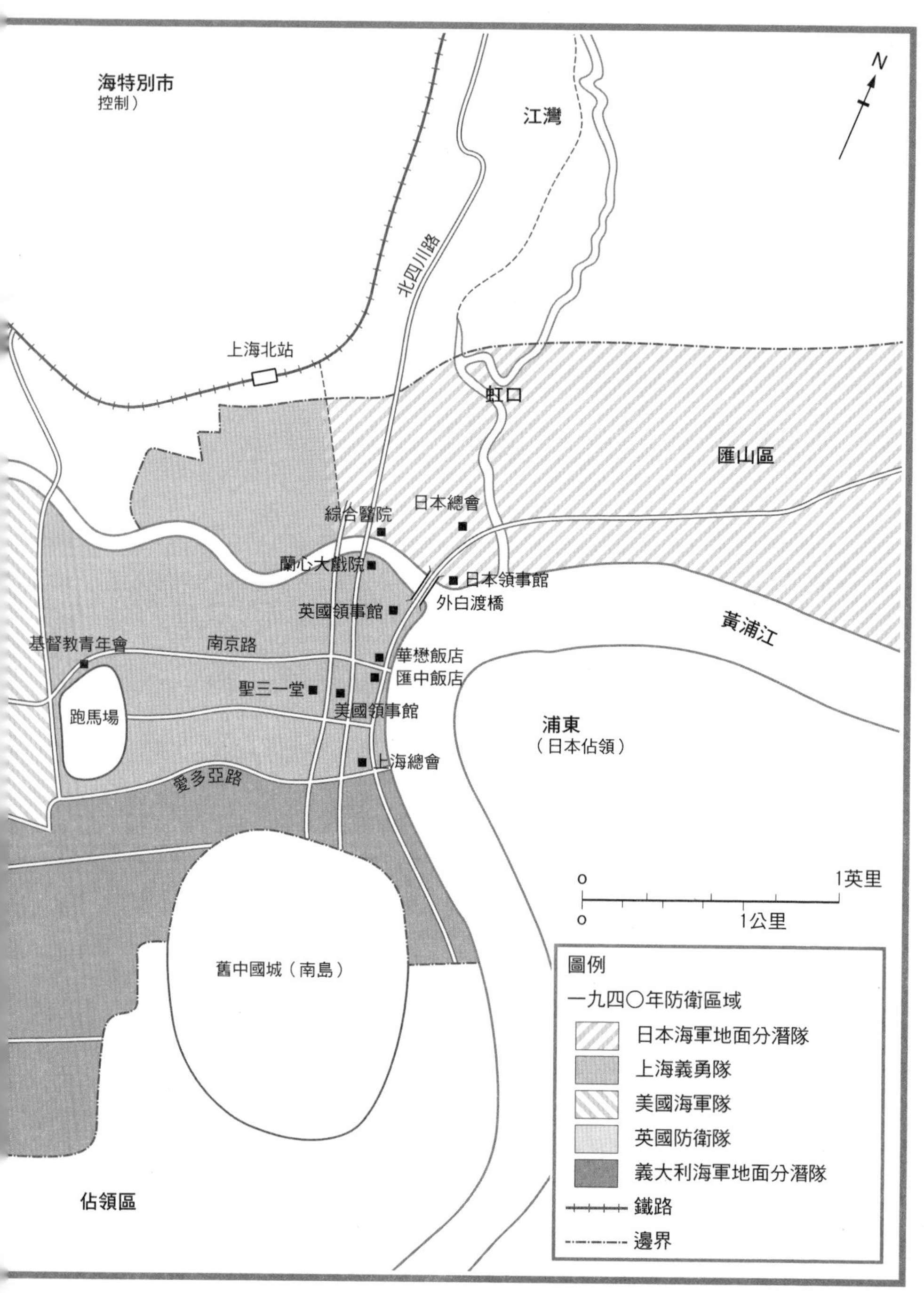

海特別市
控制）
江灣
上海北站
北四川路
虹口
匯山區
綜合醫院
日本總會
蘭心大戲院
日本領事館
英國領事館
外白渡橋
黃浦江
基督教青年會
南京路
華懋飯店
匯中飯店
聖三一堂
美國領事館
跑馬場
浦東
（日本佔領）
上海總會
愛多亞路
0
1英里
0
1公里
舊中國城（南島）
圖例
一九四〇年防衛區域
日本海軍地面分潛隊
上海義勇隊
美國海軍隊
英國防衛隊
義大利海軍地面分潛隊
鐵路
邊界
佔領區

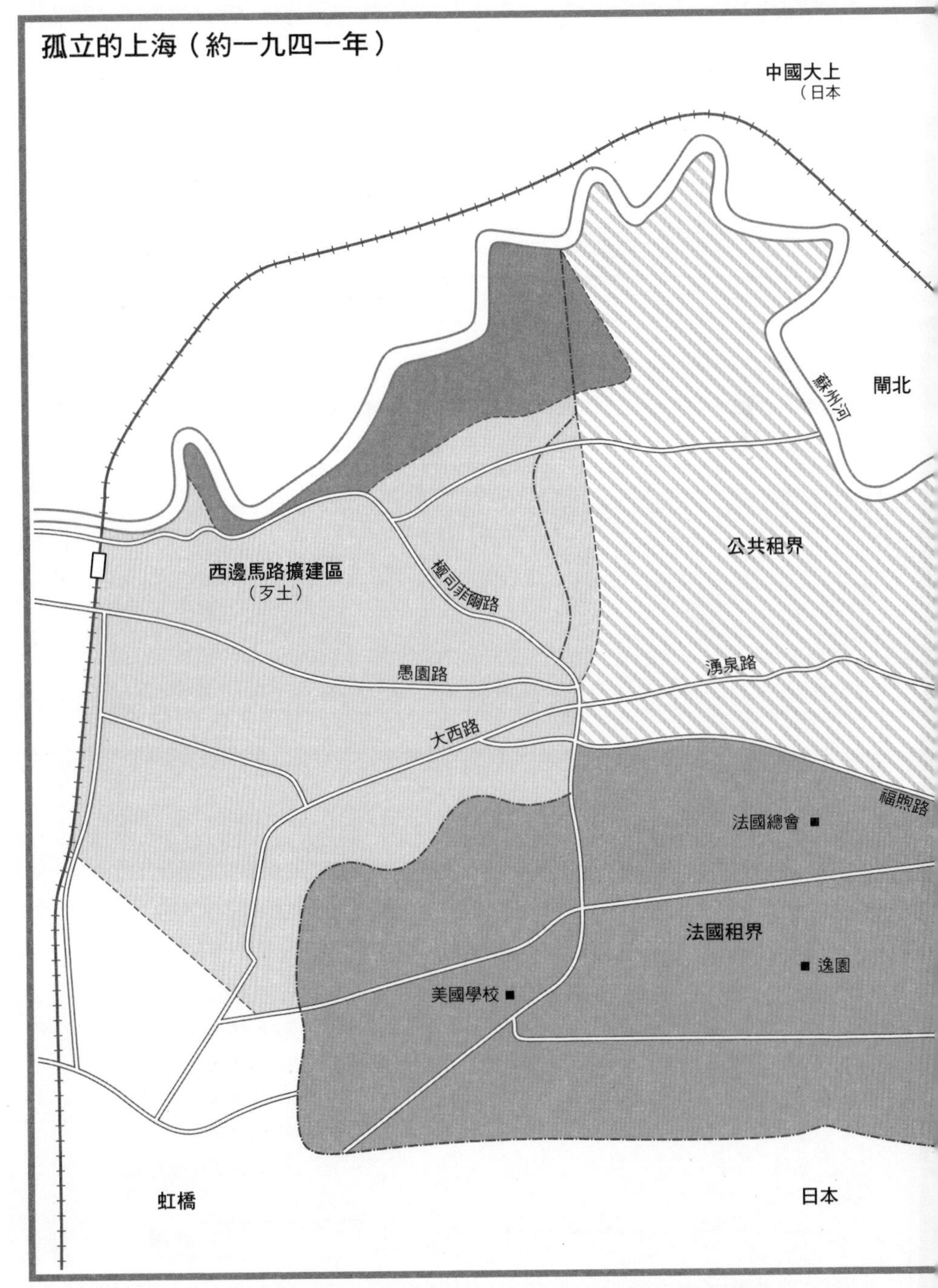
孤立的上海（約一九四一年）
中國大上
（日本
蘇州河
閘北
公共租界
西邊馬路擴建區
（歹土）
極司菲爾路
愚園路
湧泉路
大西路
福煦路
法國總會
法國租界
逸園
美國學校
虹橋
日本

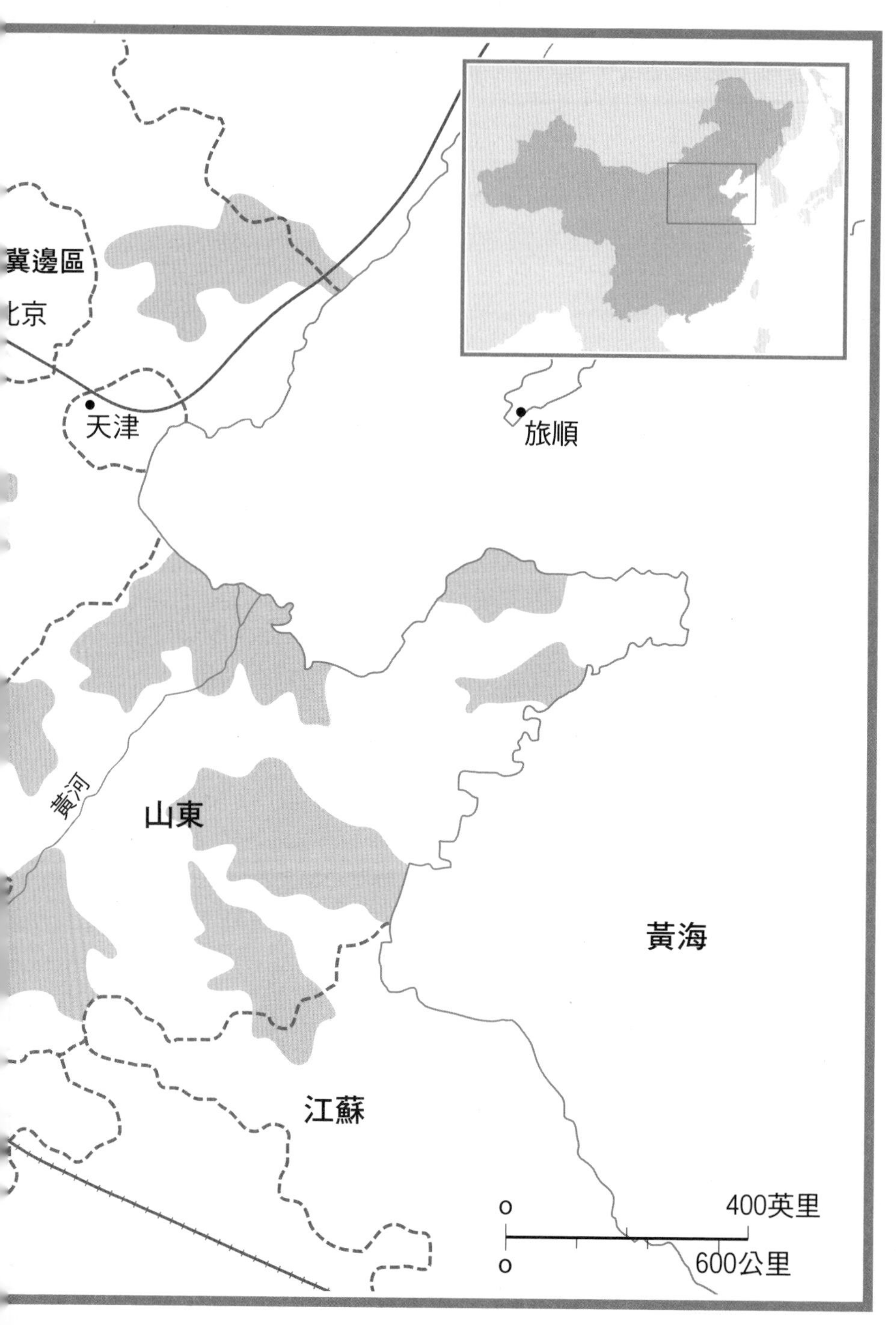
冀邊區
北京
天津
旅順
黃河
山東
黃海
江蘇
0
400英里
0
600公里

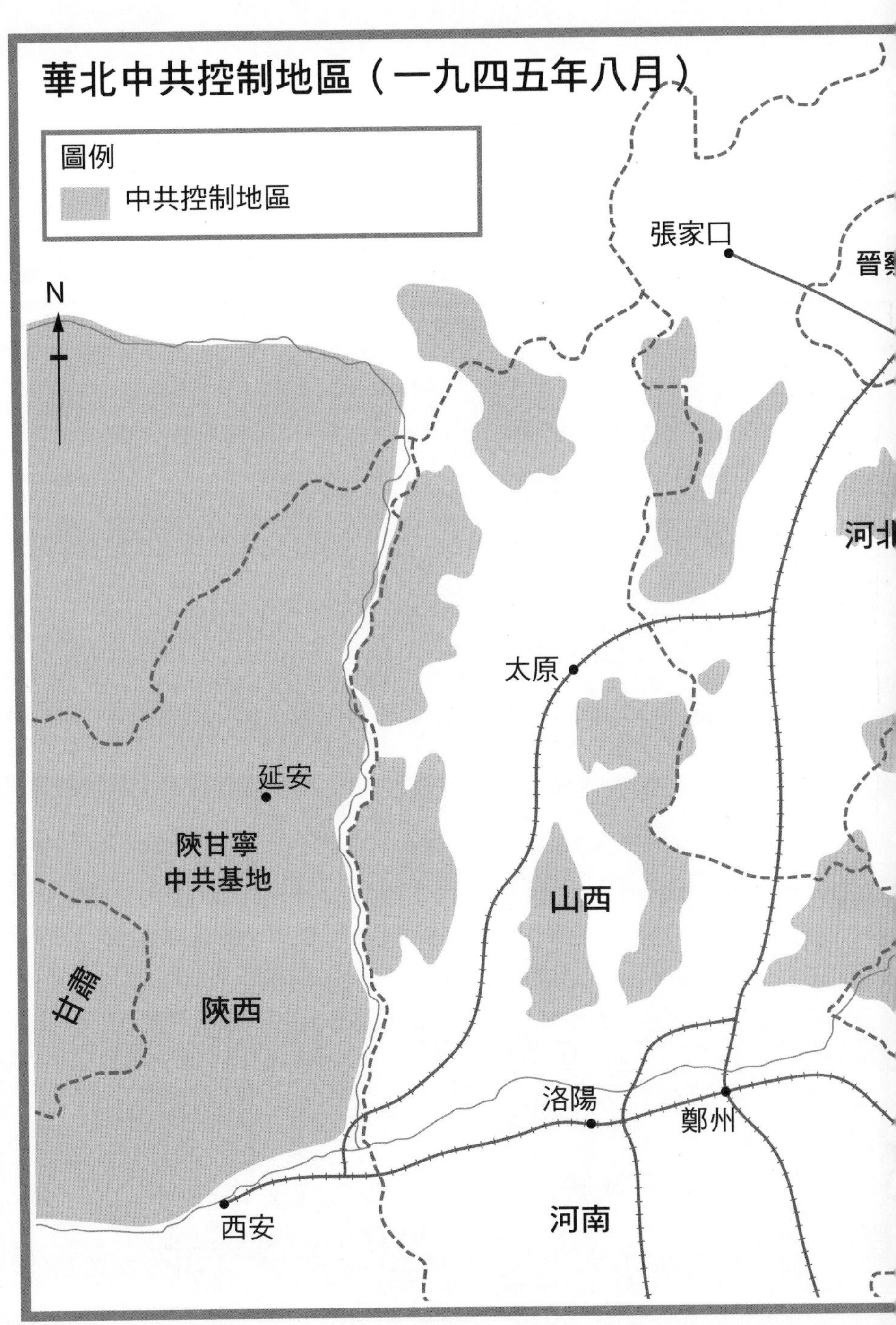

華北中共控制地區（一九四五年八月）
圖例
中共控制地區
N
張家口
晉
河北
太原
延安
陝甘寧
中共基地
山西
甘肅
陝西
洛陽
鄭州
西安
河南

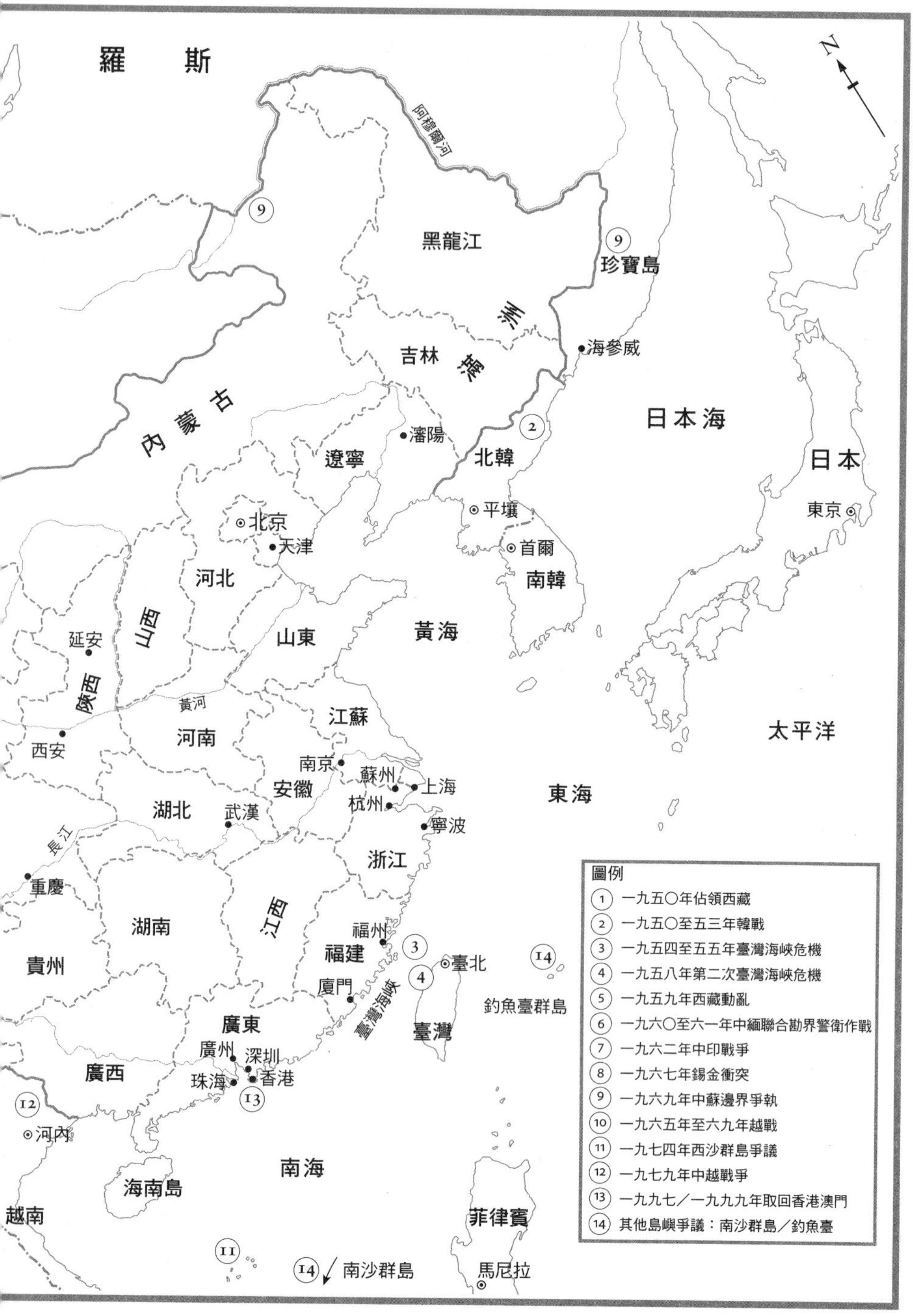

羅 斯
阿穆爾河
黑龍江
珍寶島
吉林
滿洲
海參威
內蒙古
日本海
日本
瀋陽
遼寧
北韓
平壤
北京
天津
首爾
南韓
東京
河北
山西
延安
山東
黃海
陝西
黃河
江蘇
太平洋
河南
西安
南京
蘇州
上海
安徽
杭州
東海
湖北
武漢
寧波
長江
浙江
重慶
湖南
江西
福州
福建
貴州
臺北
廈門
釣魚臺群島
廣東
臺灣海峽
臺灣
廣州
深圳
香港
廣西
珠海
河內
南海
海南島
越南
菲律賓
南沙群島
馬尼拉
圖例
1 一九五〇年佔領西藏
2 一九五〇至五三年韓戰
3 一九五四至五五年臺灣海峽危機
4 一九五八年第二次臺灣海峽危機
5 一九五九年西藏動亂
6 一九六〇至六一年中緬聯合勘界警衛作戰
7 一九六二年中印戰爭
8 一九六七年錫金衝突
9 一九六九年中蘇邊界爭執
10 一九六五年至六九年越戰
11 一九七四年西沙群島爭議
12 一九七九年中越戰爭
13 一九九七／一九九九年取回香港澳門
14 其他島嶼爭議：南沙群島／釣魚臺

一九四九年起，中國周邊的起火點與衝突地區
俄
阿斯塔納
貝加爾湖
哈薩克
巴爾喀什湖
烏蘭巴托
蒙古
9 鐵列克提
比什凱克
吉爾吉斯斯坦
烏魯木齊
杜尚別
喀什葛爾
新疆
塔吉克
寧夏
阿富汗
甘肅
7
伊斯蘭堡
中國
青海
黃河
巴基斯坦
1
西藏
5
四川
新德里
拉薩
尼泊爾
恆河
7
廷布
加德滿都
8
不丹
孟加拉
雲南
達卡
印度
6
緬甸
10
寮國
孟加拉灣
0
400英里
永珍
0
600公里
仰光
泰國

OUT OF CHINA

致謝

這是第三次，企鵝出版集團（Penguin Books）的編輯Simon Winder在我發展、研究與撰寫書籍的當下，熱情地鼓勵我。他廣泛的興趣與知識甚至遠至德國核心地區（這也是他最近正在進行的著作所談），而我也因此一直上緊發條。非常感謝他，也非常感謝企鵝團隊，以及充滿耐心的審稿Richard Mason。我的經紀人Bill Hamilton一路上給我極大支持，我也非常感謝已故且獨一無二的David Miller，他促成本書的起步，並給予支持和鼓勵。研究與蒐羅資料方面，我受到很多人的幫助，如Catherine Ladds、Gordon Barrett、Jamie Carstairs、Chih-yun Chang、Jon Chappell、Sabrina Fairchild、Isabella Jackson、Hirata Koji與Cecilia Mackay，感謝他們對於圖片搜尋的協助與建議。也要謝謝以下分享研究著作的諸位，Amy Jane Barnes、Chris Hess、Di Yin Lu、Cagdas Ungor與Jake Werner。我有幸閱讀並引用李度（L. K. Little）的日記，還須感謝Liz Boylan一家。非常感謝Bill

Callahan、Andrew Hillier、Jon Howlett、Rana Mitter與Frances Wood協助閱讀部分或全部手稿，給我各式各樣、意想不到，甚至互相矛盾的意見。當然，Kate、Lily、Arthur、Bob、Joan與我的朋友及這個大家族的愛、耐心與鼓勵，一如往常地對於完成本書的幫助和阻礙一樣多。少了你們，我無法完成。

本書靠著許多年來在眾多檔案室與圖書館的埋首研究，受到諸多研究計畫支持，包括ESRC Research Grant（RES-062-23-1057）與Language-Based Area Studies scheme（RES-580-28-0008, AH/K000055/1 and AH/L006731/1）給予英國大學跨校中國研究中心（British Inter-university China Centre）一系列的獎助。藝術與人文研究的投資並非總是能立見回報，本書一樣也獲得英國藝術暨人文研究委員會（Arts & Humanities Research Council）二〇〇三年與二〇〇八年的獎助。Mike Basker和Kate Robson-Brown兩人皆毫無閒暇，卻允許我暫退行政事務以完成草稿，感激不盡。此外，我在布里斯托大學（University of Bristol）的同事也協助我完成本書，尤其是Tim Cole、Josie McLellan與Simon Potter。如同以往，本書感謝所有學術研究及眾多歷史學家的工作，尤其是率先開始研究中國一九五〇與六〇年代的學者。這個領域困難重重，隨著本書進行，我們越來越不易在中國取得許多原本開放的紀錄。許多我曾看過且用於本書的檔案，如今也已再也無法取得。某些檔案更是完全關閉。從前留下的歷史遺產不僅難解，往往還無法預期且難以接受，當然，中國不是唯一如此的國家。但是，此刻的中國意欲全面關閉取得紀錄的途徑，中國國家最高層領導更重新宣布不容質疑且至高無上的唯一歷史詮釋。最後，我必須做出唐突的結論，儘管面對如此的趨勢，全球人文科學工作者仍然且更常展現專業的實用或價值。

畢可思（Robert Bickers）
布里斯托（Bristol）
二〇一六年十月一日

OUT OF

CHINA

名詞使用說明

本書英文原文中，大多數提及的中文都以國際認可的羅馬拼音系統音譯為英文。某些姓名例外，採取較廣為人知的舊名，例如蔣介石（Chiang Kai-shek），宋子文（T. V. Soong），以及某些引言中的字詞與機構名稱〔例如北京大學（Peking University）、沙面市議會（Shameen Municipal Council）〕我也會先寫出通用的舊稱。這本著作涉及許多名稱，尤其地名，而絕大多數的讀者顯然不熟悉那些舊稱，這樣做確實有個缺點必須特別說明：中國外僑社群的語言因此部分含混不清，但對於他們如何看待自己又是不可或缺的，而且事實上他們並不感到違和。讀者即將見到，他們不住在廈門、九江、汕頭或重慶，而是住在Amoy、Kiukiang、Swatow、Chungking。在他們心中，某個程度，他們也不是真的住在「中國」。這是他們書寫和說話的方式。事實上複雜程度更甚於此，例如法國的廣州灣租界，對英語人士是Kwangchowan（拼音是Guangzhouwan）。德國人去Tsingtau（青島），英美人則是Tsingtao，標準的普通話是Qingdao。若要盡可能理解這一點，你得真的去和以前的外僑說話，但我希望無論如何這本書能捕捉到這樣的語言，並且透過這樣的語言表達那個時間與空間的權力與自信。

OUT OF CHINA

前言

中國以民族主義為重，而中國重視者，人人不得輕忽。過去三十年來，憤怒的示威抗議與激烈的譴責抗爭持續不斷，似乎預告著中國站上世界舞臺，以嶄新且強勢的姿態揭開序幕。這一連串的事件導火線包括領土爭議、北約組織戰機意外轟炸中國駐塞爾維亞大使館、二〇〇八北京奧運聖火傳遞抗議、中美撞機意外等許多糾紛。[1]其中不乏領導者與外交官尖銳的文字聲明，以及中國政府審慎規畫的牽制行動。中國各城市的外僑住宅同時可見和平抗議或暴力攻擊。我們也看到中國的民族主義言論蔚為風潮，鼓吹中國對外國政府「說不」（或更難聽的話）。但背後的緣由很大程度來自平民百姓的直覺反應，而非單純的國家立場。

這些激動的情緒與嚴厲的言詞，常使從旁觀察的外籍人士為之咋舌，然而更令眾人費解的是，每一次的抗議必定特別強調過去——憤怒是一回事，這種歷史意識絕對又是另一回事。這些紛爭部分肇於過去本身與過去所象徵的，例如日本的教科書內容，或國際拍賣會推出了中國文物。國與國之間的爭執、意外與大小事件可謂家常便飯，然而，為何中國經常如此憤慨地回應這些事件？或為何必須如此憤慨？為何過去如此重要？在各國侵略中國的當時，部分中國淪為日本或英國的殖民地，一艘艘英國、美國與法國的砲艦駛進長江，而十多座主要城市皆在日本、英國、俄國及德國的掌控之下。然而，那個年代已經結束了，結束七十年了，難道不能純粹把它們當成隨風而逝的歷史？

我們須認識且理解中國的新民族主義，它伴隨著中國撼動世紀的經濟發展，它也理所當然地為中國注入嶄新且強盛的力量。我們也能想見經濟強盛的中國將在世界面前宣示自身地位，也許此情此景需要花點時間適應，但勢必發生。然而，除非我們能理解這個現象其實並非奠定在中國今日的力量，而是扎根於過去的軟弱，否則我們定然想不通這個現象，也不得與之交手的門道。這些爭議埋藏在中國現代歷史的脈絡，以及一八四〇年代以來受制外國強權的經驗。中國透過歷史的稜鏡展望二十一世紀，以十九與二十世紀的挑戰面對眼前的現況。如果我們也透過這面稜鏡，就能看見中國的新民族主義如何深植外部帝國占領的主要都市、殖民地與中國境內其他地區。本書欲表達的不僅是單單承認此事實，而是在真正深入瞭解這段過去後，眼前的現象才會合理。這並非只是論點，而是他們的歷史，他們賴以生活的歷史。

讓我們以一度豎立在上海外灘河岸公園入口的告示牌為例。[2]一九五〇年代起，這塊告示牌曾在上海歷史博物館展示，直到一九八九年博物館準備搬遷。博物館某位員工後來談到，當時的他並不曉得這是一面假造的告示牌，還滿心困惑地詢問資深同事，為何這面告示牌放在一堆準備丟棄的廢棄物裡。全球任何博物館的確都會為了讓現代參觀者貼近體會歷史，而仿造過去的文物。幾年後，這件事情被寫成一篇雜誌短文，文章寫的不是這塊告示牌的複製品遭到丟棄，而是這面告示牌根本就是刻意假造的。當時的公園確實貼著一塊告示牌，但博物館展示的那面告示牌卻是以簡體中文與英文寫著：「華人與狗不得入內。Chinese and Dogs Not Admitted」。

沒有任何證據支持這種告示牌曾經存在。一九二八年的數十年前，上海的中國居民確實因種族歧視而規定不得進入公園，其他受外國控制的城市也有相同規定。過去的入園規定眾所皆知，刊載入園規定的告示牌也留下了照片。但是，世人普遍深深相信告示牌上寫的正是那些侮辱的字眼（而且「狗」在中文是特別容易激怒他人的辱罵）。這個堅信告示牌為真的部分歷史可透過報紙與報導追溯。然而，告示牌實則是都市傳說，其簡化了複雜的故事，引起了高度政治關注。告示牌的故事曾經相當重要，而且影響遍及國際，上面的字詞應該就要是那樣。一九二〇至九〇年代的數十年來，儘管告示牌影響的層面略有不同，但持續發揮重要影響，即便至今，依舊如此。

一九九四年四月，上海一本新興的熱門歷史雜誌《世紀》刊登這篇語調嘲諷但內容嚴肅的奇聞，外國報紙很快便發現了這篇文章。作者薛理勇開頭就說明種族排擠的真實歷史，文中也提到了之前主張告示牌只是迷思、引發了什麼回應。他指出，許多人宣稱親眼看過告示牌，但他們看到的與記憶中的，可能就是博物館的假造品。這篇文章不僅論點合理，而且陳述清晰，然而引發軒然大波。指出博物館的告示牌是假造品，並駁斥傳說，此舉等於主張歧視情事非真。薛理勇以及後來為此匆忙召開研討會且撰文支持他的人，都受到撻伐。一九九四年六月七日，至少四份上海報紙刊登了同一篇最初在共產黨新聞發表的長篇文章，文章大力駁斥薛的說法。這篇文章從當代報導與回憶錄列舉證據，證明告示牌惡意的字眼乃是歷史事實。《世紀》也被迫刊登這篇文章，承認錯誤且立即道歉。以知識辯論為主的全國報紙《光明日報》也刊出了刻薄的評論：「西方殖民者在中國犯下的滔天大罪，罄竹難書；公園入口前的告示『華人與狗不得入內』就是他們犯罪的首要證據。」[3]作者特別擔憂地指出：「有些人不懂過去中國歷史的屈辱，有些人心存懷疑，甚至想要輕描淡寫帶過，此舉非常危險。」

我也老早就撞進這起事件，不過不在上海，至少一開始不是，而是一九九一年三月在倫敦皮卡迪利柏林頓府（Burlington House）的皇家文物學會（Royal Society of Antiquaries）會議廳。當時我正準備在午餐時間演講，內容關於我的研究：上海英人與華人關係史，聽眾是每個月聚會一至兩次的中國社（The China Society）社員。中國社於一九〇七年成立，宗旨是「促進中國語言、文學、歷史與民俗研究，以及一切中國科學、藝術、商業和社會事務。」[4]創社當年的第一位講者是中國的駐英特使。多年來，這個社團曾經邀請了多位知名講者，社員在各式領域與中國合作，包括英國商人、外交官、政客、傳教士與學者等，還有許多中國訪客。聽眾聚集在溫和多雨的春季早晨，然而，我這才發現，到了一九九一年，社團集會幾乎變成了聚會場所。在場的老英國人，不是在中國出生，就是過去也曾居住於中國。我決定在演講進入研究主題之前，先從上海告示牌的傳說談起，以及公園規定與傳說中那塊告示牌使用的字詞。

我以為臨時想到的引言更能引起現場聽眾興趣，沒想到適得其反。演講結束後，他們明白地表達對我的觀感：我被指控對於英人身在中國的過去——也就是他們的過去、家庭、人生與世界——充其量只心存種種不必要的質疑，更糟糕的甚至是說謊並捏造證據以支持我的論點。他們不想再聽到這個故事，也不想再被人說他們製造問題，每次聽到告示牌的故事就心生厭煩。他們說，自己也有中國朋友，有些社員事後還提供事例與照片，介紹他們在中國的老朋友。他們會說，自己還有和以前的家僕聯絡。怎麼會有人認為他們曾對中國人做出這種奇怪的侮辱？我把他們當成什麼人了？

真相需要討論，雖然臺下並非對的聽眾。我選擇提起那塊告示牌，是因為它已成為強而有力的象徵，代表中國經歷外國強權的過去，留下長久且問題重重的後遺症：真實紀錄留下什麼後遺症？紀錄有何用途？如何作用？而遺忘與否認將導致什麼問題？我們不可能在面對歷史的檔案與報紙時，迴避這個議題。至少打從中國社成立那年，上海的英國報紙便刊登了一篇指控文章，自此，標示用詞一直都是不斷相互詰辯的主題。上海當地當然引發論戰，國際報章亦是。一九〇七年，這個故事在中國西南四川省的刊物間流傳。一九二〇與三〇年代，上海公共租界祕書處發給記者大批照片與資料，解釋真實的告示牌為何。一九五〇至八〇年代，過去住在中國的外僑每隔一段時間就會在香港的《南華早報》爭辯此事。[5] 同時，上海的導遊與告示牌不斷向外國遊客重述這個故事。一九七二年，國際知名的香港電影《精武門》（*Fist of Fury/The Chinese Connection*），最具代表的一幕就是李小龍一腳踢碎那塊告示牌。中國觀眾看了無不拍手叫好。

告示牌雖然踢碎了，但沒有消失。告示牌象徵中國過去被貶低的地位，至今仍經常重提。既然告示牌是迷思，對於蔑視過去、視之虛構的人而言，當然不堪一擊。再者，因為告示牌在意識型態的驅使之下，已經成為「不容遺忘」的歷史象徵，不禁令人想要乾脆忽視。我們為何還要嚴肅看待政治宣傳？而且，既然列強已經撤出這裡，背後的真相大可輕易忘記。上海公共租界於一九四三年交還。外人占領廣大通商口岸的時代已成過去，在中國社這種場合才會重提，甚至現在連中國社也不想提了。過去已經過去，外人占領的社會已不復存在。我們活在二十一世紀。中國也不是過去的中國。難道一切還不能一筆勾消？

當然還差得遠，而且這僅僅只是其中一小部分，外國強權在中國的衝擊和後遺症今日仍在，而且對於一九九〇年代初期以來的新中國民族主義，更是日益重要。也許你也有注意到，李小龍在《精武門》對抗的絕大部分是日本人，包括三個在公園入口侮辱他的日本人，其中一個甚至建議李小龍扮成他的狗就可以入園。從中國的脈絡來看，很難還有什麼比這個更火上加油的組合。個人與國家尊嚴、殖民者於中國城市的作為、對日本與日本人的潛在敵意，這些錯綜複雜的問題依舊生動。而且，《精武門》的拍攝地點是中國國土上的英國殖民地。

我們須記得並瞭解造成這個迷思的世界。我的意思並非我們只要知道當時發生了什麼，就可以讓過去的罪在今日得到補償。更重要的是，瞭解二十世紀國際化的中國，以及它的矛盾、暴力、世界主義（cosmopolitanism）和野心。本書談的是外國的入駐與之後的餘波。影響直至一九九〇年代的歷史論戰，持續到香港與澳門兩個殖民地回歸中國。我們越是有深入的瞭解，就越能瞭解中國現在（以及未來）是如何利用過去。我的前一本書《瓜分中國：一八三二至一九一四年清朝的外國惡勢力》（*The Scramble for China: Foreign Devils in the Qing Empire, 1832-1914*），我從外人逐漸居留中國的歷史說起，始於一小區的英國商人不滿受到廣州法律限制，直到一戰爆發前外國入駐已幾乎控制整個中國。該書探討商人的觀點，以及他們在清朝國界內建立的世界。談論他們的野心和行動如何遭受清朝官員與國民抵抗，也討論他們如何與外人合作，利用外人達成個人目的。一切不離合作事業，但偶爾才有真誠又平等的合作。強行施壓能達成的有限。我也探討這段時期在歷史序列的定位。而在本書，我從一戰結束後開始追溯這些故事，歷經強大的中國民族主義崛起、日本侵略，以及中國共產黨茁壯並於一九四九年掌權。我會說明這些元素在共產黨的「新中國」如何推進、過去的後遺症如何被理解與重新呈現，以及一九四九年之前在中國留下後遺症的外強又是如何在冷戰期間與中國建立關係，還有一九七六年毛澤東去世之後的情況。寫作期間，中國境內的兩個外國殖民地脫離控制還未滿二十年。一切依舊是當今的故事。

上海這個告示事件的確是個迷思，但是，其背後所牽涉得更廣，那背後是各國聯盟挾著武器背書的條約和協議，控制這個中國核心地區、建立行政區，並發展成二十世紀初期中國最重要的城市。這個行政區開發了著名的江邊地區，俗稱外灘，並在北端設立了一座公園，公園訂定了數條規定，禁止狗和自行車、禁止摘採花朵、禁止華人入內（除了伴行外僑的家僕）。公園雇用英國人、錫克人、俄國人、日本人與華人，組成執行上述等規定的警隊。居住於上海公共租界的外僑，他們的社交與文化，有意識或無意識地摻雜著種族主義與沙文主義的態度、作風與政策。必要時，他們當然也必須包容中國居民，他們會在商場事務對中國人妥協，與中國人合作、談判或合夥。那些公園規定有歷史背景，也倍受爭議。租界中的各國媒體在公開集會或透過社會政治組織，爭論這些規定。一九二八年六月，公園規定改為所有人皆可在小額付費後進入公園。此事件捕捉到許多中國現代經驗的元素，這正是本書關心的議題：抗議與抵抗、形象與無法理解的形象、中國境內由外國治理的複雜世界，以及此複雜世界長久留下的後遺症。

我的主題是外人的居留與這些時期的經歷，此外，也必須討論日漸重要的民族與個人尊嚴，當然還有經常被提及的中國「國恥」，以及中國與西方長久的曖昧關係（這裡也包括日本）。所以，舉例來說，這個故事是關於控制上海的是誰？何時？如何控制？著手打造可與外強競爭之新中國的是誰？何處？何時？如何打造？我們還須關注幫助中國的外國人、評論中國的人、人道主義者、政治運動者與雇傭等人的故事，更別遺漏了銀行家與技師。本書也關於主導中國形象表現的是誰？如何呈現？由誰呈現？在何處呈現？好萊塢與皮卡迪利（Piccadilly）兩地的重要性和上海與廣州同等，一樣重要的還有居留了傳教士的九成中國縣市。這是中國對外關係的故事，這些關係在城市與鄉村皆鮮明；為國家發言的是誰？如何？何處？中國「問題」如何表達？提出什麼解決方法？這個故事也是關於中國受到的西方誘惑，那股擁抱外國事物、想法與作風的渴望，例如中國如何開始跳舞？以及中國抵抗誘惑的力量，例如炸了舞廳的是誰？為何？燒了書籍或打壓音樂的又是誰？這也是一個外國如何與二十世紀中國日常生活結合的故事。

一九九一年，我首次拜訪上海，我在中華人民共和國成立當天，一九四九年十月一日，發現世界並沒有停止運轉。陳先生說：「叫我T．T。」陳先生當時七十七歲，曾任英商電力公司副理，現在已經退休。倫敦中國社的某位聽眾介紹我去拜訪他。英商電力公司當年第一次雇用當地大學畢業的工程師，那個人就是T．T陳。完美的戰前英語措辭正好證明上海英美社區的背景。這樣的家庭能資助他就讀英語學校與大學（陳先生上的是聖約翰大學，美國傳教機構），畢業後他們在外商公司與機構找到工作，然而，他們是華人，對國家也充滿抱負。我第一次與陳先生見面時，他仍住在英國公司提供的房子，儘管數十年來，隨著其他人搬進去，他逐漸失去那棟房子；我們初次見面時，已經縮減到只能使用一間房間。一九六六年算起的三年裡，陳先生被軟禁在那棟房子。他的個人經是陳先生。

現代中國歷史相當重要的一部分便可從陳先生經歷等面向看出，這樣的家庭與社群的名譽如何變化？一九四九年國家政局扭轉之後，中國面對過去的態度為何？而個人又是受到如何的磨難？就像歷以及與外國人的關係，使得他在激烈的文化大革命中成為批鬥目標。陳先生被指控為外國間諜。

中國不只是上海，也不只是陳先生的世界。一九四九年後，「新中國」如何調整失衡的鄉村和西化的都會區；外國與本土、自立與外援之間孰輕孰重，也是本書的主題。此外，一九四〇年代之前，除了眼光極為獨到的人，幾乎無人想把中國當成模範，然而，一九四九之後，中國成為革命的燈塔。新中國似乎成為能夠教導舊世界的新世界，啟發全世界的想像。同時，新中國迷倒並啟迪了從巴黎到祕魯的觀察者。同時，新中國也史無前例地孤立。一九七〇年代，中國再度開放，過去顯然仍舊是未竟之業，過去不僅是今日外交的火爆議題，過去更同時影響了二十一世紀中國的身分認同。

本書集結所有將告示牌故事視為已出的各種視角：謹慎的學者想在《世紀》雜誌提供真實無誤的國家歷史；當地人強調最重要的是政治理解（這也是相當必要的理解）；外國社區的居民（他們做了什麼？為了什麼？）我們也將在本書見到一九四九年後，以上視角的繼承者如何看待中國對外關係。這不是全盤的中國現代史，卻是中國現代史重要的部分，這些主題對於瞭解廣大歷史影響至深，這些主題塑造了中國現代史，反之也被其所塑造。

本書取材中國、英國與美國的檔案。本書部分源自中國的資料，在我第一次檢視後就遭限制讀取，主要因為後人發現過去的證據與今日官方的宣傳版本相差太大。那些資料和告示牌故事一樣，使官方說法矛盾或不攻自破。儘管如此，我仍能取得大量資料。海外資料相當豐富，這也證明了外國企業在中國的規模。

一九九四年六月，公園告示牌事件被上海大眾媒體收到的大量投書劃下句點。三天後，我竟然收到邀請函，邀請我前往上海的現代歷史研究所演講關於告示牌的主題。歷史學家努力不懈。當時我不曉得《世紀》雜誌引起的軒然大波，而我在演講後的秋天才發現，我之所以受邀正是為了支持上海懷疑論者的論點。我和懷疑論者一樣，我相信必須接受那個故事實是迷思。[6]我也相信，除了過去外僑美好的回憶與後革命意識型態促成的堅固敵意（當然還有許多是革命前的），我們必須確實地理解這段時期的歷史。中國和西方互動的歷程需要適切討論，這個歷程也需要中國之外的人記住。這段歷史在中國之外的地方消失只是遲早——前帝國心臟地區的各國人必然擁有遺忘的特質。外人在中國居留的意義和衝擊，更是容易被當成普通歷史，為人遺忘或忽視。在美國，這件事往往被當成歐洲或日本的現象，美國並無共謀，或者美國是以不同的姿態，是幫助而非壓迫中國。我們該瞭解，這段歷史更為複雜。我們也該瞭解，這段歷史至今仍然生動且重要。

本書不是二十世紀中國民族主義史，而是廣大的民族主義中，帝國主義與反帝國主義扮演的歷史角色。雖然，帝國主義的影響與後遺症持續深遠，而且由於政治理由，這樣的影響在中國現代史更是沉重得超出客觀合理。現在仍是，而且暗藏危險。

《瓜分中國》出版後，我問了一位前英國外交官，他們平常談論到該書裡的事件時，他的中國同事與其他同事互動情形如何。他們很常談到這些事件嗎？他微笑看著我，回答：「好些年來，他們幾乎只談這個。」他們現在當然會聊聊其他話題，但是這類話題從未消失，依舊鮮活，而且火辣辣的。

第一章

—— Chapter 1 ——

停戰

似乎整個中國都參加了這場派對。都市人占滿了所有飯店陽臺的好位置，鄉下人則在底下手牽著手，所有人都望著眼前的場景，瞠目結舌。街上嚇傻的人站也站不穩。那天是一九一八年十一月二十三日星期六。上海像著了火般。混濁的黃埔江可以見到明亮的紅色燈光閃著中文和英文的「勝利」與「Victory」，宣布協約國獲勝。二十多萬張紅色的宣傳單傳遍整座城市，遍及南邊的龍華、東邊的楊浦工業區、北邊的閘北。德皇凱澤（German Kaiser）被敵人擊敗的圖畫占滿版面，一旁以中文註解著「普天同慶」。中華民國大總統宣布，為慶祝停戰協定，全國放假三天。數十萬人因此聚集在上海觀賞遊行。「大威」和「小威」，即凱澤．威廉二世（Kaiser Wilhelm II）和他的兒子，以及海軍元帥鐵必治（Admiral Tirpitz）、陸軍元帥興登堡（Field Marshal von Hindenburg）的肖像沿街經過外灘河岸的上海總會（Shanghai Club）、中國海關、匯豐銀行與《字林西報》（*North China Daily News*）大樓，一路上不斷對著一棟棟大廈叩頭。

花車隊伍浩浩蕩蕩。[1]幾乎全世界都一同加入了遊行，加拿大、紐西蘭、法國、比利時、巴西與塞爾維亞等等，列隊沿著法國租界和外國人治理的公共租界街道前行。住在上海的印度社群花車擁有「華麗的金色刺繡，身穿長袍的王子坐在閃亮天棚底下的王座」，然後是義大利，接著是由自由女神領軍的八輛美國花車，其中兩輛分別代表菲律賓和夏威夷。葡萄牙人則由一支弦樂隊帶頭。印度支那（Indochina，譯注：法蘭西殖民帝國位於東南亞的領土，由寮國、柬埔寨和三個以越南居民為主的地區，以及位於中國廣東雷州半島的湛江租借地組成。）的警察帶著火炬護送法國人。跟在後面的是剛從兩河流域回來的山東男人，他們隸屬英軍指派的中國勞工旅（Chinese Labour Corps，譯注：中國為一戰招募的勞工部隊隸屬英軍，主要負責搬運貨物與挖掘戰壕等勞力工作。）中國童子軍就跟在他們的軍樂隊後面。不過那天不太可能有人聽得到任何演奏，但無所謂，那是充滿喜悅、如釋重負的一天。各式各樣像是碎掉的鐵拳和跛腳的普魯士老鷹等等表演之間，還穿插了許多簡單的娛樂。中國的小丑在驢子上搖來晃去，踩著高蹺的雜技團走在後方。上百間學校的孩子跟隨遊行隊伍，孩子後方由象徵式警察護衛的就是肖像。

肖像被粗魯地推拉，沿著城市的一級商業地帶南京路，往西前進，不斷被命令停下，鞠躬取悅觀眾。它們的雙手被綁在身後，送進上海跑馬場，吊在分立四個角落的木頭高塔上。高塔以德文寫著斗大的「霍亨索倫家族」（House of Hohenzollern，譯注：一八七一至一九一八年統治德意志帝國的主要家族。）於戰爭初期從被侵略的布魯塞爾逃出的比利時總領事丹尼爾．希弗特（Daniel Siffert），走向前去，領下這個榮譽的點火任務，一把點燃了堆好的營火。於是，火焰往上，竄升燃盡了霍亨索倫王朝；火舌向下，吞沒了「普魯士軍國主義」的信念與「強權即公理」的哲學。他們甚至吊死了一隻臘腸犬肖像，它代表德國重視的「軍國主義」與「條頓人」的自負。臘腸犬不僅經歷了可怕的戰爭時期，即使和平到來了處境也不見得比較好。

全中國都有祝勝遊行。南方海岸的廈門（Amoy）與長江沿岸的內陸城市九江等地，都有可憐的威廉和他的兒子騎在木棍上，被點火燃燒。長沙有兩萬名遊行群眾，安慶有一萬名，廣州有五千。沒有樂隊的地方，民眾就地取材，敲鑼打鼓，喧騰作樂。喜悅的程度之高，白日遊行結束之後，晚上還會接著再舉辦一次，隔天早上再上街一次。十一月二十八日的北京，上千名協約國的士兵聚集在紫禁城的天安門廣場——太和門。印度、英國與中國的軍隊以及美國海軍，擠滿了四周環立拱門的廣場，冬日明亮的陽光閃耀。越過士兵，往十一點鐘方向望去，循著廣場北面通往大殿的大理石階往上，頂端的須彌庭有個頭戴絲綢帽、身穿燕尾服的身影，身影的主人是中華民國大總統徐世昌，短短不過一個月的時間，他已是第三任大總統。徐世昌曾是位文人，前清帝國曾任高官，而今僅是一介在軍隊控制政府中任職的草民。隨著徐世昌前進，當時的中國國歌娓娓放送，他的身後是國會閣員，旁邊是各國駐華外交團，清一色都戴著捲邊禮帽。軍服繡上的金線和六千把刺刀熠熠發光，勝利的協約國軍旗帶到了前方，一字列在庭前的欄杆。徐世昌脫掉白色手套，朗讀宣言，讚揚協約國勝利的偉大原則。他宣揚那個在中華與歐洲文化都可以找到的原則——「強權無法戰勝公理」。

圍觀的群眾不斷推擠，不遠處一架飛機橫空越過，他的話幾乎沒人聽到，但演說的報導留下清楚紀錄。他表示，中國深信國家之間的關係應以正義與尊重為原則，因而於一九一七年決定加入協約國。「從今以後，」他說，「權利將與天體齊放光芒，協約國的功績將永垂不朽。」接著，頭上盤旋的飛機俯衝，投下紅色的紙張，傳遞勝利的訊息。禮砲鳴放，軍隊行進入城。許多民眾都好好把握了免費進入皇帝宮殿的優惠，當時，最後一位皇帝還活著，他是愛新覺羅溥儀。一九一二年二月皇帝遜位，兩百六十八年的清朝統治告終不過才幾年前的事，因此闖進皇帝的私人宅院還會令人緊張興奮。北京一連舉行了好幾天的遊行慶典，協約國軍隊前前後後行進了好幾次；兩週前，學生舉著旗幟遊行，上頭以中、英文寫著正義的勝利，要求「結束破壞，開始重建」、「軍國主義快滾！」、「自由常在」。[2]和平不僅帶來寬慰，當然也帶來機會，一九一八年，世界正即將面對更大的問題，擺在中國面前的問題尤其嚴峻。

從北京、上海、長沙、廣州的祝勝看來，官方與民間、華人與外人之間的目標和語言的歷史意義明顯一致。他們的言談能夠互通，歐洲的外交官和總統徐世昌，或中國和英國的童子軍之間，便似乎明顯的擁有共同文化。十一月二十八日慶典照片裡的滿洲女人穿著特有的服飾、梳整傳統的髮型，但她們的姿態和尋常街景已然不同。西方諷刺畫裡，深植外國人心中奇異古怪的中國，與此刻這座慶祝停戰的城市也彷彿是兩個世界。嶄新的現代中國似乎與勝利的協約國諸國平起平坐。

不過十八年前，這些國家的軍隊，包括被擊敗的德國與奧匈帝國，以勝利之姿進入同一座紫禁城的庭院。各國的遠征軍隊踩著軍靴、吹奏軍樂，慶祝擊潰清朝北方的軍隊，以及那些仇視外敵而使中國陷入混亂的農夫拳民。

一切如今都隨著蒙古吹往首都的風，煙消雲散。一九一八年十一月，中國似乎已在國際取得正當地位。然而，中國二十世紀悲劇的種子，以及國家改革者面臨的龐大任務，正埋在遊行學生的文字與呼喊的口號之中。中國從一九〇〇年可憐的羞辱與破壞而重新振作的道路仍舊朦朧。華人與洋人雖一同遊行，但心卻隔得老遠。衣服、音樂和文字都是騙人的。遊行領頭的標語「我們同慶」（We Celebrate）也正是上海英籍報紙《字林西報》十一月的廣告頭條。然而，儘管慶祝的場景宛如世界一家，「我們」一詞仍帶來莫大傷害且一廂情願：協約國列強的居民住在中國的通商口岸（依各項中外條約開放外人通商與居住的城市），而他們毫無與地主平起平坐的認知。國際間的政治人物、外交官、分析家與記者等也都知道平等，他們會在演講時提到，但實際行動卻並非如此，打從心裡的更滿是排斥。短短六個月內，一切便見真章。

事實上，協約國諸國很快就會忘記大戰時中國曾經和他們站在同一陣線。天津英國租界甚至沒有懸掛中國國旗。[3]一九二四年即將在上海外灘開幕的戰爭紀念館也不會提到中國的犧牲。上千名中國勞工旅的工人死在法國、中東和海上，除了法國和比利時墓園裡的墓碑，也沒有任何為他們而立的紀念碑。就算他們真的記得，也會百般埋怨中國看來功利、投機又貪婪的臉孔：那些山東勞工花了我們協約國很多錢。中國才沒有犧牲，他們還不如那些自稱捍衛自由的國家，他們犧牲百萬名青年，包括從通商口岸出發而航向死亡的超過兩百名外僑。對某些人來說，大戰中的中國人根本不值得感謝。

儘管如此，中國依然懷抱希望，或說抱持夢想。共和體制選擇參戰，並加入協約國陣營，在會議桌上抱著滿滿期待，或者可能只是期待著正義，期待一度被德國占領、一九一四年十一月被日本奪走而自此被緊握不放的山東省能夠歸還。共和體制也希望能在面對日本大幅進犯與一九一五年的重創時，勝利能夠團結中國人，成功抵抗日本。同年，趁著英國、法國與俄國努力恢復軍事氣力，日本外交官要求當時的總統袁世凱同意後來所謂的《二十一條》，承認日本諸多商業與政治特權，並擴大對東北滿洲、山東與福建的控制權。一九一八年十一月為抵制日本、抗議日本在瓜分中國的列強中突襲而揭起的遊行，其實早在三年前就舉行過。雖然袁世凱抵抗了某些極為過分的要求，但仍舊默許其他條款。一九一七年，英國與法國祕密同意支持日本，以求戰後能接收德國的權利，接管的權利不只在中國，還包括德國之前四散在西太平洋的島嶼。但是，一九一八年一月八日，美國總統威爾遜（Woodrow Wilson）在美國國會的發言似乎表示，諸國在戰爭末期必須解決殖民與歐洲問題。威爾遜的「十四點和平原則」為中國提供了一條道路，因此中國境內廣為接受。威爾遜也在一九一八年十月十日發了電報，恭喜徐世昌在中華民國國慶日就職，並強烈希望中國能夠停止剛開始的內戰，團結一致，「在國際間取得正當地位」。[4]

威爾遜對徐世昌的暗示進一步透過外交備忘錄強調，北洋政府因此印象深刻。威爾遜的個人外交特使柯蘭（Charles Richard Crane）後來持續推動此事。柯蘭是來自芝加哥的商人，不僅涉入俄國事務，亦曾被提名為美國駐華公使。柯蘭來到中國和日本考察，並在祝勝之後抵達上海。他在公開演說向中國聽眾說出他們想聽的話：「我認為現在的中國最好不要拒絕擺在眼前的機會，我相信，這些機會定將在巴黎和會實現。」[5] 中國的外交官與時事評論員正為該會議準備，抱持著莫大希望。臺下聽眾就像直接從威爾遜口中聽到改變即將到來的承諾：你們知道總統的原則是什麼嗎？你們可以相信他將在巴黎和會面對其他種種問題，並實踐其原則。他承諾：「我會告訴威爾遜，你們『對他的理念非常忠誠』。」柯蘭對聽眾這麼說。他這次來訪的目的於公於私都是為了終結內戰。一個月前，徐世昌才剛發布勸說團結與和平的命令，並在十一月十七日要求各派勢力答應他的政府，在巴黎和會之前停止所有軍事行動，修復共和體制艱困歷史衍生的政治裂縫。因此，中國民眾十一月不分日夜慶祝的是兩個停戰：歐洲的與國內自己的。

這些希望似乎有憑有據，許多中國人都感受到地球村前所未有的迴響。這樣的感覺遠超過威爾遜的承諾。約有二十萬名男人加入海外的中國勞工旅，其中不乏擔任翻譯、教師或社工的知識分子。在這之前的七十年間，數十萬中國人移民海外工作或定居，追隨澳洲和加州的淘金熱，簽下在古巴務農的工作合約，到北美興建鐵路，或在智利和祕魯開採海鳥糞肥。中國的外貿總是必須依賴旅居國外的商人。因此，東南亞的商人組成了龐大社群。同時，開始在新領土殖民與定居的歐洲人，也造成新一波中國移民問題。這些地區出現種族歧視，希望在大歐洲區建立新社會的人想要「白人」國家與來自歐洲的「血統」，因此，澳大利亞、加拿大與美國的移入政策開始禁止中國移民，某些地區甚至想要遣返他們。[6]中國勞工旅雖然也擁有七十年的海外勞工遷徙經驗，但是，他們與歐洲人的起點極為不同。他們和歐洲人在戰場上以平等的身分朝向共同目的，中國知識分子也和勞工站在同一陣線。中國沒有派遣軍隊到歐洲，但中國確實幫助上萬支協約國的前線軍隊。

中國的教育政策把越來越多學生送到海外讀大學。許多學生到日本、歐洲與北美，進一步獲得工程、醫學及科學等學位；有些到日本就讀軍事學院，有些則進入商業學院。很快地，也有了一個送出大約一千六百名學生到法國的計畫，許多學生同時在工廠工作賺取學費。中國未來的領導人鄧小平就是其中之一，他在巴黎附近的工廠做了一年橡膠鞋套。政治科學、法律、歷史的學生研究艱難的國際關係，探討造成國家痛苦的對外關係近代史。從前世代的中國知識分子從來不似一九一八年的他們這般急切，他們渴望瞭解眼前問題背後的原因。共和體制的外交部裡，許多人正投入巴黎和會的部署。清朝官員面對外國問題從不懶散，而且多次設法靈巧解決。他們知道必須處理什麼樣的問題，但是，外國挾帶軍事實力與科技知識來襲，朝廷內部的重大危機又拖累了行動能力。然而，現在，中國的渴望正好迎上世界的渴望；如今，無敵的協約國領導人親自提供了中國美好的願景，而中國年輕有為的外交官也準備取回中國昔日的主權。

北京的將領也有這般打算。一九一八年十二月的第一週，一位觀察者尖銳地寫道，我們正打破窗戶，看見我們的將領穿著裝飾了羽毛的軍服大搖大擺地想從協約國的勝利居功。但他們做了什麼？協約國的將領都做了什麼？這又是誰的勝利？作者是二十九歲，在北京大學擔任圖書館館長的李大釗。他在日本讀過三年的政治經濟學，此時投身北京如火如荼的憲政與改革辯論。在北京的協約國居民聽到勝利消息的第一反應是上街破壞德華銀行（Deutsche-Asiatische Bank）與德國企業在東交民巷的經營場所（自從拳民起義後，外國使館都集中在東交民巷）。他們也想要推倒北京克林德牌坊（Kettler Arch）；清朝在一九〇〇年立下此牌坊，立意是為清軍殺死德國駐華公使的事件向德國道歉。李大釗責罵他的同胞——那些集結砸壞德國商店、在街上吆喝的人，那些如同徐世昌的政客，以及跟著協約國國家耀武揚威的將領。李大釗和當時越來越多的人一樣，為袁世凱破壞憲政體制大感震驚。袁世凱於一九一二年上任總統，負責監督國家首次民主選舉，接著竟然又為了推翻選舉，在一九一三年三月安排刺客暗殺當時選出的總理宋教仁。新的國會被賄賂滲透，有時也被暴徒圍繞，宋教仁領導的國民黨被逐出國會，直到國民黨做出「正確」決定，袁世凱同時還建立軍事獨裁政權。一九一六年，袁世凱去世，留下殘破的共和與內戰，各界對於實現西方自由主義也逐漸不抱希望。

就算中國的國際地位已經改變，其自信也會被內部的混亂動搖。一九一八年，中華民國成立才剛滿七年，中國已經發生了兩次君主復辟；國民黨發動一次叛亂但被鎮壓（資助袁世凱的要角正是英國）。國民黨趕緊清理門戶，並在南方的港口都市廣州重組，卻仍風雨飄搖。原本效忠袁世凱的多位將領掌握權力，卻毫不團結。儘管故事錯綜複雜，但不變的事實是，第一，行政體系雖完全聽命軍閥且軍閥之間的結盟根本稱不上安穩，中央政府的所有行政單位仍在北京運作，也受到國際認可。國家財源完全來自外國資助及外人經營的中國海關營收，當時的總稅務司是英國人安格聯爵士（Sir Francis Aglen），也稱為「太上財政總長」。此外，還有其他祕密提供政客與將領的外國資金，這些資金還往往有附帶條件。軟弱的中央政府、強壯的地方派系、聯邦主義的新思維，正好讓反對袁世凱稱帝的勢力獨立，而越來越多省分開始宣布自治。同時，害怕外國干預的情緒到處瀰漫。所有交戰的黨派，不論彼此如何結盟，都以維持或重建國家統一為目標。他們害怕分裂或混亂的中國會使外強干涉，領土控制權反而落入西方強權手中。

另一方面，外國觀察者把這一切當成鬧劇。他們嘲笑「軍閥」如何逃避打仗——打仗可能流失軍隊，而沒有軍隊的「軍閥」怎麼稱得上軍閥。一個在華北工作的美國醫生在一九二三年於天津出版諷刺書《兒童的中國事物入門》（*Child's Primer of Things Chinese*），其中第三課〈內戰〉以此開頭：

各位孩子大家好！
看看王龍星和胡阿茂，
帶著千個阿兵哥，
走上山坡又下來！

詩的結尾說他們在「在山谷裡野餐」，其實不然，軍閥花在統治與人力的費用龐大，而且不斷增加。[7]中央政府的軍人保衛國家，拿取中國海關的營收和日本的現金；地方的士兵則保衛自己，搜刮伸手可及的一切。代價就是民不聊生的社會與普遍的無力與屈辱感。將領和政客一點也沒有救中國的模樣。

誰的勝利？這個嘛，李大釗給了自己的提問一個簡單的答案，這篇文章穿插了幾個還沒有被翻譯過的外國新詞，其中提到許多中文還沒跟上的新發展與新思想，他寫到這是「布爾什維克主義（Bolshevism）的勝利」（譯注：Bolshevism 音譯為「布爾什維克主義」，原為俄文「多數派」之意，指列寧創建的俄國無產階級政黨，後來泛指蘇聯共產主義）。德國人推翻軍國主義，如同俄國人推翻沙皇。這是世界歷史的運動，俄國革命是秋天將至的第一片落葉。這篇文章刊登在《新青年》，《新青年》很快便成為引領激進思想的先驅刊物。李大釗是中國第一位對俄國十月革命表態支持的思想家，他也支持中國實施布爾什維克主義。[8] 紅色的旗幟也將在其他地方飛揚。李大釗並不指望巴黎和會為中國，甚至為世界帶來希望。

同一期的《新青年》包括前醫學院學生周樹人當時的系列散文〈隨感〉。晚清興起西式教育機構與海外留學，周樹人亦躬逢其盛。此時，他任職北京公家機關，並把精力轉向政治，以文學表達政治理念。他稍早於一九一八年以筆名「魯迅」發表的第一篇文章，更將為中國文化帶來革命。他在〈隨感錄三十五〉則隱晦地評論和平將帶來的機會。自從共和體制成立，他寫道：「常常聽人說到『保存國粹』。」[9] 但他思索，這是什麼意思？我們又為何會是如此一團糟？「有的人會說一切就是因為我們沒能保存國粹，我們讓自己門戶洞開」（意即打開通商口岸）。但是，難道我們在那之前就好的嗎？「我有一位朋友說得好：『若要我們保存國粹，也須國粹能保存我們。』」周樹人雖然未以「魯迅」之名舉起蘇聯共產主義的紅旗，但他安靜地訂下了革命的時程表，他也沒有指望依靠威爾遜保衛自己的國家，轉而嚴格地自我檢討，從根莖與枝幹分析中國文化。「無論國粹與否，只要其有保存我們的力量。」

許多人說，把我們從沉悶的知識分子救出來吧！當時既然有受到《新青年》與新興領袖影響而激烈覺醒與啟蒙的革命分子，就一定也有沉浸在奢侈與刺激享樂的年輕學生。我們須承認危機，但無須讓危機占據日常生活。戰爭開創中國經濟暴漲，造就社會與經濟變化，城市地區尤其明顯。最鮮明的例子就是戰爭期間在十個月內相繼開幕的兩大百貨公司，在上海南京路上僅相隔四十五公尺。古典裝飾的先施百貨共有五層樓，內有電梯、鐘塔和空中花園，其同時是百貨也是飯店。一九一七年十月開幕當天的來客數就達一萬人次。[10] 先施百貨創辦人馬應彪出生廣東，早年移民澳洲。他在雪梨看到百貨公司，驚為天人，便於一九〇〇年在香港成立自己的百貨公司。同樣是由澳洲華僑郭氏兄弟開設的永安百貨，在一九一八年九月六日開幕，裝飾的華麗與商品的豐富程度與先施百貨不相上下，而且人潮一樣眾多。永安百貨開幕不到三週，就賣出了一半庫存，消費者的購買能力遠遠超出預期。兩家百貨公司都占滿了上海報紙的廣告版面，廣告強調的就是「現代」；「現代」一詞往往就是西方的代名詞，但並非總是相等，而且意義也隨時變化。這兩間百貨是娛樂和展示的場所，它們販賣生活風格，銷售新青年的新生活。

南京路新開幕的百貨公司幫助塑造了這個新市場，但其實這個新市場早已成形。總統徐世昌身上穿的便是燕尾服與絲綢帽。中國的男男女女都改變了服裝、鞋子與帽子，改變了舉手投足和對待身體的方式，改變了家中的照明與格局，也改變了日常用品的使用和展現方式。[11] 他們騎腳踏車、聽留聲機、學習彈奏外國樂器，並隨著不同風格的音樂唱歌跳舞。這些生活方式也改變了他們的消費模式和興趣。以中國的城市來看，這些改變隨著航線、鐵路和郵政路線向內陸滲透。來自外國的英美菸草公司（British American Tobacco）是這個領域的最大玩家，但其他類型的公司（包括中國和外商）也都跟上了這股潮流。他們也和英美菸草一樣雇用中國藝術家，演化出一種新潮而自覺的視覺形象；「現代」女性沒有纏足，她們穿著流行服飾，手裡拿著香菸。全國的行銷網絡把這樣的「現代」女人印在受歡迎的新年海報上，送到南京路之外的每戶人家。[12]這個新的消費世界將成為戰後二十年主要的政治場所。但是，隨著戰爭時期的經濟熱潮，主導這個世界的就是閃閃發亮的上海商店、飯店，以及新都會享樂代表與銷售的一切。魯迅擔心中國的文化與「國粹」，並主張應該從根莖到枝幹重新檢討。上海和其他城市的都會人士選擇不同路線，透過「摩登」塑造中國文化，就連「摩登」一詞也是外來的。

當然，無論是窮書生還是窮光蛋，仍有許多人站在永安百貨外面探頭，怯於入內。即使如此，「西化」的都會菁英和「傳統」大眾文化並非涇渭分明，新式生活穩定地擴散到整個中國的路線有跡可循。極其貧窮的棚屋與富有家庭都過著英美菸草公司刻畫的絢爛新生活，兩家也都點著美商標準石油公司（Standard Oil Company）或英商亞細亞石油公司（Asiatic Petroleum）製造的燈，或燒著國外進口的煤油。[13]然而，中國一樣不能倖免於天災，有時候甚至可謂多災多難，更別提還有人禍，中國鄉村或城市邊緣的生活確實可能相當艱難。但是希望改變中國的人，例如傳教士和激進人士，談到中國的問題總是誇大其詞。一八九九年一位知名的傳教士寫道：「無論走到哪裡，景色永遠都是一樣：貧窮、貧窮、貧窮，更貧窮。」[14]以此亙古不變且「封建」的角度看待中國鄉村生活的觀點，仍有不小的影響力，並且模糊了都會地區的活力與鄉村生活的真實面貌。

中國人和中國正在改變。隨著二十世紀露出曙光，他們截然不同的生活消費模式與社會人際關係成為中國特色。當然，無論在任何地方、任何國家或任何時間，我們都能找到「改變」。許多改變中國的事物在美國與歐洲同樣造成影響，然而中國的「改變」之所以獨特，則是因為他們不斷嚴格地區別「中國的」與「外國的」。中國給人的樣貌與感受和二十或三十年前大為不同，而這樣刻意區別的緊繃習慣還需要很長、很長的時間才能放鬆。此外，邁向新中國的道路，似乎也被中國自找的政治僵局牽制或扭曲。雖然清朝已退居紫禁城的角落，但整個國家的革命似乎只進行了一半。一九一八年，學生高舉旗幟，藉由攻擊普魯士的軍國主義反對中國的軍國主義；他們要求重建中國而非破壞中國，他們還要求中國擺脫帝國主義的控制——而這又是另一個大問題。北京的外國士兵、在上海盛大慶祝勝利的外僑，他們都是中國的戰時盟友，但他們依然是中國的問題，無論戰爭期間或是此刻，而且，此刻的和平使問題更形鮮明。

當多方觀察全國慶祝勝利的報導時，便會看見更多中國人將諸多希望寄託在勝利的跡象，也會看見實踐這些希望的隱晦阻礙，更不用說此刻還有各形各色入駐中國境內的外國勢力。[15]一八四〇年代以來，由英國領軍的歐洲列強透過條約站穩中國，他們靠著武力或武力威脅侵占了諸多領土且享有眾多特權。中國的主權重挫。一八九〇年代，日本也加入列強；一九一八年之前，美國絕大部分的時間也都很樂意在「瓜分中國」的行列分一杯羹。大把土地被遠東俄羅斯瓜分，曾經宣示效忠清朝的國家也轉為外國殖民地，例如印度支那。英國和德國掠奪香港和青島，日本取得臺灣。日、英、法以「租借」之名，占領廣東省的廣州灣和九龍，以及滿洲的大連。中國東北領土，也在之後被日本和俄國相爭；一九〇四至〇五年，日本大敗堅強的對手，這場較勁因而落幕。不受外國控制的領土，就被列強稱為「勢力範圍」，要求最高的商業與戰略利益。簡而言之，外國勢力要求率先得到任何可能的利益，礦產、鐵路特許、核貸、建立汽船航線、設立醫院或學校等等，任何事、每件事。

十九世紀，歐洲等國的殖民擴張是全球現象，而中國是少數依舊存在而免於被某個帝國完全鯨吞的政府。但中國和其他倖存的國家一樣，即便領土完整，主權仍舊降格。有些人覺得這種「半」或「次」殖民的結果才是最糟糕的狀態。資深反清革命者孫逸仙，也是廣州政府的領袖，他認為如此部分領地被多重的外國勢力瓜分控制，其實比完全失去獨立更糟糕——眾人前來盡是為了掠奪，無人付出。殖民者應當施惠，但沒有任何一個國家認為自己對中國與其人民有一丁點責任。這不是殖民，而是「次」殖民，等級更為低下。[16]分析者與歷史學家也許不太苟同孫逸仙對殖民強權是否善盡施惠義務的質疑；但是十九世紀末的帝國的確經常把「白種人的負擔」（White Man's Burden，譯注：出自英國詩人魯德亞德·吉卜林〔Joseph Rudyard Kipling〕，該詞的解讀觀點之一為白人統治其他國家，同時也須推動發展，故為負擔）這種說法放在心上——如果他們真的有「心」這種東西的話。清朝有為官員和後來的共和體制眼前必須應付的是，來自多達十多個互相競爭或排斥的外國勢力。

實際上，這意味著中國扮演地主的角色，招待世界各地的外國勢力住進城鎮，沿著緬甸與法屬印度支那的鐵路與航線，直到快速發展的東北滿洲省分。所以在一九一七年三月十六日前後，走進港口都市天津東北大門的中國人，會先後通過日本、法國、英國與德國的租界。跨過海河到北邊河岸，又會進入比利時的租界，往西繼續漫步會經過俄國，然後是義大利，最後進入奧匈帝國控制的區域。途中的路標至少有八種語言，一路上還有來自這些國家或國家殖民地的警察（英屬印度的錫克人、法屬印度支那的安南人）。這些地方各自擁有不同的法律和規定，與「本地人」來往也有不同文化，有些文化甚至更為呆板、制式或粗暴，總之應有盡有。所以必須機靈點。若是想要坐在任何租界都有的公園或廣場休息一下（而且必須是沒有規定禁止「本地人」入內的地方），還會看到各國設立的牌坊，紀念一九〇〇年清朝與拳民圍攻時，因此喪命的外國人民與士兵。那些牌坊用來紀念勝利，也紀念中國人敗在他們手上。

不同的租界也有各自別出心裁的建築，強調該國文化，展現在領事館、市政廳、教堂和軍營等地。並非所有地區都會盡其所能地全面開發，因為殖民主義卑鄙的手並非拿到能取得的就滿足，許多國家更是亟欲擴張。就連天津這條險惡、蜿蜒的河流，中國的管轄權也受到損害；各國為此聯合成立了「海河工程局」（Conservancy Board），裁決關於這條河的管理與改善。這些外國租界在不同時期建立，僑居與商業模式幾乎趕不上政治現實的變化；一座華北的城市，可能這裡有一片比利時領事的，那裡有一點英國的，還有一點法國的，整個世界就濃縮盤踞在海河岸邊。中國過去當然有先例，清楚限制外國訪客暫留在中國某個區域，並且要各自為自己的行為負責，所以某個程度而言這種租界形式並不陌生。但是，此刻的這些租界是新的，都是中國在脅迫之下允許的，雖然中國名義上維持領土所有權（所以稱為「租」），然而，其主權實則虛假。無論條約的用字或精神為何，外國和外僑仍舊把中國視為長久的外國殖民地。

沿著長江出海口往內陸九百六十五公里的漢口租界，盤踞的國家較少，範圍較小，但河岸兩旁的影響亦同。有些城市只有一個租界，例如鎮江或九江；有些出租給兩個，如英國與法國的租界在廣州沙面島（Shameen，兩國刻意在江外填築成島的租界）比鄰。南方福建省廈門對面港口美麗的鼓浪嶼，則有英國的租界。有些城市開放給外國人通商居住，例如寧波和福州，雖然不是租界，卻有非正式的外僑區。這些區域多半是港口都市（最大的例外是俄羅斯控制的鐵路樞紐哈爾濱），一片片廣大的飛地由河岸和海岸的航線連結，或是透過中國新建的鐵路往來。這些城市受到外國軍隊保護，河流上方還有空軍巡視。數個國家的官員與公民在中國還能享受治外法權，他們受各自的領事館審判，不受中國法律約束。外國的法院設在中國，外國的監獄建在中國，外國人偶爾還會被自己領事館的警察處決。治外法權還有兩項無形的好處：不論實際的階級，多數歐美人在許多中國人眼裡身上都有碰不得的光環。許多外僑與遊客在與中國人互動時都抱著同一種想法：殺人不必負責。有時候，他們還真的用不著負責。17

那個世界裡的設施每天都有報章雜誌報導。英文報紙（美國或英國）或法、德、俄、日文的報紙充滿了廣告和新聞，關於銀行、船運與鐵路；電報、郵政及保險；領事館、法院、議會和交易所。那個世界的消費文化走在尖端，百貨公司的傳單、汽車仲介廣告、電影院節目單、餐廳和飯店的促銷等等，一覽無遺。那兒也有各式專賣店，如摩德利（S. Moutrie）和羅賓森（Robinsons）販賣琴譜、鋼琴、留聲機；別發洋行（Kelly & Walsh）和伊文思公司（Edward Evans）出版和進口書籍；文丘里公司（F. Venturi）進口高級酒和白蘭地。勝利當週的《字林西報》上還可以看到更多證據：點心店和烘焙坊、南京路的「甜食城堡」（Sweetmeat Castle）；旅行社宣傳豪華之旅（景點是日本控制的大連）；小型廣告徵求園藝專家、女性速記員、單身房間出租、賣車、賣獵槍與郵票等。最近開幕的花旗總會（American Club）舉辦社交活動，並在南京路的總部召開工商會議；扶輪社（Rotary Club）正在籌備中；上海義勇隊（Shanghai Volunteer Corps，譯注：一八五三年為抵禦太平軍侵入，英、美領事召集外國僑民於上海公共租界成立的武裝軍事組織）的美國分隊舉行年度夏令營和步槍訓練。而喪葬承辦業者手頭總是不缺義大利的大理石和蘇格蘭的花崗石；墓園、教堂和醫院也總是忙碌。

戰爭末期約有兩萬七千名外國人住在上海，三分之一是日本人，略少於四分之一是英國人，美國人則在三千人上下，這三個國家的居民便是前三大社群。整個中國約有四萬名外國人，住在四十八個「通商口岸」，另有十八萬名俄國人和日本人住在滿洲或大連。[18]位於上海且本身也是大雇主的工部局（International Settlement Council，譯注：一八五四年上海公共租界內自行組成的最高行政機構，主管治安、納稅與市政建設等，初由租地人會議選舉董事組成董事會，一八六九年擴大為納稅人會議選舉），在固定施行的普查紀錄中可見八十個職業領域，包括精算師、建築師、拍賣員；牙醫、潛水伕、布商；攝影師、水管工、警察。基督徒的教堂有劍橋大學出身的教長；電力公司和水力公司需要合格的工程師；醫院需要專業的護理師和醫師；交響樂團需要指揮。他們在上海工作、居住、玩樂，並與大約兩百萬名住在上海外國控制區域內外的中國人合作。

中國境內與那個世界重疊的是之前割讓的殖民地，也是正式納入外國帝國版圖的地區。最古老也最古怪的是小小的澳門，由葡萄牙持有，可追溯至一五五七年（雖然中國從頭到尾堅持否認其合法性）。葡萄牙指定的總督治理澳門，包括半島和兩座鄰近島嶼。里斯本國會選出一位議員管理澳門的預算，而澳門最高法院則設在葡屬印度的果阿（Goa），並由葡萄牙從印度或非洲的殖民地派兵駐守。澳門的教會附屬於果阿的大主教區。澳門是個睏倦的自由港口，一九二〇年大約住了八萬五千人，十分之九是中國人。但是澳門的葡萄牙人（澳門人）其實會在中國各個通商口岸工作，特別集中於某些職業類別，如印刷工和事務員，尤其是銀行行員。他們是澳門的梅索蒂斯（mestizo，譯

注：歐洲與美洲的混血），繼承葡萄牙與中國的遺產，發展出獨特的方言和文化。他們非常以身為葡萄牙人為榮，但之所以以此為榮其實多半因為他們和葡萄牙幾乎沒有直接關係。城市的核心地區南灣（Praia Grande）沿著水岸長達二．四公里，十七世紀初期的教堂遺跡占據天際線，恰好帶出殖民地沉滯頹圮的陳舊氛圍。一九二〇年的旅遊指南描述澳門為「南中國的樂園」，距離香港約三個小時的航程。[19]對許多後來的居民而言，澳門總是與姦淫聯想，還有合法賭場與妓院。

一九一八年，澳門的街道、教堂、夜總會與清真寺，連續三天慶祝大戰勝利。澳門的學校也共襄盛舉，踐踏並燃燒德國國旗。英屬香港的天主教大教堂也舉辦一日聚會、禮拜和晚宴慶祝勝利，澳門的葡萄牙後裔三天前就擠滿大教堂。當時，已知至少有七十五名英屬香港居民參戰死亡，超過六百人參戰。[20]參戰者來自香港各行各業，並受香港政府治理，有些也來自剛成立的香港大學。英國一八四一年拿下香港這塊殖民地，一八九八年，憑著北邊的租界大幅擴張領土（打了一場短暫但兇狠的仗）。到了一九二〇年，將近七十五萬香港人住在半島北端的沿岸城市維多利亞，以及跨過港灣的九龍郊區。當時那裡只有大約四千五百名英國人。旁遮普地區（Punjabi，譯注：位於印度北部）的錫克人在巡捕房工作或當守衛。帕西人（Parsee，譯注：源於波斯的民族，後來立足於印度，信仰祆教）則一度是商界要角，但人數逐漸減少。德國人曾經擁有自己的大型夜總會，而且就像帕西人，曾在一八九一年盛大慶祝殖民地五十周年，一九一四年十月之後便被拘禁或遣返。一九二〇年，當地約有一千五百名日本人和五百名美國人；葡萄牙人稍微多於兩千五百名，泰半住在油麻地的郊區。雖然一八四〇年代香港的對外貿易開始勝過澳門，卻一直不如上海，儘管如此，香港仍是重要的貨物集散地，並開始逐漸發展工業。許多對中國感興趣的英國人都以香港作為離岸基地。

直轄殖民地又特別勢利，英國菁英堅守精細的社會階級，把房屋蓋在島上的山丘，而且英國人口快速翻新，大約每五年就更換一批。因此人口普查官約翰・洛伊（John Lloyd）認為，管理香港市政的香港幹部（Hong Kong Cadets）毫無「公共精神」可言。[21]總督抵達和離開的儀式就辦在皇后碼頭，他們在象徵大英帝國的維多利亞女王肖像附近登陸，這座肖像和南非金百利與加拿大多倫多的肖像相同。香港總會（Hong Kong Club）、滙豐銀行總行大廈、冷清的板球場與皇家海軍造船廠就在附近。殖民地的官員相當缺乏幽默感，竟然立了十九世紀最重要的銀行家，昃臣爵士（Sir Thomas Jackson，譯注：一八六六年任職於香港的滙豐銀行，為滙豐銀行奠定繁榮的基礎）的銅像，但此舉也預告了滙豐銀行將在中國成長茁壯。肖像揭幕之時，銀行的旗幟和殖民地的旗幟並排飛揚。一九一八年十一月十三日，香港慶祝勝利時，維多利亞女王和昃臣爵士被成排的燈籠照亮，當地的歐洲人在甲板行進，身穿化妝舞會的服裝，「儘管端莊，但完全放縱」，一旁圍觀此景的則是角色完全相反的中國人，人人無不「目瞪口呆」。[22]

一九一八年十一月，即使較偏遠且並非外國租界或無外國社區之地，也有慶祝大會與搖旗的學童。在安慶，群眾擠滿軍事指揮所，聆聽安徽省的官員演講，四名外國人也輪番上臺代表自己的國家，並向臺下觀眾強調外來的國家多麼深入中國，不僅僅只是港口城市的飛地。首先代表日本的是領事加藤外松，但是代表法國的卻是耶穌會的傳教士努里神父（Father Jean Noury），代表英國的則是來自安慶北方一百一十公里的四川中國內地會（China Inland Mission）的羅伯・楊（Robert Young）；美國則是兩年前來到安慶美國基督教聖公會（Protestant Episcopal Church of America）工作的約翰・史萊克（John Knight Shryock）。在中國，許多代表中華民國疆界之外地區的不是外交官，而是傳教士。整體來說，有優點也有缺點。

當時，中國的一千七百〇四個縣，幾乎每個縣都有傳教士或特派團。[23]他們來自歐洲各地和北美，代表五花八門的教派。大型的國家教會有自己的分支，例如英國國教的英國海外傳道會（Church Missionary Society），但也有專門的教會組織，例如中國內地會。透過個別布道者或各地分會，海外的傳教團體便能和中國緊密相連。例如，挪威人的鄉村生活便包含了前往中國傳教；美國中西部城鎮和英格蘭偏鄉也會固定報導中國的傳教新聞。[24]天主教在中國發展穩固，在陝西省、上海皆有大批追隨者。法國的教友也經常關心中國的孤兒。[25]教派之間雖有時會互相爭取信徒，但一九一八年大致已經確立，各自在劃定的範圍內活動。安徽省有九個基督教教會，約有一百五十名外國員工。只有中國內地會和美國基督教聖公會在安慶設立分部。中國內地會於一八六九年成立，並在一八九四年成立一間辦給初來者的語言學校。到了一九一八年，安慶已有一座天主教大教堂、一間教堂、兩間學校和一間醫院，還有六個鄉村的「外站」。兩個組織的成員通常互不往來，也不會與天主教徒打交道。[26]只有三個基督教的教會信徒超過一千人，一九一七年，三個組織的信徒一共約有六千人，相當於當時天主教徒的十倍。該省一九一〇年的總人口則是一千七百萬人。[27]這個數字怎麼看都有點微不足道，頗為失敗。

傳教任務對於文化和智識的影響，遠遠超過實際看得見的成果，至少一本一九二二年年度總結的傳教報告如此寫道。這本報告的書名輕率露骨，帶有征服意味：《基督宗教占領中國》（*The Christian Occupation of China*），這是為當年在上海十年一度的中國傳教會議撰寫的書籍。傳教在三個領域對中國有實質的影響。第一，傳教為外國文化、科學、哲學知識傳入中國的重要媒介。第二，改信基督教的信徒形成的社群，在某些地方影響深遠，例如福州，其與當地的鄉村或城市的仕紳地位相當，甚至超越。[28]第三，傳教士在教育與醫學，甚至越來越多的社會活動，皆有各自的影響力。很多人刻意進入傳教士學校，因為以英語教學，並教授西式數學，都是在港口城市工作重要的技能。為滿足世俗目的的學生與以傳播福音為教學目的的職員，兩者逐漸因為傳教士以宗教為主的教育內容而產生衝突。同時，社會福音運動的想法成長，教育專業化，因此越來越多外國傳教士心中更牽掛世俗。某些組織成為社會福利的重要團體，例如基督教青年會；甚至也有組織低調地進行政治討論與行動。傳教意想不到地將在未來證實其影響力。

所以，當一個初抵中國的人，當他從載著遊客的郵輪踏上碼頭時，眼前景象就如同帝國領地。如果取道鐵路橫越歐洲往東，或從舊金山穿過太平洋，或從澳洲往北，眼前的上海看起來就是帝國的另一個殖民地，也是通往中國廣大殖民權力結構的大門。孫逸仙的分析認為「不是殖民」對中國來說，反而正是問題，多方殖民統治者，也是國民黨必須處理、面對、反對，甚至對抗的現實。但是，外強的結盟不容易長久維持，可能互相挑撥，所以這也是中國的機會。然而，把在中國的外國勢力當成殖民還有另一個問題：預設上千名外國居民的內心與行為都是殖民者，然而絕大多數並不是，至少並不如同我們的直覺想像。他們並不是前來為國效力，也沒有想要推行帝國主義。嘴巴上，他們可能宣稱兩者都是，實際上，他們只是移居或旅居，穿越海洋，橫跨大陸，千里迢迢來到這裡工作或尋求機會。一個男人離開加拿大到中國的保險公司工作，並非為了擴張帝國；一個英國女人來上海的醫院工作不是為了殖民這座城市；在山東開店的日本商人也不是。來自羅德島的李度（Lester Knox Little，譯注：美國籍，一九四三至一九五〇年任海關總稅務司）進入中國海關，還有創辦上海《中國報》（*China Press*）的托瑪斯・密勒（Thomas Millard），也都不是為了幫助美國控制中國。反之，我們必須記得，他們的主要目的是個人發展，而非背後那股由殖民力量確實且蠻橫地塑造出充滿機會的世界。[29]他們每個人的行為都是獨自選擇的。

當然，這並不表示絕大多數外僑的世界觀不受帝國或帝國主義影響，也不受十九世紀末期由「科學」理論興起、護航並普及的種族歧視影響。在中國的外僑，他們的想法和行為，他們對種族與種族關係的觀點，在當時可謂司空見慣。他們是一般的男人女人，因此他們也是一般的種族主義者。他們懷有令人不快的觀點且輕易彰顯，但他們並不特別，他們對待生活和工作遇見的中國人的方式也是。而且，拜條約、協議與殘忍的軍事力量所賜，他們在當地（如上海、天津、漢口等城市）已經握有權力，自然希望一直保有權力。一九一八年的遊行隊伍中，有些人剛到亞洲，有些在中國已經是第三代。無論待了多久，對這些人而言，脫去帝國主義的盔甲決計無法想像，就像是少了殼的烏龜。在中國的外僑堅信一旦卸下防備會發生什麼事：他們稱為「拳民主義」（Boxerism）。一九〇〇年拳民起義造成上百名外國男女老幼被殺，上千名華人基督徒殉難。中國民族主義在外僑心中留下永久的陰影；在外僑眼中，這代表的僅是殺戮的仇外情結。這些外僑認為所有外國人的「弱點」（他們很快便針對弱項護衛），都直接或間接地鼓勵潛藏在中國人心中「狂熱」的拳匪。

雖然清朝打的仗大多都輸了，但當時朝廷對列強的開放並不如後來政治分析宣稱的誇張與持久。反對和批評滿族的人經常指出清朝的衰弱，並無能魯莽地將中國置於險處；如果當時人民能確實看見外國勢力受限的客觀事實，民心便得以安撫，激動的民族主義也就不會如此高漲。或多或少地，清朝能有效控管那些不受歡迎的客人，穩住中國社會與經濟，足以證明其韌性與適應能力。中國沒被撲滅。中國活了下來。十九世紀清朝最大的問題是太平天國之亂（一八五〇至六四年），雖然有人認為一八三九年後的外國勢力助長太平天國之亂，但那是一場內亂。[30]大清帝國與共和體制的民族占據疆界內多數土地，他們多半逐漸謹慎地接受不斷深入自家的世界帝國。從個人層面，可以看到人們逐漸適應外國文化與外國貨物。拳民起義是極大例外，並非常態。然而，如果沒人相信這個論點，如果這個論點僅會造成政治不便又無法迎合時代，那麼，審慎的評估也就沒有任何分量。雖然外強受到包圍與牽制，但對許多人而言，外強仍是中國的核心問題——而且是中國未結束的政體革命，以及心理革命。

一九一八年初，這樣的弔詭在上海以血腥的方式呈現。七月十九日晚上，虹口北區的上海公共租界街上，離一臺人力車不遠處，中國人和日本人鬥毆（同一個地點在四個月後則正慶祝戰勝）。三天前，日籍水手和中籍店員的爭執延燒成致命的種族衝突：日本居民組成團體，攻擊華捕與百姓。當地巡捕那時便害怕進一步的攻擊，果然，就在七月十九日悶熱的星期五夜晚，數群日本男子在附近的街上攻擊巡捕。最後造成數人受傷，兩名旁觀的日本人、一名布商與一名非值勤的巡捕中槍身亡。事後調查歸咎中日之間互相憎惡的情結而引爆該起事件。[31]日本於一九一五年提出《二十一條》，共和體制的人民將箭靶轉向東方的鄰居。在快速變遷的現實中，外交要求成為導火線。日本在上海的人口穩定成長，一九一〇至一五年間甚至翻倍。戰爭期間租界和居留區的歐洲人出征，日本外交官很樂意填滿他們留下的警務職缺。一九一四和一八年，日本人在上海的貿易分紅也雙倍成長。海關稅務統計資料顯示，戰爭開始後，居留中國的日本人數量也同樣增加，若是拉大時間脈絡來看，一九〇三年以來日本居民與公司成長了約二十倍。[32]

一九一八年十一月，如夢似幻的勝利裡面暗藏的潰瘍不光潛藏在歐洲人間的強硬與怨恨，另一方面，歐洲各國亦不斷受到日本帝國主義的入侵與挑戰。一九〇四至〇五年，日本擊敗俄國取得中國東北滿洲各省，一九一四年又進攻德國在山東的領土。英國報導指出，一九一八年上海鬥毆事件的巡捕來自山東，對日本侵犯山東特別敏感，拒絕在日本居留區的街上妥協。但這不只是山東問題。許多觀察者最擔心的是日本外交官似乎約束不了自家國人，暴動之後，他們更是回以激烈偏袒的要求，要求居留區的巡捕隊增派更多日本人，甚至要求更多居留區的正式治理權。也許，他們想要的是上海地區的獨立殖民地。「虹口之亂」算不上上海第一次暴動，但卻是首次由外國社群刻意發動的紛亂。七月十九日晚上，有人聽見其中一個團體的人說：「找上中國人就對了，不需要找什麼理由」，那個團體也曾涉入殖民地攻擊事件。[33] 巡捕因為中國人的身分遭受攻擊，但他們同時受雇於英國治理的公共租界。日本不只透過外交官，也透過日籍居民，在中國擴張權力。共和體制的土地上其實早有此現象，但是此刻，中國境內其他國家的勢力範圍也開始出現此現象，而且日後更甚。

七月暴動的法律爭議還未落幕，日本與中國新一輪的衝突又橫掃上海，而且橫掃全中國。這起衝突源自巴黎，而非中國，儘管一九一八年十一月整個國家街上的樂觀主義也是關鍵因素之一。威爾遜親自前往巴黎參與會議，這場會議將會依據中國大街與講臺上的訴求，擬定和平條約與世界秩序。中國也派了龐大的代表團。他們帶了包羅萬象的討論議題：他們希望「重議」的問題包括放棄勢力範圍、撤除外駐軍隊、廢除治外法權、歸還租界。這些議題與凡爾賽將討論的主題無關，但在巴黎、在各家各戶裡、在全世界的中國人眼中，都相信威爾遜的十四點原則。從美國官員和外交大使給予的同情來看，他們也相信會議將會歸還德國在中國的領土——而且，巴黎和會可以決定這個議題。[34]

中國代表團的成員都是國內天資聰穎、能言善道之人，是回應國家挑戰的中國新世代。當時的外交總長陸徵祥（Lou Tseng-Tsiang）生於上海，畢業於同文館；即從前的「翻譯學院」，創立於一八六二年，培養嫻熟外國知識與語言的菁英。一八九二年，陸徵祥在俄國任職，開始當時尚未成熟的外交事務，並赴海牙與多處談判，與比利時將軍的女兒結婚，也曾任中國駐荷蘭公使。國民黨則派出王正廷（C. T. Wang）出任代表團，他和陸徵祥一樣出生基督教家庭，曾於日本、美國密西根大學與耶魯大學留學。一九一一年革命爆發後，他便投入國家政治事務，在中國基督教青年會頗具影響力，並於一九一一年出任總幹事。代表團最受注目的，莫過於最年輕且曾於哥倫比亞大學留學的顧維鈞博士，人稱V．K．威靈頓顧（V. K. Wellington Koo，以威靈頓公爵命名。譯注：第一代威靈頓公爵，一七六九至一八五二年，英國陸軍元帥，曾於一八一五年滑鐵盧戰役擊敗拿破崙，並兩次出任英國首相），顧維鈞的博士論文正是探討「中國境內的外國人現況」，並明白表示改變現況的野心。進入外交部後，他很快就升任大使，首先到墨西哥，一九一五年又到美國。他一開口，風采翩翩，辯才無礙。中國並非首次參與國際會議，一九〇七年，陸徵祥曾代表中國參加海牙和平會議，但這次會議等級完全不同。中國的代表團當然能夠勝任，但是他們參加會議的目的和英國、法國、美國是否相同就很難說，當然，和日本的目的更是完全不同。

雖然中國代表支持日本的提議，在受到英美阻撓的國際聯盟提案加入種族平等，但中日雙方代表於山東的利益互相衝突。中國要求歸還目前被日本占領的地區；日本則以參戰之名要求分紅。一九一八年九月二十八日，被軍閥控制的徐世昌政府在北京已經祕密承認日本軍隊進駐山東，以交換日本的資助，然而，中國代表渾然不知，甚至當時的外交總長陸徵祥也毫不知情。顧維鈞在會議舌戰群儒，以外交慣例為根據，加以主張山東乃「文明之搖籃，中華文化之聖地」，一切卻無用武之地。中國在那次會議毫無立場，原以為自己能夠分享協約國的勝利光環，到了距離德國一九一四年進軍範圍僅四十八公里之處，竟不比在外國租界更有說服力。

一九一九年四月，協約國的主要四國再次討論山東問題，然而「四國會議」只剩三國，因為義大利退出會議，會議面臨取消危機。當時健康狀況已經亮紅燈的威爾遜，害怕一切努力付諸流水，這不僅危急國際聯盟成立的計畫，戰爭恐怕可能因此再度爆發。日本不滿大會拒絕種族平等的提議，對山東問題不肯退讓；英國與法國則因為一九一七年曾經承諾支持日本，交換日本在地中海的海軍支援，所以對日本妥協。英國總理勞合喬治（David Lloyd George）也證實，英國在戰時「面臨龐大壓力」，「急需日本幫助」。威爾遜最終被說服接受日本的主張，雖然他也感到痛苦，他曾有自信能將德國在中國的權利回歸中國，最後卻沒能守住。雖然沒有寫在條約中，但日本代表主張這是他們的輿論能夠接受的，畢竟他們從戰爭一開始就對德宣戰，他們的犧牲需要回報。根據報導，如此妥協保住了威爾遜所謂的「公平待遇」、「從骯髒的過去挖出最好的東西」。多數美國代表大為震驚，但威爾遜的首席顧問愛德華．豪斯（Edward House）向威爾遜保證「比起我們與許多西方列強感興趣的協定，其實這個也不算更糟糕。」先把國際聯盟建立起來，面對日本則維持一致的支持，然後讓國際聯盟解決殖民議題。然而，威爾遜當天晚上還是失眠：「我滿腦子都是日中爭議。」[35]

討論期間，英國首相勞合喬治擺出了他在中國同胞面前熟悉的姿態；威爾遜的媒體祕書雷．貝克（Ray Stannard Baker）認為他「和鰻魚一樣滑溜」。勞合喬治非常同情中國，一週前才說「日本人恐嚇中國，強迫他們同意《二十一條》，這是歷史上數一數二的囂張行徑」。但是，四月二十九日他與威爾遜、法國總理克里蒙梭（Clemenceau）及日本代表又在會議中表示：

中國的停滯合理化了外國人在那裡的所作所為。中國人就像阿拉伯人，是非常聰明的民族，但他們站在一個無法表現的舞臺。如果戈登沒在那裡組織中國的軍隊，中國早就滅於太平天國了。我們必須承認，中國的處境與這場會議的其他強國不同。[36]

勞合喬治的意思是，這個國家之所以仍存在，是因為我們在十九世紀把她撐了起來——他指的正是查理．戈登（Charles George Gordon，譯注：一八三三至一八八五年，英國軍官，太平天國動亂時期在中國指揮傭兵「常勝軍」，協助作戰，獲得慈禧太后封賞，世人稱為「中國人戈登」）帶領一支軍隊幫助清朝平定叛亂。這段歷史確實不堪，但是，任何以現狀對過去歷史的評論也一樣不精確。然而，重要的是做出傳言，不是事實。中國的主張在喧鬧之中沒人聽見，畢竟法國想要報復德國，義大利想要取得前奧匈帝國的領土，德國正值饑荒與革命，而蘇聯共產主義正從俄國大舉入侵歐洲。

這談不上誰背叛了誰，這是政治現實的慣常戲碼。客觀來說，失去山東也不致天崩地裂。清朝和共和體制已經學會與外國租界共存並利用。近十年又開了新的通商口岸。日本在凡爾賽力爭的也是「一般條件」的進駐，以及德國從前的經濟特權。[37]事實上，日本確實在三年後便將領土歸還中國，也不再開發新的居留區。[38]此外，德國與奧匈帝國在中國其他各地的領土不受巴黎和會影響。一九一七年共和體制將這些領土充公，未來的歸還也因此有了先例——反而是俄羅斯帝國瓦解後，留下勢力脆弱不堪的領地。

然而，一心以為這場會議將完全重建現存國際關係的中國，宛如參加的是另一場會議。中國準備在一九一九年三月會議提出領土收回宣言，草稿的前言指出「反對各國以帝國主義為來往原則」，這是中國赴凡爾賽會議的核心目標。[39]這也是少數非歐洲或美國，而且仍然獨立的國家所提出的強力宣言，但是會議裡幾乎沒人信以為真。會議不僅為帝國背書，並玷汙外交努力推動的改變。中國人期待巴黎和會改變世界，威爾遜期待國際聯盟改變世界。如此的誤會將造成危機。本該支持和平會議的原則明顯敗壞，最終造成中國的災難，而且，這場談判竟也暴露了控制共和體制軍閥不為人知的自私陰謀。

一九一九年五月二日，日本要求接收的消息傳回中國，舉國震驚。十一月祝勝遊行時懷抱的希望頓時澆熄。一片譁然之中，六月二十八日，中國代表拒絕在協議簽字。他們收到指示，必須附加限制條款才可簽字，但由於大會不允許任何國家以此方式簽名，因此遭到拒絕。中國代表團被憤怒的中國學生圍困在飯店（代表團也樂見此現象）。[40]巴黎的示威僅是全球各地中國社群的抗議事件之一，而且，每個示威規模都不如中國當地的重大。示威的消息在五月三日傳回中國，北京的學生於五月四日聚集在共和體制首都的中心，紫禁城南面的天安門，距離十一月祝勝典禮只有幾百公尺遠。首都的警官告訴準備遊行的學生，不管你們做什麼，都千萬不要引來「外國干涉」。[41]那天他們的怒氣不是指向外國列強，而是背叛中國的官員。不論他們認為魯迅口中的中華文化能否保存中國，五月二日之前，他們仍然有理由相信中國政府與官員應該力求保存。結果政府背叛人民，把山東出賣給日本以獲得內戰資金。

來自首都各學院的三千名學生發起強烈的示威遊行，並且引起小型暴動。他們遊行到東交民巷，意圖向協約國大使遞交陳情信，但當天是週日，春暖花開的週日，多數大使都出城到西山。學生與警察對峙多時，後來步行到了交通總長曹汝霖的住宅。曹汝霖是前任外交副總長，深入參與一九一五年對日談判，以及一九一八年的祕密貸款。部分學生闖進曹汝霖的宅邸放火。曹汝霖則逃到東交民巷一處外國控制的旅館（他不是唯一如此躲避的人，不論是帝國主義的朋友或敵人，都發現這個近在咫尺的安全天堂非常方便）。但宅邸裡的駐日公使就沒那麼幸運，他被打成了重傷。[42] 三十多名學生遭到逮捕，其他學生在設法救出他們時，又將遊行進一步發展成全國學生運動。五月四日發起的遊行並非意欲改變整個國家，但他們優秀的大使在凡爾賽受挫，而北洋政府似乎並不願意面對日本或中國的種種難題。

這個運動演變為打擊帝國主義與中國普遍文化的全國運動。整個中國到處都在示威，連海外的華人社區也是。當時，運動最有效的武器就是抵制日本商品與日商服務。這個策略源自回應美國排華移民法案立法，並兩次用來抵制日本，分別是一九〇九年的滿洲爭議，以及一九一五年四月至五月的《二十一條》。「韓國為什麼會滅亡？」當時上海一張海報如此寫著，「因為他們的人民缺乏團結精神、勇氣和愛國的羞恥心。」[43] 愛國者不會買日本商品。一九一九年五月和六月之間，全中國各大城市、各界團體紛紛加入抗議。雖由學生運動領頭，然而，若要成功便必須團結，並鼓勵其他團體加入：賣日本商品的商人、運送日本商品的船運公司、搬運日本商品的碼頭工人。畢竟，雖然聚集在天安門的學生有三千人，但是先施百貨開幕那天有一萬人，之後每天還多出好幾千人。如果這些消費者潛在的政治能力可以利用，也許會比丟臉的新共和體制有效。在無法徵得同情，也無法說服的地方，力拚抵制的人就加以封鎖或威脅。他們遊行、發傳單，並在公共場所的牆壁貼滿海報。北京數百位學生遭到逮捕的新聞傳到上海，上海的夥伴於六月五日發動整整一週的全市罷工，商人、店員、工廠工人全都加入。無論中國或外國的地方政府，則以新的規定回應：禁止示威或張貼抵制傳單，有時還會動用暴力。[44]如此回應使過去的要求重新浮上檯面，同時再度引發新的。各種組織如雨後春筍遍及全中國，成為挑戰現況並對抗中外政府的推手。

宣傳抵制的同時，他們越來越傾向魯迅的建議，將政治僵局（若非道德僵局）視為文化僵局。什麼樣的文化令國家領導者缺乏自重與國家榮譽感，甚至不惜賣國滿足自私短視的目標。如果中國的文化不能救中國，便須檢討文化。這次的運動後來稱為「五四運動」，欣然接受早已開始發展的知識變化潮流，也就是「新文化運動」，主張中國的語言、文學、社會與性別關係需要重新審視並翻新。國家需要身懷新思想與新才能的新男女出手拯救。所有事物都是「新的」或「年輕的」。新創的雜誌與期刊數量驚人，短時間就超過六百本，每一本的名字都有個「新」字。進口的印刷紙張數量大增。既有的刊物不斷改變方向，刊登呼籲改革的翻譯文章。[45]在凡爾賽看似強勢的表現，說得殘酷一點，就是失敗了。顧維鈞身為一位見過世面的現代外交官，比在場任何一位都受過更好的教育，縱然表現傑出，還是失敗。會議沒能幫助中國，中國需要更多。這個新運動幅原廣闊、精力充沛、錯綜複雜、兼容並蓄。儘管經常矛盾，但是因為舊的文化失敗了，這個運動必須採取新的文化，無論新文化出自何處。

另一個中國自身同樣未果的和平會議，則是一九一八年十一月徐世昌宣布的暫停軍事行動。一一九一九年二到五月，北洋政府的代表和國民黨領導的南方政府在上海斷斷續續地會面。這個會議的失敗和在凡爾賽的失敗直接相關，國民黨不斷強調山東問題，直指北洋軍閥接受並使用日本的貸款。五四運動才開始兩週，學生還在城市的街頭示威，談判者選擇辭去他們的職務，巴黎和會崩盤。[46]祝勝遊行及遊行者的態度，突顯初生的共和體制與人民錯綜複雜的重大問題。國家受損而降格的主權、傲慢與自負的外國觀察者與外僑、國家未決的政治革命與軍閥權力等，一切浮現，原形畢露。不過，其中也有年輕人的理想、商人的生意頭腦、專業人士的才華。此外，也有傳教士社群、政府核心專家顧問、柯蘭之類的訪客、各國駐外單位員工等外國盟友的同情與奉獻。

人人皆面對艱難的任務。但對其他人而言，此刻中國的情況似乎變得簡單。一九一九年四月三日，安提羅科斯號（SS *Antilochus*）從上海離港，兩千兩百名德國居民被迫遣返。整個過程混亂，充滿報復意味。[47]不只日本在中國看見新的機會，許多協約國也覺得少了德國之後，租界競賽又重新洗牌。在上海，公共租界的政府甚至展開遊說，希望擴張管轄領土。但是，一九一八年十一月，北京、上海、安慶等許多城市的人民表達他們需要新的國際關係，搶救中國的榮譽和新共和體制的未來。一九一一至一二年展開新局面的革命可謂鮮血淋漓，但是，若革命分子和革命敵手兩邊都不怕外國干預，也許造成的傷害將可能更大。共和體制在妥協間誕生，襁褓中就遭遇反革命的袁世凱對抗國民黨，又遇上貪汙腐敗。大戰結束後六個月，對於共和體制的許多希望已經粉碎，至少威爾遜信徒的信心已經熄滅。到了最後，強權似乎依然戰勝公理。因此，某些人開始認為恢復中國的尊嚴、獨立和強大，必須求以蠻力。

第二章

—— Chapter 2 ——

搞革命

槍桿看出去的世界似乎比較單純。手裡握著槍桿的你，能清楚知道自己有了改變什麼的力量，不僅能改變自身的性命，還有別人的。至少，我們可以藉此保衛自己，當談判和妥協都行不通，訴諸暴力有時似乎不可避免，有時更可能是改變未來的唯一途徑。中國需要改變，巴黎和會挫敗後，許多人相信必須再次革命。所有溫文儒雅，所有遊行抗議，所有新創雜誌和公開激辯，結果竟是一九一八年十一月我們見到的這個國家：被將領踐踏，分崩離析，脆弱不堪。軍閥為了競爭地位互相攻打割據，為了獲得錢財壓榨地方。國家權力落入軍國主義手中，中國局勢動盪分裂。改革者心灰意冷。若要救中國，必須打擊軍閥。診斷出國家弊病的人會逐漸看到軍人背後潛藏或露出馬腳的利益導向：「權力」或「帝國主義國家」兩詞經常攜手現身。

為了有效使用武器，需要訓練；為了發揮暴力的最高效益，需要組織與紀律；需要錢，需要人，需要安全的基地。國民黨的領袖孫逸仙從來不是和平愛好者。一九一一年，一名粗心的革命分子隨手丟了一根菸，不慎點燃地下砲彈工廠，意外促成起義。在那之前，孫逸仙早已發動多次暴力革命行動，意圖推翻滿清。一次次革命行動不但沒有達到各地群起反清的目的，反而徒增革命烈士名單。孫逸仙也從來不羞於尋求外援，或要求在海外建立分部與軍火補給，似乎也從不會為了金援的種種困難條件而心煩。[1] 一九二六年夏天，孫逸仙的政黨準備再次謀求機會，這次的新盟友，最後不僅改變中國政治，還改變全世界。

即使多數外國政府都拒絕孫逸仙，但中國人並不缺外國朋友，而且一堆顧問還會自動自發地冒出。有些人出自善意，有些人則奉兩位老闆（一個是中國，一個是自己的國家）行事，有些人有時僅僅只是寄生蟲。他們幫忙起草新法規、規畫行政改革或執行宣傳活動等，而政治或軍事顧問的薪水優渥（或是回扣優渥）。自從李泰國（Horatio Nelson Lay）一八五九年擔任海關總稅務司，許多外國人受雇於現代中央政府或在主要省分擔任要職。[2]這種模式也曾有先例，最近的前例就是任職清朝朝廷的羅馬天主教科學家、製圖師、音樂家，但是，此刻的人數和職務已呈倍數成長。[3]接任李泰國總稅務司職位的便是羅伯特・赫德（Ulsterman Robert Hart），而他也是此類模式最有名的例子。他在六十年任期創建嚴密的海關組織，一八五四至一九五〇年間該組織雇用了大約一萬一千名外國職員。部分很可能就是帶著槍或專業技能的傭兵，在一八五一至六四年間，於翻天覆地的太平天國動亂為地方勢力效勞（有些也為叛軍工作，當時相當需要砲兵）。也有如同英籍德國人德璀琳（Gustav Detring）的有力人士，德璀琳在天津活躍數十年，擔任清朝高官李鴻章的顧問，協助調停。[4]海軍上將和少尉也會幫中國工作；在動亂時，打零工的人與暴徒會和中國的海盜結夥搶劫。[5]十九世紀時，法國人日意格（Prosper Qiquel）督導福州海軍廠；馬格里爵士（Sir Halliday Marcartney）和美籍的蒲安臣（Anson Burlingame）當過中國的外交使節；浸信會傳教士李提摩太（Timothy Richard）與山西巡撫岑春煊於一九〇二年共同開辦山西大學堂。有些人樂於幫助新生的中國；有些人樂於賺取大筆的薪水，有些人則認為幫助中國是人道作為（或榮耀他們的神）或實現政治目標，無論為的是中國的政府或自家政府。

現代中國的歷史不是外國人所創，但中國的歷史是國際化的，有時異國風味甚至頗重。外國有時會在特定時刻介入造成關鍵影響，廣州就是一例。一九二〇年代初期，這座城市發生不少奇怪的邂逅。例如某張由人脈廣闊的國民黨新秀傅秉常所拍攝的照片，[6]當時他任職廣州外交專員。照片中間、手拿著香菸和公事包、頭戴寬邊帽的是米哈伊爾．格倫森伯格（Mikhail Gruzenberg），另一個較為人熟知的化名則是鮑羅廷（Mikhail Markovich Borodin）。這位魅力十足的四十歲俄國人是共產黨第三國際在中國的主要探員。共產黨第三國際是煽動並支持共產黨全球叛亂的組織，繼而實現外交的蘇維埃聯邦。鮑羅廷曾在美國、墨西哥與英國等從事地下工作（曾在蘇格蘭入獄）。倚著手杖、斜戴草帽一面觀望的是馬坤（Morris Cohen），他也經常出入監獄。他在華沙附近出生，父母後來移居英格蘭。馬坤年紀稍輕，一戰時曾入加拿大陸軍；人生至此，當過拳擊選手、小偷、詐騙犯、流氓，還有房地產仲介。此刻，很可能（因為沒人真的確定）是軍火走私販、調停人與保鑣。兩人都在革命後的中國新首都和國民黨合作，也幫國民黨工作。當中國進入新階段，全國上下高尚與卑鄙之人，都在新興的臨時政府暫時找到位置，解決中國的問題。

孫逸仙的外國顧問團也兼容並蓄且國際化，外國顧問團的部分目的是平衡革命人士與外國官員之間的勢力，雖然顧問團裡並非人人都能獲得外交官的青睞，馬坤絕對無法。馬坤靠著與加拿大埃德蒙頓（Edmonton）在中國城的關係崛起，一九二二年十二月以鐵路合約仲介的身分來到上海，竟很快成為孫逸仙的侍衛，並稱自己是孫逸仙的「副官」。顧問團裡的成員不僅有這類四肢發達的類型，也有頭腦聰明的人物，至少具備專業知識，例如來自加州奧克蘭的律師羅伯．諾曼（Robert Stanley Norman），他是孫逸仙的法律顧問，也是孫與外國官員的媒介。機師和飛機製造商也被延攬，中國人士的顧問也常有外國記者。前《時代》記者莫里森（G. E. Morrison）曾幫袁世凱工作；

曾在上海創立《中國報》，後來改為《中國週評》（*China Weekly Review*）的托瑪斯・密勒則是黎元洪的顧問。孫逸仙的敵人當然也有顧問。戴著義肢的英國退役將領法蘭克・薩頓（Frank Sutton）協助握有滿洲的軍閥張作霖，經營瀋陽兵工廠；帝俄時期落難的軍人在張作霖的軍隊擔任要職。張作霖的手下張宗昌接收三輛蘇俄的裝甲列車，俄國的工程師又幫他造了更多。此外，在海外出生或受教育的中國人也紛紛出頭。來自英國殖民地特立尼達島（Trinidadian）的律師陳友仁（Eugene Chen）完全不會說中文，他完美的英文常讓面前的交談對象一頭霧水，他也回來加入國民黨，位居重要職務。比起可疑的馬坤，陳友仁更讓英國官員心煩，許多英國官員打從內心不屑這個講著英文的深膚色中國人，把他當成殖民地的叛徒。[7]

一九一九年，上海的南北和談失敗，以國民黨為主的南方政府更加被排擠在共和體制的正式政權外。儘管政局詭異，一九一九年七月到一九二〇年三月，在中央政府同意下，南方政府仍然分到關稅的盈餘。[8]國民黨在廣州成立另一個政府（他們認定的正當政府）的計畫失敗。命運之輪開始轉向，一九二〇年十月後，廣東省改由前革命將領陳炯明主導，名義為省長。陳炯明是先進或稱特異的改革者，他相當接受無政府主義。他的口號「廣東人的廣東」也反應了他的聯邦主義主張，他也反對其他省分軍隊掠奪當地的行為。雖然孫逸仙想要統一國家，但陳炯明和越來越多人則希望以聯省自治解決中國的問題。[9]陳炯明以廣東省東方為據點，驅逐占領廣州的廣西軍隊與孫逸仙的政權。一九二〇年十一月，陳炯明允許孫逸仙回到廣州，重建以國民黨為國家政府的共和體制，找來幾百名一九一二年十二月選出的舊國會議員老調重彈，於一九二一年五月共同推舉孫逸仙為大總統。

孫逸仙就職當天約有十二萬人上街歡慶。[10]陳炯明的軍隊、學校學生，就連武術團和女演員都走上街頭。海軍砲艦從河邊鳴放禮砲，裝飾電燈的勝利拱門豎立。然而，如癡如醉的廣州春天過後，陳炯明自治的野心，以及孫逸仙欲以廣東為基地發動全國統一戰爭的意圖，兩者的矛盾再度激化。一九二二年六月，孫逸仙罷黜陳炯明的省長職務與人馬，衝突於是引爆。孫逸仙在武器和軍隊都不敵的情況下敗走，在廣州搭上英國的砲艦。雖然接受外國援助逃亡不是第一次，但這次砲艦轟炸了陳炯明的軍隊，牽連了無辜百姓喪命。一九二三年二月，孫逸仙再次歸來，收買雲南傭兵，擊退陳炯明。[11] 革命似乎要起或揚言要起。它就像一場粗俗的鬧劇，隨意步下舞臺又不斷修改劇情。這也是一齣暗黑又血腥的喜劇，每每行動便要損失諸多人命，死的偏偏都不是主角。

一九二二至二三年，孫逸仙逃到上海的房子，安全地待在法國租界。曾與他聯絡的蘇維埃政府特使此時前來拜訪，包括當時蘇聯駐北京大使阿道夫．越飛（Adolf Joffe）。雙方就此展開合作計畫。這件事沒什麼好隱瞞，雖然公共租界的警察盡其所能監視與記錄。外國人帶著合作提案找上孫逸仙也沒什麼稀奇，眾所皆知他的全國基礎建設重建計畫。他計畫新建十六萬公里的鐵路、一百多萬公里的道路、三個巨型港口、新的運河、新的電話線、新的大型重工業工廠、新的林地、西北乾旱地區的灌溉系統。[12] 某方面來說，這些全國規模的建設計畫算是領先時代，但是當時的觀察者認為他想得太美。儘管如此，在外國人眼中仍然或許有利可圖。而且孫逸仙說過，每項事業都需要外國的專業知識。所以有的人會向孫逸仙提出計畫，在美國發行國債，為工業發展募款；有的人會提出資助建港的計畫。一九二四年六月，孫逸仙寫信給實業家福特（Henry Ford），問他願不願意訪問中國，「這個全新長久的工業系統，有機會實現您的想法與理念」。[13] 福特的辦公室回覆，謝謝您的邀請，但福特先生無訪中計畫。

上海當地的媒體記錄孫逸仙與越飛會面，兩人在一月二十六日簽署宣言，正巧孫逸仙返回廣州的路也鋪好了。這次的邂逅之所以特別，正是因為一位派駐獨立國家的大使與一名國家反叛人物，達成了協議。[14]這個協議證實蘇聯準備鬆手在中國剩餘的領土，並否認任何使蒙古脫離中國控制的意圖，而且認同孫逸仙的觀點，中國統一是最迫切的政治議題，優先於引進共產主義。最後一點準確命中蘇維埃政府對中國情勢與策略的分析，也就是與全國的革命運動合作，在此就是和國民黨建立「聯合陣線」。儘管如此，第三共產國際於一九二一年已經開始培養政治立場弱勢的中國人，例如《新青年》雜誌的編輯陳獨秀及特別活躍的工人團體，一九二一年正式成立中國共產黨。這個雙管齊下的中國政策到頭來將與第三共產國際的全國政治策略串連。[15]他們相信發動中國社會革命的時候未到，但指日可待，須事先準備。孫逸仙是第三共產國際事業在中國的最佳人選。

國民黨轉向蘇聯並非事先決定。孫逸仙曾向美國和英國尋求支持，希望英美認同他的南方政府，但兩國都不打算為他的主張背書。不過這位多管齊下的革命分子不斷發掘所有可能。一九二三年，孫逸仙在返回廣州的途中，甚至以勝利的姿態拜訪英國在香港的殖民地；赴香港大學演說之前，先在港督官邸用午餐，並在滙豐銀行用茶。他對學生說：「我們必須以這裡優良的英國政府為例，拓展至全中國。」獲得熱烈掌聲。但就算英國的殖民治理說起來堪稱模範（現代學者質疑實際治理是否真的有效），即使東道主聽了他的評論受寵若驚，自我感覺也非常良好，但是，孫逸仙還是沒有收到任何實質幫助。沒有資金進來，沒人承認他的政府。英國政府就像其他外強，認為孫逸仙已經過氣，只會囉哩叭唆，製造麻煩。他滿口和平重建，但又用砲艦轟炸廣州。他們反而會討論其他中國檯面上的人物，多半是軍閥，例如引起日本注意的「基督將軍」馮玉祥；掌握滿洲的張作霖，其老派的強人風格反而較討英國人喜歡；還有逐漸真正控制北洋政府的吳佩孚。[16]然而，越飛為廣州帶來蘇聯顧問、軍火和金援。再者，一九二三年十月六日，剛從格拉斯哥監獄出來的鮑羅廷搭上從上海出發的船，和兩百隻綿羊一起抵達廣州。他選擇不在香港轉船，免得被英國逮捕。鮑羅廷興高采烈地對記者宣布，此行是貿易任務，但其實他是受命前來指導孫逸仙發動全國革命。[17]

國際情勢正朝對中國有利的方向發展。雖然一九二六年仍看似平靜，但曾經陷害清朝和後繼政權的主要遊戲規則似乎正在改變。俄國年輕的布爾什維克政府發表了戲劇性的《卡拉漢宣言》（*Karakhan Declaration*），廢除沙俄在中國的特權與租界。雖然實際上並未完全實行，但是仍然對中國的輿論與政局造成重大影響；蘇聯未堅守此宣言，例如他們並無歸還在滿洲的鐵路權。第二，一九二一至二二年華盛頓會議的海軍條約（Washington Naval Conference）限制太平洋的軍事競爭，並簽署《九國公約》，確立了美國政府對中國的「門戶開放」政策。這個政策最有名的代表是一八九九年八月清朝海關總稅務司、英籍官員阿爾弗雷德．希皮斯利（Alfred Hippisley）起草的條款。該條款保證一八九〇年代末期在中國「瓜分租界」的列強於新勢力範圍不會相互排斥，聲明中國主權與國土完整。這段侵占初期，所有國家利益均霑。一九二二年，為了限制日本，《九國公約》的締約國家再度重申這個有點模糊的原則，同意「尊重中國主權、獨立、治理與領土完整」以及「不在中國牟取特權」。同時，日本也同意放棄當時在巴黎和會不願妥協的利益：當時從德國轉讓給日本的權利六個月內全數歸還中國。[18]

在華盛頓進行的談判可不是為了廢除現在中國口中經常提起的「不平等條約」，但顧維鈞的目標正是如此。他又帶領大批樂觀的中國代表前往會議。[19]再一次，他們滿懷希望。顧維鈞和同事遊說與會代表，試圖徹底扭轉中國的地位。列強原則上同意停止進一步侵犯，如此一來，難免必須同意尊重「中國主權、獨立與領土完整」。針對這點妥協的地區，若有違反事宜，適當情況之下必須重新檢討改正。這種不切實際的說法同意讓中國在「適當情況之下」恢復。所謂適當情況，大致包括國內擁有和平穩定的中央政府和法規。如此一來，如同蘇聯的宣言，日本暫停了山東通商口岸與租界的動作。英國甚至致力歸還威海衛的租界，表面上也鼓勵日本照做，雖然這個山東的基地一直是英國東亞戰略優勢。[20]然而，從廣州的動盪來看，距離實際修改條約的先決條件還差得遠，遙遠到外國的外交官能輕易說出這些承諾。如此如夢似幻的共和體制，連外國的外交官也能安心鬆懈，當作白日夢。

光憑口說，無法幫助中國，至少無法提供立即幫助。雖然顧維鈞等人在一九一九年的表現驚豔大會和大眾輿論，多少贏得了道德支持，但是一九二二年在華盛頓，其他國家開始覺得中國的要求很煩，中國參加會議的企圖也不符合會議主題。儘管如此，中國外交官在之後的談判立下先例，尤其是讓原本對通商口岸沒有控制權的中國提高關稅（儘管只是暫時）。這個議題三個月後會再次討論，並在另一個會議達成協議，達成協議的會議遲至一九二五年十月，條件是中國取消過境貨物的稅收。對許多人而言，這件事情代表中國有權透過制訂關稅收復主權。這不是列強原本想要的目的，但是，一旦談判從某個領域著手，外國的外交官便能創造出符合民族主義的要求和期望逐步進入的空間。

列強相信這個空間能滿足中國的面子，又能保障外國的特權。例如，華盛頓會議同意成立國際司法專家委員會，但委員會也是到了一九二六年才成立。這個委員會負責調查外強放棄治外法權的可能性，費時九個月，經過許多討論和文件，又走訪中國各地的監獄和法庭（在持續的衝突與政治動亂中，這個過程實在尷尬），委員會的結論毫不令人意外：除非中國的法律系統完全獨立，否則無法廢除治外法權。[21]因此，現況再次得到背書，不過這次外強收集了完整證據，提出合理的理由支持結論。以前的外強經常使用砲艦，現在的他們訴諸委員會。結果看起來一樣，但至少沒人被殺。

南方派系曾派代表參加一九一九年的巴黎和會，但是，孫逸仙卻被華盛頓會議排除在外，只有國際認同的北洋政府派出代表。外國列強並不希望表現出承認廣州的敵對政權為正當，況且他們對廣州動盪的局勢也沒有好感。中國的「軍閥割據」時代如同一陣越演越烈的漩渦，軍國主義者在全國、各省、各縣互相征討或威嚇，孫逸仙的政府看來就只像派系之一，披著單薄的「正當政權」外衣。在不被承認的情況下，孫逸仙譴責華盛頓會議的協議，轉而專心穩固廣州的革命基地。為了布局，國民黨監督並鼓勵中國現代模範城市發展，找來許多學成歸國、充滿幹勁且志在以科學和理性建造南方城市的年輕人。[22]

過去，廣州在外國眼中象徵灰暗、破敗、衰老的中國。這座頑固的城市由保守的官員管理，住著仇視外國的人民。這裡也確實是十九世紀鴉片戰爭最血腥、抗爭最久的地點，即使條約同意外國進駐，當地仍然抵抗。因此，英國官員有時必須重拾武力表明立場。英國人也似乎只懂此方法，此舉當然無法令頑強的城市和受苦的人民對英國產生好感。無論字面或影像，廣州的形象都充滿敵意。外國攝影師拍攝城裡狹窄、陰暗、颳風的街道，這些照片代表這座城市停滯不前、固守傳統、未開化。其實陰暗的街巷有助調適城市濕熱的天氣，但在外國人眼中象徵退步和頹圮。許多中國改革者後來也接受類似批評。[23]水上妓院和為數眾多的艇家也是批評之一。相比於國際化、見過世面的上海，廣州完全相反。

不過，若是身為遊歷一九二〇年代廣州的客觀遊客，則會發現這座城市根本不像鄙視的描述。它是一座自信、自覺、現代的都會，人口大約一百三十萬，而且正值快速更新。[24]一九二三年之前，長時間治理廣州的陳炯明是名改革者，在他的推動下，廣州率先在一九二一年成立市政府，市長是孫逸仙的兒子孫科。城市的城牆在一九一八至二二年間逐步拆毀，開闢新路。城牆的磚瓦回收鋪設成堤岸，拓展日漸繁榮的外灘。一度只有晦暗舊巷的城市，現在有公園、寬廣的新路、高聳的市政廳和壯觀的百貨公司。新版旅遊書籍也強調這種新舊反差。[25]儘管當地的政治糾結又不斷翻盤，發展建設的腳步依舊不斷加速。企業家也重新塑造廣州，其中不乏海外歸國人士。廣州的先施百貨比上海早了五年；大新公司（Sun Company）的十二層百貨大樓高高矗立在新建的外灘。新區域正拓展，舊地區正重建。廣州城市的居民穿著時髦的西式服裝，玩著洋人的運動，上電影院看洋人的電影；若非臉貼著臉，也會手挽著手跳舞。西洋的音樂從當時最新的勝利牌留聲機流洩，而且人們絲毫不會因為擁抱彼此或國際化潮流，就認為自己比較不愛國。當地的媒體活躍，香港的報紙也在那兒販售。儘管如此，還是有人擔心墮落，也有人認為這座城市設下了陷阱，誘捕並腐化無辜的青年。不過，又有人認為這裡是中國現代的典範，好過強大西方勢力扭曲且破壞的城市，例如上海。

儘管如此，廣州某些部分仍然受到帝國主義影響，〇．三平方公里的沙面島（當時的外國人稱「Shameen」）上有兩個外國租界。一八五七至六〇年，第二次鴉片戰爭後，外國從河流沙岸填築小島。來自賓夕法尼亞的貴格派信徒諾拉．沃恩（Nora Waln）在一九二四年搬進沙面島的一棟房屋，當時她的英籍丈夫喬治．奧斯蘭希爾（George Osland-Hill）被派到廣州郵局擔任局長；其中僱用了超過一百名外國人擔任要職，因為根據清朝簽訂的條約，須與法國人共同管理郵局。沃恩一九二一年來到中國，在基督教女青年會工作，後來著作廣受好評的《中國流浪記》（*The House of Exile*），描寫她與中國家庭深交的故事，但她其實大多待在外國人的居住地和被占領的中國。沃恩在廣州時居住於英國租界，附近是「沙面市議會」（Shameen Municipal Council）和較小的法國租界。[26]那是個美麗的地方，散步一圈只要二十分鐘，一路經過公園修剪整齊的草皮、「中國南方令人羨慕的」網球場、遊戲場、教堂、領事館、銀行、商行與船運公司。鴿子在白楊樹的涼蔭下四處悠轉。沙面島上有兩座橋通往中國大陸，這個設計也有控制進出的用意。沃恩注意到了，其他人也是，雖然沙面島是觀光景點，卻是排外且有諸多限制的地方：中國人甚至無法使用長椅；除了照顧外國小孩的中國家僕，而且必須在傍晚之前。[27]

如同多數外國控制的飛地，無論大小，沙面島也有中國沿岸常見的企業，如太古洋行（Butterfield & Swire）、匯豐銀行、怡和洋行（Jardine Matheson & Co）、標準石油公司、大阪商船株式會社（OSK）、日本郵船（NYK）、廣粵會（Canton Club）、共濟會（Masonic Hall）、維多利亞酒店（一名記者回憶這是亞洲兩家最差的酒店之一）。關稅局與郵局的總部都設在廣州外灘，但局長住在島上，島上還有大約三百五十名外籍人士以及一千名中國人。來自沙面島的觀點可能已經過時。英國殖民地部（British Colonial Office）的一名年輕的語言學生維克多．珀塞爾（Victor Purcell）覺得那裡美不勝收，但跟不上時代。他回憶：「我在寫作的同時，可以聽到樹上濃密的樹葉不斷傳來鴿啼。」四十年後，他依舊非常懷念。島上沒有汽車。英國總領事的交通工具是八人轎子，以總領事的身分地位在早期中國當然合適。但是，廣州的中國官員已經不坐轎子，他們搭乘進口汽車，行駛在寬闊的大道，武裝的保鏢站在側踏板上。總領事展現威望的方式還沉溺在過去的輝煌時代，有時，英國人的想法也是。某些珀塞爾遇到的英國人，家族歷史還可以追溯到鴉片戰爭之前的廣州，然而舊時印象沒有助益。從前墓園裡的教堂，以及曾經豎立在教堂和教堂庭院的墓碑、紀念碑，都為了蓋新路而剷除。沙面島充斥著歷史痕跡。對珀塞爾和同儕來說，似乎有大把時間說著無傷大雅的粗魯笑話。一本旅遊書簡潔地寫道：「廣州偶爾的騷動以及從三角洲運河來的海盜，對居民來說，增添的是趣味，而非危險。」28

廣州其他重要地點也有外僑居留，這些地點特色彼此似乎非常不同，但共同點都是試圖幫助中國，如廣州基督教大學（Canton Christian College），以及由鮑羅廷帶領而逐漸壯大的共產第三國際顧問團總部。雖然，美國的長老會和浸信會在廣州有多處中心，沙面島也有，但是基督教大學（中文稱為嶺南大學）是廣州最重要的傳教基地。嶺南大學於一八八八年創立，校園廣闊，位於河南島，隔著珠江面對市區。嶺南大學是所跨教派的學校，主要由美國人資助，但是一九二〇年代的傳教機構多數其實由中國及海外華人出資，因此嶺南大學的狀態並不尋常。教職員多數為美國人，和中國人的比例大約是二比一。嶺南大學象徵傳教事業正在全球改變，在中國也是，雖然中國看來似乎總是落後十年。大學代表傳教事業新潮又傳統的面貌。該校許多學生積極參與全國反基督宗教的活動，但他們同時也得參加星期日的禮拜。反基督宗教的活動在一九二二年開始橫掃中國校園，導致許多大學行政單位居劣勢。反基督宗教對課堂、例行公事、人事、校名，甚至學校所有人產生重大改變。但是，即使在進步的嶺南大學，某些老舊的方式依然停滯不前。一名學生說：「我們還是要聽傳教士無聊的宣教，每天兩小時，還有星期天一整個上午。」而且大多學生都「很討厭這種宗教訓話」。[29]有些資深教職員還是會把自己優先定位成傳教士；其他較年輕的則完全不遵守基督宗教，他們在那裡的身分是教育家。一名較年輕的美國講師厄爾・斯威士（Earl Swisher）把嶺南大學舒適的西式生活，與加拿大女性傳教士刻苦的環境比較，她們獨居在珠江上游的「福音船」，周圍全是蜑家。他認為那樣的刻苦環境是真正的傳教工作，獨立於時代之外，就像總領事的轎子。嶺南大學並沒有利用美國的身分尋求治外法權保護校園（英籍大新公司就有；一九二二年孫逸仙的砲艦轟炸廣州時，大新公司就掛著英國國旗），但還是成為杯葛和打擊帝國主義的目標。[30]

俄國人在他們的總部，生活一點也不簡陋，雖然第一位軍事顧問拜訪前線時意外溺斃。他們多半住在廣州東邊郊區唐山的房屋，雖然俄國人不和其他外國人來往，但外國人多半都是這樣。傳教士和生意人不混在一起，在家鄉遵守的小細節，到了國外往往還會變本加厲。珀塞爾和幾名顧問團的俄國人住在同一棟公寓，卻只有在公寓火警時才會見到那幾人，但他們大概不像他，躲進了一家酒吧兼妓院賭場；那是另一個政治派別的白俄難民佩卓夫（Petroff）經營的，那裡比較容易藏些麻醉劑。華北也有其他顧問團，一九二三至二七年間，約有兩百七十名男女在顧問團工作。政治探員中也有電影團隊，而且革命基地武漢之後還曾超現實地出現伊爾瑪・鄧肯（Irma Duncan）帶領的舞蹈團，她是現代舞者伊莎朵拉・鄧肯（Isadora Duncan）的女兒，也是社運人士。蘇聯顧問在廣州的生活和其他在中國的外國人沒什麼兩樣，雖然他們的性愛風俗習慣常成為大眾閒聊話題。他們搭人力車遊覽城市、採購、上電影院。就像所有外派中國的僑民一樣，他們也會尋找可靠的女裁縫；蘇聯顧問的裁縫則是嫁給廣州人又會說法語的非洲女人。他們也嘗試當地食物。小孩在社區裡出生，遇到什麼麻煩時，就舉家遷到安全的香港避難。鮑羅廷後來把他的小孩送到上海的美國學校。

剛從俄國來的顧問覺得同事已經順服於殖民地那些微不足道的舒適生活，雙方因而產生對立，軍隊與民間官員之間也是如此。在他們的回憶錄中，那些顧問美化他們和中國人的關係。亞歷山大・切萊帕諾夫（Alexander Cherepanov）寫道：「不像資本主義國家來的傭兵顧問，我們很容易在中國交到朋友。」[31]但是深刻的文化齟齬又是無所不在。某名俄國顧問曾向中國同事抱怨這裡的音樂很難聽、食物很臭；他們不會主持會議，連飲料都拿不好。[32]除了最後一個批評，其他都是外國人的標準怨言。一九二五年十二月，嶺南大學校長在私人聚會詢問鮑羅廷是否真的喜歡中國人，鮑羅廷聽聞「似乎頗驚訝」，「他想了想，說他沒有考慮過這個問題。」[33]意識型態上，這是不相關的問題。蘇聯的顧問就像在嶺南大學的傳教士教育家，他們也有自己廣泛的信念，但基本上是技術專家。他們也是來宣揚革命的傳教士，擅長的則是政治，而非基督徒的精神或道德革命。[34]

然而，沙面島不是唐山或嶺南，這裡依然是廣州最重要的外強據點。雖然看似無害又古怪，反而成為活生生的爭議。從沙面島引發的危機，可以看出外國控制的小地方，如何對所屬城市與中外關係造成影響，影響範圍遠超出小島面積和實際可見利益。局勢混亂時，廣州人如果不能逃到葡屬澳門或英屬香港，他們就會到租界尋求庇護，中國其他地方亦然。一九一九年五月四日，北京的交通總長曹汝霖就是如此。沙面島市議會將關閉橋上的大門，警察會保護他們，必要的話，海軍也會登岸，珠江附近就停著一、兩艘砲艦。儘管如此，載滿廣州人的船隻會擠滿島上的碼頭，尋求治外法權可能的微薄庇佑。一九二〇年起，外國政府的規定更為嚴格。治理英國租界的「土地章程與地方規章」（Land Regulations and Bye-Laws）並沒有禁止中國人居住，但總有諸多限制。所有中國居民都要向警察註冊，他們多半就是外僑或外商的家僕或雇員。還有一條記載於一九二四年某本書的奇怪規定，要求中國人天黑後必須提著燈籠進租界。

這些規定都無法阻止一九二四年六月，一名越南民族主義者在維多利亞酒店企圖刺殺法屬印度支那的總督。他沒有成功，但手榴彈殺死了其他五名法國公民。於是，更多限制出爐，過橋進入沙面島的人都必須擁有通行證。雖然爆破事件促使新規定產生，也有人表示若人人都知道租界儲藏物資，動亂時就會吸引盜賊，而時好時壞的孫逸仙政府當然也助長了這種危機。但是，規定的用意也包含將中國的觀光客和「不受歡迎的人」阻擋在沙面島之外，也避免他人利用規定牟取來往快速發展的上海外灘之捷徑。[35]這件事引起當地激烈反應，沙面島的中國居民抗議長達一個月，抗議造成微弱的警力棄逃，逼迫當局修改規定。不必身為布爾什維克才會每天被羞辱你的帝國主義和諸多成見惹惱。憤怒沒有政治界線，而憤怒的人會組成更廣大的抗爭。

華人在中國出入租界與出入租界的限制，一直都是中外關係的小型地方騷動來源。但五四運動後，新政治思維將從新稜鏡看待這類事件。加上社會與政治動員形式已經因五四運動進化並得到驗證，現在成為對抗外國政府的利器。其中包括勞工工會、貿易抵制委員會、罷工糾察隊員與宣傳小隊，無不紀律嚴明、效率高超。現在上場的是嶄新的抗議戲碼，近期的抗議人士從上次運動學習，再者，從前社會團體之間並不互相溝通，但是現在渠道敞開，並透過每次新的社會爭議重複啟動，不斷增長茁壯。轉捩點便是一九二二年一月至三月的香港海員大罷工。發動罷工的是甫成立的海員工會。由於戰後通貨膨脹，他們要求船運公司提高薪資。香港殖民政府試圖打擊、禁止工會。在香港警察開槍殺死數名海員後，罷工於是演變為政治抗爭，規模擴大至各行各業。十萬名罷工人士來自政府部門員工——正中英國政府要害。政府讓步，罷工勝利。這不是第一次，也並非最後一次，反對政治激進主義之人的行動，反而真正點燃了政治激進主義。[36]

孫逸仙在廣州的政府曾經支持罷工者，上千名罷工者四面八方地從各殖民地往港口上游移動。英國觀察員事後調查，還針對中國勞工熟練的運動組織能力提出警告。他們相信孫逸仙現在利用勞工動亂獲取支持，比起從前，新的政治氣象意味工人和各行各業隨時會為自己的利益挺身而出，有時甚至只是出於同情其他的抗議人士。

阻止動亂發生需要新的策略，這也包括鼓勵雇主改變態度。香港罷工結束後，上海公共租界代理警務處長在祕密報告中建議，公司應以同情的眼光看待合法的勞工要求，不管要求多不合理。他也認為，需要更敏銳的情報單位推測可能發生的事。他寫道，我們已經不能再發布誇張的公告或指望派出警察就能解決問題。[37]這是一份有先見之明的報告，於是，上海的情報收集活動增加，緊急應變計畫也更新。一般來說，此類機構與組織通常擅長處理已經結束的危機，而非即將發生的。不過，這是一份合理且特別具有前瞻性的分析，並提出數項建議。然而，一九二五年五月三十日，這份報告的先見之明淪毫無必要。一位公共租界的英籍巡長愛德華．埃弗森（Edward Everson）看見眼前龐大又狂暴的示威行動，頓時驚慌失措，下令錫克與中國屬下對群眾近距離開槍，造成十二人死亡。學生與勞工躺在南京路的血泊之中，就在那兩座光彩奪目、象徵中國現代化的百貨公司附近。原本因不滿日商紡織廠勞動情況而發動的抗議，爆發成衝突，演變為持續的全國反英運動。[38]巡長埃弗森以為群眾即將占領他所指揮的巡捕房，奮戰到了五月三十日當天，他認為自己守住了巡捕房，但英國在接下來的衝突節節敗退。五卅事件的慘案在中國全國，甚至在全球都引起迴響。這件事當然傳到廣州，而且廣州準備好了。

一九二三年起，鮑羅廷帶領逐漸擴大的軍事與政治顧問團隊，持續幫助孫逸仙累積國民黨的實力。蘇聯的資金和軍火大量湧進，地方可能的反對勢力也一一平定。一九二四年一月，國民黨全國代表大會中，鮑羅廷確定孫逸仙將以列寧主義的路線重組國民黨，容許剛起步的中國共產黨黨員加入國民黨，並指派其中幾位積極活躍的年輕黨員在國民黨內擔任要職。其中一位顧問認為，如此一來，一人的工作可抵十人。[39]這些遊歷世界的冒險家的共通語言是中國革命，以及他們頭號敵人的語言：英語。孫逸仙早年幾乎住在國外與香港，鮑羅廷成年後幾乎都在俄國外工作。在那張國民黨於廣州南方黃埔（Whampoa）新成立的軍校開學典禮照片上，可以看見鮑羅廷就站在孫逸仙旁邊。這位「貿易專員」靈巧地轉戰黨內強大且極具影響力的顧問職位。一九二四年十月，廣州地方人士不滿孫逸仙於廣州強徵稅收，而鮑羅廷卻大舉打擊地方反對勢力，造成重創廣州的事變。（譯注：即廣州商團事變。一九一一年，辛亥革命造成社會動盪，廣州商人為求自衛便於一九一二年成立廣州商團，在多次政權更迭一直保持中立，但若政策嚴重損害商界利益時，有時便會與政府抗爭。）此時蘇聯的軍艦載著整個貨櫃的武器和軍火抵達，接下來兩年，蘇聯更送進八萬枝步槍、二十四架飛機、兩百座大砲和三百支機關槍。[40]武器非常重要，隨著武器而來的顧問和機師也很重要；但黨內結構改組和嶄新的大型組織運作模式，才是國民黨勢力茁壯的關鍵。誠如早期有人評論，俄國人發現國民黨「不是一個黨，而是信念團體」。[41]但是，國民黨擷取軍事指揮結構的精髓，已經轉型為階層分明、權力集中的組織，並視自己為先鋒政黨。當然，若是黨中出現派系，可能會拖累或歪曲國民黨，但在該黨最強盛的時刻，全新的政黨組織能夠動員並吸引大量支持，繼而實現政治目標。在中國的經驗裡，沒有其他政黨能有如此成就。

然而，一九二五年三月十二日，五十八歲的孫逸仙因癌症英年早逝，國民黨的組織結構自然受到考驗。當時他前往北京與新的中央政府商談，病逝在顧維鈞家中。孫逸仙去世時，鮑羅廷和其他人在他身邊，很快地，前總統的遺風爭論群起。[42]蘇聯大使卡拉漢是葬禮的主悼者；另一個基督教葬禮則由孫逸仙的家人在同一時間舉行。其實，全國各地都有紀念會，孫逸仙的一生象徵中國尚未結束的多舛命運與受到壓迫的國際地位。他的革命事業一直慘不忍睹，但他的演說、遊說與公眾形象，已成為一位獨特的護國政治領袖。他似乎站在國民黨之上——如果不算真正脫離。他在後期試圖以國民黨為推手達成目標，從許多原本蔑視廣州革命政權的人身上博得認同。身為職業革命分子的孫逸仙，儘管不願成為一個象徵，仍幾乎成為真正超越政治之人。去世之前，他北上接見許多外國大使與觀察者，刺激全中國的政治氣氛，引爆了上海的五卅事件。[43]孫逸仙簡短的政治遺囑由他最親近的政治助手汪精衛草擬，後來成為革命奮鬥的教典。遺囑最重要的是中國的自由與國家之間的平等。結論寫著，廢除所謂「不平等條約」是重要任務。此刻，國民黨的權力落入三人統治的局勢，三人都是受過日本教育的革命分子：領導黨內多數左派的汪精衛、聯合保守派的胡漢民、舊金山出生的廖仲愷。廖仲愷持續提倡與俄國來往，並負責與共產黨結盟的細節。孫逸仙最後留下的文件包括一封致蘇聯中央執行委員會的信，命令國民黨繼續與這個平等對待中國的國家合作。這份文件鞏固廖仲愷的地位與草擬這份文件的左派，但孫逸仙並未簽名，反對者也不認同。

一九二五年六月，抗議行動遍布全中國，力討上海五卅事件的公道。此時，廣州的國民黨正在對抗與陳炯明結盟的軍閥。在俄國指揮下，國民黨在戰場表現優異，並利用上海屠殺引起的公憤。共產黨運動人士說服香港工會以罷工表示抗議，於是，六月二十三日先在廣州舉辦集會，隨後接著大型遊行。眾多遊行隊伍包括童子軍樂團、嶺南大學的百人隊伍及黃埔軍校武裝學生。那天風很大，氣氛熱鬧。這場革命一直很刺激。廣州宛如聖地麥加，吸引全中國興奮的年輕人。他們可以在廣州生活、工作、洞悉中國人的未來。那兒有其他地方不見的大量共產書籍和雜誌，公開販賣；而且新成立的組織尚有許多職位空缺。剛到廣州的人，日以繼夜的政治狂熱交錯私生活激烈的社會文化反動。年輕的激進分子改編孫逸仙有名的遺囑「革命尚未成功」——「愛情尚未成功，同志仍須努力」。月曆寫滿忙碌的革命活動，註記集會和遊行。三個月後，三月八日，一萬人走上街頭宣揚國際婦女節。[44] 六月二十三日，雖也狂熱，但不過也是另一個尋常的政治天，然而，火熱的廣州革命舞臺盛大演出了一項行動。

演講後，示威者潛入新的外灘，也就是與沙面島隔著運河相望的沙基（Shakee）。中國工人已經在某次罷工和抵制之後退出這兩個租界，外籍居民也撤離，現在由英國與法國海軍、民間的武裝義勇隊看守。他們駐守在沙袋後方的壕溝，面前是帶刺的鐵絲網圍護。他們頗為期待這座島被攻擊，而且已經選好亞細亞石油公司大樓作為最後防守地點。英籍的海關稅務司亞瑟．愛德華（Arthur Edwards）已經關閉辦公室，雖然國民黨政府請他不要關閉，之後這個舉動將成為他的夢魘。附近有超出常規的外國海軍待命：兩艘英國軍艦、兩艘法國軍艦、一艘美國、一艘日本。英國總領事協同指揮防禦。總領事前一天就寫信給市政府外交官員，請他們防止想要壯烈犧牲的煽動者或學生侵犯租界，「如此一來，他們就不會說英國的帝國主義殘殺無害的中國青年。」那天下午，他一反常態地仍相當清醒（他的小酌習慣當時眾所皆知），情勢非常緊張，那天天氣炎熱，眾人的脾氣更是火爆。[45]

我們不知道開槍的是誰，是打敗陳炯明後士氣大振的軍校學生？還是外國士兵和義勇隊？但我們知道接下來二十分鐘的屠殺，法國和英國二十七公尺外的機關槍朝著運河對岸掃射，至少五十二名中國人和一名法國人死亡。活下來的軍校學生努力回想，他們表示衝突持續一個小時才停止。郵局局長喬治．奧斯蘭希爾一手拿著左輪手槍，一手扶著舵把，子彈飛過頭上之際，讓快艇撤出幾名外籍婦人和兒童。傷者不計其數。紅十字會此時現身，攝影師捕捉到沙面島上殘忍的一刻：每一位試著在槍林彈雨尋找掩護，最後躺在門廊與碎石堆的死者面容。廣州各地民間和政府組成「沙基事件調查委員會」，提供罹難者的資料。半數罹難者是軍官學校的學生，其他也有大學生、店員、工人和學童：年齡分布在十五到七十歲。[46]另一張同樣殘忍的照片裡是維多利亞酒店門廊的歐洲人，他們掃射之後，臉上明顯露出滿意的表情。美國記者哈雷特．阿班（Hallett Abend）寫道，前一年轟炸事件的證據還在那家酒店，乾涸的血還沾在餐廳牆上。此刻新鮮的血凝結在對面美不勝收、開滿九重葛的小島上。

廣州的暴力事件，以及香港或上海公共租界的警察事件並非無端發生。怒氣翻騰，情勢敏感，事件頻傳。人們缺乏耐性、自制或常識。人們缺乏這些特質的原因來自許多潛藏在駐中外國官員與外僑文化之中，他們期待以武力解決問題，此舉無疑貶低了中國人的性命價值。二十七米外的機關槍毫無文明節制可言。許多外國人眼中，集會成員都是潛在的暴民。每次遊行，不管規畫多麼完善，即使口號和旗幟都事先報備同意，在許多外國居民眼中都可能是仇外暴動。當代政治運動完全被視為原始。英國等人看見的不是政黨員工、軍校學生或工會工人：他們只看見從前通商口岸的暴民攻擊：一八九一年的長江動亂、一九〇五年的上海等等（譯注：一八九一年長江沿岸諸多地區為反傳教士而燒毀教會相關機構、殺死傳教士與教民；一九〇五年上海發生抵制美貨運動）。最甚者，他們看見「拳民」。他們看見的不是民族主義者或反帝國主義的政治動員，而是看見「拳民主義」——仇恨洋人、通殺無赦。這個觀念深植外國人對中國文化的認知，從社會學的論文到大眾文化皆是如此。維克多．珀塞爾在許多方面都是一位敏銳的觀察者，但他並不認為廣州是座現代化的都市，而是現代化之前的城市。這並不表示英國官員和其他人沒有察覺中國的政治朋友——蘇聯——扮演的角色，也並不表示他們沒有察覺新興的共產黨勢力擴張或改組的國民黨，但他們把這些都當成表面易碎的殼，底下裝著根深柢固的仇外舊時情緒。與其說鮑羅廷是共產第三國際探員，他反而更像大眾小說裡抓小孩的魔鬼（其實，他很快就會變成這類新潮小說的人物）。47 他是救世領袖，是戲偶大師，操縱他的玩具攻擊英國人。見到上海和廣州慘死的屍體，以及在長江漢口的六一一事件（譯注：五卅慘案餘波未平，六月十一日英國水兵在江漢關附近用刺刀戳傷中國工人，引發暴力衝突，中國群眾死傷十餘人），中國的抗議人士在北京貼出海報，回應英國人的諷刺畫。中國人問：「誰才是拳民？」

「恨」是個強烈的字眼，用來形容許多中國人對於沙基慘案的情緒，卻很貼切。然而，若是少了灌溉，這頂多是個貧瘠的情緒。慢慢站上國民黨舞臺中央的是蔣介石，黃埔軍校校長，三十八歲，出身中國東方浙江省，在日本受過訓練，政治方面與孫逸仙關係密切。某位學者曾在蔣介石的文件找出一百則敘述和口號，將殺害事件之後的公憤指向英國人。法國人在沙面島的角色，以及日本人在上海的角色，都被巧妙地擺在一旁，好讓大眾的政治抗爭有效地對準英國人。口號的草稿寫著：「所有的英國『敵人』都該殺」；英國人是「野蠻人」；一定要「打倒」、「消滅」他們。他們是中國人主要的障礙，也是反帝國主義世界革命的障礙。「他們殺中國人就像殺豬、殺狗。」他在六月二十三日寫道：「別把他們當人。」「我出生就是為了洗刷國恥。」[48] 國民黨準備立刻對主要敵人英國開戰，但蘇聯的顧問反對，主張廣州太孤立，英國人最終會打敗他們。這樣的看法有點過度小心，畢竟政治活動不斷進化，全國反帝的民族主義也許會帶來勝利，只是可能要付出極大的代價：國民黨全新的軍隊無法全身而退，全國統一的目標將會延宕。取而代之的是費時十六個月，而且令廣州陷入極大抵制和罷工困境，重創英國當地與香港的貿易。中國共產黨的新興人物周恩來說：「鴉片戰爭後便不曾有過。」[49] 後來證實，自制是更明智的選擇。五卅慘案與相關的不幸事件，成為一九四一年以前英人在中國最深的傷口，而且徹底破壞英人的地位——完全是自找的。

蔣介石並沒有對英國開戰，但中國共產黨的黨員一年內翻漲十倍。當時基於利害關係結盟，起初就明顯的緊張關係越演越烈。一派擔心蘇聯顧問的角色，因為鮑羅廷已經浮出水面，成為革命黨最具影響力的人物；另一派相信，基於策略與政治的理由，社會革命是必要的。[50] 某些廣州之外的資深國民黨要角警覺到情勢發展。一九二五年八月，國民黨親共的主要人物廖仲愷遭到刺殺，此案更象徵左派與右派之間潛在的嫌隙。刺殺調查結果最終將罪嫌指向英國，然而，多位與此案相關的保守派遭到逮捕，部分避走，而右派領袖胡漢民被迫放逐。[51] 儘管國民黨的能力持續提升，尤其是武裝軍隊，蔣介石的地位也因此更高，但是，蘇聯顧問緊密的控制及積極能幹的年輕共產黨員，持續惡化孫逸仙死後尚未解決的國民黨領導人問題。不過，國民黨的工作繼續推進，並於七月一日正式改組為名稱響亮、野心勃勃的中華民國國民政府。

後來證實，無論在黃埔軍校大聲疾呼反對帝國主義與激進大眾政治，或是回頭打擊黨內左派，蔣介石都有能力勝任兩者。一九二六年三月，由於害怕黨內反對者攻擊，蔣介石發動反對俄國人的政變。效忠他的軍隊逮捕共產黨員，並包圍蘇聯顧問的總部。此事件隨後平息，但蔣介石的意思已經到位。風波之後，新任的軍事顧問主管斯蒂潘諾夫將軍（General V. A. Stepanov）列出幾點自我檢討：顧問團太緊迫盯人，主導中國的同事，而非指導他們；軍隊的政治宣傳太偏激，偏向共產主義、土地問題和反帝國主義；權力集中太快。年輕的共產黨分子一心急著控制國民黨，而非與他們合作後再轉化他們。「我們通常不注重中國人的習慣、風俗和禮節。」他繼續寫，「這可能不是什麼重大失誤，卻足以引發中國人對俄國顧問的不滿情緒。」蔣介石可能讀了拿破崙的故事，「欲求光芒和權力，渴望成為中國的英雄」，不過黃埔軍校的學生對司令官極為忠誠，而且他們多半來自不錯的背景。雖然他們是國家的革命人士，政治態度多半還是傾向保守。52

倘若換掉幾個詞，斯蒂潘諾夫的自我檢討也可說是傳教團體內部的懊惱反省：起初是反基督宗教運動，爾後同時還有傳教士在中國曖昧的立場（他們多半利用治外法權的方便獲得庇護，因此形同與在中國的外國勢力串通一氣）。不管他們覺得自己離沙面島多遠，他們還是屬於沙面島的世界。實際上或感受上，外籍人士盛氣凌人地對待中國同事，這樣的態度助長反基督宗教運動。上海和廣州的槍殺事件，強迫外國員工公開表明立場且選邊站，這麼做不但無法討好中國人，同時也得罪外國社群。沙基慘案緊接的餘波之中，嶺南大學一位英籍職員，也是守舊派的公理會福音傳教士，被從校園經由沙面島祕密地帶出廣州。厄爾．斯威士和其他多位美籍教職員都簽署了一份譴責殺戮宣言，但那份宣言採取中國人的說法，表示第一槍來自沙面島，而且遊行的人全都手無寸鐵。隨著大罷工迅速展開，學校關閉，斯威士和他的同事前往香港避難，卻被英國人轟走。53

蔣介石發動北伐，同時宣示他在國民黨的領導地位。對孫逸仙而言，廣州是達成全國目標的工具，廣州是統一中國的基地，但是陳炯明和其他地方勢力認為這種想法扭曲，甚至會傷害區域的發展和繁榮；而孫逸仙和陳炯明的對立部分便來自於此。一九二五年，國民黨的「國民革命軍」正式確立名稱。到了一九二六年八月，已成長為人數達十五萬的精銳大軍。國民革命軍訓練精良、組織嚴密，身為效忠國民黨的黨軍。國民黨內的政治工作非常重要，多數由共產黨員主導，但是軍官團私自對蔣介石無不忠心耿耿。這種重疊的文化將在之後顯現重要性，但是等到國民革命軍在中國各地點燃戰火、國民黨的新國民政府統一中國之前，這般重要性還未透出跡象。

浪漫的北伐大業也有痛苦的阻礙，但無論從什麼標準來看，都是壯烈勇猛之舉。[54]簡單來說，國民革命軍七月九日從南方基地往北，攻無不克。一九二六年八月十一日拿下湖南長沙，接著往北進入長江，圍攻武昌四十天，並在十月十日拿下這裡。十一月五日拿下九江，三天後又拿下江西的首府南昌。第二支軍隊從廣州東方出發進入福建，又從福建往東北推進。國民革命軍最終包圍上海；而國民黨也以南京為新首都，打開中國歷史新的一章。軍閥割據的中國忍受一九二四至二五年大規模且破壞性的混戰，混戰牽涉超過五十萬名軍人，這是一場真正的戰爭；引發這些衝突的人公開表現出的愛國壯志及重建國家的野心，但實際造成的是延長國家分裂。[55]隔年，國民革命軍掃蕩北方，進入山東，並派兵往北京前進。敵對軍閥的勢力崩潰，節節退敗；有的棄逃，有的轉向。馮玉祥一年前就歸順國民黨（譯注：一九二四至二六年間蘇聯透過軍事援助馮玉祥，勸說他加入國民黨），而蘇聯在馮於喀拉干（張家口）的駐軍地早已操作多時。軍閥的外國傭兵能逃的都已經逃了；專家顧問，例如張作霖兵工廠的指揮薩頓則立刻避走海外。南京的新政府還繼續對抗反對或反叛軍隊長達兩年，國民政府的實力每一年都進一步增長。俄國人重要的地位一直維持到一九二七年初：他們指導策略，有些在戰場上帶兵，有些執行飛行偵察任務，掃射敵人和運輸；行動之中也死了幾個俄國人。但贏得勝利的關鍵，仍是堅持政治理念並英勇作戰的國民革命軍，以及軍隊獲得的普遍支持。另一個重要原因，則是國民黨探員和敵人之間的豪賭。國民革命軍的軍隊晝夜血戰，許多對手察覺風向轉變，紛紛在被殲滅之前投誠。軍隊之間雖不見得有政治向心力，但是國民黨的中華民國國民政府的國旗仍得以飄揚，取代崩潰的北洋政府的五色旗。

這就是中國的外國租界開始恐慌的信號，信號遍及大使館與領事館、貿易遊說團體、報社、夜總會、商辦與世界各地的外交部。左派與右派之間、中共與保守派系之間、民間與軍方領袖之間，蔣介石與共產第三國際的顧問之間，醞釀多時的政治緊張局勢，原本要將此刻勝利的聯盟五馬分屍，但在分裂之前，聯盟已經帶來一場革命，完全嚇壞外強。書店裡堆滿大部頭的歷史著作，書名與外國媒體的恐慌一致：《布爾什維克化的中國：世界最大的危險？》、《中國怎麼了？》、《中國瘋了嗎？》然而，革命其實也令國民黨內部較為保守的派系緊張。煽動反帝國主義的情緒，利用對《二十一條》、巴黎和會與山東問題、南京路與沙基慘案的痛苦與憤怒，形成國民政府北伐強大的基礎。他們在分析中國的困境時，取巧地連結軍國與帝國主義，表示兩者彼此助長對中國的威脅，此舉果然非常有效。全中國的牆壁、海報、傳單與集會的口號，都見得到軍國與帝國主義。然而，這股動力也很有可能潰堤失控。雖然，許多國民黨領袖和迅速同情他們的人都在此時支持北伐，但他們已經沒有社會革命的胃口，甚至更懶得理會左派及來自俄國的盟友。廣州的國民政府於一九二六年十二月搬到武漢，鮑羅廷和他的團隊也一起過去，但權力已經往軍隊移動，移向蔣介石。最為激烈的廣州政治運動，此時也延燒到了武漢，蔣介石等人也在南京建立了他們宣稱正當的國民政府，與武漢政府對立（譯注：此即分別以蔣介石與汪精衛為首的寧漢分裂）。

由於北伐，國民黨開始與外國勢力摩擦，甚至即將到達大動干戈的地步。陳友仁嗅到衝突，於是在一九二六年十月，著手協調停止省港大罷工，但中外關係並未改善。如果國民革命軍的軍隊攻擊南京地區外國持有的建築或殺害外國人民，英國和美國的軍艦就會猛烈攻擊。上萬支外國軍隊已經派到上海、香港與天津防禦。英國海軍的艦艇來回巡邏長江。戰爭似乎一觸即發，但是，這是誰與誰的戰爭？某些觀察者，包括許多英國人都認為，經過兩年中國民族主義運動惱怒又痛苦的衝突後，英國與國民黨之間的對峙，其實代替的是英國與蘇聯之間的戰爭。中國只是這場戰爭的前線之一。一九二六年的英國大罷工似乎又開啟了另一道前線，一九二七年五月英國警察掃蕩蘇聯在倫敦的貿易委員會（ARCOS），搜走文件，並關閉一個顯然參與破壞性政治活動的機構。英國與蘇聯的外交關係破裂。到處都有開戰的言論。但現實局勢的改變使得英國必須想出新的中國政策，他們在一九二六年十二月公布策略，一九二七年一月又加入數個實質的單邊改革計畫。[56]但一切為時已晚。

不斷變化的局勢當中，最戲劇性的就是一九二七年一月三日到四日，長江岸邊漢口的僵局。區區七十五英畝的英國租界一直是衝突和爭議的來源，此處最常發生中國人出入與居住的老問題；一九一一年，英國的市政廳為了在衝突期間管控進出，甚至立起城牆和大門。市政和商會的爭議之外，情況又因中國人平日受到的待遇惡化。火上加油的是，英國的義勇隊在五卅事件抗議期間，又於漢口殺了八個人。反帝國主義的口號燃起大眾運動，幫助國民黨邁向勝利。國民黨的幹部和軍隊一起進入漢口。一九二六年後，租界區便不斷成為政治攻擊的目標。英國在天津的租界區發生反國民黨行動，國民黨黨員被敵人逮捕並處決，局勢因而激烈。因此，一九二七年一月整整兩天，英國某支海軍小隊阻擋憤慨的群眾；為了避免發生慘案，英國海軍撤退，國民革命軍進入租界駐守。兩天之後，英國的市政廳正式將行政權交給新成立的國民黨市政府。同一天，英國更小的九江租界也被示威者占領並洗劫。一九二七年一月四日，英國海軍退出漢口外灘，輕描淡寫地說，亞洲民族主義長久持續對抗外國帝國的歷史中，此刻極具象徵意義。歷史上首次，歐洲帝國的前哨敗給民族主義對手，而且再也收不回去。

接下來會如何？又是發生在哪裡？這些都是外國人的惡夢。他們害怕一九二五年的沙面島慘案，再加上他們長期執著中國人攻擊領土的幻想，並曾在一個世代前的拳民起義目睹惡夢成真。現在，隨著國民革命軍北討，五卅事件和沙基慘案的餘波仍舊蕩漾，中國境內上百處外國人居留之處，每個租界、居住地與傳教地點，每間外國人經營的學校或醫院，甚至每艘外國人擁有的輪船，都成為民族主義和反對帝國主義可能起事的地點。舉凡所有與中國同事、僕人、雇員及社區的關係，都受到考驗。學生和家僕罷工；教堂會眾要求脫離傳教團體自立；消費者的抵制重創英國貿易。街上的意外可能隨即演變成政治事件。更不用說戰爭助長了社會動亂。戰敗棄逃的士兵變成強盜（軍隊流出的武器落入罪犯手裡），小偷趁火打劫；戰勝的部隊實現長期呼喊的反帝口號。一股前所未見的人口遷移潮流往海岸擴散。一九二六年末期，上千名外國人遷往上海、廣州和天津，許多人搭船離開中國，人數非常多，尤其是傳教士，他們從此再也沒有回來。八千名基督教傳教士，僅有五百人留在原地。57

一切如同全球危機。各界紛紛預測骨牌效應。中國之後的下一個是否將是越南？或是韓國？也許是印度？阮必成（Nguyễn Ái Quốc），亦即較後人熟知的胡志明，他在廣州擔任鮑羅廷的翻譯，一九二五年春天在廣州建立越南共產黨先驅。印尼的革命分子、後來的共產黨領袖陳麻六甲（Tan Malaka）也曾待過這座革命城市。南亞的民族主義者活躍於武漢，印製書籍流通全中國。印度的英國政府派遣一名情報員到上海協同監視社運人士。一切就如同對抗共產主義的世界大戰。美國、法國與日本都加強武力。義大利、西班牙、葡萄牙及荷蘭的海軍與軍艦紛紛待命。英國派了兩萬名精銳「上海防禦軍」（Shanghai Defence Force）保護公共租界，這也是一九一八至三九年間最大的軍事派遣；皇家海軍援軍抵達，很多人搶著血染「紅軍」鼻子的機會。邱吉爾寫信給英國首相史丹利・鮑德溫（Stanley Baldwin），「毒氣的使用並不違背邏輯、情感與人道方面？」[58]

在上海，公共租界的政府等著。防禦計畫啟動；帶刺的鐵絲網護欄立起；外國軍隊的援軍就緒。漢口傳來的消息令人擔心。上海的外國警察持續與國民黨敵對的軍閥合作，以揪出並逮捕國民黨在公共租界和法國租界的探員，將他們移交。多數立刻處決。一九二七年一月下旬，警務的政治單位「情報室」討論找人畫卡通，做成政治宣傳的傳單和海報帶回中國。例如「蔣介石的邪惡面」、「把他畫成肆無忌憚、貪婪且嗜血的叛徒」。他們的結論是他最適合畫成「烏龜、水蛭、蟒蛇、狼與『走狗』」。[59]十週之後，四月十一、十二日，警察為保護租界而關閉圍欄和閘門，只准護衛車隊往北進入閘北，上頭載著上百名武裝男人，他們是當時顯赫的地下勢力杜月笙的手下。隔天，天剛拂曉，這些幫派分子便對勞工總部發動攻擊，目標還有其他與國民黨聯盟並由共產黨主導的動亂派系，這些派系在蔣中正的軍隊進入之前已經掌握上海。國民革命軍的部隊進來後，開始支持幫派的攻擊——反社會革命的運動應聲展開。一切都是經過計畫的。蔣介石三月二十六日抵達上海，而杜月笙和他的幫派是他抵達上海後首先會面的人。北伐分裂，兩方曾經互相競爭、現在互相攻打，多方派系開始靠向在武漢和南京自稱國民政府並且曾經對立的權力中心。四月十三日，一群和平遊行者在上海北方的寶山路反對鎮壓，卻被國民革命軍軍隊以機關槍掃射。死在國民黨手中的人數，大約是兩年前在南京路上被公共租界警察殺死的十倍。

蘇聯在廣州的介入對國民黨重生扮演極為重要的角色。蘇聯幫助國民黨黨內重組並成立軍隊。蘇聯的軍隊、金錢和指導對國民黨重組與北伐非常重要，國民黨因此得以控制中國的中心，並獲得其他地區至少名義上的聯盟。中國歷史上首次外強直接且全面地介入內戰。蘇聯採取折衷方式達成目的，藉由擾亂殖民地、製造中國動亂，從側翼包抄剛開始對抗蘇聯的歐洲敵人，並執行共產國際主義意識型態。「革命的傳教士」首先以廣州為中心，製造緊張與國際政治衝突；廣州順勢成為各地革命行動的總部，接著往中國的南方、東方與中心擴散，對外國政府（與他們的維安單位）和輿論造成重大影響。雖然就某些方面而言影響稍縱即逝——例如全球經濟危機、中日緊張關係和歐洲法西斯主義的興起，只會是《中國革命的悲劇》（*The Tragedy of the Chinese Revolution*）的模糊記憶——卻留下莫大的後遺症。其中極為重要的便是反史達林的伊羅生（Harold Isaacs），他也是著作《中國革命的悲劇》的作者；以廣州為場景的小說《征服者》（*Les Conquérants*）作者安德烈·馬爾羅（André Malraux），也撰寫了以上海起義與政變為背景的小說《人的價值》（*La Condition humaine*）。這些小說將一九二六至二七年的事件銘記在歐洲文化之中，將事件重新詮釋為個人生存危機的情節。馬爾羅寫下這些小說時從沒去過中國，他隔著安全的距離，將政治災難的苦痛轉化為藝術。

鮑羅廷也是這類藝術家，但追求的是共產第三國際，他是實用主義至上的藝術家。實用主義和槍枝及金錢一樣，是他的成功關鍵，並且造就國民黨核心領導人的團結，雖然這股團結之力已經四散成不同的武裝陣營。有些同僚批評他的作法，尤其是蔣介石肅清上海後那段重要的時期，發起批評聲浪的是剛抵達中國的羅易（Manabendra Nath Roy），他曾是反英國殖民的印度革命分子，也是中國共產黨領導張國燾口中的「亞洲之星」，但他也是「學者」與理論家，「滿嘴空話」。相反的，張國燾認為鮑羅廷「緊貼最重要的現實」。[60]

現實步步逼近，而且不留餘地。蘇聯的中國部署，在北、東、南紛紛遭受猛烈攻擊。一九二七年四月六日，在仍由張作霖控制的北京，主要的外國外交官同意警察搜查蘇聯大使館。英國軍隊在他們的使館附近圍成人牆，確保無人進入尋求庇護。結果搜出大量洩漏蘇聯在華機關地下工作的資料，此外，二十二名俄人與三十六名中國人遭到逮捕，包括共產黨高層與國民黨黨員。俄國人最終將被釋放，然而，至少有二十名中國人被火速處決，其中包括共產黨建黨元老李大釗。在天津和上海，蘇聯的領事館受到搜查並封鎖。外交信使遭扣押，通聯紀錄被搜走。鮑羅廷的妻子芬妮（Fanny）被逮捕，後來靠著高額賄賂才得以出獄。四月九日到十五日之間，蔣介石的盟軍和國民黨的保守派系攻擊廈門、寧波、南京與上海等地的左派和共產黨人士，攻擊地點甚至包括革命發源地廣州，就連省港大罷工的總部也未倖免。鎮壓過程，上百人被殺。恐怖滋長恐怖：左派在武漢和長沙反攻，逮捕並殺害政治敵人與任何可疑人物。但是，國民黨在武漢的左派領袖軍事力量衰退時，依舊看不懂現實的羅易轉交了一封史達林致中國共產黨的電報，下令他們撤離辦公室，並加速勢力範圍內的鄉村革命。他們決定受夠了，轉向他們的盟軍，並向蔣介石投誠。[61]

鮑羅廷在中國最後拍到的照片中，一張是一九二七年九月，他正在戈壁沙漠的臨時營帳獵捕松雞。一個月前，汽車和貨車各五輛的車隊從寧夏省銀川出發，載著各式各樣的人物，包括七月末和鮑羅廷一起離開漢口的蘇聯顧問、他的保鏢與廚師、陳友仁兩個兒子和美籍的共產黨記者安娜・路易斯壯（Anna Louise Strong）。[62] 國民黨官員在武漢禮貌地送他離開。雖然史達林的電報曝光，孫科、汪精衛等人仍然都來到了車站。馮玉祥提供他們安全路線，向北前往蘇聯控制的蒙古。遊戲結束了。雖然，一切看起來就像一九二〇和三〇年代徒步行經西北人煙稀少的外國探險隊，但探險隊不會帶著無線電操作員。這是逃亡中的政黨，不是探險旅程。蘇聯在中國的事業崩盤，能夠逃出中國的亦如是。同志情誼及整整四年的共事經驗依舊存在。他們帶著鮑羅廷取道一條安全路線，躲避國民黨所控城市裡的通緝。許多能逃走之人，最終也許還是會後悔九月底成功抵達烏蘭巴托（譯注：蒙古共和國首都）。因為他們多半沒能活過史達林的肅清，即使是機靈的鮑羅廷也萬萬沒料到。[63]

一九二七年春夏，反對左派的動作在中國全境越演越烈。共產黨本身在共產第三國際的命令下，發動一系列公開叛亂，卸下任何與國民黨合作的偽裝，奪下南昌與汕頭等城市，並再度失手。如果這些無意義的舉動不那麼血腥，我們也許還能將其視為鬧劇。十二月十一日由工人、村民與軍校學生組成的武裝部隊控制大部分的廣州中心，並稱此勢力範圍為「廣州蘇維埃」，宣布重大的社會與經濟改革。紅旗飄揚，但精疲力盡的城市沒有支持這番叛亂。商店關閉。廣州工人沒有表態。共產黨控制這座城市兩天，接著在十二月十三日，效忠國民黨的軍隊從湖南島外灘登陸，攻打裝備不全的共產黨軍，日以繼夜地屠殺。攻擊中沒有俄國人死亡，但他們隨後被帶去遊街，然後處決，其中包括副領事。上千人被捕捉槍斃，有些是叛徒，但多數只是同情者或不幸的旁觀者。許多人被綁起推上船，溺斃在珠江。載滿屍體的推車的相片在全球流傳。嶺南大學的斯威士近距離見證革命與報復。他寫下，街道「堆滿死人」，女人被殺害後的屍體赤裸殘缺。[64] 廣州年輕自由的女人，身上俏麗的西服與髮型曾經象徵廣州的現代化與國際化，現在卻被視為隸屬共產黨的標記。中國的北伐革命，在繁榮的都會處決無數頂著鮑伯頭的年輕女子，最後在一九二七年以雷霆萬鈞之姿拿下勝利。

第三章

——Chapter 3——

大地

革命進駐一座座城市。外國顧問一個接著一個來到中國，提供改革的形式、組織、資源，甚至革命的語言，現在卻一個又一個不是逃了，就是死在廣州街頭、在牢裡凋零，或尋求外國租界的保護（這正是反覆出現的政治諷刺）。上海的外國勢力和外交後盾已約略和國民黨形成聯盟，首次成功便是上海的四月事變（譯注：一九二七年國民黨在上海清黨的四一二事變）。一九二〇年代的冷戰，國民黨與外強聯手，對抗蘇聯、共產第三國際與他們在中國的探員。這樣的關係不容易，而且一直以來都很脆弱，尤其因為蔣介石和他的盟軍和從前來自共產黨的同志一樣，誓言削減外國勢力。現在，新的政權致力鞏固權力、威力、財力，不斷以勒索或遊說等方式，要求上海的有錢人借款或捐獻。偶爾做點綁架稍稍有所助益，直接抹除共產黨的汙點更是有效。情勢不只看起來，連感覺都像是反革命，尤其是外國的外交官、租界與居留地的政府都開始和國民黨合作。萬一新世界的城市革命失敗，也許，舊世界的鄉村可以彌補失衡？

彭湃出發尋找解答。「五月的某天，我開始農民運動。」彭湃在一九二六年出版的書中，娓娓敘述這段單打獨鬥的鄉村改革故事。彭湃時年二十九歲，出身廣東省東方海豐縣的大地主家庭。彭湃的家庭不僅家境富裕，人脈也廣闊，祖父經營木材、堅果油與房地產，獲利可觀，因而擁有大筆土地，以及鄉紳階級的地位與野心。彭家在海豐擁有的土地住了一千五百人。一度與孫逸仙結盟的軍閥陳炯明也是海豐人。一九一八年，受了許久舊式古文教育的彭湃，由於陳炯明的政策而獲選為當地留日學生。彭湃進了日本早稻田大學，接觸國際化的現代思潮，攻讀政治等學科，所學所見和早年在家鄉讀的孔子思想大異其趣。在那個風華正茂的時代，彭湃和許多留學生一樣投身政治活動。早稻田大學是社會主義運動的溫床。當時留日的中國學生，目睹山東問題與巴黎和會的慘敗之時，無不震驚如同雷擊。

一九二一年彭湃回到中國，當時擔任省長的陳炯明指派他擔任家鄉海豐縣的教育局局長。陳炯明希望彭湃這類青年回饋所學，帶領廣東進行全盤的學校改革。新的學校以完全「現代」與科學的學程，試圖為中國的再生打下基礎。陳炯明渴望的現代化還包括推倒海豐的城牆，建設向西直接通往廣州、向東直接開向汕頭的新公路。[1] 但是，彭湃回國不久，似乎就加入廣州的共產主義社會青年聯盟，在海豐與鄰近縣市策畫一系列將震驚全球的活動。[2] 看似無害的農民組織運動發展成血腥的鄉村革命，而農民運動後來竟也成為野蠻屠殺的代名詞。

中國閃耀亮麗的現代化城市非常容易引人注目，但是一九二〇年代的中國還是農村社會，絕大部分的人口還是靠土地吃飯的農民。土地所有權的形式相當多元：中國浩瀚的土地裡，擁有位於亞熱帶的地區一年收成兩次的稻作，也有連一粒米也種不出來的西北嚴酷乾燥之地，各地鄉村社會的性質自然因此迥然不同。僅能維持生計的耕作與高度商業化的農業並存。有些地區的人與土地連結緊密，有些人則依季節移居外地尋找其他工作，久而久之，各地形態便成了當地傳統。從首都往北延伸的華北平原和中國南方與東南方的山區省分，兩者之間的差異代表了中國鄉村形形色色的社會結構。與廣東省東方及北邊比鄰的福建省，類似彭湃家族的宗族控制土地，有時還須與競爭者對抗。一九二〇年，中國人口推估已達四億五千萬人，約是全球人口四分之一，人數高於歐洲，而且每十名中國人就有八名在某些人口密度非常高的地方居住與耕作。[3]

鄉村偶有向城市移動的潮流，例如上海每年都會擠進來自北方江蘇的社會底層鄉村移民。某些地區也有持續移入的現象，例如從山東省移入滿洲，或移入十九世紀遭到太平天國之亂蹂躪的省分；平原人口壓力過大時，人們會移入高地，當然也移到海外。彭湃提供了一些海豐因為移出而造成的影響。他估計海豐有六分之五的移民都移到海外，多數搭著外國人的船，循著宛如帝國筋骨的航線，抵達被殖民的東南亞。留下四分之三的人在香港當建築工人、小販或人力車伕。其他多半也在廣州從事相同的工作，有些又往北來到汕頭從事一樣的工作。他們的勞力如同貨物，他們隨時可以離開土地，又憑藉親屬關係和對祖先的責任與土地緊緊相連。他們在海外透過獨特的方言保持密切關係（廣東省的東邊並不說廣東話），並且把錢寄回家鄉，有能力時也會返鄉。海豐瀕海，位於香港東方，地理上和廣東省大部分地區之間隔著南嶺。十分之七的土地是山脈，如此隔離的特性也是塑造當地社會與認同的重要角色。那裡多數人是「福佬」（Hoklo），也就是早期北邊福建移民的後代，另外約三成是「客家」（Hakka），和福佬一樣是漢族，也是移民的後代，但語言和習俗不同。彭湃本身是客家，但他的家庭已與當地同化，他並不會說客家話。

然而，彭湃在早稻田大學學習的語言則是社會主義架構之下，關於改造與革命的語言。那兒特別關心鄉村教育和土地改革，這種社會主義式的辯論與思維深深吸引彭湃。理想的「新村運動」受到托爾斯泰的啟發高過於馬克斯，吸引當時各式各樣的中國觀察者，除了彭湃，還有同樣在早稻田大學留學的共產黨創黨人士李大釗；此外，這個時期最主要的還有滔滔不絕且積極倡導的魯迅胞弟——作家周作人。[4]雖然動機不同，甚至對於落實「新村運動」的理解也不同，但是談到釐清問題時，立場一致。對他們而言，中國二十世紀最大的挑戰不是城市，城市固然可以自行運作得當，因為城市會以不同的方式和程度與世界經濟連結。工業化逐漸穩健，速度更因世界大戰與隨之而來的和平加快。中國最大的挑戰也不是政治困境，政治困境必會隨著共和體制成熟與全國教育回春而進化。反倒是整個國家的心臟地帶——幅員廣闊的鄉村與上億農民，似乎才是中國重建最大的挑戰。他們人數太多，教育太少，生活太窮。農民似乎受困在貧窮的循環之中，中國當然也一同困於其中。

彭湃分析，自一九一一年革命開始，相對穩定的鄉村經濟便遭到破壞。長年務農的農夫越來越窮，土地所有權集中在少數地主階級。這個新興的階級勾結新興的共和體制，貪婪竊盜的政府利用暴力手段討債，毫不手軟地以各種莫名其妙的新稅榨取。例如新學校不論蓋在何處，對於鄉村地區就是一筆昂貴的稅收。彭湃也發現列寧思想的標準要件：「帝國主義」摧毀地方手工產業；「帝國主義者」控制關稅，維持高價；「帝國主義者」和軍閥結盟，在中國的土地打仗，並利用各種形式壓榨鄉村窮人支付戰爭費用。彭湃的政治分析主要是地主和農夫的關係變化，但其他分析觀點也同意鄉村社會經歷快速又混亂的變化，因此暗藏各種形式的暴力。[5]

在外灘散步，準備去自家夜總會吃飯的上海大班（譯注：大班是十九到二十世紀初在中國大陸或香港企業商行的外籍高階主管，原為粵語口語詞），若知道自己的身分竟然會影響遙遠的中國鄉村（他自認遙遠），必定非常不解。鄉村通常是他沒見過的世界，靠近城市且相對富裕的縣市也許大班還見過，休假時，他可能會去那裡搭船、騎馬或打獵。他可能會認為自己是透過某種「滴漏」的方式（trickle-down effect，譯注：財富從有錢人滴流到窮人），促進中國「現代化」。但是，說真的，他不會仔細思考中國外灘以外的事。然而，反帝國主義者看到的是整個中國，而且透過理論分析的稜鏡看待。

提到中國的鄉村經濟或社會，總是會被直覺認知為「退步」與「傳統」以及「饑荒之地」，而鄉村人民永遠生活在災難邊緣。英國社會學家陶尼（R. H. Tawney）一九三二年出版的社會研究經典中，某段話常被提起：「有些地區，鄉村人民的處境就像某個站在水裡的人，水淹到脖子，只消漣漪就足以淹死他。」[6]這種誇張的比喻可以延伸到中國境內所有鄉村，當地的苦難又因地主階級的貪婪與暴力壓迫明顯惡化，除此之外，還有大、小軍閥的掠奪。當然，其他地區的生活也可能與中國鄉村生活一樣困苦。許多鄉村家庭的日常狀態便是經濟嚴重匱乏。此外，氣候異常也可能造成重大災情，例如聖嬰現象。這就是一八七六至七九年華北饑荒造成至少一千萬人死亡的原因；一九二〇至二一年，同樣地區至少五十萬人因乾旱死亡。水災的破壞程度也相當可觀且帶走無數人命，更留下後續危難，例如食物短缺和作物毀壞。然而，中國國家的緊急災害救援能力，早在清朝末年就因為內憂外患而侵蝕殆盡。一般而言，由於新作物和農地開發，所以人口增加會提高糧食生產——「饑荒之邦」實為無稽之談。但是，即使如此，許多人還是相信中國若要進步，就必須解決體制的問題。

類似陶尼的外國分析者又加強這種觀點。一八七〇年代與後來幾次饑荒救援都有傳教士參與；他們在全球宣傳，為了幫助饑荒地區、提升關注、募集資金。「中國是正遭受饑荒災難的國家」，從此，這種想法根深柢固。[7]此外，傳教士的報告與其中用詞都將中國描述成保守、傳統且壓抑的世界。他們要在中國傳教並拯救中國，帶領中國走向相反、現代、高級的世界。傳教士在報告寫下中國「一成不變」等等未經思索且毫無意識的陳腔濫調。不只是傳教士，甚至像陶尼等社會科學家也覺得能如此形容。上海某場研討會就表示：「許多在其他地方已成為過往回憶的事情，在中國卻是正在進行之事。」中世紀歐洲的重要史學家艾琳・包爾（Eileen Power）在一九二一年訪問中國，覺得自己彷彿回到過去。[8]任何剛從外國汽船上岸的訪客、傳教士或包爾等遊客，甚至對同一年的彭湃而言，事實上，中國鄉村就像古代歐洲，那兒沒有機械動力，那兒是「封建」的社會與家庭關係，他們迷信宗教儀式和信仰，而且害怕改變。許多都市的中國青年也是如此認為；他們未曾到過外國，也以自己的城市為中心，觀望與他們越來越脫節的鄉村。

雖然廣州有許多盛裝打扮在時髦百貨公司閒逛的消費者，把革命當成流行，一面追求戀愛，又一面玩票政治。但是，彭湃並不空談，反而付諸行動，著手進行改變——他的改革起點就是他家的土地。雖然現代研究建議我們應該調整中國鄉村體制當時正歷經危機的觀念，但是，所有分析也都同意當時中國面臨許多問題，這些問題針對的地區不同，規模與複雜程度也不同，就像帝國主義與「軍閥主義」等一樣，這些問題也值得改革者與革命分子關注。[9]確實，一九二七年，共產第三國際與國民黨在武漢結盟的最後階段，爭議就圍繞在鄉村革命，因為這是羅易擅長的領域，而且類似彭湃的著作也令當時的人們轉而思考中國鄉村的能力與人口，以此作為鬥爭基礎。這不只攸關迫切或優先，而是戰略問題：廣大的鄉村人口難道不能成為銳不可擋的革命勢力？[10]中國能否從鄉村重新出發？回想一九〇〇年，華北鄉村大批人民組成武裝義勇隊，在拳民起義期間想將外國勢力連根拔起，如羅伯特・赫德等觀察者不斷思考倘若加以組織領導，這群人會形成什麼樣的能量？他寫道：「試想，武裝、操練、訓導兩千兩百萬或更多的拳民，並為其注入愛國的動機。」他們可以「拿回所有外國人在中國拿走的，並且帶著中國的旗幟和軍隊，前往今天許多幻想也到不了的地方，醞釀不敢想像的動亂和災難。」[11]

對中國共產黨而言，正統的馬列主義便隱含了此想法，而且目的正是實現革命：這股鄉村勢力將由都市的無產階級，以及像他們那樣的知識分子領導。但是，勢力仍潛伏，尚未開啟。

彭湃很快就疏遠了陳炯明與海豐當地仕紳。一九二二年夏天，他在教育局局長任內號召了學生組織五一遊行，也因而丟了工作。根據他的書，接下來，他不顧朋友建議，前往海豐鄉下尋找當地村民，朋友認為他浪費了時間和才能。彭湃寫道：

我穿著學生的白西裝，戴著硬帽，來到一座村莊。村裡一名年約三十多歲的農夫，看見我過去。他一邊堆肥，一邊對我說：「先生，請坐，抽根菸。你是來收稅的吧？這裡的人還沒搭過任何戲臺。」我回答：「我不是來收戲稅的，我來和你交朋友。因為你的生活很苦，我來聊聊。」那個男人回答：「啊。這是我們的命。先生，我改天請你喝茶，我們沒有時間跟你聊聊，請原諒。」

（譯注：彭湃的引言由英文翻譯為中文，非擷取自彭湃的著作。）

彭湃繼續寫道：「他說完，就走了。」誰能怪彭湃？一名穿著西裝、正經八百的年輕學生，與一名辛苦翻動肥料的農夫，這是一幅多麼不協調的邂逅畫面。兩個世界之間的鴻溝似乎無法跨越。當地其他人遇到這個革命新手，也以為他是來收租或收稅，或是什麼心懷不軌的密使。狗兒朝著他吠。家家戶戶大門深鎖。那天晚上，彭湃的家人為他幹的好事氣得不跟他說話。

地主的兒子發現自己和佃農鄰居說著不同的語言，過分禮貌又深奧，他們聽也聽不懂。他的服裝更是判他出局。幾經思考，彭湃修改了語調和說詞，重新選擇服裝。穿上適當的衣服後（或說他認為適當的），站到了廟口對面的空地（許多農夫上市場時，都會經過那間廟或在這塊空地休息）。他每天站在那裡，連續演講兩個星期，說著地主過得比努力工作的佃農還要好，這是多麼不公平的事，還提出「地主壓榨農民的證據」，主張「農民必須聯合起來」對抗這種情形。漸漸的，彭湃吸引一群固定的聽眾，但這群聽眾多半不了了之，因為人們看著這個地主家發瘋似的兒子在眾人面前出糗，只是當成笑話（書裡真的這樣寫，他的後代也沒否認）。他也發現因為彭氏家族收租，大約有三十人把他當成譴責的目標。終於，一、兩個人同意私下和他聊聊。某天晚上，他們聚在海豐市郊彭湃家的油燈旁。他問他們，為什麼聽聽他的想法這麼困難？他們回答，「換掉你穿的衣服，改掉你說的話」。此外，他們提醒他，人們沒有空閒時間，而且他們不認識你。他們說，必須有人介紹彭湃，而且是農夫相信的人。他們又說：「我們有些人在工作結束後經常討論你的演講。我們其實滿感興趣，但你的方法大錯特錯。」

從歷史中數次因稅收引起的叛亂或其他形式的抵抗就能發現，中國鄉村的人民非常有能力捍衛自身利益。鄉村人民不需要像彭湃這種去過城市的激進分子才能理解自己的處境，或找到捍衛利益的方法。海豐本身就有悠久的防衛組織傳統，例如紅旗黨與黑旗黨等，他們保護會員利益，爭取資源，懲奸除惡，而且三合會也很活躍。彭湃也說過，一八九五年，該縣也曾發生叛亂，雖然受到鎮壓，卻廣為流傳。一位名叫楊其珊的年長農夫，在當地以武術精悍出名，被當地人當成領袖。他找到彭湃，想弄清楚地主的兒子在盤算些什麼。少了與這樣的地方團體聯合，彭湃不太可能有什麼進展。此外，惡名昭彰的地主兒子竟然站出來反對父親，看起來真是有點虛偽。當地人發出實際警告：受過高等教育、後臺穩固的彭湃，說這種話當然不會有事。當地的仕紳終究會保護同類，而且基於尊重讀書人的悠久傳統，也會容忍受過教育的年輕人出面抗議，就憑這一點也會保全他。確實如此，人們總是特別禮貌對待彭湃，給他喝茶抽菸，就連反對農會的人也是，至少起初接觸時確實如此，再者，他還發現拉攏支持陳炯明的觀眾相當容易。但是，普通的村民起而抗議，可能必須付出高昂的代價。

儘管一開始並不順利，但是彭湃在自家對著一小群人講述的想法引起了足夠的興趣，組成了所謂的「農會」。他們也同意陪彭湃走訪其他村莊。那天晚上，他在日記歡欣地寫著：「就快成功了！」他們等到白天的工作結束後，晚上前往村莊，因為農村經濟的制度中，人們白天完全沒有空閒時間。新夥伴為彭湃引見其他人，與其像從前一樣馬上開始說教，他會先與他們問答，並靠著變魔術與留聲機，吸引更多觀眾。基督教的傳教士和英美菸草公司的業務員在鄉下推銷時，也用上相同的道具。儘管最近的煤燈已經進步為燃燒進口煤油，為漆黑的夜晚帶來光明，但在鄉下，畢竟夜晚沒什麼事情好做，所以現在招攬觀眾對彭湃來說已經不是難事。可是，他們不會加入農會。彭湃用了一種比喻描述農民的憂慮：「參加農會就像過河，這一頭是悲慘，那一頭是快樂，誰想要淹死在河裡？」於是他思考，如果所有人都一起加入農會，彼此就可以互相幫助過河，到達不同的未來。這個新生的組織開始介入小型糾紛，成功留住會員。人多勢眾，成功日漸容易。

雖然天真的彭湃起初只懂得以笨拙的方式走訪家鄉附近的村莊，後來卻換來一支快速吸引當地農村社區的組織，這不僅讓地方當權者害怕，最終還動用暴力鎮壓。一九二二年秋天，據報一天就有二十名新會員加入，農會和地區分部成立各式福利部門，包括診所。一九二三年一月一日，海豐總農會成立，宣稱代表二萬農戶，約估共十萬人，約占四分之一縣民。三月三日，農會舉辦「農民」

新年慶祝活動，約有九千人參加，其中三分之二是會員。現場有舞龍舞獅和煙火等一般新年慶祝，但也有政治演說和一場激進的戲劇演出，內容關於佃租爭議，進一步強調全面革命的重要。[12]彭湃擔任主席，楊其珊擔任副主席。表面上，這是一支互助防衛的組織。農會下設部門，調解會員之間或會員與非會員之間的糾紛，並從事教育工作。但是，農會的領導也會討論激進的社會改革計畫。隨著農會壯大的消息傳開，其他年輕的知識分子也前來支持。那年的佃租爭議中，彭湃動員六千人遊行至地方法官辦公室，抗議非法監禁農會會員，後來農會會員也獲得釋放。鄰近縣市也開始成立農會，其中包括著名的陸豐縣，於是農會內部開始激烈地爭辯策略。此刻的農會如此龐大，會員忠心耿耿，這股勢力接下來又該如何作為？

儘管陳炯明支持這個團體；不僅因為此組織與他的軍隊運勢成反比，而且他需要海豐作為安全基地。一九二三年七月，地方仕紳聯合起來打倒農會，囚禁許多幹部，包括楊其珊，甚至痛打他一頓。雙方爭執的越演越烈起於一連串天災，颱風接連肆虐海岸、摧毀作物，並造成嚴重水災。依照慣例，地主會降低佃租讓農民喘息，但農會的成功加深了對立氣氛，導致地主不願降租。為了抗議，農會首先發起拒繳佃租，其他行動接連發動，那年七月農會因此遭到鎮壓並解散。武裝民兵與警察攻擊農會總部、摧毀檔案，並控告他們煽動叛亂以及「妻子共有」（保守的社會不斷出現的具爭議指控）。彭湃逃到廣州尋求陳炯明支持，但沒有實質成果。

然而，在類似海豐與陸豐的鄉村社會，往往對組織相當忠誠。雖然社運人士試圖復興農會，反對者仍然說服陳炯明，最終於一九二四年三月下令關閉所有相關組織。彭湃則前往廣州，在改組為全新革命政黨的國民黨內，擔任「農民部」祕書。彭湃發現所有鄉村社運人士都發現的：鄉村社會運動是緩慢的事業，需要極大的耐心與同情的盟友。他不是第一個發起鄉村社會運動的人，也不是省內唯一一人，也有其他人因社會主義土地改革的論點啟發。[13] 就像彭湃，他們發現動員鄉村社群需要花費時間，也發現會付出慘重的代價，而且非常清楚各種合法或非法的勢力打擊。楊其珊入獄及獄中待遇就是血淋淋的證明。然而，鄉村社運人士幾乎總是找得到容納他們的組織，他們隨時準備運作。當被逼到極限時，他們當然也能起而捍衛自身，但彭湃等人希望建立的組織似乎不容易實現，就像彭湃遇到的第一名農人所說，他們挑戰的是「命運」，那不是什麼可以明顯指認的錯誤。

讓我們暫且討論一下專有名詞。對中國共產黨員與眾人而言，中國鄉村裡的農夫（farmers）就等於是「農民」（peasants）。但是，彭湃和共產主義者口裡的「農民」，就和許多新詞一樣其實源自日本。日本為了翻譯外國書籍中的「peasant」，因而創造「農民」一詞。中國許多外國書籍則是由日文間接翻譯而來，因此許多專有名詞，如「農民」、「共產主義者」與「社會主義者」等，都是由此而生。隨之而來的還有「封建主義」與「封建社會」整體系統的分析，以及其特色與歷史軌跡描述。一九二〇年代之前，多數外國觀察者會使用「農夫」一詞，將「農夫」變成「農民」的舉動是為了特定的社會觀點，而且暗示必須有所改變。如此一來，便將中國歷史上光榮（至少修辭上是）、社會基石且傳統認為良善的職業，轉而成為愚昧、退步的「階級」（另一個新的概念），而且需要救贖。同樣的，「封建」是老舊、不良且受到壓迫的，在馬克斯主義者的分析中注定要落入新興的中產階級手裡，而且「封建主義」、「軍閥主義」、「帝國主義」都是革命攻擊的目標。

彭湃在廣州成為「農民運動講習所」首位主任，也是農講所首批學生唯一的講師，學生多半是來自都市的年輕男性。[14] 此後兩年，農講所訓練了七百七十名社運人士，他們接著便下鄉進行組織運動，但對這些社運人士的多數而言，鄉村幾乎是另一個無法理解的世界。彭湃的講習中，非常強調實務訓練與經驗。他帶領學生到城市附近的鄉村，傳授他在海豐學到的事物：穿著打扮、言談方式、如何建立信任、尋找當地代表等等。農講所最後一批學生，不僅最大批，也是年輕的湖南農夫之子毛澤東指揮訓練的學生，他們甚至在一九二六年訪問海豐。彭湃講授他們廣州和東江流域地區的情況，此刻他們須親自考察。這一批學生也從他的著作受惠。他將海豐直至一九二四年的運動過程寫下，於一九二六年一月發表在毛澤東編輯的新期刊《中國農民》。

後來證明，在海豐建立的網絡相當有韌性。一九二五年，國民黨新建的軍隊兩次攻擊東方的陳炯明及其盟軍時，一九二三年看似瓦解的海豐組織再度復活。彭湃帶著講習所的畢業生進入戰場，軍隊前進時，彭湃的團隊緊跟在後，召集眾多鄉村人民舉行會議。同時，已經出獄的楊其珊等人帶領農夫隊伍攻擊陳炯明的軍隊，令他們撤退困難。[15] 據報，當時有超過三萬人在重建的農會總部前慶祝勝利，農會成為土地上當家的勢力。接著，再度血流成河。與農會作對之人若是沒能逃走，都將審判處決。某些人的土地充公以供組織活動。租金調降百分之二十五，當地成立武裝義勇隊。各種宗教機構都遭到攻擊。氏族的忠誠吸引更多支持者（此時，多數彭氏宗親都加入了他的惡業），但是，如此一來反而為當時的臨時政府製造更多敵人。戰亂造成社會動盪，引起更多暴力，走私與強盜趁隙而入，其中多半是落敗的軍人持槍所為。由於廣州局勢不穩，彭湃和手上的軍隊被召回，一旦革命軍的武力撤退，陳炯明和支持者又再度以手裡抓到的人償還血債。

此時的海豐陷入革命與反革命的循環。一九二五年十月，國民黨的軍隊重返，但傷害已經難以彌補。許多農會社運人士已經被殺。當地仕紳整備武裝隊伍，或指揮陳炯明的軍隊鎮壓反對勢力時，連僅僅懷疑涉入或與涉入之人關聯者一一成為目標。直到一九三〇年，鐘擺不斷來回擺盪，海豐和鄰近縣市持續混戰，當地的社會天翻地覆。鐘擺每盪一次，便暴力四起，兩方反覆復仇，社會秩序全然瓦解。一九二六年三月，蔣介石討伐廣州共產黨員的舉動徹底改變了氛圍，反而給大眾所謂「布爾什維克」政權的敵人壯膽。但是，隨著北伐進展到長江，蔣介石的反共立場越來越明確，紅色勢力據點鼓勵自己堅持並加強鬥爭。中國共產黨遵從共產第三國際的指示，展開一連串如黑色鬧劇般的都市叛亂，每每必定濺血，也每每難堪地逃亡。但是，一九二七年十月，彭湃等人在海豐與鄰近地區從國民黨政府手中奪下權力，並於十一月二十一日以勝利之姿宣布成立「海陸豐工農兵蘇維埃政府」。接著，他們大肆展開土地徵收，燒掉地契並殺害地主與其他「反革命者」。根據眾人說法，一九二六年那份報告和藹可親的敘述者也參與其中。一九二二年站在路邊的地主之子，糾纏路過的人聽他說要怎麼改善他們的生活。到了連續三天慶祝蘇維埃政府成立的大會上，他在大會高潮時，手裡拿著長刀，抓著捕獲的新政府敵人，把刀架在那人的脖子上，揮刀砍了那個人的頭，然後和其他新蘇維埃政府的幹部一起坐下享受宴會。[16]

「回家的時候，」彭湃在慶祝大會閉幕時告訴觀眾：

> 每個代表至少都要殺十個反革命分子，而且必須帶著農民和工人再殺十個，每個代表總共要殺二十個：三百個代表，一共會殺六千個。但那樣還是不夠，因為一定會有漏網之魚……我們要殺！殺！殺！直到汕尾港口和馬宮岸邊的水都變紅，所有兄弟的衣服都染上反革命分子的血。[17]

所以他們殺！殺！殺！殺掉他們的敵人——牧師、基督教徒、間諜、地主、軍人、氏族領導。他們殺人，為了算舊帳與報復之前殺人的人；他們殺人，為了證明對目標的堅持；他們殺人，因為他們害怕不能證明對目標的堅持；他們殺人，為了確保不留未來報復的活口；他們殺人，讓猶豫之人看看受害者被踩在腳下；他們殺人，因為艱難的革命要站上血色的舞臺；他們殺人，純粹因為他們可以。四竄的難民描述小孩殺大人、政府殺老人、食人肉的故事——一場勝利的饗宴。故事在流傳過程中也不斷被加油添醋，他們的敵人為宣傳也誇大其詞，新聞報導寫成恐怖事件，蘇維埃政府極端暴力的故事在全球成為頭條。估計約有五千人被殺（離彭湃的目標也不遠）。但是，畢竟，這是革命，而且一九二七年十二月，蘇維埃在廣州的敵人對手下敗將也毫不憐憫，其中包括海陸豐參加起義的民兵。鐘擺已經向蘇維埃的支持者展現過，一旦自己被推翻，當地又會展現多少憐憫。

革命恐怖不是海陸豐所發明。西方人描述法國大革命最暴力的時期就經常見到這個詞。另一個與革命恐怖緊密相關的字詞，甚至可以定義為革命恐怖的工具，那便是「斷頭臺」。但是，俄國布爾什維克權力的團結與鞏固，成為中國共產黨主要的模範，將恐怖的思維、語言與行為視為正常。[18]當地的暴力文化也是原因，例如海豐傳統的旗黨。但一切的殺戮都不能拯救海陸豐的蘇維埃政府。為了保全自己，彭湃實施激進且恐怖的擴張政策，一開始成功往東，但這種政策鞏固另一支聯盟回頭鎮壓。因此，他的敵人在一九二八年二月回來了，歷經十天激烈的戰爭，國民黨軍隊拿下海豐，摧毀蘇維埃政權。農民群起奮戰，但義勇隊不敵受過專業訓練的對手。其後，另一波報復行動再起，但彭湃和支持者在西北的山區重振旗鼓，在大南山建立新的蘇維埃。這一次的蘇維埃政府維持超過四年，掠奪附近的低地，侵犯當地村落、城鎮、警察和軍哨；也吸引各種支持者：被趕出城市的社運人士、因為省分禁止鴉片而威脅生計的客家、投機者和土匪。[19]主要的資金來源是綁架和強取。一九二八年末，彭湃前往上海，擔任中國共產黨的組織高層，卻遭到出賣與逮捕，並於一九二九年處決。和他共事的許多家人在接下來的幾年也相繼遭捕、處決。

極度兇殘的海豐蘇維埃化身鄉村共產主義勢力艱難且偏執多疑的堡壘。一九二七年後，被打敗的共產黨叛亂者撤退到山間要塞，尤其是廣東東方、福建與江西的高地，當地因而經常出現兇狠的內鬥，以及為了推翻地主階級、「暴君」和「地痞」的動員計畫。[20]鄉村動員一直是國民革命軍北伐的核心策略。農民講習所的畢業生皆下鄉幫助軍隊鋪路，鄉村的社運人士則從實質方面幫助軍隊進攻。於是，他們也在鄉村燃起戰火，成立「農會」，煽動降租與土地重配，最有名的則在湖南。然而，在國民黨眼中，此舉一直只是一個戰略，本身並無社會或革命政策的意義，目的則是摧毀敵軍和敵軍的支持者。[21]黃埔軍校的學生是國民革命軍的核心軍隊，他們是鄉村仕紳的兒子：他們要的是軍事勝利，不是社會革命。然而，這種經驗卻為數量不多但逐漸成長的共產黨社運人士，提供一條通往不同未來的道路。

毛澤東則是這條新道路上最能言善道且富遠見之人。如同彭湃，社運人士也發現農夫需要長時間的動員時間，但是一旦行動，動作便非常快速，宛如洪水衝破水壩。毛澤東表示：「目前農民運動的興起是一個極大的問題。」他繼續，「其勢如暴風驟雨，迅猛異常，無論什麼力量都壓抑不住。他們將沖刷潰破一切束縛的網羅，朝著解放的路上迅跑。」[22]他敦促他的同胞「迅速地選擇」，他向「每個中國人」詢問：農民崛起時，你要站在哪一邊？農民一旦行動，暴力行為就會越滾越大。他總結：

畢竟革命不是請客吃飯，不是做文章，不是繪畫繡花，不能那樣雅致，那樣從容不迫、文質彬彬，那樣溫良恭謙讓，革命是暴動，是一個階級推翻另一個階級的暴烈行動。

這一段出自毛澤東針對湖南農民運動所寫的報告，一九二七年三月發表。如果彭湃親切的言論為的是善意描述啟發道路上的種種想像，那麼，說出這番話的毛澤東，則是為了幾乎控制不了的興奮，以及這場宛如顛覆社會的嘉年華帶來的喜悅。農民要他們的敵人戴上尖帽遊街，農民「躺在」地主女兒的床上，他們無所畏懼，毫不遲疑。毛澤東眼見湖南在幾個月內就形成了一股強大的力量，他表示，孫逸仙搞了四十年都搞不成。他敦促他的同胞看看鄉村，將感到「前所未有的震撼」。鄉村窮人的力量若是釋放就會橫掃鄉村，一旦釋放就會極度暴力。由黨的社運人士馴服並指導恐怖的行為，就是共產黨鄉村革命的關鍵。毛澤東主張為摧毀革命的敵人，「製造一陣子的恐怖是必要的」，這種想法很快就變成了黨內專屬的作風。

之後幾年，毛澤東的報告皆須仔細編輯。接下來幾個官方版本都經過修改，確保報告適當呈現無產階級領導在湖南扮演的重要角色，否則從馬克斯主義來看，這是份不正統的資料。毛澤東此時對於馬克斯主義理解多少並不明確。他和共產黨多數人與盟友一樣，先受到行動和革命吸引，隨後才確立意識型態。毛澤東在一八九三年出生於湖南省湘潭縣，自稱「貧農」之子（譯注：中共於農村推動土地改革時將人口依經濟情況分為五種階級，分別為地主、富農、中農、貧農與雇農），由於天資聰穎、具好奇心，受到羅賓漢等大眾文化的英雄啟發，又遇到一些激進的老師，在湖南省會長沙換過不少學校。他在長沙成立讀書會，並在一九一八年前往北京，在北京大學擔任圖書館員，在圖書館櫃臺工作時，利用工作優勢認識了許多當時主要的知識分子。他經人介紹與當時大學的圖書館主任李大釗見面，並透過李大釗認識更多受馬克斯主義與俄國革命吸引的社運人士；他也加入了激進的社團。毛澤東一直受到無政府主義暴力吸引，但他將被共產第三國際的代表網羅，成為一九二一年中國共產黨創黨元老之一。除了一九一九年沒什麼火花的「新村運動」，毛澤東在一九二六年之前對鄉村問題，以及他自己成長的鄉村世界，都沒顯現太多興趣。他在湖南的經驗改變他的焦點，但他的結論被一九二七年的共產黨領導階層拒絕。他想吹起鄉村鬥爭的號角，這想法卻深埋在黨選擇於城市起義的政策之下。此外，一九二七年四月末，蔣介石前所未有地以浩大規模整肅共產黨，共產黨更注定要控制並勒住湖南即興的暴力革命。[23]

當毛澤東得意洋洋地發表他在湖南的報告，另一個討論中國鄉村經濟問題的重要著作正準備出版。作者是美國農學家約翰·洛辛·卜凱（John Lossing Buck）。一九二七年三月二十四日當天，紀律不佳的國民革命軍占領南京，進入南京大學打殺外籍人士，他急忙抓起放在家裡的初稿。士兵心中充滿反對帝國主義的激情，直接攻擊革命的敵人。卜凱和家人躲在家僕的家中逃過攻擊，其他外籍人士則在美國與英國軍艦設下防線後撤離南京。動亂平息後，他們被帶到美國的驅逐艦，送到上海。[24]一九三〇年該書出版，題名為《中國農家經濟》（*Chinese Farm Economy*），這是首部經過長年調查中國鄉村經濟困境的研究，成果豐碩，之後更持續產出許多資料。卜凱的著作結合兩條主軸，一是熱中調查的新共和體制希望得到統計數據，另一是越來越憂心鄉村問題的傳教士與中國的基督教。卜凱的家庭度過一九二七年的難關，表示第三條主軸即將開花結果：他的妻子賽珍珠（Pear

Sydenstricker Buck）已經在醞釀劇情和人物，她所創作的小說在一九三一年獲得普利茲獎，那便是描繪中國鄉村社會的《大地》（*The Good Earth*）。

賽珍珠想要傳達中國鄉村生活的特色與當地人的心態，卜凱則想要事實。想要解決問題，便必須先確定真有問題，然後瞭解問題概要。接著，執行法律或相關政策還需要資料。建立國家必須知道國家代表、控制、整頓些什麼。一九一二年新成立的共和體制一直專注在國家需要國歌、國旗、頭銜與裝飾、慶典與制服，還有資料，非常非常多的資料。[25]國民黨的國民政府比起其推翻的政權，似乎更熱中調查。外交官也是如此熱中，他們經常收到抱怨，抱怨來自外商和其他被追問各種統計數據的利益團體。不只是中國政府遇到此現象，外國也經常責備中國的資料欠缺真的很惱人。經常有「中國和其他東方國家都一樣，完全不在乎統計」等評論。因此，新政府部門、中國的大學和研究機構展開各式各樣的調查與資料收集。[26]就連彭湃一九二六年的報告也能看出當下注重統計的心態，他的報告特別寫到關於教育、移民、土地持有與租賃形式等調查。當然，調查比行動簡單多了，但無論如何還是需要資訊，更不用說中國農村的資訊。

一九一五年，卜凱以美國北部長老會農業傳教士的身分來到中國，並在安徽省南宿州服務。身為農夫之子（這幾乎是入選美國傳教事業的條件），卜凱畢業於康乃爾大學，而南宿州的任務看來正好符合他對農業工作的興趣。這樣的任務也許能夠幫助教會發展，甚至幫助教會募款，但卜凱逐漸將重心轉移到農業工作，而非將之作為傳教工具。一九二〇年，卜凱在南宿州的模範農場和地方農業教育的資助中斷，於是接受南京大學農業森林學院的教職。他在南京大學持續進行統計工作，希望能夠建立具體資料，瞭解鄉村問題，包括他在安徽親身體驗的問題。[27]他主張如果中國想在世界的統計數據占有地位，就需要「可靠的統計」，再者「自我改進之前，需要自我瞭解」。卜凱的結論是，中國農夫最需要貸款管道。在他眼中，他們也需要教育，但一般而言，只要沒有氣象災難等緊急事件，他們似乎過得還算可以，至少調查樣本是如此。此結論建立在和平穩定的社會，但是，實際上一九二〇年代的中國並非這樣的社會。卜凱的研究對象經過特地挑選，儘管眼前的證據顯示鄉村破裂，他似乎依舊無視。即使盜匪對著他開槍，他也不放棄自己精心安排的統計數據。[28]

他的資料並沒有反映南宿州生活的艱辛。南宿州距離南京往天津的鐵路不遠，約位於上海西北方四百八十公里。賽珍珠的私人信函以及《大地》一書確實傳達更多關於卜凱夫妻去過的鄉村的資訊——那個疲乏、陌生的世界。[29] 一位年輕的英格蘭公理會傳教士瑪喬莉・克萊門特（Marjorie Clements）十年後抵達距離南宿州西北六百公里的滄州，她的信裡描述的是常見的失望：「泥土、噪音和混亂」，疾病、粗魯和對她而言的「不道德」。[30] 然而，就與多數傳教士一般，他們過分強調此情況，她只看到想看的，包括那些不願看到（或聞到、聽到的）卻避免不了的，諸如暴力事件、貧窮、缺乏標準的衛生習慣。雖然卜凱夫妻或克萊門特等傳教士住在「內地」，四周都是鄉村，文化上他們仍與家鄉相連，就和住在沿岸的外國社群一樣，例如上海或賽珍珠童年長時間待過的長江沿岸城市鎮江。[31]

農夫的困境、「無知」，以及中國鄉村社會偶發的暴力與「骯髒」等描述，經常在外國觀察者的書信和文學著作出現。這些主題非常常見，常見到足以成為真實報導，但是，描寫世界各地鄉村生活的著作也會出現類似的敘述，無論是一九三〇年代羅伯遜・斯科特（J. W. Robertson Scott）刊登在《鄉村人》（*The Countryman*）的文章，憤怒地書寫英格蘭鄉村的貧窮現象，甚至賽珍珠談到卜凱在紐約州老家的農場也是如此。[32]都市人在任何鄉間受到的驚嚇程度都很深，但是都市窮人的生活和世界也很令人震撼。亨利・梅休（Henry Mayhew）在《倫敦窮人的辛勞與生活》（*The Life and Labour of the London Poor*）書中描述維多利亞時代的倫敦，彷彿另一個星球；卜威廉（William Booth）的《最黑暗的英格蘭》（*In Darkest England*）講的是自己國家內「底層百分之十」的生活。愛德華時代與一戰後的英國，就如同報導中的中國，斷炊是每戶人家常見的事。全球窮人生活常見的髒汙、無知與臭味，歐洲城市的報導也有。喬治・歐威爾（George Orwell）在《通往威根碼頭之路》（*The Road to Wigan Pier*）直白地說「低下階級的臭味」。他在書中寫到，這些想法出自認為自己不是勞工階級的人，而且理由充足：乾淨要花錢，他們當然臭。歐威爾還從毛姆（W. Somerset Maugham）的《中國小景》（*On a Chinese Screen*）一書引用中國的例子，毛姆書中對英國窮人的看法也是如出一轍。毛姆主張，中國人沒有注意到自己的處境，因為他們「一輩子都住在非常臭的環境中。」[33]

該如何理解與描述中國鄉村，已經不是問題。出生於康乃狄克的公理會傳教士亞瑟・史密斯（Arthur H. Smith）在一八七二年後定居於華北五十年，一八九九年，他的著作《中國鄉村生活：社會學研究》（*Village Life in China: A Study in Sociology*）是評論中國的先驅。他說，鄉村是「小小的帝國」，「若經過調查，我們就能從更好的立場，對任何需要修正的地方提出辦法」。他的修正方式大概就是：中國的問題很多，而基督教「遲早可以解決所有問題」。[34]一九二七年八月，卜凱想必已經搬離鄉村。雖然那一年他曾說，應該進行「鄉村社會調查」以找出「教會應該對抗的問題」。他也倡導應該推廣「較佳的農業與鄉村社會改良」，因為那「就是基督教的行動」。[35]廣義而言，傳教事業也一面正在進化，「社會福音」的思想與組織扮演要角。許多傳教團體推動醫療與教育工作，並以此與可能改信的人接觸。此外，就像卜凱的主張，這些活動越來越常以基督善行為基礎。但是，這類傳教活動在二十世紀期間的中國各各宗教領域皆越來越盛行。各式各樣的社會福利相繼發展，當然也包括基督教青年會所推動的。一九二〇年代初期，學生領導反基督宗教運動，將傳教任務、外人居留與帝國主義都扣在一塊兒，加速了改變。傳教事業面臨危機，加上國民黨一九二六至二七年北伐，導致許多傳教團體修改策略，轉而加入中國基督宗教協會（Chinese National Christian Council）主導的社會改革與福利運動。他們知道，若傳教事業想要存活，他們必須真正幫助中國解決現實問題。[36]

卜凱從美國社會科學研究會與洛克斐勒基金會資助的太平洋關係研究所（Institute of Pacific Relations）得到一大筆經費，他的事業因此突飛猛進。這個中立的研究組織於一九二五年在檀香山成立，為紀念威爾遜的國際主義，試圖確切瞭解太平洋邊陲國家的問題，與理念相同的單位建立聯盟，和各式敵人對話。[37]《中國農家經濟》就在它的贊助下出版，卜凱帶領了規模更大的團隊整理並分析來自中國一萬七千個農地區域的資料，集成三冊《中國土地利用》（*Land Utilization in China*），並在一九三七年出版。他的工作也吸引了國民政府的注意與資助。卜凱在南京的中外同事人數不斷增加，而且訓練了一批中國學生。他們的著作廣為流通，研究內容也經常在太平洋關係研究所的年度論壇等會議發表。統計分析因此注入了更多數據，例如，一萬七千個農地樣本中，土地持有的大小和形式、種植的作物、戶口經濟的細節，甚至是家具清單（家具木頭是否抛光？是否塗上油漆或亮光漆？）資料全為敘述，完全沒有提出政策建議，就連可能的問題評估也不超過五行。[38]就在三冊套書即將付梓之際，傷亡慘重的對日戰爭一觸即發。而在此書研究與寫作期間，共產黨開始進行後來所謂的「土地革命戰爭」，衝突地點包括大南山，江西蘇維埃共和制訂的最戲劇化之革命土地政策也展開。卜凱描述中國鄉村，而共產黨則是即將著手改造中國鄉村。

但他們不是唯一想要改變世界的人。卜凱在先前的著作確實提到解決方法，他指出另一個改善中國鄉村的重要途徑：教育。彭湃認同鄉村教育的重要性，海豐農會發起許多教育措施，但不如拒繳租金、土地充公、民兵組織、蘇維埃權力的兇殘來得戲劇化，因此經常被忽略。不過，卜凱與賽珍珠兩人一再為了教育工作回到中國，耶魯大學的畢業生晏陽初（英文名字是James Yen），也正在華北推動重要的鄉村重建運動。晏陽初生於四川，在傳教士學校接受教育，一九一六年赴耶魯大學。他是基督徒，也加入基督教青年會的行動。一戰期間與之後，他和許多年輕的中國基督徒知識分子進入中國勞工旅。那時，他先教勞工識字，很快又為他們辦方言報。中國勞工旅的經驗令他領會新式大眾教育對於重建中國社會極為重要。[39] 民主化與擴大教育是新文化運動與五四運動的核心。他們主張就連書寫文字也需要改革。隨著白話文書寫與教學逐漸盛行，古典中文或文言文很快就被拋棄。晏陽初在西線發現兩種無知：第一種無知是他在中國工人身上看到許多令中國蒙羞的舉動，如吐痰；更重要的是，他發現自己對廣大同胞的無知，他的同胞們工作認真，而且只要有機會，不只渴望也有能力學習。

我們從賽珍珠和克萊門特的著作發現中國鄉村帶給他們的衝擊，類似晏陽初之人的衝擊也一樣強烈。數以百計或更甚數以千計受晏陽初所推行的運動而鼓舞的男女，也與外國人一樣感到不自在與奇異。這位耶魯的畢業生就像彭湃一樣到國外尋找靈感，也和彭湃一樣在廣州的同胞間尋找資金。彭湃受到日漸激進的社會主義行動計畫啟發，晏陽初則跨過太平洋，逐漸往外發展，最終觸及白宮。但他的起點是鄉村，北京西南一百九十三公里的定縣。晏陽初一九二〇年七月回到中國，首先他參與規畫中國基督教青年會創辦的「大眾教育運動」。這個運動的策略是動員大眾，建立全新且長久的基礎，提升大眾識字率。他們首先舉辦激勵人們的集會和展覽，接著為志願教師編寫「千字」入門做為課堂教材，學生趨之若鶩。這個運動的故事很精采，利用聰明的推廣策略與宣傳活動，獲得支持與資助。晏陽初以及他與美國的交情便是這項運動最珍貴的資產，他能獲得來自美國的金援。識字是改造公民與國家之鑰，提升男人和女人的素養，以及中國文化與政治地位。試想，晏陽初於一九二八年在美國對觀眾說：人民識字就能提高收入，而且儘管只是少量提高，「他們就能買你們昂貴的農地機器」。再者，如果四億中國人都能攢一點錢，「一年買兩份《週六晚報》」，你能想像《週六晚報》會多賺多少錢嗎？[40]這種牽強卻聰明又貼近生活的例子，利用了外國人長久以來將中國市場視為潛力無限的目光。美金湧進。但晏陽初等人發現教育推廣本身還是有所限制，也許，還有其他更有影響力的方式，能夠更深入且更廣泛地解決問題。

晏陽初開始想要找一個「模範」地區，以醞釀後來稱為「鄉村改革」的全國計畫。緣分將他帶到定縣，當時的定縣就曾有過教育運動，主要歸功當地的望族。定縣人口約四十萬，和海豐差不多，但地形差異甚大。定縣位於乾燥的華北平原，農夫多半種植小米、小麥、棉花，收成的四分之三做為糧食。[41]定縣起初因為大眾教育運動計畫成為焦點，接著又推行公共衛生與基礎建設等技術計畫。與其倚靠其他成功案例或中規中矩地舉辦，晏陽初希望可以創造一個模範地區，若要成功，還必須當地政治意願和資源皆允許。定縣的調查與分析隨即便進行，甚至連當地的俗語和受歡迎的戲劇都一一記載。定縣距離北京不遠，因而吸引了不少遊客，甚至發展出考察行程，介紹縣內成果。國民黨北伐餘波之後，進入一九三〇年代初期，「鄉村問題」成為知識分子的焦點與公共議題。海豐和湖南雖然沒有一舉成功，卻是重要的反例。晏陽初不知不覺呼應了赫德的評論，他招募人才的圈子，就是拳民的圈子。差別在於那些年輕人不靠武器打仗，而是靠文字。[42]

晏陽初的工作部分跨越了太平洋，也跨越了國家行動的網絡。與他一起推行運動的夥伴往往像他一樣受過美國教育。他們的人脈不離慈善、教育與發展活動的社交圈：出版大亨洛克斐勒、未來大力支持蔣介石的路思義（Henry Luce，譯注：創辦《時代》、《財富》與《生活》三大雜誌的美國媒體大亨，被稱為「時代之父」），以及基督教青年會。雖然晏陽初一直是基督徒，也和傳教組織合作，但他的運動還是較接近社會福音運動，在經過一九二〇年代的反基督宗教運動，以及一九二六至二七年的反傳教士事件後，他的運動也同時被視為自主運作的中國基督宗教協會運動。中國基督宗教協會許多職員也像他接受基督教，但否認由外國的基督徒或傳教組織主導。一九二二年年度傳教報告標題也不再使用「基督宗教占領中國」。[43]但另一個也受到教育運動啟發的重要鄉村實驗，卻完全獨立於任何基督教、傳教或社會主義機構。這個實驗受到彭湃的海豐運動很大影響，但卻完全相反。

梁漱溟的父親梁濟是名清朝小官，一九一八年十一月他在歐戰剛結束時自殺，自殺的原因多少由於當前的墮落時代而五味雜陳。[44]梁漱溟也發現自己對於時代深感同情。在這個時代，總會有人深受馬克斯主義或極度美式的自由主義吸引，並同時想要讓中國回到最鼎盛的狀態。一九一一年末，梁漱溟曾參與北京地區的反清革命，接著在支持新政府的報社擔任記者，但後來失去興趣。他的思想逐漸轉向佛教，並開始勾勒以儒家教育與文化為基礎的改革計畫。他後來表示，這個計畫並不只是為了中國，也關係到國界之外。梁漱溟就像彭湃，也像晏陽初，下鄉努力實踐思想。他在山東鄒平縣刻意避開晏陽初的海外資源，發起類似的鄉村改造行動。一九二七年夏天，他到廣東拜訪國民黨，親眼目睹共產黨的社運人士如何喚醒鄉村社會。他認定，誰能贏得農夫的心，就能贏得中國：因此鄉村動員對拯救國家十分重要，尤其須以中共之手拯救。[45]

一九三〇年代初期，各種理念的實驗運動，以及模範地區、學校與農業所，在中國鄉村宛如百花齊放。鄉村或農業問題似乎從來不曾如此重要，也從來不曾擁有如此大量的派別。[46]發起的運動大大小小總計超過百項。一群具影響力的現代作家也專門書寫鄉村問題，或以鄉村為主題或場景，形成重要流派，例如沈從文。耕地問題、上海電影明星與社會事件並排列在報章雜誌版面。百家爭鳴的運動吸引能量、資金和政治支持，雖然並非總是與政治有牽連。梁漱溟和晏陽初將受到新建的國民黨共和體制拉攏，中國基督宗教協會的鄉村運動也是。一九二七年，蔣介石在上海與衛斯理安女子學院畢業的宋美齡結婚，和孫逸仙成為姻親，並且公開宣布改信衛理公會。這位過去的「紅色將軍」此後經常請求傳教事業的資金與人脈支持。隨著共產黨鄉村革命的威脅日漸升高，「鄉村重建」也開始變調成重整由共產黨手中奪回的領土，或重建共產主義難以動員的區域。即使一九三〇年，國民黨公告了新的地租法，但「鄉村重建」的實質作為也證明了國民黨其實沒有實行真正土地改革的政治意志。一九二七年，毛澤東在湖南農民運動報告頌揚的鄉村力量著實令人害怕，但那份報告也沒有任何異化支持者的意圖。此外，國民黨以控制與塑造新國家政治運動為目標，代表他們不容忍任何自治運動。[47]隨著日本一九三〇年代開始侵略，政局持續不安，定縣與鄒平縣的模範實驗最終也逐漸縮減。這些運動宛如旋風掃過，而在全球經濟蕭條與日本侵略之下，農夫的處境也只能越來越困苦。

我們多數人直覺想到共產黨革命之前的中國鄉村，腦海浮現的景象大多很黑暗。拼湊這個景象的是賽珍珠的小說、傳教士的描述、中國共產黨的報告，以及支持共產黨的外國人著作，如韓丁（William Hinton）的著名小說《翻身》（*Fanshen*，一九六六年），描寫一九四八年山西的土地改革。我們看到一個身陷緊急危機的社會，經濟環境困難且持續惡化；女性地位卑微，她們被當成財產而纏腳又未受教育也是對中國女子的普遍認知；土匪和軍隊四處蹂躪。乾旱和饑荒近在咫尺，地主剝削佃農勞力，賦稅宛如細菌增長。那是座充滿苦難的世界。事實上，賽珍珠因為筆下王龍（《大地》的主角）的生活和世界，在中華人民共和國被抨擊了數十年。他們批評書中沒有談到農民（農夫）自我拯救的能力，認為他們缺乏尊嚴和政治思維。[48]毛澤東在湖南頓悟到農民不但創造自己的歷史，也創造中國的歷史，重建煥然一新的世界，然而卻也同時增強了這個普遍的觀念：鄉村充滿苦難、仇恨、黑暗，唯有透過解放暴力才能獲救。

但是，我們不妨先關掉這些威嚇的聲音，看看其他鄉村報告。楊懋春（或名Martin Yang）是一位社會科學學者，一九〇四年生於山東。他的出生地臺頭鎮距離青島市不遠，當時仍是德國殖民地。結束在傳教士學校的教育後，楊懋春先在山東省省會濟南的齊魯大學（山東基督教大學）當老師，後來進入北京的燕京大學就讀。一九二〇年代，楊懋春受到梁漱溟啟發，參加他在鄒平縣的鄉村重建運動。一九四五年，他在美國工作期間，以自己的故鄉為題出版了獨樹一格的民族志著作，其中包括一篇悲傷的鄉村童年生活，收錄在自傳性的章節〈天賜的故事〉（The story of Tien-sze）。[49]楊懋春的世界實在悲慘：因歉收而困苦的生活、病死的家人、飽受外國暴力威脅（德國掠奪的傳言）、一九一四年攻擊後占領殖民地的日本。家庭經濟全靠「努力工作和節儉度日」苦撐。但這篇回憶錄也是一名居住在自然環境的青年，如何透過教育受到兼容並蓄的影響，包括聖經、中國古典大眾小說、英國海軍中將納爾遜（Horatio Nelson）的道德故事。楊懋春寫作時其實遠離正被日本再度占領的家鄉，而且他的作品絕對因為遠離家鄉增色不少，但是，我們從那本書看到的鄉村世界，以及他所描述的「明日村莊」，是一條通往未來的不同路徑。

麻煩的是，這些夢想在各自的道路上都是真的，而當亂世，唯有最強的毛澤東才會成為主流。隨著共產第三國際設計的鄉村革命一再失敗，而毛澤東從落敗但堅韌的中國共產黨內崛起，逐漸大權在握，脫穎而出的就是憑藉鄉村大眾之力推動的暴力政治與社會改革。眾人的關注之所以轉往中國鄉村，並非因為粗略的現代統計資料指出鄉村危機，而是攸關中國國家政治命運的策略性決定。這是中國的危機，不是農夫的危機，而領導行動者就會成為救世主。

第四章

—— Chapter 4 ——

協商

坐下來談談的時候到了。暴力已經善盡其職，廣州已拿下了全國。國民黨建立的國民政府很快就被視為實質政府，也逐漸被承認為合法政府，雖然海內外仍不斷質疑政權該如何實質轉移。儘管如此，即使整個國家許多地區只是名義上受到新政府統治，但是被國際認可的前任北洋政府也並無不同。再說，這個新政權是主動活潑的建國者，而過去的北洋政府並非如此。每當海內外人民想到中國的苦難，必定直接聯想到北洋政府。一九二七年之後，國民黨的舉止就像是中國政府，扮演重建國家主權與尊嚴的推手。因此，評論者、分析家、外交官、媒體以及國民黨治理的人民，都認真看待這個政府。

另外，雖然北伐期間大興反帝國主義運動，英國和其他國家的威望因為失去漢口與九江的租界而受到打擊（威望和軍力也是一種自我防衛的盔甲），但所有外強的法律與實體機構幾乎毫髮未傷。中國的英僑覺得被外交官拋棄，外交官們與自己切割又夾著尾巴逃跑，可是他們的生活大致而言不比過去差；外強占領的島嶼仍然滿是軍隊和艦隊。外國的旗幟仍然高掛，橫行霸道地飛揚。條約依舊有效，試圖修訂的談判擱置，華盛頓會議要求的變更也沒有執行。憎恨如膿瘡，而且瘡口無數，但是大多外國居民依舊過著日常生活，享受的特權完整無缺。只有教育圈出現實質變化。一九二八年，教育部公布註冊新制度，要求外人經營的學校須由中國管理。[1]但畢竟外強並未深耕傳教士的教育事業，因此多數外國人也不擔心這項改變。因此，一九一九到二七年之間，任何一位受到民族主義起義感動與鼓舞的中國廣大民眾，他們可能會站在上海外灘，看著若無其事的外國大班、「Missees」和獅鷲（譯注：「Missees」是上海外灘的中國家僕對上海英僑的稱呼；獅鷲則是歐洲皇家和貴族紋章常見的獅身鷹首圖樣），然後想著那些衝動的歲月莫非只是一場夢。似乎什麼都沒有改變。

軍閥似乎也還在。國民政府執政頭十年與各省強大的軍閥私下協商，因此，儘管他們的軍隊掛著新共和體制的旗幟，軍隊依然留據舊有地盤，軍閥則接受新政黨政府的職位。軍閥主要為滿洲的張作霖、山西的閻錫山、控制河南、陝西和甘肅的馮玉祥。新政府分發官職當紅利；馮玉祥任軍隊總司令，閻錫山任內政部長。就連孫逸仙也很務實，只要可能推動中國重建，也都非常願意商量、妥協，和帝國主義或任何魔鬼合作吃飯。孫逸仙總是到處交際，尋找提供武器、專家與錢等資源的可能。一旦目的達到，便再度評估或更新手段。

國民黨領導的國民政府的革命尚未成功。畢竟，多數革命都是未完成的革命，他們也很快發現在面對根深的權力前，理想也必須妥協。歷史上，法國大革命中頑強的雅各賓派（Jacobins）雖然曾得勢一陣子，但是，最終實踐派仍然占了上風，而羅伯斯比爾（Robespierre）和純粹主義者最後也被送上了斷頭臺。推翻一個統治者遠比推翻一個統治階級容易；同理，奪得權力能帶來一時的震攝，但隨後是緩慢且困難得多的社會重建，而權力有可能會在重建的過程動搖。國民黨依然是個革命政黨，不但力求阻擋外強侵蝕，也致力改變中國和中國人（心靈、身體、衣服、傳統服飾甚至月曆），儘管他們為了清黨而讓雄辯與野心隨之妥協，但他們仍試著鞏固權力。剷除共產黨的工作持續進行，蔣介石的政黨也開始對付陣營內的活躍分子，關閉了幾個激進的黨內派系。年輕的軍校學生受到一九一九年之後十年的諸多事件點燃，也因廣州在革命高峰時讓人們看見國家與個人的可能性而啟發，他們發起的許多運動也被國民黨摧毀。

某些人主張國民黨在一九四九年末期沒能守住政權，遠因就是北伐勝利時肅清黨內所有重要且活躍的人物。他們斷言國民黨自此注定失敗，因此歷史學家長久以來不是把國民政府當成歷史上的爛笑話，就是當成過渡時期。國民政府的「政權」（經常被人貼上這種帶有嘲弄意味的標籤）雖然常遭人責罵，卻很少有人仔細研究，因此鮮為人知。[2]就學者的觀點而言，真正的故事則是在共產黨於一九四九年逐漸振興與掌握大權才展開。從共產黨最黑暗的一九二七年到二十年後的勝利，眾人的興趣似乎只在於找出共產主義的力量，以及最終帶來勝利的動員機制。[3]那是一段生動的故事，但國民黨統治中國大陸的二十二年間，其實非常積極，胸懷大志且忙著應付風起雲湧的變化。國家內外沒有片刻安寧，他們必須面對動亂、內戰及外國侵略，再者，國民政府更犯下了毀滅性的錯誤。國民政府一面逃避某些原本可以好好處理的問題，例如土地所有權，另一面又顯得大膽頑強。國民政府重建並重整中國，與中共分享的成果更是遠比與前任共和體制多。國民黨內的諸位領導者從來沒有完全真正團結：他們以莫名其妙的速度出走又回歸，但是，至少他們全都希望喚醒且拯救中國，強化並擴展國家的影響。儘管跌跌撞撞，但政府持續越久，中國的願景也越大，海內外中國人的想法亦隨之變化。

國民黨當權之初並未做出改變，但它的朋友確實因此有了變化，尤其是外國的朋友。國民黨開始和他們對話，協商再協商：國民黨認為如果革命的力量沒有動搖他們，也許談判會削減外強的地位。革命勢力終究過分反覆無常也無法預測，而群眾運動仍容易鬆散、難以指揮。經歷多年不斷訴求恢復主權，新政權沉浸在世紀最盛大的五四運動思維，以及廣州那些年的政治動員，他們想要受控且順利地談判、簽名、封緘，然後執行。不論在巴黎或華盛頓，協商每每受挫，但是現在的外交煥然一新，國民黨能以對等的位置協商。國民黨開始和各國及南京的外國公使大玩外交遊戲；首先是留學日本的黃郛，接著是王正廷（外國人熟知的名字是C. T. Wang），接連與外國的外交官和特使豪賭。一九三一年底之前，曾有些成功的例子。他們是天資聰穎、深具世界觀的菁英，而且受到自家外交人員的支持。

他們先談漢口、九江和南京，以及其他一九二六至二七年北伐高峰期間未決之事。根據典型慣例，外強會逐一條列動亂期間受到的與財產損失，精確地轉換成索賠清單，呈到各國領事與外交官手上。外交官員接著會尋找最有可能理賠的政府。由於國民黨已經統一中國，於是，索賠清單便送到了南京。外交檔案內容豐富，詳細記載貨物損失、財產毀壞和遭洗劫的私人物品。想看看當時傳教士的生活細節或中國外商辦公室放些什麼物品，檔案皆記載詳細，分毫不差。謄寫這些索賠的人最後還會列入漢口和九江這兩個前英國租界的職員損失，因為那兩處已經永遠歸還。激進的媒體譴責外交官的明顯疏忽導致英國喪失外哨，但即使最好戰的評論也知道，這個糾結不會解開了。

一九二七年一月，英國政府與國民黨首次好好坐下面對面商談長江流域租界問題。雙方分別派出英國租界參贊歐文．歐瑪利（Owen O'Malley），以及出生在加勒比海且令人困惑的國民黨左派要角陳友仁。兩人達成權宜之計。歐瑪利是極富野心的外交官員，一九二五年受任中國之前，完全沒有中國事務經驗。歐瑪利事後想起陳友仁，只覺得討厭，他是「來自特立尼達的黑鬼」。[4] 雖然兩人的背景與政治立場差異甚鉅，再加上英方態度顯然輕蔑（特立尼達的英國政府更宣稱陳友仁離開前涉入多起詐欺案件），兩人仍然達成中英共同管理英國租界的決議。陳友仁明白地表示，此項決議不得做為其他租界談判的先例，而英國也承諾不以武力重新占領漢口與九江，因此一九二八年即將派到上海的防衛軍隊只會自衛。如此一來，漢口成為二十世紀大英帝國在亞洲或非洲革命而放手的首塊領土。對幅員廣大的大英帝國而言，多數人都忘了這件事，但對當時中國沿岸的英僑而言，「投降」實為痛苦。英國官員也擔心此事會影響其他地方的民族主義運動，如印度與阿富汗。[5]

英國外交官之間異議聲浪不斷，國民黨內部開始分裂的高層也是，譴責兩人外交手腕不僅愚鈍，更別提協議交涉的拙劣，但決議依舊成立。兩人的職位都做得不長：反左的清黨開始後，陳友仁流亡；歐瑪利則在涉入某次貨幣投機醜聞後，「准予辭職」。英國租界的雇員要求退休金，債券持有人要求賠償，但多數都徒勞無功。其他人繼續待在唯一實質有效的漢口中國行政機構，居留條件與該區域的前德國租界居民相同，而且，他們發現其實天也沒因此塌下來。他們開玩笑地說，因為英國在長江一丁點的地盤成了「特別行政區」（Special Administrative District，SAD），所以現在生活很「傷心」（SAD）。中國人當然不見這個雙關語，再者，不論外國人和中國談判的內容多麼有力，對於希望從內部改造中國的人，一樣視若無睹、事不關己。

國民黨的地位確立後，他們將目標轉向其他外僑居住地和租界，以及外強的治外法權與機構。革命期間，為了試探國民黨，英國和其他外國政府都表示，一旦政局穩定便願意重新討論條約。這種標準的說法和籠統條件看來便是一塊不具任何承諾的大餅，局勢定將不會承認新條約。畢竟這是「中國」，那兒充斥不曾實現的陳腔濫調與任何實質行動。英國官員內部會議的資料記載了他們最喜愛的中國成語「You ming wu shi」——有名無實。他們到處都寫，甚至懶得書寫完整，有時只寫「Yu Ming……!」，沾沾自喜地在報告的邊緣寫上成語的音譯。[6]外國的外交官員和遊說團體認為，那兒當然永遠不可能有「穩定」的一天。

但是，一九二七年國民政府政權確立，就算反對勢力在一九二九和三〇年對國民政府猛攻，他們也沒有被擊潰。外國的外交官員很清楚，認真協商的時候到了。國民黨就要穩穩待下了。一九二七到二八年，蔣中正在上海、廣州等城市血染街頭的反共肅清，當然也有幫助外國認清事實的作用。但在正式承認國民政府之前，英國、美國與日本三國要求針對一九二七年三月二十四日的南京事件和解。國民革命軍拿下南京時，殺了數名外國人，甚至洗劫外國領事館，此外，四處傳言歐洲婦女受辱，外國輿論激起。然而，另一方面，美國軍艦以外僑撤退為由藉口向城內開火，導致眾多中國人民傷亡，國民黨要求道歉。英國軍艦當時同樣發動攻擊。任何一方都不願妥協，談判因此也無從有所進展。[7]

儘管南京事件成為僵局，美國、英國和國民黨於公開場合與外交辭令堅定的態度，竟然因為官員私下友好的互動，開始鬆動、改變。官員越常互相接觸，越發現自己至少在表面上互相喜歡，或者至少發現彼此相處愉快，可以一起休閒，也可以談正事。中國的外交部長多半留學海外，因此溝通得宜。例如王正廷，畢業於耶魯大學，英語流利，喜好精緻衣裳、紅酒與雪茄。從較不正式的外交報告可以發現，國事講完後，這些世界公民喜歡把酒言歡或單純飲酒。[8]最尷尬的例外就是蔣介石，他那頑固陰沉的個性很難相處。但是，一九二七年十二月，在上海一場奢侈的基督婚禮上，蔣介石娶了衛斯理安女子學院畢業的宋美齡。自信又聰明的宋美齡充滿魅力，彌補蔣的缺點綽綽有餘，當時的宋美齡本身已是珍貴的外交資產。[9]一名衛理會又反共的總統與一名出身長春藤盟校的菁英，當然可能為受困的中國找到出路。這些外交官員終於幫南京事件找到了讓所有國家顏面不失的解決之道。英國和美國都不願為自家海軍官員的行動道歉，但他們皆對於當時須以武力保護僑民而惋惜。此舉沒有實質意義——有名無實——但也足以令人接受。白紙黑字簽了，賠償金也付了。此事件也只記錄在愛麗斯・荷巴特（Alice Tisdale Hobart）的《在南京城牆之內》（*Within the Walls of Nanking*）。與這座城市更密不可分的反而是未來另一件恐怖事件：一九三七年十二月，日軍攻下南京，揮動了吞噬全城居民的浩劫。

值得注意的是，儘管各國外交官確實互通有無、交換消息，並小心地嚴防中國的離間戰略，但雖然協議原則上一致，後來卻沒有嚴格執行。另一方面，他們各自覺得自己和中國保有特殊關係，不希望為了「親愛的同事」而使得與中國的關係有所妥協。「親愛的同事」便是藍浦生（Sir Miles Lampson）對各國的稱呼，藍浦生是身高、腰圍與性格都令人畏懼且自恃甚高的英國公使。美國外交官覺得是自己開創了「門戶開放」政策，一直幫助中國對抗傲慢的大英帝國及近來特別貪婪的日本。英方則認為，美國的政策高尚卻空洞，還有美國一貫的理想主義特色，美國傳教團體身上的這個特質又尤其明顯，凡英國觀察者無不討厭，甚至普遍認為基督教的傳教事業正是問題來源，少了會更好。英國人覺得中國人欣賞自己有話直說和誠實交易的態度。日本則相信自己的文化和歐洲人與美國人不同，因此與中國更親密，而且亞洲對抗帝國主義的行動中，許多日本人自然把中國列為盟友。日本在中國也有不同形式的利益平衡，特別是東北，而且日本人的野心與英美也不盡相同。因此，每一方都覺得自己和中國有著特殊交情，不論同事多麼「親愛」，都無須因此玷汙了與中國的交情。

一九二八年十二月二十日上午，藍浦生以外交國書正式行文蔣介石，因此英國成為第一個以適當儀式正式承認國民政府的國家。藍浦生的座車從英國領事館開往約五公里外的總統府。不久前，南京街頭牆上還貼著反帝國主義口號，國民革命軍和警察沿路護送藍浦生。總統府會客廳裡，中國樂隊演奏英國國歌〈天佑吾王〉。這位英國公使身著正式服裝、頭戴軍帽，與蔣介石會面。兩人透過翻譯寒暄，英國軍艦皇家薩福克號（HMS Suffolk）同時在長江鳴放二十一響禮砲。兩人客套地聊著英王喬治五世的健康情形。蔣介石離開後，藍浦生和國民黨部會首長共進午餐，在座還有最近歸順的軍閥馮玉祥與閻錫山。距離沙基慘案和蔣介石震怒下令攻打英國「野蠻人」還不到兩年半，此時南京燈火通明、一派祥和，而英國率先其他外強，在全套的外交大戲中，正式承認國民黨的國民政府。[10]

當天上午中英又簽下協議，經過兩週談判，達成恢復中國主權的另一項重要事宜：自設進口貨物關稅。協議簽訂後立即舉行慶祝典禮。一八四二年，距離此時薩福克號鳴放禮砲不遠處，中英兩國在船上簽訂《南京條約》。中英《南京條約》結束第一次鴉片戰爭，條約內容之一便是從價稅率不得超出百分之五（譯注：從價稅率乃以商品價格為標準徵收的關稅），其他條約的「最惠國待遇」也重申這一項。但是，一九二八年七月二十五日，美國公使馬克謨（John V. A. MacMurray）承認中國關稅完全自主，並承諾達成各國在華盛頓會議等之後所有後續會議。對諸國外強來說，這是非常重要的象徵。長久以來，關稅是條約的基礎，防止外國貨品受到打壓，從約束中國的整份條約取走這一條，無疑危害整份條約。對國民政府而言，這則是單純的中國主權問題，當然也是實際的問題：關稅收入直到一九四一年一直是中國最大宗的收入。恢復關稅自主允許中國提升實力、重建經濟，募得需要的資金，而且，關稅也可能是政治工具。關稅能保護初生的中國工業。更重要的是，新的協議是互惠協議。即使英國外交官私下開玩笑地說，中國貨物根本不可能湧進不列顛群島，中國仍然因為協議而享有互惠的待遇。[11]

因為美國承認在先，英國別無選擇，只能勉強同意。但是，在中國高人一等的英國（不僅是自認，從任何客觀角度而言都是），此舉看似同意輕輕挑掉整份條約的一小條。同時，中美協議將於一九二九年一月一日生效，中英協議也在中美簽訂後五個月簽下。訂下時程表的不是英國，雖然藍浦生堅稱一開始英國拒絕妥協，是幫美國同事鋪路。但情況漸次鮮明，國民政府開始指望美國，每當想尋找果斷又通情達理的國際盟友時，就會找上美國。和英國政權之間似乎已經沒空間了。中國的談判員深受美國在巴黎和會與華盛頓會議的政策「精神」吸引，雖然此精神隨時都可以為了方便而遺忘。

然而，儘管如此，於一九二七年五月南京事件後關閉的美國南京領事館，連馬克謨也無法說服國民黨重開時要同時舉行慶祝大會，「以增添場面威儀與相互熱誠」。美國為重開領事館擬定了計畫，以美軍中國旗艦為中心，由五、六隻驅逐艦護送，載著即將上任的領事與美國海軍長江巡邏隊的指揮官海軍少將斯特林二世（Yates Stirling Jr.）開進南京。上任儀式包括行禮致敬，還有軍人組成的儀隊與遊行。國民政府主要握有權勢的菁英認為如此太過高調，令人聯想到意圖剷除帝國主義根基，於是拒絕此提案。當領事館於一九二八年十二月十五日重開時，沒有任何樂聲。[12]如今，南京已確定是共和體制的首都，問題也因此更加緊張，北京降格了，甚至改名為北「平」，北方和平之意，取代代表首都的「京」字。

馬克謨進一步爭取，若是少了隆重儀式，將貶低中國人眼中的美國，如此一來會「危害」美國領事館的官員，因為大眾沒能見到國民黨正式承認他們。[13]無論如何，象徵意義是必要的，就連對明顯放棄帝國主義象徵與裝飾的美國也是。縝密的拜會、談判、紙筆往來等隨之而來的儀式都很複雜；公開展現的外交活動就算不拐彎抹角，也很尷尬。自從外國的外交官和特使從一八三〇年代開始抵達中國，每次一來，就要清朝用新的規矩和語言互動，要求美國自認合宜的禮貌、待遇與認同，時而成功，時而失敗。表面看來這是中外關係的運作程序，基於彼此同意的國際外交規範與慣例，然而，追根究柢不離國家尊嚴、文化和日漸重要的「種族」意識。馬克謨深深浸淫在中國外交機構固有的習俗和態度，現在，他必須詢問祖國長官，若是國民黨阻擋這種莊嚴且重要的儀式，未來該如何承認國民黨的權威？他的長官簡短回答：「以完全認可的外邦禮儀對待。」[14]

舊的外交模式徘徊不去，不僅因為外強的想像，也因為公使館還在北京。外交官其實也是：他們在那裡過得很舒服，高級住所符合裝模作樣的外表。威望很重要：英國人占據古老的「府」，也就是富麗堂皇的宮殿；相較之下，美國一九〇六年設置的公使館，由美國財政部的建築師設計，如同華盛頓的建築，不過整座館區就是一棟防禦堡壘。外交使團坐落在「東交民巷」，是享有治外法權的飛地，由外國特使組成委員會管理。一九二〇年早期，雖然城外的中國戰火連天，在北京行使外交仍是相當愉快之事。歐瑪利的妻子以安．布里其（Ann Bridge）為筆名出版的《北京野餐》（*Peking Picnic*）中描述與世隔絕的樂園，該書在一九三二年熱賣，成為她個人最暢銷的真人真事小說。當時有的是時間尋找骨董、嬉戲或悠閒地在寺廟郊遊、舉辦野餐，讓一群家僕服侍，就算偶爾可能出現一、兩個盜匪，但也不會壞了安逸的生活。雖然中國其他地方滿是喧囂，不過在這個世界裡，安格聯爵士（Sir Francis Aglen，譯注：安格聯時任中國海關總稅務司）抓著北洋政府的錢包，英國和同儕又贊助各地的軍閥，一直以來都沒發生什麼嚴重的事。馬克謨甚至還有充裕的時間練習帶來這裡的全新柯達相機。[15]

後來，隨著國民政府一九二八年六月逼近北京，日本關東軍點燃炸彈，將載著軍閥張作霖的火車炸成碎片。人稱「老帥」的張作霖正要撤回根據地滿洲，卻在爆炸事件身亡。藍浦生和馬克謨皆目送他的火車離開北京，兩人想到可靠的老帥出發情景，紛紛感到惋惜。英國首相回憶：「他總是以正眼直視著你，直言不諱。」一切通常就是為了錢或為了武器。[16]日本人深諳此道理。張作霖長期順從他們，他的勢力亦支持日本在滿洲的地位，而日本也以金錢的形式支持他的勢力。由於國民政府勝利，加上懷疑張作霖幫助國民黨，因而引燃爆炸事件。密謀殺害張作霖之人，希望製造動亂，從中獲益，但是這次卻行不通。[17]藍浦生和許多人都不願相信犯下此案的是日本，但最終都深深後悔讓日本介入北京的野餐，以及中國的問題。

布里其的小說開頭有位英國外交官，享受「數不盡的閒暇」，直到該書出版的一九三二年，小說情節突然變成純屬虛構。大量文件湧入公使館，油輪和海輪每天載來拜訪、詢問或遊說外交官的調查員、委員與特派員。無數的調查、會議與報導如火如荼地進行。帶頭的當然是國民政府，政府裡許多人受過良好的社會科學與法律訓練，透過調查與統計，以正確的知識為根基，打造夢想的國家。[18]他們拿著問卷轟炸商號與公使館，要求提供資料。他們知道比對手獲得更多資訊有多麼重要。尖酸之人總會說著調查和分析比行動容易多了，而且批評他們經常刻意以調查取代行動。國民政府執政初期的中國出現許多尖酸外國人，與很多沒用的報告。外交官往往會感慨：「有名無實！」但現代化的國家需要知識，那些外國外交官也都知道。他們動身見客之前，會急忙背誦辦公室牆上照片裡的中國臉孔。他們年輕的員工囫圇地翻譯國民黨的資料、會議紀錄與報導，領事圈組成情報系統，但只有在中國人需要討論時情報系統才會展開布署。

國民政府北伐結束後，數年間漫談的改革有四條主軸：通商口岸的行政異動、深受外國影響的個人行動、外交官間的雙邊談判，以及國際聯盟的活動。許多討論的核心圍繞著上海「問題」。這不是唯一的問題，卻是最棘手的問題，而且在國際之間被放大檢視。麻煩之處便在於，身為公共租界的上海並不屬於任何一個國家，卻又同時是每個國家的問題：上海不受任何單一國家控制，卻有十幾個國家一同享有通商口岸的利益。由於上海曖昧不清的狀態，就算是祕密會議也無法以政治手段控制這裡。一九二五年五卅事件之後，事態嚴重得令人緊繃。警察與警察的無能衍生血案，帶來重重危機，外交官希望改善，但英國、美國與日本組成的上海工部局卻毫無與外交官合作的意願。外交官、社會改革者與國際聯盟都試圖解決此問題。他們希望可以有效做出改變，但不能引發暴動。即便如此，倚靠蠻力解決中國問題的想法，從來都不會在政治場景缺席太久。

即使是上海最保守的外國利益團體，終究也會發現自己必須採取行動。他們發現天津英租界的同胞或上海法租界的鄰居，已經納入改革計畫。一九一九年，天津英租界工部局新任中國代表；一九二六年，天津的公園對所有居民開放；一九二八年，土地章程修改，允許指派五位華人董事。雖然指派中國人管理只是象徵，但實為重要。再者，上海的硬派人士也會發現外國人對待當地多數人口的方式與英國殖民的香港和新加坡不同。如同孫逸仙所主張的，適切的殖民主義至少須對殖民地負起責任。許多上海外僑相信自己對公共租界的中國人毫無虧欠，因為他們始終認為中國人根本沒有權利住在那裡。外國的外交官隱晦不談該市眾多的中國人口，此舉終究將在上海釀成惱怒。一九二七年，外國的地方納稅人拒絕廢除進出租界公園的種族限制，雖然隔年仍舊廢除了。另外，雖然一九二八年通過華人可占有兩席代表，但後來在一九三〇年一場爭吵激烈的會議中，租界的納稅人拒絕將席次增加為五席。[19]

英國外交官通常沒有介入太多公共租界的日常事務，他們也沒有介入的正式管道。他們在英國的租界擁有權力，但在上海公共租界沒有。而且，英國外交官沒有要求自家國民合作的權力，不像日本政府。一九三〇年住在公共租界的日本居民有三萬六千人，半數必須加入當地的日本居留民團，日本居民必須聽命團體與日本領事警察形成的網絡。[20]但是英國和美國政府只對個人擁有審判權，而且只能針對個人行為。他們可以與工部局一起參與政治事務，也可以自行與管理外僑的同胞聯絡，而且多半也有點效果。[21]一九二七年起，英美政府開始頻繁干涉，希望掌管改革，甚至涉入工部局的組成。這不是容易的事，主導工部局事務的公司經理、房地產開發商與專業人士，緊守自主權。然而，要求工部局改革的壓力越來越大。當外國的地方納稅人在一九三〇年拒絕增加華人董事席次時，總領事立刻發起重新投票，倉促召開「緊急大會」，大力促成更好的結果。英語的記者也很令人擔心，因此有人勸說編輯不要太激進，敦促業主重新任用編輯（當時著名的開鍘事件便是《字林西報》的編輯被開除），至少當時便有一名極為種族歧視的小報編輯被帶上了法庭，報紙隨後也遭停刊。[22]外交官開始組成一個他們認為理念正確的圈子，他們網羅狹窄上海之外，在中國得利的英國國民與大公司。這些人在一九三〇年代將主導上海工部局。

上海這些改變的動作是重要的：那裡的英國人，尤其英國媒體，廣義地代表了英國看待中國的方式，而且受到英國外交官控制。這當然不能代表英國整體，但是英國社群在中國最重要的現代核心城市，的確呈現好戰與自治的形象，這點明顯是個問題。外交鼓勵的改革確實解除或緩和了某些緊張，但是上海的改變還是相當保守。改變的提倡似乎須擴大進行，且須交由他人承擔此任務。例如，一九二八年五月，亞洲帝王號（SS Empress of Asia）從溫哥華來到上海碼頭，兩個背景截然不同的英國人下船：歷史上最重要的英國公司怡和洋行的後裔湯尼．凱瑟克（W. J. 'Tony' Keswick），以及前自由黨國會議員、時任印度立法院主席的懷德爵士（Sir Frederick Whyte）。他們兩人在船上一定已經相談過，懷德給了凱瑟克自己剛再版的著作《中國與外強》（*China and Foreign Powers*），這本書受到皇家國際事務研究所（Royal Institute of International Affairs），也就是較為人所知「漆咸樓」（Chatham House）贊助，引起廣泛討論。[23]兩人皆代表不同面向的動力，在各自的菁英圈改善人際關係，強化溝通與理解，力求中英關係的新平衡。凱瑟克當時才二十二歲，三年前曾在中國工作，外界認為他和弟弟約翰代表英國企業領導逐漸崛起的新世代，他們身上不帶一九二〇年代混亂的汙名。凱瑟克領導的公司沒有鴉片貿易與十九世紀中期英國攻擊中國的包袱，因此備受期待。他們也確實比前人更和藹可親、隨機應變。外國仕紳與中國同儕之間的關係開始放鬆，如同其他圈子，共通的文化或共同經驗（例如海外大學）也同樣有所助益。[24]

凱瑟克可能讀了懷德送的書，也可能沒有，但凱瑟克的公司正是贊助懷德在中國任務的十家公司之一。懷德到處旅行，試圖建立菁英網絡。共和體制的中國並不缺這種訪客，他們有的自告奮勇，有的受到中國機構或政府邀請，還有的如同懷德，由外國的利益團體指派，希望解決中國在國際遭遇的困難。懷德雖不是中國專家，但一九二七年他倒是受邀到檀香山，在第二屆太平洋關係研究所的研討會發表公正的英中關係調查報告。懷德在中國建立人脈、互相交際，刻意挑選網絡的人選，而當時在中國的外僑仕紳和中國仕紳幾乎沒有機會互動，兩者不論社交或政治幾無交流。身為局外人，他不屬於外國人在中國控制的任何地盤，在中國人眼中不帶任何汙點。[25]例如，充滿危機的一九二五至二七年，在上海整個租界工部局最討厭國民黨也最討厭國民政府的時候，當地的龍頭企業都加入了董事會，如怡和洋行、匯豐銀行、亞細亞石油和渣打銀行。他們底下的巡捕曾襲擊國民政府在租界的分部，逮捕國民黨的運動人士，把他們交給政治敵方，在敵方手中的運動人士當然不會好過。上海外商涉入五卅慘案，卻鮮少配合之後的調查。好幾年，中國納稅人協會多次爭取更公平的稅賦和代表席次，外商長年極力反抗。名聲髒掉、臭掉的上海英僑（Shanghailander）就是現在希望重新搭起橋梁的外商。因此，一九二九年懷德受邀擔任國民政府官方顧問時，商人不禁慶賀。但是，一九三〇年，他和比利時鋼鐵大亨的妻子跑到日本，鋼鐵大亨之妻不久之後自殺，這項優勢自此全毀。[26]少了文化和溝通合作的基礎，中外關係在諸如此類隨機且不幸的事件之中飄搖。另外，一九二九年中日專家佐分利貞男自殺，他早期曾與國民政府建立關係。當時，佐分利貞男剛被提名為日本駐華公使，而他的繼任者又因為涉入一九一五年日本想控制北洋政府所提出的《二十一條》，而被國民政府打回票。佐分利貞男之死對僵局也無助益。[27]

兩個新登上國際關係舞臺的非政府機構促使懷德轉向中國事務：一九二〇年成立的皇家國際關係研究院（RIIA），以及一九二五年成立的太平洋關係研究院（Institute of Pacific Relations，IPR）。兩個機構都受威爾遜在巴黎和會的影響，並且認同若能在第一時間著手研究問題，若專業的利害關係人與外事居留地以外的專家能夠多方討論，就可以解決問題。英國人萊昂內爾．柯帝斯（Lionel Curtis）改革的熱忱促成RIIA。柯帝斯是帝國理想主義者，也是個天才策畫人。巴黎和會期間，他在現場聆聽世界各地代表正式或非正式的辯論，從中汲取靈感。他和其他人一樣，沒有料到光是收集問題的正確資訊就如此困難。在英國倫敦的RIIA和在紐約的對外關係委員會（Council on Foreign Relations）應運而生。柯帝斯網羅外交官、政治家、學者、記者和商界要角，辯論全球商業利益須面對的實際問題。這些問題及廣大的全球策略問題，都須瞭解討論。[28]

一九二六年起，柯帝斯開始將焦點放在中國。他的推動利器一開始是IPR。IPR的源頭其實是基督教青年會的地區會議，後來發展為在檀香山召開的「太平洋民族問題」研討會，接著又擴大成為當地的研究機構。IPR和RIIA都盡是傑出人才，而且IPR兩年一度的會議雖不對外開放，然而與會的菁英跨越「種族藩籬」（這也是IPR的宗旨）的舉動本身就是了不起的進步。雖然IPR深受美國的太平洋策略影響，但是這個機構提供中國與日本發聲舞臺，並與其他殖民強國平起平坐。IPR的《太平洋事務》（*Pacific Affairs*）期刊第一期的第一篇文章作者，就是中國的知識分子與教育改革者胡適，此事深具重大意義與象徵。再者，IPR著重特定區域，即新興定義的太平洋，由此可見其獨特之處。雖然柯帝斯將IPR視為英國帝國主義利益的推手——他的長期願景是一個根植英國帝國的國協——但是，IPR卻成為推動「太平洋問題」研究與討論最重要的非政府組織，一如研討會的標題。這就是實質的改變，亞洲不再是以歐洲為中心的「遠東」；太平洋地區是獨立運作、獨立思考的地區。柯帝斯對IPR的活動影響甚深，而RIIA就是IPR的英國代理，然而，IPR在京都、檀香山與中國的會議，以及英國與美國的觀察者所面對的，都是這個新太平洋共同體中各個國家的實際問題。[29]

柯帝斯參加一九二九年IPR在京都的研討會後，直接轉往上海。他在公開的晚宴宣布上海就是「問題核心的死結」，也是「偉大的古老文明與另外四分之三的人類種族遲來的接觸」。[30] 打開死結的任務交給了南非法官李查・費瑟姆（Richard Feetham）。在柯帝斯的建議下，他受上海工部局之邀調查並試著解決上海公共租界問題。倘若能釐清真相，進行討論，那麼就能提出合乎邏輯的解決方案。從RIIA延伸到IPA的脈落非常清楚。上海的大人物們聚集在甫落成的華懋飯店宴會廳，四周全是優秀的中國法學專家、外國事務研究員和歷史學家政治，這些人彙整了調查與專著，其中埋藏了許多攻擊上海工部局的合法根基。此外，工部局的總董哈利・阿恩霍德（Harry Arnhold）致詞介紹柯帝斯時，他們卻沒有成功影響世界輿論，他們「被當成頑皮的男孩，我們把他們叫做『上海心態』（Shanghai mind）。」他們輕率地面對破壞上海工部局國際名聲的事件和排他主義政策。「上海心態」的標籤出自英國《曼徹斯特衛報》（*Manchester Guardian*）記者亞瑟・蘭桑姆（Arthur Ransome）。蘭桑姆曾於一九二七年一月至八月來到中國，他較為人知的其實是後來非常成功的童書，但論到中國經驗，就會聯想到他所創的那個琅琅上口的詞。他在一九二七年五月的文章表示，上海就是「東方的阿爾斯特」（Ulster，譯注：愛爾蘭島東北的省分，其中六郡組成現今屬於英國的北愛爾蘭，主要信奉新教），上海的英國人要的是戰爭，而不是世界大戰後的「調整」，而且他們把國民政府當成拳民。蘭桑姆的文章包含了許多足以讓阿恩霍德等人的名聲惡臭數年不散的事實。[31]他們面對種種挑戰，面對挑戰的回擊方式就包括了費瑟姆的調查，以及不情願地制定地方改革。

一切都合理至極，但其實和另一個天真的計畫並無不同。不到一年前，上海工部局幾位董事和倫敦的外交部，嚴肅地討論將上海建立成由國際聯盟管理的自由港，如但澤（Danzig）。一八六〇年代起，上海的外國利益團體已提出類似的想法；時至一九二九年甚至更不可能實行。[32]費瑟曼花了昂貴的一年半（工務局付給他優渥的酬勞），翻閱工部局的檔案，盡可能地徵求資料，但打從一開始便如同被斷了手腳，因為多數中國利益團體隨即便拒絕和此計畫扯上關係，而且就算他們接受調查，也定會立即要求歸還外僑居留地。他們的參與與否其實無妨，因為早在一年前，費瑟曼便清楚地向英國政府表示，他的解方會是「中外自治行政區」。[33] 英國外交官讀了報告總結，認為上海工部局拿了香蕉請到猴子，無須認真對待這份報告。中國的意見當然也是類似。一位資深外交部的官員表示：「毫無價值」；財政部長更說，真是「詩情畫意」。[34]

費瑟曼的報告把控制上海公共租界之人的信念當作前提，例如阿恩霍德與其他外國利益團體——他們認為自己的命運能夠自行塑造。然而，這是上海神話。外交鎮定自若，至少英國和美國便是如此。而在中國各地，還有許多和阿恩霍德持同樣想法的人一樣擁有能力與企圖，並準備付諸實現。

中國人最感興趣的不是IPR或RIIA，反而是國際聯盟。中國外交官曾經協助起草盟約，一九二〇年代更是積極參與國際聯盟的年會。儘管國際聯盟將一再讓他們失望（中國從來不曾獲得國際聯盟大會事務理事會的永久席次），然而，國際聯盟對於中國外交官而言，依舊是至關重要的國際事務參與管道。第一，他們試圖利用國際聯盟修改條約；第二，國際聯盟能當作要求各國承認中國偉大文明地位的舞臺。國民政府之前的政權，包括清朝執政的最後十年，外交官皆不斷地試著將中國安插進國際組織或公約制訂。例如國際海事安全標準、一八九九與一九〇四年關於戰爭事務的海牙公約及鴉片問題。中國代表在會議桌前親自聲明中國的國家地位，駁斥「垂危的文明」或「東亞病夫」等糟糕的笑話，並且要求相對的尊重。國際聯盟能提供遠遠更好的研討，例如編纂國際法律與慣例，從這些研討也能清楚看出清朝十九世紀簽訂的條約，不僅充滿深遠的不平等，而且甚至直到當時尚未廢除。在新的國際規範中，這些「不平等」的條約會被判定失效，或直接視為不適用且多餘。國際聯盟經常出現中國的困境和修改條約的渴望，但是，伴隨道德論述同時存在的，卻仍還有對等且實際的商業雙邊協商。[35]一九三一年之前，英國在面對中國問題時，很少想到國際聯盟。外國與中國的外交官能一起輕鬆地喝酒聊天，也能一同在會議達成實質進展，但是，兩方的立足點當然全然不同。

一九三〇年代的發展著重在聯盟指定的農業等顧問工作，但是，國際聯盟最重大的成就，莫過於國際聯盟的技術層面剛好符合中國恢復權利的渴望，更提供了國家現代化與功能的廣泛討論。這項成就便是公共衛生，尤其是檢疫。一開始，中國的檢疫由外人領導的中國海關把守。一九三〇年，中國成立全國海港檢疫管理處，由備受尊敬的防疫專家伍連德擔任處長，檢疫在此時從海關轉回中國。移交海港檢疫局的工作概要與沿革時，英國海關總稅務司梅樂和（Sir Frederick Maze）寫給職員的備註提到：「檢疫之於國家主權而言非常重要。」梅樂和想必非常不懂何謂諷刺。[36]此外，因為檢疫可能會妨礙貿易，治外法權其實阻礙了過去檢疫程序的啟動。建立新檢疫處對全球衛生而言相當重要（例如，過去十年滿洲便遭肺鼠疫襲擊，另外還有霍亂）此外，從檢疫也可以看出中國能否列入現代國家，是否有適當合宜的行為，是否應該值得平等且尊重的對待。在檳榔嶼出生、留學英國劍橋大學的伍連德，向上海的外國船運公司經理指出相同的重點，他說，我的員工訓練精良且經驗豐富，他們具備必要的「知識、方法、態度」，在歐洲、美國、中國與日本受過訓練。他們都是世界頂尖的。他可能還加上這一句：他們就和中國一樣，需要受到尊重。[37]

中國外交官努力在國際聯盟重塑國際的認知與慣例，強調中國十九世紀的不平等條約留下了什麼後遺症。他們也在南京展開動作，雙邊包抄各國並且發表重大聲明。國民政府希望重啟修正條約的對話。一九二九年四月，國民政府公布，一九三〇年一月一日起終止治外法權。當然，此舉引起英、美、法等主要外國勢力反彈，然而，一月過去了，一九三〇年也過去了，任何實質改變都沒有發生。[38]當然改革時有出現。一九三一年五月，藍浦生和王正廷搭船出遊長江支流時，兩人擬定了草約，約定英國將會交回治外法權，英國在中國的勢力已然萎縮。面積狹小且長期冗餘的鎮江（Chinkiang）租界就離遊船之處不遠，鎮江在一九二九年十一月五日已經回歸；英國在廈門（Amoy）更小的租界也悄悄地在一九三〇年九月放棄（這個租界早在五年前最後一位雇員遣散時便不復存在）；一九三〇年十月一日，藍浦生因瘧疾躺在醫院病床的同時，英國租借的威海衛也由當時的總督莊士敦爵士（Sir Reginald Fleming Johnston）交還國民政府。[39]其他英國在中國的小地盤也一一撤裁，包括寧波中外委員會（Ningbo Sino-foreign committee）和在芝罘（煙臺）的「國際委員會」（International Committee）。[40]營口（牛庄）名義上的租界也早就淹沒在遼河之中，一九二〇年代，英國外交官早已僅將該地當成概念。英國許多領土（如果分成十一塊、共十六平方公里的英屬廈門也能稱為領土的話）帶來的麻煩早已高過實際價值。那些地方經常由於行政官員的行為（那兒吸引不了才華洋溢、充滿抱負的人才）、城牆、大門、堤防與旗幟等等問題爆發抗爭與衝突。[41]某種程度而言，歸還這些領土算是簡化問題，但是當地的英國國民依然享有治外法權，而現在藍浦生和他的團隊可以把重心放在治外法權以及還握在手上的重要領土：上海公共租界（以及重要的表親租界：廈門的鼓浪嶼），以及天津（大型）和廣州（中型）的租界。至於漢口，他們想要重新獲得某種保證或「保留狀態」，但仍舊未能得到。

船屋外交是個新發明。兩人其實想要避開媒體追捕，因為藍浦生為求重新修正條約而南下南京已經不是祕密。他們搭著藍浦生資深領事同事的船「流浪者號」，外出好幾天。他們出乎意料地選擇遊船作為談話地點。遊船是上海外僑典型的休閒活動，就像街上的人力車一樣尋常。洋人社區每年必定舉辦從城市出發的船屋假期；就連巡捕房的外國工人也會集資向公家租船。他們組成小隊，有時沿著梧桐江，經過英國總領事館，往西進入蜿蜒的河道，穿過上海與太湖之間的沖積平原，一路漫遊九十多公里。洋人之間還有一股小小的文學潮流，記錄旅遊的詩意以及開船的「老大」（lowdahs）和船員的特質。度假行程漸漸加入了打獵，多半是獵野禽，打獵的人越來越多，影響就越來越大。即使修改的規定包括禁止狩獵的季節，他們仍然把土地當成自家領土隨意來去。[42]船屋獵人隨意進入當地農夫的土地時，代表的就是治外法權問題，因為他們正是帶著英國人的身分四處走動（甚至有人建議他們須隨時帶著護照）。[43]此外，受到治外法權保護者的同行人也享有治外法權，或至少是類似的豁免權。在謹慎的中國人心中，所有擁有「白皮膚」的人應該都擁有這項權利。一九二九年七月，倫敦RIIA召開的IPR會議也出現了打獵的比喻。一位講者說道：「在這裡，若是有位中國先生在蘇格蘭買了一片原野，我們能夠提供保護；但是，假設你在中國買了一塊打獵用地，中國人卻不能提供同樣的保護。」[44]

王正廷想在「流浪者號」獵捕的可是比松雞還更為巨大。但他往往變成獵物，不斷遭受國民政府內外沒有耐心的民族主義者騷擾，因此他非常謹慎而且似乎有效。一九三一年六月六日，藍浦生和王正廷互換草約內容；七月，更與美國互換草約。爾後，只有上海維持了「保留狀態」十年，天津五年，新合約廢除了前約的遺毒。其他外強更加小心。法國向英國表示他們這番作為很蠢。日本則一開始置身事外，後來也被迫加入，雖然他們想「保留」的是滿洲。[45]荷蘭人在四月底乾脆直接低頭投誠。五月四日，國民黨單方面宣布廢除條約，一九三二年一月一日起生效，藍浦生希望合約可以在那之前簽訂。但是，互換草約不到一週，東方二百四十公里之處，一名年輕英國人便遭中國憲兵逮捕並殺害，這起事件的餘波使得時程停滯。約翰・托爾布恩（John Thorburn）遇害當晚在南京與上海的主要鐵道徘徊，被人當成間諜。除了有間諜嫌疑，更糟的是他看似穿著軍裝，身上持有武器，而且開槍傷害兩名接近他的憲兵。這名十九歲的年輕人似乎傻傻地想展開冒險，卻被憲兵抓住且殺害，更甚者，憲兵為求掩蓋而丟棄屍體。他的失蹤事件受到高度關注，中國的英僑於是動員，試圖阻礙條約修正。抗議的英國人竟然比夜總會和跑馬場裡的還多（夜總會塞不下這麼多人）。媒體高調報導，並主張此事證明英國人等外國人若是少了治外法權，就不會安全。扭轉情勢的倒楣鬼托爾布恩遇害時，其實仍擁有治外法權。[46]

即使隨著外島租界和其他小片中國土地的歸還，外國在中國擁有控制的區域萎縮了，外國人口還是持續成長，而且進化。以船堅砲利征服的時代已經過去。隨著上海公共租界壯大，便一路往城西擴張到「馬路」之外（譯注：「馬路」指今日上海市黃浦區南京東路；一八五一年洋行大班於現在南京東路以北、河南中路以西新建花園，為第一座跑馬場，後來又在花園南邊擴建道路專供賽馬使用，稱為「馬路」），隨著土地價值上漲，舊房產開始切成數戶，新建房屋又住滿家庭。他們通常擁有數量比在家鄉同儕還多的家僕。他們在回憶錄裡提到奶媽、小廝、廚師和園丁苦力；他們的居住環境和在英國、美國郊區的家沒有兩樣（那兒是他們永遠的「家」），這裡也有網球、草地滾球、業餘戲劇、花展、犬展和慈善工作；巡捕房處理違規停車和煞車燈失靈。生活裡當然也包括中式趣味，例如把洋涇浜英語和英印語當成祕密語言：tiffin（午餐）、chit（帳單）、maskee（不要緊）、Missy have got?（太太在家嗎？）從一本當地仲介女兒寫給兒童看的小詩集可以一窺上海英僑的家庭：「奶媽很有用（而且完全不會罵人）／我『從來』不用自己穿衣，母親也不編織」。關於苦力的詩：「我載著小主人／經過湧泉去上學」。小主人戴著探險頭盔。這裡當然還建有花園，手冊和報紙專欄也會提到花園的「除草婦」：「他們坐在草皮／長長一排藍色／像猴子一樣聊天／邊除草邊聊。」[47]

托爾布恩十六歲時加入這個世界，尋求「發達」的機會，在外商展場做過許多低階銷售員的工作（也常被開除）。他是殖民主義的冰箱銷售員。所有來到上海的激進分子都會談到自己與中國的淵源，絕大多數的居民都是像托爾布恩那樣的移民，他們都如同他在一九一七年抵達的父親一樣，尋求任何為外國人保留的特權。這個年輕人曾經興起參加上海義勇隊的念頭。他和其他來到上海的年輕朋友也被逮到盤算各種「野貓」冒險計畫。托爾布恩失蹤當週，兩艘載著年輕外國船員的船隻從上海開向橫濱，還有兩名俄國小夥子推著獨輪推車要環遊世界。[48]神祕的上海充斥欲望，大眾焦點逐漸聚集在娼妓（最好是「白的」）、麻醉藥和間諜。這很有可能是事實，因為這三項生意都生氣蓬勃且明目張膽。居民自嘲自己的生活其實很平凡，例如為了帳單跟廚師吵架（因為家僕可能會「揩油」），但他們也喜歡上海身分為自己帶來的異國格調。觀光客會欺負人力車伕、討價還價，或要人帶他們去「鴉片菸館」（至少某次便因此出了人命），雖然他們最後都會去夜總會、被俄羅斯的老闆娘欺騙，然後點了昂貴的假香檳。[49]托爾布恩幻想自己踏上雜誌《男孩冒險故事》（*Boy's Own*）某篇故事的冒險，結果造成不幸，但是對於外交官來說，更嚴重的問題就深埋在托爾布恩離開的世界，那個世界擁有根深柢固且安穩的家庭生活，享受奶媽和車伕苦力的舒適，以及背後房地產、能源、貿易與服務業等大量投資。捍衛這些建設之人，便緊抓著他的失蹤事件，藉此要求他們自認為的權利，還有條約帶來的特權。

托爾布恩事件一發不可收拾，修約進度因此延宕。不僅如此，還有其他因素介入，尤其是英國的國民政府成立（譯注：指一九三一至四〇年間英國由多個政黨籌組的聯合政府），以及隨之而來的政局動盪，中國的新發展又完全改變了局勢。英國一直關注上海問題。雖然問題的徵兆在南方，但畢竟上海不是中國，而且國民政府建立的國家面臨的災難其實在滿洲。阿恩霍德和上海的同事一直相信他們可以塑造自己的未來，就算無法塑造，他們也要在上海保護「與生俱來的權利」。一九三一年，英國和美國的外交官對這種想法已經徹底無動於衷，而且試圖讓自家國人醒悟。在滿洲，日本的關東軍也相信他們有權利塑造自己的未來，這個權利還同時能塑造日本的未來。他們的外交官希望矯正此想法，卻遭到威脅、排擠、忽視。

讓我們回到稍早，瞭解新危機的來源。中國的新政治局勢及國民黨的勝利，已讓日本表現出不滿。日軍展現了他們好鬥的一面，尤其在一九二八年張作霖被暗殺之時，更能看出他們不受制於任何政治勢力。一九二八年春天，隨著國民革命軍往北迫近山東省會濟南，日本政府派出防衛隊，保護濟南兩千名日本人。中國境內的外強經常如此調動軍隊。英國軍隊於天津及北方的唐山煤礦增兵，所有外強都相當提防民族主義高漲的國民革命軍。雖然日本軍隊與進入山東的中國軍隊於四月底達成協議，日軍同意撤除路障與防禦，雙方仍然發生衝突。在談妥停戰與國民革命軍撤出多數軍力之前，雙方均犯下了殘酷的暴行。國民黨新任的國際事務交涉員被捕，除了挖眼割耳，並與其他職員一起以機關槍處決。日本人也發現自家國人的屍體被草率掩埋，有些還遭閹割。一週後，日軍大幅增兵，在場的日軍指揮官以個人名義發出最後通牒，表示即將橫掃當地的中國軍隊。雙方未達妥協之前，日軍已經大肆進攻中國。中國軍民死傷估計高達一萬一千人，而日軍僅損失三十八人。[50]外國評論若非主動與日軍建立關係，大多也都冷漠以對。一名濟南的英國軍事觀察員表示：「日軍的表現令人敬佩。」是的，他們的行為「非常殘酷」，但他繼續：「中國人終於得到他們一直想要的。他們得到了「拳民起義以來最有效的教訓。」」[51]

中國各地民情激昂，但是國民政府軍力疲乏，軍隊人數更遠遜山東的日軍，也不敢與之較量。蔣介石的日記，除了偶爾可見對英國政府的謾罵，尚有發誓每天都要想出一種「殺了日本人的方法」。[52]中國在公開場合屈身安撫攻擊他們的日本，國際上則廣為接受此事件的日方聲明版本。儘管中國表示日本對此暴力事件應該負責，許多通商口岸的外國人卻不以為然，甚至對事件的暴行也不以為然。日軍在明顯占有優勢的情況下，仍於衝突之際犯下野蠻行徑，而日本的指揮官未經日本政府指示便擅自行動，在在都是中日關係動盪搖擺與難以預料的徵兆。日本居留中國的問題不斷，日本的野心持續不墜。雖然濟南事件一年之後達成雙方協議，皆承認責任，日本也同意撤軍山東，但是暗殺張作霖的事件顯示日本在中國國土的自治勢力想要主導局勢。日本的外交官和政治人物亦難以跟進。

此外，另有許多攸關利害的關係。一九三一年，日本在華利益不僅廣泛，而且快速增長。中國從來不是英國海外大宗貿易的對象，但是一九三一年，日本五分之一的穀物卻從中國進口，而中國四分之一的進出口貿易握在日本手上。日本於中國長城以南的建設和居留地與英、法相當，但略遜美國：上海公共租界的日本居民約兩萬人，也是最大的外僑社區（除了滿洲，上海公共租界占日本在華人口三分之一）；日人在工部局占有二席董事；天津與漢口都有日本的租界；沿著長江及中國沿岸尚有航運路線。然而，這一區日本人的職業與社會組成截然不同，多半是小販和小店店員。在上海則有澡堂員工、一千名事務員、一千六百名工廠雇員（多半是工頭）、十三名鐘錶師傅、三百五十名家僕。[53]他們的心態類似移居至此且自稱上海英僑的英國人，但他們的人數比例更高。他們受到日本在中國的機構嚴格指導，也比較激進，加入許多超民族主義組織（如青年團）的地方分部後，也較暴力。他們不僅僅只是住在這裡的店員。

如同英國和法國，日本也有租借的土地——大連，雖然是一九〇四至〇五年日俄戰爭之後奪取的。這可不是沉睡的威海衛或默默無聞的廣州灣。大連經過全面建設為大型港口，英國記者稱之為「日本的香港」。一九三〇年，大連人口達到四十萬，四分之一是日本人。英國遊客歷史學家阿諾・托恩比（Arnold Toynbee）：「如同置身英國或德國的大城鎮郊區。」當地事務員的房子讓他想起南部倫敦，但雄偉的公共建築就連「美國的鐵路大亨也會敬佩。」[54]大連是中國第二繁榮的港口，世上三分之二的黃豆都靠著南滿鐵路載到港口，在這裡轉運。日本憑藉這條鐵路深入東北，鐵路沿線長達一千一百二十公里，凡靠近鐵路的城鎮都受到日本控制，每座城鎮都是日本的軍營。此外，農村人口逐漸成長，多數來自日本控制的韓國，他們已是日本的子民，也被帝國的仲介鼓勵到中國居留。對日本的居民和遊客來說，滿洲是熟悉自在的地方。

鞋匠、商人和澡堂老闆等也表示日僑在中國的世界更像家鄉。在華日僑和日本當地之間，也因交通的快速讓個人旅行便宜快速，當然貨物也是。來自日本市場的漁獲可以快速運到日本在上海控制的虹口地區。[55]這使在華日僑在地理與情感都更接近家鄉，這一點和需要花上好幾週才能回到母國的歐洲人或北美人非常不同。距離接近是危險的誘惑。再者，一九〇四至〇五年，日本對俄國的重大戰爭主要戰場就在滿洲。托恩比拜訪前俄國占領的租借地亞瑟港（Port Arthur），見到紀念戰爭的博物館和當地城鎮，他感到憂慮。他頗有先見之明地認為：「這裡的一景一物都充滿整個日本的情感，最後可能會是解決滿洲問題所遇到最危險的障礙。」。[56]日人對於那場戰爭的喪命者負有情感義務，並且相信人口稀少、未受開發、歷史上位於中國邊陲的滿洲擁有極大資源，兩者都強化了近距離的誘惑且刺激掠奪這片土地的欲望。此外，和其他外國在華機構不同，南滿鐵路設有軍隊。[57]

滿洲的問題不只有日本。雖然日後修訂一八六五年所簽的「不平等」條約時，遙遠的比利時會被趕出天津的租界（一九三一年也變成「特別行政區」），但隔壁的俄國人仍然握有東北的獎品——中東鐵路。中東鐵路在一九〇三年七月一日開通，從海參威往東南經過滿洲，減省了大約九百六十五公里，這條鐵路就如同一國裡的另一小國。哈爾濱市因這條鐵路建城，往南的支線通往瀋陽。中東鐵路有自己的旗幟、教育系統與軍隊，也有自己的內河船舶，以及超過一萬六千名雇員。中東鐵路控制滿洲北部，而且這一直都是重點。沙皇政權治理中東鐵路直到一九二四年，後來由中俄共同管理，但實際上是俄國控制的區域。人稱「少帥」的張學良承接父親的事業，他是滿洲三省的主要軍閥，他決定伸張中國對於中東鐵路的主權，準確來說是他自身的主權。一九二八年十二月的接下來數月，他發動了一連串挑釁，包括逮捕並拘留俄國大使。

三年前，蘇聯顧問在共產第三國際指示下幫助廣州組兵統一中國。然而，曾經作為革命國際主義的推手，共產第三國際一直是蘇聯外交政策的兵工廠。一九二九年外交政策的考量獲勝，這種政策引起了外灘酒吧裡的硬派上海英僑注意；十一月，前廣州顧問布留赫爾元帥（General Vasily Blyukher）侵略滿洲。張作霖的軍隊以善戰聞名（他們其實更擅長洗劫），但無法抵抗可以長驅直入、低空轟炸的蘇聯軍機。哥薩克（Cossack，譯注：東俄的游牧民族）的騎兵隊也很威猛。他們的攻擊快速、準確、戰無不勝。南京中央政府在一九二九年大打外交戰，為張學良的行動壯膽並答應提供軍事支持，現在國民黨卻歇手。蘇聯保住了中東鐵路的地位（譯注：此為中東鐵路事件，張學良為響應南京政府王正廷的外交進展，認為蘇聯當時正值內外交困的處境，鎖定蘇聯控制的中東鐵路，談判未果後與蘇聯開戰，結果蘇聯勝利）。但是，如同在濟南，國民政府建立的國家受到外強攻擊時，國際間再度未展現任何同情。58

滿洲省存在兩股的勢力，各自與其他外強密不可分，這兩股勢力便是中國的大眾民族主義，以及日本關東軍。民族主義有兩種形式。其一是受到官方政策的影響，例如可能由於收回關稅自主權而面臨經濟衝擊，開始驅使中國船商遠離南滿鐵路和行經關東軍租借領土的貨物。另一方面，又有一股來自平民且持續的民族主義，這是國民黨在一九二九至三一年公開命令與外交手段想要穩穩搭乘的力道，中國的街道、報紙、商會、學校與大學都可見到影響。日曆到處標註著「國恥日」，各式各樣的事件都將那一年塑造為民族主義年。國定紀念日外，民族主義在其他方面也自行開枝散葉。每逢這些日子，就有專文、公開的集會、撼動人心的演說、歌曲、口號與海報。此景隨著收回威海衛與鎮江更為沸騰。這種氣氛也回過頭來影響國家或地區領導的傾向，決定付出行動收復中國主權，例如一九二八至二九年張學良於中東鐵路的作為。沒有任何公眾人物禁得起不與民族主義站在同一陣線。但比這些更重要的是發展、凝聚日常的國家認同，國家社會的想像便在這個過程形成——工具就是上海商務印書館發行的教育書籍、地圖、地理課本，以及通達的交通網絡、刊載「全國民眾」消費商品廣告的報紙，以及大眾文化。[59]一個中國——中國人之間共享這種與日俱增的感受，跨越語言、地區文化與共和體制界線，從滿洲到雲南，回過頭來又強調中國受到外強降格的對比。這絕非公正或成熟的過程，以無數方面而言也是破碎的，卻銳不可擋。

相反地，對於主張日本未來能在中國有不同光景的人而言，這種民族主義讓他們更憤怒。資淺的日本軍官無論看待衰弱的日本政府、腐敗的民主社會或軍隊長官，內心盡是無法苟同。一九三一年，懷有如此心態的日本軍官便共謀促使一場災難爆發：他們是關東軍軍官石原莞爾與板垣征四郎。這一年的各種事件促使他們發動攻擊。五月四日（自然也是國恥日，如同巴黎和會背叛周年），這天國民政府頒布命令，一九三二年一月一日起，中國的司法審判權擴大到所有享有治外法權的外僑。這項命令宣布的日子正值國民大會前夕，國民大會是孫逸仙計畫的憲政發展過程之一。這項命令雖然增加各國外交官的壓力，但仍然對於當時正值進行的各項條約修正毫無幫助。對英國人與日本人而言，該命令也顯示在中國的統治下，外僑的未來生活堪慮。那年夏天，英國人為托爾布恩失蹤死亡事件的示威時，日本軍官又策動超過五百起事件，直指中國「未能」保護日本國人。但傷害最大的兩起，分別是七月內蒙古日本情報局官員中村震太郎遇害；另一起幾乎在同一時間發生，地點靠近長春，韓國僑民與中國農夫互相衝突，稱為萬寶山事件。這起事件引發韓國國內反中，並導致中國人持續強力抵制日貨以表憤慨，這也是繼五卅事件抵制英貨後最大的運動。[60]（譯注：內蒙古的事件為日軍參謀中村震太郎等人前往中國大興安嶺東側進行調查繪圖，進入禁止區域，被張學良部下關玉衡扣留，隨後處決滅跡。萬寶春事件為一九三一年四月，長農稻田公司未經政府批准於長春縣騙取萬寶村附近農民的土地，違法轉租給朝鮮人耕種水稻。朝鮮人開掘由馬家哨口至姜家窩堡長達二十公里的水渠，截流築壩。工程損害了當地農民熟地，侵害農戶的利益。日本警察介入保護朝鮮人，因而發生衝突。）

外國人與中國人之間，所有摩擦、僵持或像萬寶山水渠的爭議，一定都會透過民族主義的稜鏡看待。對於石原莞爾與板垣征四郎等人而言，每起偶發事件都在鋪路，為了一舉貶低破壞日本在中國的事業。而且該事業對日本的未來茲事體大，他們認為越小的事情越重要。一九二九年後，全球經濟開始蕭條，日本經濟受挫，加深他們的擔憂。[61]此外，張學良不似其父親會與日人合作，加上他欲伸手控制滿洲，許多原本支持其父親、已半脫離中國的軍隊和民間團體，現在紛紛遠離。張學良名義上與南京政府結盟，此舉更令當地勢力和日本失望。一九三〇年十月，國民政府討伐反抗的閻錫山，由於張學良的軍隊加入，閻錫山徹底失敗，更顯示張學良對國民政府的忠誠。[62]以石原莞爾與板垣征四郎為首的小群軍官計謀，最終促使關東軍展開大動作的暴力事件，大日本帝國陸軍與日本政府為了日本的現在與未來，此刻必須保住滿洲。

在殖民地前線「現場」的人欲拓展帝國利益，這是經典戲碼，畢竟利益就在眼前。行動偶爾會失敗，例如，一八九五年詹森（Leander Starr Jameson）「遠征」川斯瓦共和國（Transvaal Republic）就是惡名昭彰的例子。先刻意發動抗爭動搖既有秩序，接著在非官方指示之下以「恢復秩序」為藉口，意圖讓川斯瓦納入英國殖民的掌控。但是，這種戲碼也常常成功，因為策動者知道自己擁有廣大後援，而且一定有人希望出現化解當前僵局的決定性行動。無論如何，巴黎、倫敦，甚至東京當局，在前線產生改變前，根本遠水救不了近火。

有關中國事務所有善意的協商再協商，都在一九三一年九月十八日和煦的天氣下消融。無數的IPR會議、獨立的委員會、方針報告等會議；學界和商界在閒適氣氛交換觀點、在愉悅晚宴互相敬酒，確保自身見地可以合理開放，但這一切都不能拯救中國，不能阻止石原莞爾的計畫以及引爆的暴力。一顆小型炸彈爆炸，接著，為了回應全國對此破壞行動的震驚，關東軍攻擊張學良的軍隊駐地，改寫南滿鐵路瀋陽（奉天）段的情勢。關東軍一連串的動作並未受到大日本帝國陸軍或東京政府熱切支持。密謀者對日本官員的憎惡大到派兵將日本領事困在瀋陽，此舉並非為了維護其安全，而是要他不要擋路。[63]關東軍的軍隊持續讓即興的計畫付諸實現，他們回應中國的攻擊，透過游擊戰術，並拉攏怨恨張學良的反叛勢力，在南滿以驚人的速度擴張並穩坐勝利。遠在東京的國民和軍人試圖拉住關東軍的韁繩卻毫無效果。關東軍無視、閃避他們，或拿眼前既定的事實誘惑他們。勝利的鮮甜滋味吸引其他人加入，於是，東京政府在十二月初也一同墮落，鷹派獲得控制權，決定好好把握石原莞爾等人在現場製造的機會。

一九三二年八月，除了中東鐵路地區，絕大部分的滿洲已經順服。張學良將軍隊撤出滿洲省，和國民政府一起進行不抵抗政策，目的是讓其他壓力抑制侵略者。此時，正是國際聯盟扮演決定性角色的時刻，他們也確實在日內瓦為此舉行會議，商量解決方案，並希望以威爾遜的精神提出國際仲裁，協調公平且長治的方法。十二月十日調查委員會成立，國際聯盟指派英國第二代李頓伯爵布爾沃—李頓（Victor Bulwer-Lytton）為主席。委員會成員親赴現場、南京與日本調查。他們抵達滿洲時，滿洲已經成立獨立的滿洲國；在天津過著放逐公子生活的清朝末代皇帝溥儀，被日本扶植成為滿洲國之首。沒有人相信這是真的：這是一個傀儡政權，滿洲「偽」政權。[64]一九三二年三月十五日，李頓和調查委員抵達上海，歡迎他們的是閘北郊區的斷垣殘壁。民族主義的憤恨不斷升溫，日人先發制人的行動極具挑釁意味，已經在城市北方殘酷地喧騰五週。[65]未掩埋的屍體散發惡臭，上海的夜總會也沒有多好聞——酒吧和抽菸室飄散著外國人得意洋洋的惡臭，終於有人有膽子給中國人一點教訓。外國人心中也希望漢口、九江和南京一樣發生閘北的報復。外國人登上上海高樓樓頂觀賞炸彈落下。

撰寫報告的可以是前英屬孟加拉總督、前印度總督的兒子，或曾擔任德屬東非總督、法國殖民部隊總監以及征服菲律賓的職業美國軍人，他會在報告中直接接受並強調日本的殖民觀點。[66]征服者提出的論證，與英國、德國、法國及美國等獲取新殖民地的國家都擁有相似的劇本：安撫動盪的前線、恢復秩序，以及促進繁榮、發展、「文明」。但李頓等人的遣詞造句較為婉轉，一九三二年十月的報告結論直接指出重點。他們不相信滿洲獨立，也不喜歡那裡壓迫的氛圍。他們譴責關東軍攻擊滿洲省。他們謹慎地表示依據國際認可的條約，日本的利益應該受到認可與尊重，但是他們要求滿洲回歸中國，以自治的形式，而且受到中國實質控制。日本在日內瓦的代表要求給予時間考慮報告與建議，一九三三年五月日本走出國際聯盟理事會的廳堂，從此走出國際聯盟。李頓報告只是暴露國際聯盟的失敗。滿洲國持續發展，除了名稱，一切都朝著日本殖民地楷模的目標邁進。上萬日本人很快便在政策鼓勵之下移居，滿洲國的城市經過更新，成為真正的現代化公共建築。[67]溥儀於一九三四年三月一日立為滿洲國皇帝，即康德皇帝（但他感慨地說，不是清朝的皇帝）。為了跟上現代的腳步，他穿著滿洲國軍裝，高階將領向他磕頭，承認他的新地位。南方的廣州則正在舉行「野獸遊行」以示抗議，並發起另一樁抵制。南京政府行政院院長汪精衛宣布，皇帝即位是場「滑稽的喜劇」，極重的「叛國罪」。68 隨著康德皇帝溥儀即位，「遠東危機」出現多種面向，對於國際聯盟的信用與權威，以及戰後國際秩序而言，造成的影響可是一點都不好笑。他們形同跛行。

一九三三年三月之前，很多人仍覺得中國的問題可以透過商量和談判解決。進行研究，撰寫報告，提出有憑有證、深具說服力的建議。中國的問題一直都是國際問題，不只是中國的問題，也不只是滿洲的問題。新品種的全球問題解決專家興起，他們信奉國際主義，他們進入中國（也得到超過辛勞應得的報酬）。他們在中國、在IPR或其他會議、在日內瓦、在漆咸樓遇到同類一起討論。這種幻覺會持續，而像石原莞爾這樣的人才會形成實質改變，而且他們的方式無須協商。國民政府藉由伸張中國主權得到實質成果，儘管這些成果籠罩在滿洲的陰影底下。雖然國家有內部問題——幾乎每年都有重大叛亂，共產黨員也持續在中國偏南地區起義——國民政府仍然成功拆除外強立基中國的支柱。外國控制的租界清單大為縮減。國民政府也彷彿保住主權般繼續運作，即使從許多模稜兩可的例子可見外國仍然保留次要特權。國民黨繼續以國家政府之姿治理國家，推動並執行新法律，而這些法律並沒有豁免外國公司或個人，無論於教育或公共衛生，或商標與電影審查。外國在中國的遊戲，一直以最大化治外法權為主，並擴張治外法權的部署，讓外國在中國控制或掌管的任何地區得到豁免。清朝與早期共和體制的官員致力抵抗，但幾十年來只有不斷出現越來越多先例，而先例似乎又成為外國利益持續的最佳理由。治外法權接二連三地廢除了。但在滿洲落入日本手中後，修改條約的程序跟著停擺。現實政治建議，面對日本這個中國有史以來最大的帝國主義威脅，國民政府應該暫緩修改條約，號召各界團結，支持抗日。

實質的外國利益不願中國改革或積極擴張：磚頭和灰泥比較重要。外國擁有的基礎建設已經立足幾十年，仍有外人想在中國投資。最具象徵的就是華懋飯店，這個熱門地點於一九二九年在上海南京路與外灘交叉口開幕，紀念印度富商沙遜爵士（Sir Victor Sassoon）光臨上海，當時他正想將印度的投資轉向上海房地產。這樣的發展約持續了九十年，外僑定居也是，某些家庭在中國已經到了第三代，有些在第四代結束：沙遜家族一八四〇年代起就開始在中國經商。除了最狹隘的短視移居者，他們投資算計的是以國家利益為本，有時更攸關國家存亡。即使膚淺，外國拒絕向中國民族主義投降是完全理性的。但是如何回應中國，還有一個更廣泛的基本問題，這個問題是無形的，帶著有色與有毒的態度：一九三〇年代對中國與中國文化的輕視，如此的輕視一度被描述為「帶刺的鐵絲網，織成外國在中國的帝國主義」。[69]這樣的觀念無法透過條約獲得修正，卻必須面對。

第五章

—— Chapter 5 ——

心目中的中國

這也是一種宣戰，以獨特的方式。一九三五年十一月二十八日，國際中國藝術展於倫敦柏林頓府開幕，這裡也是皇家藝術學院。中國藝術收藏從未同時展出如此包羅萬象、豐富多元的展品，其中七百八十件出自北京故宮博物院——從前中國皇帝居住的紫禁城宮殿。三千〇八十件展品來自兩百八十位捐助者；四個月內吸引了四十一萬七百六十八人參觀；賣出十萬份展覽目錄；書店擺滿中國藝術叢書；演講、廣播與媒體充斥中國不為人知的光芒。從未有過如此展覽，得以扭轉中國以及中國文明與文化的認知。

首先映入參觀者眼簾的是高五．七公尺、一千三百年前的彌勒佛雕像，由一塊完整的大理石雕刻而成。十四間展示廳擺滿藝術品，參觀者能一覽從商代開始，直到十八世紀的中國三千年歷史。這是新形式、擁有新色彩的抗爭。在眾多展品中，最驚人的是繪畫，此領域的中國藝術鮮少為外人所知，外國觀眾也大多無法理解。除了為數稀少的收藏圈，提到中國藝術想到的不外乎瓷器、少部分中國古代的陶藝文化，或是外國人統稱為「骨董」的小玩意兒，英國人便特別喜歡收集鼻煙壺。展覽會場層出不窮的展品挑戰狹隘的認知：屏風、書法、雕像、浮雕、銅器、玉器、繪畫。

為了襯托藝術品，展場為「寒酸」的牆壁覆上帆布。但中國藝術品相較於「機器製造」與粗俗的文藝復興葉片壁帶，仍然形成強烈對比。某些中國人可能認為主題太過繁複，人潮妨礙了細細欣賞藝術品的興致，但這就是展出的成功和大量人潮造成的問題，公開展示中國富有也令人尷尬。策展人和評論家建議，應以藝術的角度，而非中國的角度思考這場展覽。有人評論：「如果你敞開心胸走向這些壺，便能聽到它們說著希臘的詩歌。我想你會發現兩者一樣精緻，引人讚嘆。」不是每個人都同意這種看法。藝術評論家克里夫・貝爾（Clive Bell）問道：「中國的林布蘭在哪裡？」怎麼在一五〇〇年後就走下坡了。另一位作家則問，難道真有任何人在這些雕像前，能用「醜陋的神像」形容？現場展品驚豔眾人，「西方的軍人、商人、傳教士早該把文明帶給這群擁有如此傳統的民族。」幾乎每篇關於柏林頓府展覽的報導都透露著政治意涵。[1]

這場展覽讓眾人看見，原來中國文化價值不斐，自成一格，以特有的方式貢獻世界文化。因此，中國文化必須保存。「難怪，」從北京護送展品前來的官方代表鄭天錫（F. T. Cheng）心想：「有人認為，展覽加速了日本隨後侵略中國。」為什麼？因為「日本害怕展覽引發太多對中國的同情」。[2]鄭天錫是留學倫敦的律師，後來擔任駐英大使，他的玩笑帶著嚴肅的意圖。對國民政府而言，日本頻頻挑釁，加上國際社會對於中國文明抱持懷疑，對於中國困境看似漠不關心，參展無異力拚國家存亡。

中國知識分子數十年來不斷憂心國家滅絕——亡國。一八九四至九五年對日戰敗，割讓臺灣，一八九七年德國侵占膠洲灣，令人不知所措的「瓜分租界」時代就此開始，「亡國」一詞因此首見於一八九〇年代。俄國欲壑難填、法國與英國獸性大發，紛紛立樁標示「勢力範圍」，迅速占據新租界。範圍不大但位置關鍵的領土似乎永遠與中國分離。若從歐洲列強制訂政策的一小群政治家、外交官和軍官的觀點而言，這些動作具有地理戰略意義。對中國的觀察者而言，卻如同世界末日，擊潰了對於清朝治國能力的信心。一九〇〇年，拳民起義與隨後的戰爭穩固了歐洲和日本的收益：英國似乎正將西藏脫離清朝控制；一九〇四至〇五年，日俄為爭奪滿洲，在滿洲發動戰爭；一九〇八年，日本完全切斷韓國對中國的宗主權。[3]

清朝喪失部分國土，但直到一九一一年依舊存活，即使朝廷的威望已經破碎，絕大部分的領土仍然完整。新建共和體制的成就即是在多國占領的滿族帝國下，建立國家，入主中國歷史核心。外蒙古已經丟了，蒙古共和國也已成立，至少中華民國現在獲得的是前清名義上的疆域。一九一一至二一年，革命人士和復辟派最憂心的是，若不迅速找出解決危機之法，恐怕外國會乘機瓜分。雖然接下來二十年，軍閥割據，烽火連天，缺乏有效治國的政權，而且新疆與西藏的自治運動活躍，但是共和體制的主權名義上仍然完整：疆域依舊不變。[4]

滿洲國的成立改變了一切。滿洲國看似自此永遠脫離中國，快速廣大的定居計畫似乎也支持建國。科學也來背書，日本歷史與考古學者又碰巧公正地提出了新研究結果，表示滿洲從來就不屬於中國。滿洲歷史上屬於大韓帝國民族，而現在韓國已納入日本帝國。然而，即使中國漢人大批定居東北是相對近代的歷史（禁止移居東北的法令直到一八七八年才解除），但漢人定居仍是事實。滿洲人是中國人，如同中國其他民族。李頓報告直白地提過不只一次：滿洲是「中國不可分割的部分。」[5]

伴隨局勢發展的通常還包含來自外國的雜音，他們談論「垂危的國家」，以及誰有權利繼承這些國家——還有這些國家的利益；此外，普遍的文化觀點都已先入為主地預設中國文明與文化是退步落後的。十九世紀末，這種觀點又結合了「科學」的種族論點與社會達爾文主義的思維。中國滅絕似乎完美符合這些模型。自從首位英國特使馬甘尼（Lord George Macartney）抵達中國，一七九四年一月他便做出結論：清朝是「古老又瘋狂的一流巡防艦」，某天很可能「變成漂流的殘骸」，最後會

「一片一片在岸上擱淺」，堅決的語氣盡是貶抑。[6]中國難逃墜落命運。

抨擊中國文明正好也支持列強瓜分土地。十八世紀，外人對於中國與中國文化絕大多數抱持無疑的正面態度，然而，馬甘尼使節團所著的書籍與文章，卻迅速扭轉此觀念。十八世紀是中國藝術風格的全盛時期，外人對中國的印象是英國皇家植物園（Kew Gardens）裡的寶塔，以及中國是理性開明的專制政府。[7]然而，隨著外人對中國越來越熟識，加上第一手的中國報導出版，以及外人與中國商業往來頻率增加，再者居留於中國的外人在鴉片戰爭後提高，再再都使厭惡與輕視同時滋長。對中國的好感逐漸被懷疑擠開，而純粹的輕視又再度取代懷疑。中國破舊衰老。一八七三至七四年，約翰．湯姆森（John Thomson）出版劃時代的攝影集，定義視覺的中國。他行遍首都、通商口岸，見識社會「百態」，然而，相片中優美卻殘破的遺跡及褪色的宏偉景觀令人驚訝。英式美學至上的古物收藏家加上歷史文物地景，映照的就相當於殖民。落後正是征服統治的正當理由。

鄙夷手下敗將能讓勝利的外強得到不少好處，但是，中國的問題並不是僅僅只是外國的文化優越感就能說明。馬甘尼宣判清朝的未來。他在一七九四年信心十足地斷言時，可能根本沒有想到這裡正是戰場。接見馬甘尼使節團的清朝當時非常強盛。但是，一八三九至四二年，正值工業化的英國帶著蒸汽驅動的軍艦、先進的武器與組織到來，儘管清朝軍隊奮戰，英國仍然大敗清朝。依照當代的看法，這是現代世界戰勝古代世界。

中國是古老的，充其量是靜止，最糟的是落在進步與現代的世界之後。這種形象普遍流傳。一九一一年，美國社會學協會會長描述中國是「歐洲中世紀再現」。[8]事實上，中國的人民與統治者都已準備接受在外國發現的實用事物；據他們的說法，他們都頗為「現代」。每一件外國事物和觀念都有人試著瞭解。湯姆森的照片捕捉到了正在轉型的文化，雖然眾人只注意到斷垣殘壁。中國意欲以自己的步調和方式做出改變，在外國觀察者與交談者眼中看到的卻是保守態度的煙幕，或甚至是仇外情結。清朝官員警告外國外交官和顧問不要催促，於是，中國被解讀為充滿敵意，敵對著宛如在門口紮營、占據沿岸重要城市租界與居留地的外國。務實治理解讀成頑固無知。

一九〇〇年之後，清朝實施「新政」，推動快速變革。命令整頓中國的政府組織與教育系統，廢除以古典書籍為內容的科舉考試，開辦「西式」學堂。這波遲來的改革引發大眾進一步期盼，然而，希望落空。再加上「瓜分租界」時期的失敗記憶猶新，便促成了一九一一年十月的軍事起義，清朝結束。雖然繼任的中華民國也擁抱各種形式的「現代」，甚至連一九一八年戰爭勝利的慶典也規定穿著燕尾服與禮帽，然而，國外仍然沒人把中國當一回事。中國文明與文化是退步的——這種信念由於中國在共和體制時期不斷任用外國人而愈加強化。中國並未被視為現代國家，反而普遍被視為混種，在兩邊世界都少了根。無論中國採取什麼形式，抱持敵意的外國觀察者總能把它轉化成失敗的象徵。

海外學者對此類觀點毫不質疑。雖然中國身為西歐之外的文明國家，全球各地也分布眾多華人社區，但學術界卻毫無中國地位，大學院校各種領域的學科完全不見中國。在歐洲或北美極少數學院任職且與中國相關者，通常都是退休的傳教士、外交官員或前中國海關的職員。某些學術研究品質相當優秀，但絕大部分都不太禁得起時間的考驗或直接被淘汰。此外，關於中國的學術研究也常隸屬「東方研究」科系，在像是政治或歷史的主流學門裡，中國毫無地位。[9]二十世紀初期，大學與學術研究的專業仍然正值推展，即使如此，也有人察覺並表示，極為缺乏與中國相關的學科。此外，研究中國且真正持有教職的學者，卻鮮少對當代事務發言，他們多半從事語言教學，很少有人想要深入傳教、商業或外交領域。研究中國是為了實際應用，不是智識探討，研究中國無法獲得任何有意義的知識。

於是，大眾吸收到關於中國的知識，便交由媒體與自稱專家之人傳達。一九二〇年代，外國記者大幅報導國民政府北伐。其中偶爾有些振奮且正面的新聞，例如一九二五至二七年事件的平衡報導，或亞瑟・蘭桑姆痛批上海租界反對改革的外僑，此外，批評如浪潮湧進媒體。「中國通」布蘭德（J. O. P. Bland）一九三二年的《中國：可惜之處》（*China: The Pity of It*）就在批評中國人「性格」的缺失；[10] 美國籍的上海記者羅德尼・吉伯特（Rodney Gilbert）在一九二六年出版《中國怎麼了》（*What's Wrong with China*），也許你也發現了，書名並沒有問號，而且他的答案遍山遍野，例如：

> 中國的詩是多愁善感的空話……。中國獨尊的哲學龐大笨重，基本立論幼稚無知。中國的歷史雜亂無章、混亂、表達拙劣、充滿歧視，而且儒家經典的倫理若非天真的陳腔濫調，就是拿傳統的歧見隨意編成教條。

沒人提過吉伯特根本沒有能力閱讀這些被他完全鄙棄的經典，而他更提到，這類文體的邏輯特性讓他更加客觀。[11] 這些偏頗和不實的例子俯拾皆是。然而，人們卻認真看待這些觀點和評論家。

當然，無論是詩、哲學、倫理與歷史等領域，都有為中國權利辯護、詮釋與倡議的人。但是親華派是以自我為中心的小眾。許多人讀過亞瑟・瓦利（Arthur Waley）一九一七年後出版的中日詩作翻譯。瓦利曾任大英博物館助理，在現代主義與文化心臟位置的倫敦，他可是響噹噹的人物。但是，吉伯特和布蘭德的讀者似乎才是與中國關係更為直接的人：他們的讀者是實際與中國互動的人，是準備出發到中國的商人或軍人。中國的讀者也讀他們的著作，發現自己的文化遭到曲解，受到西方主流出版商與廣受尊敬的專家踐踏。當時，相較於瓦利，吉伯特和布蘭德重要許多。

另外，瓦利從沒到過中國，而布蘭德擁有在中國工作三十年的威信。布蘭德曾是《泰晤士報》駐上海記者長達十年；吉伯特在中國待了十七年，多半從事新聞工作。任何到過中國的人都可以寫一本關於中國的書（而且許多人真的就這樣寫了）。[12]但是中國沿岸的記者壟斷來自中國的報導，尤其是主導公共言論、報導中國與其困境的記者。[13]提到中國就會想到瓦利的文章，但是通商口岸的編輯，例如伍海德（H. G. W. Woodhead）、筆名為「帕南・威爾」（Putnam Weale）的柏群・萊諾克斯—辛普森（Bertram Lenox-Simpson）與葛林（O. M. Green），他們如同布蘭德與吉伯特，都是出版商和雜誌編輯為了大量即時報導中國動亂而尋求的對象。這些作者很樂意撰文，不光是為了謀生，還因為他們是社運人士或遊說專家，拿著中國的病灶與缺陷當成鐵證，捍衛外僑在中國的特權。帕南・威爾一九二七年在上海工部局擔任公關。一九三〇年葛林被英國外交官除去《字林西報》的編輯職務後，在倫敦受聘為上海的硬派人士遊說。伍海德是一九三一年中國沿岸英人社區反對修約與托爾布恩事件的主要煽動者。吉伯特早期在中國假冒藥商，這個經驗可能也滿實用。出售「專治臉色蒼白的威廉博士粉紅藥丸」是個踏板，讓他以中國權威的姿態兜售資訊贗品。

雖然，中國的形象遠看還算正面，但是親身接觸可能會失望或傻眼。英國陶藝家李奇聞（Bernard Leach）一九一四至一六年在北京的經驗，便暗示了中國不久後會遇上的問題。李奇聞後來成為英國二十世紀非常重要的陶藝家，當時他從日本搬到中國首都，部分為了到景仰的陶藝文化核心朝聖。在此同時，李奇聞和普魯士的音樂家暨教師衛西琴（Alfred Westharp）亦糾纏不清，衛西琴希望結合「西方」與「東方」（「東西合璧」是種周而復始的時尚）。但是，這段困難的人際關係主導了李奇聞在中國數個月的生活，更成為離開的主因，不過，他遇到的困難不僅如此。一九一一年後，在中國旅行的過程很難避免遇到動亂。李奇聞抵達時正逢日本《二十一條》以及袁世凱獨裁危機。最主要的是，想要逃離外國勢力與社會籠罩的次殖民世界與社會實在很難，即使北京也是如此。再者，雖然李奇聞認為中國「深奧」而日本「膚淺」，中國的人民生活「辛苦」但「自然」，而且「相較我們偉大機械城市的邪惡，中國不邪惡」。即使如此，中國還是令他失望了。他很快就回到日本工作讀書，往後全部作品都歸功於日本的影響，日本的技巧和風格，以及與之共事的陶藝家；來自中國更長久的傳承，影響都不如日本。他在中國並未找到志同道合的陶藝家。李奇聞認為日本的藝術氣息活躍，中國不是。[14]十九世紀末之後，日本風（Japonisme）對海外藝術家與藝術現代潮流的影響遠超過中國。李奇聞並非不曉得中國藝術的成就，而且他對中國哲學一直相當熱中，但是塑造他的是日本，即使當時他知道相較之下日本並不如中國。

其他回應中國問題的方式比起李奇聞更為直接，也較不痛苦。簡單來說，他們認為無法相信擁有如此過往的現代中國，因此乾脆把東西打包，直接帶到國外。例如一九〇七年原籍匈牙利的英國人奧萊爾．斯坦因（Aurel Stein）與一九〇八年法國人伯希和（Paul Pelliot）在甘肅敦煌石窟發現大批文物，並將文物帶出海外。當時似乎沒人在意此事。[15]甚至有人告訴瑞典藝術史家喜仁龍（Osvald Sirén），這麼做很簡單。

只要尋找看起來有潛力的地點後，你的翻譯就可以幫你買下那塊地。地是你的，你想做什麼都可以。而且如果你想挖地，我也想不到任何權力可以阻止你。

那人還說，如果官方來找麻煩，就分他一半找到的東西。[16] 喜仁龍沒有找到可能的地點，但他透過仲介尋找賣家已經足夠，隨後買了許多重要文物並帶出海外。到了一九二〇年中期，中國的態度轉為強硬，開始質疑並阻止這種探勘。但是，當時認定為「國家寶藏」的大批文物已經消失。許多故意作對並為此舉辯護的人會說，文物在國外反而會得到重視並好好保護，而且外國學者擁有設備、受過訓練，是欣賞與保存的最佳人選。現代的中國令過去的中國失望了，斯坦因和伯希和可以從未來的手中拯救中國。

然而，問題還有更深的一面。外國讀者理所當然地認為中國的文化老舊，中國人當然因此也有缺陷。告訴外國讀者這種觀念的材料層出不窮。想要更瞭解中國或準備前往中國的人，有各式各樣的權威文章可以閱讀。眾人推薦的中國專家包括明恩溥（Arthur Henderson Smith，譯注：一八四五—一九三二年，美國公理會來華傳教士，一八七二年受美國公理會派遣來華），他的散文集《中國人的性格》（*Chinese Characteristics*）在一八八〇年代後期出版，其中包括〈漠視時間〉、〈漠視精確〉、〈思緒含混〉與〈能忍且韌〉等文章。這本關於中國的偽社會學著作，反映的顯然是傳教士在華北農村生活遇到的諸多挫折，即使如此，到了一九二〇年代，該書仍名列閱讀清單。[17] 即使後來有興趣的讀者必須主動尋找才能取得這類指南，但傷害已經造成。

深植大眾文化的「中國」形象與種族歧視諷刺漫畫，使得英語人士等外人對於中國與中國人一致抱持負面觀感。華人移民在北美與澳洲造成壓力，當地的勞工騷動與排外政策又火上加油，再次固著了海外華人的負面中國形象。如同布瑞特．哈特（Bret Harte，譯注：一八三六－一九〇二年，美國作家，著作短篇小說與詩，以描寫加州淘金潮著名）詩作裡就有這句：「異教的中國佬很怪」。[18]在這裡，中國惡棍會在深夜遊走倫敦，美國中國城會有「堂口」（幫派）逞兇打鬥，鴉片和古柯鹼毒販會誘惑並玷汙年輕的白人女性。湯瑪斯．柏克（Thomas Burke，譯注：一八八六－一九四五年，英國作家，短篇小說與報導常以倫敦工人階級為題）小說集《萊姆豪斯的夜晚》（*Limehouse Nights*）中的〈中國人和孩子〉（The Chink and the Child）裡，對任何「白皙的倫敦東區孩子」而言，如書中的路西亞（Lucia），所有中國男人都很危險，中國詩人也不例外。格里菲斯（D.W. Griffith，譯注：一八七五－一九八四年，美國導演，代表作是白人優越主義的爭議電影《一個國家的誕生》〔*The Birth of a Nation*〕）將這個故事改編成無人不知的電影《殘花淚》（*Broken Blossoms*，一九一九年），散播（並強化）當時普遍的種族威脅思想。這種思想攪亂文獻，也攪亂小說、電影和媒體。[19]此外，英國作家亞瑟．沃德（Arthur Sarsfield Ward）以「薩克斯．羅默」（Sax Rohmer）為筆名，寫了許多故事，其中某則故事關於一名邪惡的醫生「傅滿洲」（Fu Man-chu），他還有「黃禍化身」的別名。一九一二年，此系列的故事在全球到處流通。故事裡的傅滿洲是仇外的中國罪犯天才，他的父母在拳民事件被洋人殺害，他的犯罪動機就是報仇。傅滿洲的形象在各種大眾媒體放送，舉凡電影、舞臺劇與廣播；模仿他的人很多，這本書也翻譯成多國語言。在西方文化裡，彷彿傅滿洲真有其人。

不僅只是青少年小說劇情。在常見的媒體炒作中，類似的人物、關鍵字和比喻就是毒品走私或人口販子。[20]中國人的形象幾乎不脫羅默的觀點，但是這位倫敦南區人並沒有直接接觸中國人的經驗。歐洲與英美的流行文化充滿中國惡棍等類似種族歧視的描繪。雖然尚有其他深入挖掘中國文化的大眾小說，部分小說內容奇思幻想、無傷大雅，例如歐內司特．布拉馬（Ernest Bramah）的凱龍（Kai Lung，譯注：此故事系列於一九〇〇至四〇年間共出版六本，描述性格單純的說書人凱龍在遊歷中國期間遭遇土匪與莽夫等趣事）和垂柳圖案的格言，搞笑卻大受歡迎，但內容大多相當負面，能當成羅默與追隨者著作的續集。其他藝術形態的表演則是將中國展現為奇景，標榜中國非常希罕，例如毛姆一九二二年知名的劇作《蘇伊士運河以東》（*East of Suez*），開場就是一幕無聲的場景，呈現擁擠的北京街頭，動用了六十名中國臨時演員。[21]或是把中國元素當成顛三倒四的喜劇靈感，例如一九一六年奧斯卡．阿什（Oscar Asche）的音樂劇《朱清周》（*Chu Chin Chow*），改編自《阿里巴巴和四十大盜》，片中著名的臺詞「中國來的，中國上海來的」。這齣劇作就像是一位中國專家告訴讀者中國人另一種性格就是「顛三倒四」。[22]「中國」魔術師在雜耍團表演——有些真的來自中國，有些則是「黃臉」的高加索人。中國的特技演員、侏儒、巨人、模仿表演者和裹小腳的女人全都登場。[23]後見之明可能會將以上劇碼視為笑柄，當代高修養的人一定會嘲笑這些表演，但是，見到這些諷刺形象的中國讀者和觀眾笑不出來，而且英美文學對這種形象緊抓不放，不想見到都難。

中國人該如何回應？中國人自己也會批評中國的文化、社會，甚至是中國人的「性格」，畢竟，這是一九一五年後新文化運動的主要動機，接著，一九一九年的五四運動變得洶湧澎湃且延續不斷。但那是中國的事情。就讓魯迅和李大釗帶著同胞進行；明恩溥和吉伯特又有什麼資格呢？因此，中國知識分子與國民政府高層將收復權利與救贖國家的艱難任務帶進文化領域，拚命的程度不輸廢除治外法權、要求關稅自主與修改條約。他們的努力成果更快顯現，也更為成功。

他們的文化行動轟動一時。兩次世界大戰之間，國際組織與文化外交宛如百花盛開。[24]國際聯盟的中國代表積極支持一九二二年成立國際智力合作委員會（International Committee on Intellectual Co-operation）。他們表示，畢竟「歐洲尚未發展出文明之時，中國已是智識國家。」[25]這一點的確無庸置疑，雖然中國古代歷史上毫無先例，而且就連在這個聯合國科教文組織的前身，中國要求的代表席次也遭到拒絕。在國際聯盟，中國的焦點不離爭取全球的政治地位。中國官員想要獲得的不僅是國際認同，他們也認為必須展現不同的文化才能獲取適當的地位。一九三三年滿洲淪陷與上海戰爭（譯注：一九三二年一二八事變的日軍空襲）之後，中國才在國際合作委員會建立自己的國家委員會。委員會與國際聯盟的合作主要是技術層面，但在太平洋關係研究所，中國能採取較早且較全面的策略來表達文化。

IPR第四次大會預計於一九三一年九月在杭州舉行。兩年前的京都大會廣泛地討論「機器時代與傳統文化」，但會議的重點仍在政治問題，特別是治外法權與租界，還有滿洲。中國代表對於文化議題完全沒有投稿，不像與會的日本希望讓這座古老的首都彰顯自身的文化。中國的IRP祕書處可能感到矮人一截，於是決心要在杭州鉅細靡遺地呈現中國文化，畢竟杭州本身也是傳承中國文化的代表。首先，他們必須準備許多報告，在會議之前先出版；而且是英文版，報告前言提到：「提供讀者確鑿的事實和實際成就，呈現最佳的中國。」[26]中央研究院（中國新成立的國家層級學術研究機構）院長胡適與蔡元培，以及科學家丁文江（V. K. Ting）是最主要的撰稿人。

丁文江的文章表達這群具影響力的知識分子之擔憂。他主張，中國歷史根基是神話，是「不科學」的說法。老一輩的中國學者如此傳授，而歐洲的外交官與傳教士利用此說法合理自身行為與文化優越的立場。他諷刺地說：「難怪，現代的漢學家比較細膩，但老派思想不易改掉。」而且「歷史的真相就是真相。」然而，科學研究的結論並非如此。他主張中國的敏捷與適應能力始終如一，快速學習西方影響，而且「指控中國不合理的保守主義與退步……，根本毫無根據。」他針對的是「無知的傳教士與商人」，但也包括因為國家的政治危機便對自己文化失望的中國人。同陣營的撰稿人強調丁文江所謂的中國文明，並進一步補充，即使轉變之中，仍然是文化。一九三一年的IPR會議證明其變動不斷，隨著那年秋天的滿洲事件，主辦單位將會議移至上海公共租界。與會者在上海的討論地點改在湧泉路的萬國體育會，就在尷尬的租界界線之內。[27]類似的諷刺持續到一九三〇年代，殖民者外強提供中國對抗帝國主義的安全園地。

IPR的報告欲將科學成就及基礎置入中國文化，向世界呈現「確鑿」的事實。這份報告不僅論證中國文明的獨特性、真實性與價值，中國文明同時積極貢獻普世文化，為花團錦簇的人類發展增色。中國是世界的一部分，攻擊中國——暗指日本——就是攻擊世界。但是，日本依然持續進犯。上海戰爭期間，商務印書館的東方圖書館完全炸毀。這棟大樓是全中國學校教科書的來源。蔡元培在致愛因斯坦及世界其他知識分子時，要求他們譴責如此「大舉摧毀中國教育文化」的行為。李頓到中國考察時，圖書館員向他請願：「這不僅是我國的損失，更是全世界的損失。」[28]李頓的報告將一九三二年秋天持續的衝突簡稱為「變相的戰爭」。[29]文化就是前線。

倫敦雖不像是中國對日抗戰、力求主權與尊重的戰場。但是將這個主張帶到改變世界秩序列強的首都也很重要，而且這樣的秩序正是國民政府極力改變的。國民政府擁有真誠的盟友，雖然這些盟友看起來有點奇怪又有點不真實。一九三五年十一月國際中國藝術展的構想來自一群為數不多的英國陶瓷收藏家，而過去二十年來的收藏也反應了中國的重大變化。收藏家主要包括大維德爵士（Sir Percival David），他的家族事業涉及中印鴉片貿易，直到一九一七年禁煙為止；富有的商人喬治·尤摩弗帕勒斯（George Eumorfopoulos）；剛從大英博物館版畫與繪圖管理員職務退休，也是中國藝術學者與詩人的羅倫斯·賓揚（Laurence Binyon）；還有博物館東方古物部門管理員羅伯特·霍布森（Robert Lockhart Hobson）。30

藝術為什麼重要？答案之一便是，藝術與外國在中國的粗暴歷史緊密交織。清朝傾覆與動盪的共和體制為中國藝術的海外市場擴張，創造了絕佳的條件。收藏起初多半來自十八世紀大幅成長的出口貿易，並為中國商品塑造強勢的市場，尤其是陶瓷。主要因為這是中國專為出口製造的物品，並迎合歐洲人的喜好。然而，戰爭改變了一切。十九世紀的衝突使得勝利軍與追隨的陣營大肆掠奪。一八六〇年，清朝位於首都西北的夏宮圓明園遭到洗劫；一九〇〇年，拳民起義席捲首都，各式品項輸出至外國的博物館、拍賣公司與收藏家，進一步刺激了需求。滿洲淪陷流出更多私人藝術品，有些來自舊政權官員的收藏，有些甚至出自皇宮。溥儀和他弟弟拿了也賣了很多藝術品。一九三五年之前，沒有任何有效的出口管制或古物規定，這也表示許多文物來自新的或不為人知的發掘地點。掠奪並未真正停歇。透過在中國的仲介，例如英籍的卜士禮（Stephen Bushell，譯注：一八四四—一九〇八年，英國醫生，一八六八年前往北京擔任英國駐華使館醫師，在中國居住長達三十二年，精通中國藝術、文字與錢幣）或福開森（John C. Ferguson，譯注：一八六六—一九四五年，美國教育家，一八八七年來到南京，先後於南京與上海經營多所大學，促進中西文化交流）；或從海外的經銷商網絡，例如盧芹齋（C. T. Loo，譯注：一八八〇—一九五七年，浙江湖州人，國際著名的大骨董商，先後旅居法國與美國等地，將許多中國國寶級的文物販賣至國外）和山中商會（Yamanaka and Co，譯注：日籍骨董商山中定次郎於一九一七年於紐約曼哈頓創立之店鋪，專售中日藝術品）。穩定的藝術品貨源就這麼流轉到外國的收藏家或博物館手中。[31]大維德與尤摩弗帕勒斯都是市場轉變的重大獲益者，回過頭來也是推動藝術品研究與欣賞的重要人士。新的藝術品深深改變了海外理解中國藝術的方式。大維德資助中國藝術的大學教職（後來更將全數收藏捐給倫敦大學）；一九三四年，尤摩弗帕勒斯將眾多收藏品以大幅低於市價的價格賣給大英博物館和維多利亞與艾伯特博物館（Victoria and Albert Museum）。

時間點似乎正好。此外，一九三五年的展覽也符合皇家藝術學院以國家為主軸的展出，最成功的是一九三〇年的義大利藝術展，參訪人次將近六萬人。由此看來，中國在諸多國家中也占有一席之地。如果波斯也參展（一九三一年確實有參展），那麼中國應該也能。一九三四年二月，這個想法首次由中國駐英公使郭泰祺正式提出：「中國精神證實能挑戰、刺激西方思維，」而且「中國與西方的關係日漸可觀。」[32]所言甚是。十月，這項計畫獲得國民政府官方批准，同意共同贊助展覽，但須依照國民政府推動廣大文化外交的條件。

展覽非常成功，獲得眾多媒體奉承報導，英國等各界人士都在談論暫時在自家土地的中國「寶藏」。上千人從海外遠道而來，光是某團德國學生就有五百人。《紐約客》報導：「值得穿越大西洋一看。」[33]媒體充斥關於中國的文章。展覽又得到故宮博物院同意，由在中國的皇家海軍巡艦皇家薩福克號將收藏品運到英國。這波熱烈的情緒因此推向另一波高峰。收藏品在朴茨茅斯（Portsmouth）

卸下，並由巨型巡洋艦皇家胡德號（HMS Hood）的火砲護衛下穿越甲板，此舉之象徵意義再恰當不過：這是一趟激烈的政治冒險，尷尬地與帝國主義的有形建設牽連，而且不只是中國會做此聯想。

故宮博物院的收藏品早已是政治意義重大的物件。一九三三年，由於擔心日本越過滿洲界線侵略中國，超過兩萬一千件藝術品已經先從故宮博物院搬進上海法國租界的倉庫。[34]蔣介石強烈支持展覽。收藏品送上薩福克號之前先在上海舉辦初展，總理汪精衛主持開幕儀式。宋子文、孔祥熙（H. H. Kung）與其他高官皆一同出席，中國承認的外國大使也一併參與，包括日本。晚宴會場掛著孫逸仙的肖像。這是場國宴。國民黨的地下盟軍也一一到場。[35]尷尬的是，代表國際譴責日本侵占滿洲的李頓，還被選為皇家藝術學院本次展覽官方籌委會的主席。

雖然政府給予官方支持，但北京的知識分子發起公開活動阻止收藏品出借，也進一步主張，若真要出借，只能由中國學者決定出借品項，並且批評伯希和涉入籌委會。敦煌文物探勘此時已被視為盜取「國家寶藏」。另有傳言直稱故宮的收藏品在英國會被賣掉或扣留當作資金借貸的擔保。[36]中國如何被呈現？被誰呈現？以什麼樣的條件呈現？變成爭議更多的問題。而且，這個問題絕不能交給「無知的傳教士和商人」解決，許多情況下也不能交給漢學家，不管他們是不是「現代」漢學家。不能將它們交給搶劫中國祖產的人。抗議的人表示，甚至不能交給發起展覽的中華文化之友。大維德與尤摩弗帕勒斯在中國颳起的風暴在倫敦沒人注意到。他們修改部分中國籌委會提供的展品出處，等於暗示最懂中國文化的是他們，而非中國的專家。

同時，日本政府對於李頓涉入感到不受尊重，一開始拒絕合作。當然，英國駐日本大使克萊武（Robert Clive）向日本外交部副部長重光葵暗示，指派李頓並不代表結果已成定局，「在我看來根本沒什麼。」[37]但是，日本藝術史家瀧精一再次強調日本的立場。克萊武說：「他似乎把民族主義的精神拓展到藝術領域。」最後，經過更多英國外交官的遊說，日本帝國政府也出面提供幾項日本的重要收藏。但是，日本一九三六年在波士頓也有風靡一時的展覽，而且展覽名稱直白地稱為「日本藝術寶藏」。雖然該展大受歡迎，但影響不如中國的展覽深刻。[38]

來自澳洲，身兼藝術家身分的學生諾拉・海森（Nora Heysen）在一九三五年寫給父母的信提到：

> 整個倫敦都在瘋中國。人們穿著中國的長袍，骨董商行擺滿中國的物品，許多文章鉅細靡遺地描述著中國。書店也販賣中國藝術專書。

海森描述自己參觀後「為其美麗震驚」。[39]評論家普遍說他們「感到謙卑」。其中一位說：「當下只能羞愧地低下頭。」另有許多人談論中國的「精神」文明，和西方的「物質」文化。海森也注意到了其他實用的回應。這場展覽是全城話題，美國雜誌《時尚》（*Vogue*）宣稱：「每個人都打賭這場展覽對時尚的影響不亞於在巴黎的義大利展。」[40]一則報導表示：「女王訂了藍寶石色的洋裝」。另一則說：「時尚界熱情讚揚。」貿易方面，英國色彩協會（British Colour Council）建議紡織廠為一九三六年時尚新裝準備相似顏色；倫敦雀肯辛頓區的貝克百貨公司（Barker's department store）便有販售：「中國藍」、「中國綠」與「滿洲褐」。「周朝綠」取自一千年前的花瓶，成為隔年秋天的主流顏色，同時還有「廣州色」、「另一種綠」與「乳白玉」。室內設計也受到影響，中式壁紙和牆上掛飾蔚為風潮。商家們則確保家庭主婦都能夠在店裡找到帶有些許「東方色彩」的商品。[41]

英國長期以來一直吸收中國商品，最大宗的就是茶。羅伯特・霍布森表示，「雖然英國每間房子裡都找得到中國的東西，它們是奇怪又詭異的商品，目的是勾起外國人的興趣」。皇家藝術學院的訪客接觸到的是「真正的中國藝術」。儘管如此，至少他也明白藝術學院餐廳的中國雞尾酒（一杯布朗克斯〔Bronx〕加上一杯白色佳人〔White Lady〕）和明信片販賣部穿著紅旗袍值班的年輕中國女人，可能不代表「道地」的中國文化，而這也是他想告訴西方大眾的。[42]如同朝聖中國文化的奧斯伯・希茲威爾（Osbert Sitwell，譯注：一八九二－一九六九年，第五代希茲威爾男爵，英國作家）所言，希望「在其湮滅之前」能夠品嘗，我們可以將此感想與一九三〇年代開始的文化朝聖連結。他們急忙前往上海，因為那裡「不是中國」（當然那裡的確是中國），在北京胡同租一間有院子的房子，觀察社區的季節變化，體驗戲院和妓院，接著在回憶錄攻擊外國居民不像自己一樣「入境隨俗」。買春的觀光客和愛慕虛榮的人，就如同歷史學家費正清（John Fairbank），他們的研究都會開花結果，成為戰後理解中國的材料。[43]但是柏林頓府展覽的影響，遠遠超出訪客欣賞的美學場域。

鄭天錫在展覽開幕前對媒體敘述收藏品的重要性。他巧妙地將展覽的政治意涵交織在演講裡。他告訴記者：

> 用你的心靈觀看，那麼，看到的就不只會是中國藝術品，也會看見中國的文明與文化，那些不是由刺刀創造，而是對於美的愛好，而且任何事物當然都不比和平、美德、正直與情感更美。[44]

美國其他單位也想引進展覽。大都會藝術博物館、州政府部門、中國外交官等，各方動作再度同時交錯著政治與文化意義，但在展覽品回到中國之前，一切的作為都尚未開花結果。[45]

一九三五年四月，中國政府出借收藏品前，在上海舉辦的預展致詞表示：「我們唯一的目標是令西方欣賞中國藝術之美。」但這句話並不誠實。每次展覽總是不斷強調政治意涵——一九三六年四月初曼徹斯特的相關展覽，大使郭泰祺感謝當地的自由派報紙《曼徹斯特衛報》（*Manchester Guardian*）。他發現評論者將該報稱為《捍衛滿洲報》（*Manchurian Guardian*）以表對中國的支持，加上鄭天錫也到場覆誦他的刺刀、和平、正直演說；兩週後在維多利亞與艾伯特博物館，尤摩弗帕勒斯收藏品的常設展開幕時也是。[46]這不只是都市和知識分子之間的事。整個中國都在舉辦相關課程和演講。各省透過幻燈片和雜誌也可看見展覽，全國的媒體紛紛報導。若要從平衡、同情，甚至「科學」的角度理解中國文化，「中國展覽」正是文化與智性的地標。該展覽絕對是當季不可或缺的社交重點；《紐約客》雜誌調侃：「親愛的梅費爾（Mayfair，譯注：皇家藝術學院所在地）居民，真是可憐，只能硬著頭皮忍耐。」但該場展覽風行一時，吸引數十萬英國人加入柏林頓府外的排隊長龍。

柏林頓府的門還開放時，林語堂的代表作《吾國與吾民》（*My Country and My People*）在英國出版。這本書即將在英國暢銷，造成重要影響，成為文化戰爭前線的第三條機智的彈藥。中國人以寫作回應書寫中國之人，中國的作家也開始站上國家與國家困境的舞臺中央。林語堂是其中最為人津津樂道的，其他還有劇作家熊式一（Shih-I Hsiung）、藝術家蔣彝（Chiang Yee）、記者暨小說家蕭乾（Hsiao Chien）。這個博採眾長的團體包括許多自告奮勇的文化仲介，他們都將大力宣傳中國人眼中的中國（至少是他們希望別人理解的那一面）。以英文解釋中國一直都是中國革命分子與激進人士的目標。孫逸仙和汪精衛等人在中國之外出版英文書籍，目的是向中國內外的英美人士傳達中國觀點，希望獲取支持，目標對象也包括一個日漸重要的族群：身處海外無法閱讀也無法口說中文的華人。這些期刊中最明顯具政治意味的是《民眾論壇》（*The People's Tribune*），而較有效果的是《中國評論週報》（*The China Critic*）。《中國評論週報》於一九二八年，由一群來自上海的海外作家創辦，旨在「公正呈現中國與世界之間發生的問題」。[47]這份期刊可能由國民黨資助，至少一開始是，但後來成為上海獨立出版、首部華人編輯的英語刊物，並高度流通。這股風潮又因一九三五年的文化期刊《天下月刊》（*T'ien Hsia*）邁向另一波高峰。[48]當時的總理孫科在創刊序文寫道：「國際智力合作委員會在國際聯盟沒能得到應得的重視」。為了促進，孫科宣布成立「中山文化教育館」，而且發行新雜誌，旨在「帶動國際文化理解」。不過這份雜誌引起的火花不如他之前的夥伴林語堂，特別是幽默的部分。

一九三〇年起，林語堂就是《中國評論週報》的明星寫手。林語堂是基督教家庭的第三代，一八九五年生於福建，起初他和父親一樣，朝著成為牧師邁進。林語堂曾於上海的聖約翰大學就讀，並在北京的清華大學教授英國文學，一九一九年起為期四年，他先在哈佛大學攻讀碩士學位，又在法國的基督教青年會與中國勞工旅工作，接著在德國萊比錫大學獲得古典漢語語音學博士。比起一九一九年八月十六日與他同行到美國的一百四十五位學生，他的職業更為奔波，雖然大體看來，越來越多出國留學的青年男女都是如此。還沒下船，他們就被迫想起自己在美國移民法的身分：他們被官員「成群趕到甲板上，排隊走向隔離區接受身體檢查」，如同牲畜。[49]林語堂回國後，先在北京大學執教，後來又到廈門為左派的武漢政府工作，接著進入中研院。他持續活躍於文學與新聞領域，在中國獲得讚譽，並創辦多份期刊。由於《吾國與吾民》出版，使他成為海外傳譯中國極為重要的人物。

想在國外找到聽眾，為中國發聲之人就必須說英文。天才林語堂更是以幽默作為利劍。他的認真程度不亞於任何人，他的英文散文通順流利、逗趣機鋒，筆下的「中國人」是英美人士從未遇過的形象。催生《吾國與吾民》的是賽珍珠。賽珍珠的《大地》在一九三一年出版後，震撼國際讀者，最終賣出超過兩百萬本。賽珍珠為《吾國與吾民》作序，其中寫道：「此為至今描述中國最重要的一本著作。而且，最棒的是，是中國人寫的。」[50]書中部分內容來自林語堂自己編輯的中文雜誌，而且藉此可見中國人也有幽默感。[51]林語堂打從一開始就訂立了政治目標，直指「中國通」。他以玩笑的口吻大膽寫道：「許多偉大的事物都會被誤解，這就是中國的命運。」而他的國家「受到極為巨大的誤解」。所以，與其被當成偉大，寧願被人理解嗎？當然。而他問道：「誰來當那個傳譯？」那些「中國通，……在他們的能力範圍之內的確非常靈通」，而那些「能力範圍不出三個中國字的人」竟成了公認的權威。這種例子每出現一次，就會出現「一萬個吉伯特，一萬個伍海德」。於是，「中國人便經常被描述成既幼稚又扭曲的愚蠢形象」。[52]

林語堂認為，身為中國人便是要展現「共同的人類價值」。他主張：「所有合理的國際批評，必須以此為基礎」。他很開心地以「中國人的性格」作文章，喜歡睡午覺、緩慢地閱讀小說、上戲院、參與中國的文學革命，以及需要「喜悅瘋癲的時刻」。一九三六年後，林語堂會在美國待上三十年，累積個人成就——他是第一位登上《紐約時報》暢銷排行榜榜首的中國作家；尤其另一本著作《生活的藝術》（*The Importance of Living*），兼容並蓄地討論中國的哲學家與文學（以及惠特曼〔Walt Whitman〕等人），「第一手」敘述中國人的生活。林語堂的中國平易近人、清新、迷人，乍看熟悉又不太熟悉。他的方法看似離奇，但他的目標絕對嚴肅。

一九三〇年代中期海外的中國風潮也可在舞臺劇、廣播與學校見到。熊式一將京劇改編為《王寶川》（*Lady Precious Stream*）搬上西方舞臺。該劇一九三四年十一月在倫敦首映，接著連續演出三年。此外也在紐約上演，改編成廣播和適合在學校演出的版本，並翻譯成其他歐洲語言。看過這齣戲的人，有些曾任英國首相，有些是未來的英國首相，也有皇室成員、文藝巨擘，例如普里斯特利（J. B. Priestley，譯注：一八九四—一九八四年，英國作家，著作小說、戲劇、社論等，作品可見左翼思想和穿越時空等主題）與蕭伯納（George Bernard Shaw）。中國大使館在一九三四年舉辦私人演出，演出此劇，到場的來賓包括英國外交祕書、財政大臣、三位內閣成員、李頓爵士、威爾斯（H. G. Wells，譯注：一八六六—一九四六年，英國著名小說家，以科幻小說與反烏托邦主題影響後世）和其他重要人物。蕭伯納立刻拔擢熊式一。據說熊式一送給蕭伯納一齣現代劇本，蕭伯納讀了之後建議他：「試試不同的東西。試試非常中國且非常傳統的東西。」[53]不過，這齣戲依據外國人的品味和期待打造，一點也不「傳統」，而且熊式一後來決定與此作品斷絕關係。《王寶川》除了商業成功，同時也是長久的文化政治操作，這方面十足現代。

柏林頓府的門已開，畫家蔣彝也出版《中國繪畫》（*The Chinese Eye: An Interpretation of Chinese Painting*）。在熊式一的背書下，這本受歡迎的賞析希望幫助讀者「瞭解與欣賞中國畫作」。[54]蔣彝於一九三三年抵達英國，當時他不懂英語，旅英前曾任九江縣縣長，為人非常公正，因此對於自己遭遇的種族歧視（無論對象是赴英的法國軍人或倫敦街上的小孩），大感震驚。他很快便成為華僑與親華人士圈內的要角。他在東方學院教授中文，意外地因「唯一住在倫敦的中國藝術家」之身分，變成重要人物，是故他也致力擔任文化交流的中介。他曾出版許多旅行書籍，《啞行者》系列的第一本便以中國旅者的觀點描述並繪畫英國湖區（Lake District）風光。蔣彝的著作從中國藝術家的角度撰寫，而非外國評論、收藏家或藝術史家，以平易近人的方式說明中國繪畫與書法；另一系列的作品，間接重現與西方人距離較近的家園與城市，例如牛津、倫敦、紐約及巴黎等地風貌。英國文學有個古老的比喻，來自中國的訪客代表風俗與習慣。哥德斯密（Oliver Goldsmith）的《世界公民：旅居倫敦的中國哲學家來信》（*The Citizen of the World, or, Letters from a Chinese Philosopher, residing in London*，一七六〇至六一年）是最有名的著作之一。現在，出乎意料地，真正來自中國的風俗與習慣來了。另外，中國童書曾經都只是嚴肅的傳教紀錄，或以海盜為主角的冒險故事，現在，開始出現需求，而蔣彝也著手發展。55

林語堂、熊式一、蔣彝都是務實的企業家。他們乘勝追擊，各自也受惠外國人士的建議或協助。他們幸運地從轉變中的文化關係獲益。個人的發展軌跡與國民政府積極的文化外交兩相揉合，而滿洲危機醞釀出的同情，加上賽珍珠的《大地》大獲成功，也為他們找到願意聆聽的聽眾。

所以中國的形象，無論人們宣稱多麼獨立與具批判性，實則完全與國民政府的國家串通一氣、合為一體。左派則傳出其他觀點的聲音，今日的中國在哪裡？提問的團體有時也很批判。皇家藝術學院展出的中國文化截至一八〇〇年。《王寶川》改編自京劇。蔣彝雖然協助策畫一九三五年倫敦知名的中國現代藝術展，其作品也在此展出，但他似乎也沒有呈現現代中國，或如同某篇左派文章翻譯的標題：「活的中國」（Living China）。一九二八年起就在上海工作的堪薩斯州人艾德加・斯諾（Edgar Snow）於一九三六年編輯了一本文選，文選連同其他書刊呈現不同的看法，例如魯迅，並且點出國民政府專制的一面。其中一位作者柔石的文章被翻譯成外語，他正是一九三一年二月被處決的「左聯五烈士」之一（譯注：左聯五烈士為一九三〇至三五年的地下組織「中國左翼作家聯盟」）。當時的中國，一面在國外展出並保護中國文化，一面在國內毫不遲疑地殺害作家。[56]

斯諾的文選並未帶來深刻影響。林語堂的《吾國與吾民》在美國賣了五萬五千本，前四個月就發行到第七刷。蔣彝的小書也熱賣，當年年底重刷五次。《王寶川》演出三年，意謂觀賞人數眾多。不過，這些都只能稱為馬馬虎虎。雖然柏林頓府的參觀人數剛超過四十萬，上千人還會從媒體得知展覽的消息，但是一九三〇年代，英國電影院約有十億進場人次，一九三五年國際中國藝術展開幕當年，美國電影院的進場人次是二十三億三千萬。一部電影的觀賞人次便遠遠超過最盛大的中國藝術展。一九二〇與三〇年代，中國也越來越常出現在大螢幕。[57]從數字來看，電影院更重要。國民政府知道，於是也著手從大螢幕改變中國在世界的形象。

在共和體制的中國，電影是椿大生意，而且不斷成長。一九二七年，上海已有二十六家電影院。美國所有大公司都在上海設立辦公室，而好萊塢的出口價值在一九一三至二五年間成長十七倍。多數美國電影都會在中國放映。[58]電影也是政治的攻擊目標。一九二〇年代，上海法國租界和公共租界的電影院就是抗議地點：外國的民族主義者不滿「十分冒犯」的刻板印象，政治保守人士抗議自己的國家被描寫得如此「激進」。國際化的上海已經習慣電影院的紛擾，諸如某部電影裡潦倒的義大利海軍、《西線無戰事》的法國人（與敵軍友好的場景）。意外的是，一九二九年，哈羅德・勞埃德（Harold Lloyd）的喜劇《不怕死》（*Welcome Danger!*），裡頭照常敘述中國城的危險、陰謀與活人獻祭，卻在上海引發眾怒。所有人大感震驚，演出的明星也是。勞埃德告訴美國領事：「這部電影不是要傷害中國人的尊嚴，純粹只是趣味。」[59]此後，國民黨的上海分部設立審查制度，對抗諸如此類、天真無邪的種族歧視「趣味」。

有問題的戲劇或電影，一度由在海外留學的中國學生首先提報並抗議。一九二八年，許多在倫敦以中國為題的舞臺劇，都使外交部、宮務大臣與英國戲院的審查單位看得哈哈大笑。中國學生要求倫敦的中國外交官提出抗議，然而，英方卻對抱怨冷淡回應。這種現象在所難免，畢竟中國如此「古色古香」，這類表演「明顯是以幻想的國度為背景」，「眼力好」的觀眾不會當真。宮務大臣覺得中國人應該有點幽默感。那些形象根本不可能糾正，只能當成諷刺。筆名老舍的作家舒慶春以倫敦為場景的小說《二馬》，也寫到中國城電影的爭議。[60]這件事情發生的時候，舒慶春正在倫敦教書。《二馬》的靈感來自倫敦華人學生遭遇的種族歧視，以尖酸的口吻書寫尋常的黃禍，並指出這種問題存在以及惡化問題的電影。

一九二〇年，紐約的華人學生向領事抱怨兩部電影卻徒勞無功。但一九三三年德國的華人學生抗議新電影《上海之死》（*Tod Über Shanghai*）「揶揄中國與中國人民」，中國的行動反而奏效。外交部正式抗議，而且一九三一年國民黨成立的國家電影審查委員會就此禁止所有德國電影。[61]此事證實，訴諸良好的文化關係化解「誤會」無用，把產業打擊到谷底效果更好。

若是描述中國鴉片和賭博現象，或者中國人是邪惡、暴力、滑稽、退步或甚至卑微或僕役的角色（洗衣工或家僕都算），這類外國電影就會被禁，詆毀中國人或中國的也是。結果通過的電影所剩無幾，因為這些就是中國人和中國在大螢幕各式各樣形象的引伸。審查就連諷刺主題也不允許：審查制度不認得諷刺。審查員可能會要求剪掉冒犯的部分，或者乾脆禁止整部電影。電影院和發行商基於經濟考量優先在法國租界與公共租界上映，儘管國民黨在那裡沒有權力，但審查制度也適用於租界。審查制度也包括其他主題：激進政治、性、迷信（如電影《賓漢》〔*Ben Hur*〕）或奇異怪誕的主題。外國政府單位也會管制電影中的外國女人形象，這是殖民地的慣例。一九三六年與三七年，約有三十部好萊塢電影遭禁，比例約是十部電影中就有一部禁播。電影產業內部也有規範：當梅．蕙絲（Mae West）在一九三六年的電影《情海奇花》（*Klondike Annie*）中，說自己是「偏好東方愛人的西方女人」，並在片中有個中國男友時，不論究竟是觀眾或片廠，總之沒有人高興。一九三三年，中國外交官向美國政府及東南亞殖民地領事館、哥倫比亞公司抗議法蘭克．卡普拉（Frank Capra）執導的《閻將軍的苦茶》（*The Bitter Tea of General Yen*），要求道歉與加入前言。前言須說明該電影純屬「文學想像」，描述「兩個文明之間令人難過的衝突」，而非藉此描述「中國的真實情況」。[62]好萊塢在中國市場蒸蒸日上，因此面對審查必須有所動作。一九三六年，中國由於《情海奇花》和《將軍晨死》（*The General Died At Dawn*）兩部電影約束派拉蒙公司。該公司一九三五年一共進口了三十五部電影，此時面臨全面禁止的危機。片廠主管表示：「我們日後製作的所有電影，都不會納入任何可能對貴國人民情感和政府造成不利影響的元素。」[63]

新穎鬥爭的第一招是經濟和政治的壓力。第二招則交由洛杉磯南百老匯的五五一、一一五一室發動。這是中國於一九三二年年底為好萊塢特別設立的領事辦公室：可以刪減或禁止個別電影，可以威脅所有片廠。對於問題的根源，雙方也有共同努力的方向。片廠若想順利通過審查，或想在中國拍攝，便非得與中國打交道不可。拍電影的人，就像劇場製作人，一直努力拍出原汁原味的中國——至少跳脫傳滿洲的框架。格里菲斯拍攝《殘花淚》時，甚至雇用中國人擔任服裝與場景顧問。現在片廠更清楚，如果電影要在中國拍攝，他們便需要官方的幫助，如果劇本惹惱官員，幫助就不會來。所以從沒到過美國的二十三歲外交官江易生（Yi Seng Kiang）被派任為副領事，掌管影片業務。他的工作內容可以從一九三〇年代電影工業往來的文件推測，裡頭提到江易生拜訪片廠，宣傳自己上任，並且指導還是沒有學到教訓的勞埃德：四川並不說廣東話，此言指的是他以中國為主題的新電影《貓掌》（*Cat's Paw*）；無論如何，《貓掌》還是被禁了。江易生也接受訪問，談論電影的中國形象問題。業界媒體報導《中國獅吼》（*China Roars*）的劇本通過了江易生的審核，他也同意《唐人街陰影》（*Shadow of Chinatown*）的劇本（由貝拉．盧戈西〔Bela Lugosi〕主演）。另一方面，他找律師寫訴狀，為「中國佬」（chink）的這個稱呼打官司。他也為了〈乞丐米妮〉（Minnie the Moocher）和〈萊姆豪斯藍調〉（Lime House Blues），找上廣播電臺；其中的歌詞如「萊姆豪斯，黃皮膚的中國佬喜歡玩耍的地方」。[64] 江易生在山洪之中建造大壩，他的職責無人不知，片廠顯然和他來往密切。

國民政府接著轉向好萊塢的電影製作公司。米高梅（MGM）公司很清楚賽珍珠的小說在學界與社會的評價，因此積極和江易生接洽，希望透過江易生獲得外交部的支持，合作拍攝《大地》電影。賽珍珠的傑作在一九三八年的爭議聲中，為她贏得諾貝爾文學獎，而這本書想要說服讀者書中的中國非常道地。然而，其中對性的描述太大膽，若不修改便無法符合好萊塢的影片製作守則，但電影的製片歐文．托爾伯格（Irving Thalberg）想要盡可能拍得寫實。歷經多次外交交涉，國民政府定下立場：

一、該電影應呈現中國與中國人民真實且怡人的形象。
二、中國政府得派員指導電影製作。
三、米高梅公司對於中國顧問的建議應盡可能採納。
四、若中國政府決定在影片加入序言，米高梅公司必須配合。
五、米高梅公司員工於中國拍攝之場景須經中國審查通過得以輸出。
六、中國政府希望劇中角色皆為中國人。

收到限制條款的米高梅公司於一九三四年三月正式簽字同意。談判過程透過美國在中國的外交官，而中國最終則派出陳立夫，他是國民黨位高權重的官員，也是蔣介石主要的支持者。好萊塢的片廠從未如此正式承諾外國政府。[65]

當時幾乎沒有其他電影，因為涉及敏感的政治而在製作過程受到如此密切的關注。中國派了兩名特使（由米高梅公司出資）指導電影製作。江易生甚至早在協定簽署之前就開始審查劇本。一九三四年，國家電影審查委員會前委員少將杜庭修（Ting-hsiu Tu）抵達加州緊盯製作過程，為了老舍的《二馬》，他和江易生主導臨時演員的任用，從加州的華人社區尋角。杜庭修在國外叫做Theodore Tu（或「Teddy」），個性海派，在美國讀過五年書。一九二〇年，他和大批派留的學生一起前往美國，這個留學計畫一年前也選派林語堂。杜庭修是位男中音，曾在勞倫斯大學、西北大學修習音樂與教育，最後畢業於哥倫比亞大學，求學期間曾於費城的美國音樂學院與波士頓交響樂廳表演。一九二五年回到中國後，他教「基督將軍」馮玉祥的軍隊唱軍歌。一九二八年蔡元培於上海成立國家音樂學院，杜庭修也功不可沒。杜庭修還為中國童子軍的軍歌作曲，籌辦一九三一年盛大的南京全國運動會，幫國民政府的國歌翻譯官方版本，擔任基督教青年會南京祕書，甚至發行中國民歌唱片。[66]不過，這些經歷都與他被派去好萊塢，並在那裡獲得「東方卡羅素」（Caruso of the East，譯注：義大利著名男高音）的名號無關，但由此可見監督中國在海外的形象，與國民政府企圖透過體育、音樂、青年組織與教育重塑公民，兩者密不可分。這些行動集合成為一九三四年軍國主義的「新生活運動」，此運動有個混血的特色：以某些基督教的方式結合「傳統」中國文化。授予杜庭修軍階是出自禮貌，但國民黨的主要目標是徹底軍事化中國社會。

結果，派拉蒙電影公司發現杜庭修並不是可靠的技術指導；在中國遭禁的《將軍晨死》就是找他指導製作。《大地》的電影製作便再找了其他人指導，包括胡適（當時他正在加州參加IPR兩年一度的會議），此外還有林語堂。[67]米高梅公司讓江易生與駐華盛頓中國大使館預覽了《大地》，林語堂也看了，他發電報給中國政府表示通過。[68]胡適覺得電影平庸、演出誇張；雖然不是熱愛，但他也勉為其難地同意。如果沒有這層介入，電影可能真的更糟。外國的觀眾是否察覺變化，這一點很難說。雖然米高梅也雇用父親曾任香港殖民地高官的伍德豪斯（P. G. Wodehouse，譯注：一八八一—一九七五年，英國幽默小說家，著作等身）擔任首映之夜的影評，他給予正面肯定（符合他收下的酬勞），即使如此，他表示自己「對中國人從不心軟。」[69]

最後，領銜主演的都是高加索演員，此外一切符合一九三四年的協議。中國方面沒有要求加上序言，但為了打好關係，米高梅公司還是提供了一段：

偉大國家之靈魂乃由其最平凡的人民表現。盼觀眾從這名農夫的故事發現中國——中國的人性、勇氣、繼承自過去的深刻遺產與對未來宏偉的展望。

電影只經過稍微修剪就順利通過審查。米高梅的電影成功上映，更重要的是，該公司其他影片在中國市場都很安全——米高梅的事業規模可不輸派拉蒙。電影首映當天，副領事江易生在電影院外擺放了一棵中國山毛櫸和一塊匾額以表慶祝。但更偉大的功勞是國民政府的介入，他們成功大幅改變了一部電影，這部電影在一九五五年前，至少有兩千三百萬美國人，以及其他一百八十三個國家的兩千萬人看過。一九五八年研究人員估計，政府官員深入參與電影製作，改變了美國人看待中國與中國人的方式，此影響比起任何一件藝術作品更為龐大。[70]

文化戰爭茲事體大。一九二〇年代普遍可見詆毀中國與中國文化的現象，甚至否認中國文化的價值。這種思維深植歐洲與美國文化，在日本也越來越常見，即使日本在歷史與文化方面與中國關係密切。[71]中國創造了對偶情節：古老對比現代；平凡對比非凡；低下對比優越。政治上，依照林語堂的說法，一次就會產生「一萬個」中國通在國際報章與廣播媒體痛罵中國。[72]國民政府與個別的文化企業家不斷努力在海外呈現中國的各式樣貌，這也是中國國內廣大文化改革的部分。胡適和林語堂批評自己的國家毫不留情，但他們批評的是自己的國家。在外國人心中，中國的地位絕對與持續至一九三〇年代的殖民外強息息相關，而這種思維此刻又因日本在東北建立滿洲國增強。欲將殖民主義連根拔除，必須挑戰殖民主義文化與智識的基礎，柏林頓府和鬧區電影院都是戰場。

傅滿洲從沒消失在螢幕上；電影或其他媒體針對中國的種族歧視還會持續數十年；中國的「古色古香」長存歐洲人與美國人的想像。儘管如此，「古色古香」在後來變得非常重要；一九一九至三七年之間，中國與中國文化將經歷戲劇性的轉變，遠離負面與直覺的厭惡，趨向同情的共識。一九三七年七月日本對中國展開全面進攻，全球同情中國的輿論也達到高峰，日本難以追趕。中國與中國人發展的新形象當然本身具有問題。米高梅公司的《大地》，目標是塑造勤奮、高尚的中國農夫形象，許多方面就像充滿抱負的美國人或值得拔擢的角色。電影完全沒有提到劇中英雄王龍面對的問題背後有什麼政治脈絡，也沒提到現實生活的解決方法。斯諾編譯短篇小說集《活的中國》（*Living China*），當中的作家有不同想法。洛杉磯的電影拍攝圓滿結束，此時斯諾來到中國共產黨捲土重來的總部延安訪談。訪談內容隔年出版，名為《紅星照耀中國》（*Red Star Over China*，譯注：發行中文版時為避開國民政府審查，改名為《西行漫記》）。此書又是另一種向世界宣傳中國的方式。

國民政府從外交出擊，對於推動形象改革非常重要。中國努力爭取尊重，先與各國談判條約，接著加入國際聯盟等國際組織。然而，日本一九三一至三二年入侵，吸引一群記者前往中國。「變相的戰爭」接續而來，加上一九三二年被趕出城市的共產黨在鄉村發起暴動，意味中國有源源不斷的新聞可以報導。[73]即將轉向的文化也非常重要，國民政府持續不斷、史無前例的文化外交是造成轉變的主因。國民政府正式與米高梅公司和皇家藝術學院談判；贊助林語堂在《中國評論週報》的俏皮話，間接促成這位英語世界最受歡迎的中國作家。國民政府也派了文化黨工到好萊塢，同時監督電影進口。

當然，這個中國的新形象——高尚的農夫、「睿智」、「靈性」、深受文化藝術薰陶、舞文弄墨、熱愛鑑賞——更是如同諷刺畫，其自成一格、無法取代。中國與日本在北方幾次停戰破裂，加上日本軍隊勢力不斷擴大，在這種情況下，打造新形象顯然必須依靠政治助力。然而，即使沒有遭到反對，政治方面仍是保守，完全談不上時髦、花俏、現代或上海稱的「摩登」。在柏林頓府的展覽，中國文化停在一八〇〇年，但在片廠、畫室、咖啡館和中國新興城市的夜總會，文化正以中國歷史從未見過的飛快速度再製，其中完全不見明朝的花瓶或繪畫。

文化飛快發展的同時，災難從北方擴散、逼近，然後長驅直入上海。[74] 一九三七年七月七日晚上，駐紮在北京西南小鎮宛平的中日軍隊互相開槍。衝突地點位於十二世紀的建築珍寶，即是綿延約二百六十米且有五百隻石獅環繞的盧溝橋（由於馬可波羅曾於著作提到此橋，西方人稱之「馬可波羅橋」）。這場交戰未經計畫、純屬意外；經過四日越演越烈的行動，當地指揮官撤退以求停戰。這類的誤會之前也發生過。前線布滿軍隊，卻聽命不同指揮，效忠不同軍官，個個形同未爆彈。但是蔣介石和日本新任首相近衛文麿都決定，取得控制權的時機已到。彼此都害怕對方的意圖，彼此都害怕對方很快就會要求對決。雙方陣營進行謀略，同時，外界氣氛狂熱，對於「中國問題」和日本問題，盼望找到徹底的解決之道。兩週內，中國與日本開戰。這場長達八年的磨難與這座位於宛平的馬可波羅橋永遠無法切割。然而，兇殘的結果卻幫助中國伸張領土完整、國家身分、文化與文明價值，並且受到國際認同與接受。

第六章

—— Chapter 6 ——

猴子騎靈猩

正在跳舞的朋友們，你們有的跳狐步，有的跳華爾滋，為何不上前線去殺敵？你們有的暢飲白蘭地，有的飲下威士忌，為何不給軍隊捐點錢給軍火去殺敵？

正在跳舞的朋友們：你們身上散發出被奴役的腐氣，為何還把錢花在化妝品？根除這種腐氣，就只有將熱血獻給民族。你們在過年時尋歡作樂，今宵我們就以炸彈作為薄禮，為你們增添歡娛。

正在跳舞的朋友們：假如你們喜歡這禮物，我們舞廳見！[1]

那是一九三九年三月一日夜晚。九點二十五分，第一顆炸彈在上海南京路東方酒店的窗戶爆炸。約莫一個小時後，第二顆落在湧泉路仙樂斯宮殿夜總會（Ciro's palatial nightclub）前院，另有兩顆在國泰（Cathay）和天堂（Paradise）夜總會外，以及南京路大東方舞廳（Great Eastern Ball Room）入口。那是作戲，那只是包在香菸罐裡的煙火，創造的聲響大於致命。除了炸彈，還有這段甜美的話，油印在傳單上，在公共租界街道投擲，致在上海跳舞的朋友。

執行者自稱「血魂除奸團」，一九三〇與四〇年間，反日攻擊隊多次使用這個稱號。蔣介石的效忠者組成了這個受法西斯主義鼓舞的邪惡組織，在國民黨的國家運作。一九三八年夏季，上海毫無日軍侵略的消息，這個組織派遣武裝小隊進入危機四伏的上海，提醒人們應該效忠的對象是誰。傳單針對此事大作文章：

國家正值存亡之際，你們不過是生活在「孤島」的奴隸。你們相信或幻想跳舞就能救國，還是想像自己已經贏得勝利，正在跳舞慶祝？[2]

（譯注：以上兩則由英文翻譯，非傳單原文）

這個組織搜查的叛國有三種，一種是實際與日本合作的叛國；一種是面對侵略採取被動而不以武力抵抗的常見叛國；第三種則是靈魂中微妙的叛國，身上帶有西方現代的「腐氣」。對於受過教育的都市人而言，狐步和華爾滋曾經代表社會與文化革命，例如一九二〇年代蜂擁到廣州參與革命的人；透過全面現代與西化，「跳舞」也許真的能救國。當時他們這麼想，但現在這些舞步卻被視為叛國的動作。

日本的入侵算來已經第二十個月。[3]日軍沿著長江深入內陸，已經進攻了九百六十五公里。蔣介石的戰爭豪賭早已目不忍睹。一九三七年八月，他選擇在上海迎戰日軍。打了三個月後，軍隊損失二十萬人，包括三萬名將領。日軍面對頑強的抵抗，直接在上海南北增派大批軍力猛攻，強逼中國撤退。上海北方郊區滿目瘡痍。一九三七年十二月，首都南京淪陷。一九三八年十月，臨時首都武漢也失守。國民政府此時遷到四川重慶。日本軍隊控制河北、山西與山東，此外還有中國中部的江蘇和安徽。一九三九年三月，前線已經深入河南與湖北。南方的敵軍也剛拿下廣州。儘管偶有勝利，防守還是從沿岸節節敗退，離海越來越遠。戰爭死傷已經高達數十萬，城鎮盡是斷垣殘壁，鄉村同樣破敗不堪。國民政府軍隊試圖抵擋日軍西進而炸毀黃河提防，至少五十萬名國民因此犧牲。

他們完全沒有收到警告。一九三七年十二月，日本攻下南京，國民政府棄之不顧，日本軍隊指揮官放任軍人大肆掠奪，殺死上萬軍民。[4]

怎麼有人還能跳舞？怎麼有人還會投擲炸彈？中國這場苦戰竟是如此詭異。此刻，中國面對史上最大的存亡危機，國民政府高層汪精衛脫離國民政府投向敵軍，成立日本扶植的政府，與此同時，中國境內還窩藏著過去的主權破碎——十個外國控制的居留地、租界和租借地。這是中國主權淪喪的象徵，現在成了極為珍貴的戰爭資產，這些地方與日本控制的區域之間形成緩衝，阻擋可能發起的衝突；不論衝突來自國際輿論與政治論戰，還是暗殺與殲滅通敵者。隨著日本也在公共租界競爭控制權，英國與美國的外交官不得不因上海局勢再度面對中國問題。但是，中國也因此得到了內陸從來沒有受到的關注，即使當時內陸失勢初期國民政府幾乎不審查外媒，希望國際之間以同情的口吻報導。上海周邊遭到轟炸與之後的南京事件震驚世界——威斯坦．奧登（W. H. Auden，譯注：一九〇七—一九七三年，英國作家。一九三八年中日戰爭期間曾與小說家克里斯多福．伊舍伍〔Christopher Isherwood〕合著《戰地行》〔*Journey toa War*〕）將重創的中國首都列入惡魔占據的地點清單，但是，這般震驚很快便被遺忘。[5]克服漠然是國民黨的要務：國民政府若想生存便必須接受西方世界，在試圖西化又同時排斥西化（音樂、跳舞、衣服、腐氣）之間，抱持極大的矛盾，幾乎無法解決。國民政府對抗日本時，一面爭取西方注意，一面又對抗西方。

一九三〇與四〇年代，從上海街道與幽暗舞廳清楚可見戰爭與西方問題兩相交錯，圍困中國。這座城市變成諸多衝突的前線——不同形式的現代互雜、互相競爭交戰的政權、帝國主義和反帝國主義的角力。上海似乎站在中日戰爭之外，不僅因其國際地位，也因其尖銳的都市文化。「血魂」或

「血鐵」等狂熱分子痛恨上海（不當差時卻盡其所能地享受）；一九三三年已被趕出上海的中國共產黨又完全不信任上海，認為那是通敵的城市。[6]上海的行政管理四分五裂，英國、美國、法國、義大利的軍隊進駐，維繫衝突之中的天堂。身為中間地帶，缺乏有效的單一主權，也無單一適用的法律制度，法國租界和公共租界充滿機會，只要本身不涉及當下圖利的投機事業，政府便總是遲遲才肯動作。日本侵略之前，長達數十年的時間，上海在全球眼中從未如此重要，對中國也從未如此重要。全球的旅者過境（一九二〇年代中期，航行世界的郵輪每年都會停駐上海），記者、特派員、巡迴藝人、劇作家、小說家與詩人來來去去。到了一九三五年，上海約有六萬名外僑，美國、日本與歐洲的人數都達到史上高峰。然而，上海依舊完全屬於中國，兼容並蓄又融合多國語言，而問題更是四處叢生。

一九三七年七月日本發動侵略後，「上海問題」反而因為上海反常的地位出現新的功能。蔣介石刻意在上海對抗日軍，而非躲在戰爭爆發的北邊，目的就是在外強可見之處抗日。外僑居留地的居民再度爬上屋頂觀戰。戰爭已經再近不過，北邊郊區遭摧毀，傷亡拉進了公共租界中心：一九三七年八月十四日，一顆中國的炸彈掉在南京路上。那條路擠滿難民，沙遜爵士的華懋飯店門口炸死了上百人。雖然整座城市某些地方就像布勒哲爾（Bruegel，譯注：一五二五—一五六九年，文藝復興時期布拉班特畫家）筆下灰暗的屠殺與死亡。三個月後，戰場移地。蔣介石的軍隊——德國訓練的最精良軍隊——在上海附近被擊潰，無情地被趕到西邊。

收容數十萬難民的法國租界與公共租界就這麼被拋下，其他居留地或租界，如天津、廈門與後來的武漢，同樣都被孤立。經年累月的戰爭創造城市經濟熱潮，人口增加近百萬人。上海之所以反常，是因為中國政府的機關依舊在租界運作；中國人與日本人仍同坐在上海工部局，也依舊在巡捕房和中國海關並肩工作。支持南京的報章雜誌撤出。雖然北方的外僑居留地因日本軍隊而脫離上海工部局控制，但是日本為了避免與美、英正面衝突，也沒有奪取居留地。多國共管在一九三七年之後又持續了六年。即使日本針對工部局官方邊界以外管轄已久的地區，多次以暴力爭取控制，但至少在名義上，公共租界的邊界、機構和稱呼持續保留。[7]

太平洋關係研究所和皇家國際關係研究院的研究人員還是繼續工作，他們一如既往地相信，客觀分析能提供解決方案。[8] 學界心中還是縈繞希望：他們全面記錄、熱烈分析，並得到鏗鏘有力的結論。但是，結論完全無謂。士兵不會停下來看報告；立志扭轉中國境內帝國主義的人也不會費時閱讀外國智庫與教授的論證。國際聯盟，此刻完全無用。同時，上海主要的外強還是無憂無慮地認為，上海依據協議是中立區，外頭如火如荼的衝突可以置身事外——畢竟戰爭就是上海的家常便飯，他們早就經驗豐富。

雖然研究分析如此不實際，但是研究的兩大基論十分重要：將上海的西式風格治理作為模範，以及點出上海「世界一家」的國際化特性。關於公共租界歷史的回憶錄與迷思仍然縈繞兩者。主張維護上海現況的核心說詞，便是上海身為「模範居留地」：由此觀點，上海工部局是現代化行政與市政效率的模範，工部局與董事會的公眾要角組成公正的公僕，依法指導上海市政。上海是中國的燈塔，教導中國「現代」城市應該如何治理。這般自負反而成為反帝國主義建立新管理制度的標準。國民政府的外交官針對「不平等條約」抨擊外國，要求收回治外法權和其他外國特權，與此同時，為了管理中國控制的上海，並為回歸準備，於是在一九二七年成立「上海特別市」和現代警隊。此舉除了直接挑戰外強，也為親自表現管理的模範。[9]這股動力最重要的外在表現是在江灣建造的新市政廳。十字形的市政廳位於上海中心西北方，外圍環繞美式網狀道路。俯瞰堅固的市政總部，中心是公共廣場，那裡準備蓋一座高聳的寶塔。而市政廳外圍將設置博物館、體育館、醫院和禮堂。上海銳不可擋的新中心，不僅俱足功能性，更象徵國民黨共和體制的抱負。[10]紙上看來雄偉驚人的市政廳，卻是另一座歷史的失落之城。市政廳是少數一九三七年之前完成的計畫：因此日本勝利遊行特地經過市政廳的殘骸，以表這只是中國的春秋大夢。

由於中國受條約牽制而缺乏主權，上海（尤其是上海）先是成為區域性的避難處，接著成為全球難民埠。上海一直是座難民城：一八五〇年代起，上海地產發展的重要因素就是躲避內戰的人潮湧進。一戰期間，來自德國與奧匈帝國等敵對國家的人把上海當成家；戰爭之後，韓國與印度的民族主義人士則在那裡躲藏。許多俄國人也會來到這裡，有些直接來自西伯利亞失敗的反布爾什維克政權，有些來自中東鐵路地區，有些來自哈爾濱。一九三八年十一月「水晶之夜」（Kristallnacht，譯注：納粹襲擊德國境內所有猶太人的事件，被認為是組織性殺害猶太人的開端）以及納粹反猶政策與法令強化之後，德國與奧地利的猶太難民陸續輾轉落腳上海，人數超過一萬五千人。一九三七年後，上海又吃力地容納一百萬中國居民與來自戰區的日本平民，此時，城市的資源再度受到擠壓。[11]一九三九年八月，上海公共租界和法國租界史無前例地實施進入上海限制：此後，上海不再是座開放的城市。許多美國人由於大蕭條來到上海尋找工作；諸多日本左派人士與自由主義者由於國內日益增長的政治鎮壓，而到上海追求更多自由，太平洋戰爭開打之後亦同。

到了一九三〇年代，如此多元的種族混合發展成為森羅萬象的文化：越南烘焙坊與日本餐廳相鄰、義大利和美國的咖啡店並肩。報紙的語言有法語、日語、俄語、德語和英語；英語報紙的目標讀者普遍針對英國、美國、中國或以英語為母語的猶太人。上海義勇隊的團員來自八個國家（如果加上上海蘇格蘭人，就是九個）。工部局組織的交響樂團指揮是義大利人，樂手有俄國、德國、匈牙利、菲律賓、葡萄牙、中國與義大利等國籍。剛來自法國的時裝店在霞飛路開張；那條路上還有英國的出版社、俄國的歌劇團與合唱團。而且如同一本無禮的小書提醒讀者的：「上海也有中國人。」[12] 一九三五年，上海擁有二十一個外國領事館，十一個外國商會和一個流亡政府（其他政府的社運人士也躲在那裡）。其他亞洲海港城市也有類似的多國景象，但規模都不及上海。許多旅遊叢書為此得意，歷史研究也喜愛此現象。

這種正宗的四海一家文化，就是由搭乘輪船與火車來到上海的人組成，法令也為此背書。公共租界的政府傲慢到擁有自己的旗幟，一度在外灘矗立飛揚，宣示所有權。旗幟的中心是工部局的官印，一八六八年設計，上有十二個國家的國旗圖案，並以拉丁文寫著「Omnia Juncta in Uno」（合眾為一）。沒有什麼比媒體、旅遊導覽與回憶錄更能描述當地生活中四海一家理想的強大。也沒有什麼更能說明政治上的偶然：德國和哈布斯堡王朝（Habsburg Empire）的旗幟在一九一七年後改為空白；除了「工部局」三個中文字，上頭完全沒有中國的蹤影，而且拉丁文在黃埔江岸毫無意義。

兩個概念互相交織。這裡的上海由各國聯手合作創造了世界的楷模。同樣的，中國海關職員也來自各國。這樣四海一家的理想非常吸引初來乍到的外國人，特別是俄國人和走避歐洲反猶暴力的人。雖然公共租界內高密度的中國人也有著相同的想法。但是，四海一家的理想在政治思維其實是排外的。這裡的四海一家，骨子裡其實是盎格魯的四海一家：只要是由英國主導，就能容忍多國共同合作。上海工部局的官方語言是英語，高階官員是英國人，英國董事掌握大權，英國的社會習俗與文化主導居留地的生活。多國組成的上海義勇隊，指揮官聽令英國陸軍，武器和砲彈的來源是英屬香港。斯諾一九三〇年諷刺地說這裡是「扮相蹩腳的英國殖民地」。[13]

「模範居留地」的想法也很強大，維護外強的人又總能找到中國管理失當的例子，於是忙著再找更多新的理由。但模範居留地的概念就和四海一家的理想一樣空洞——有名無實——英國外交官還是喜歡這樣說笑。學者和研究人員鍾愛的「上海問題」，簡而言之就是上海無所不在的貪汙。雖然這座城市還維持貿易的基本功能，鴉片和土地才是財富的重要來源，兩者的共生關係更可從毒品的俚語「土」窺見。鴉片的利潤投入土地和房地產，「土」變成土，兩者獲利皆可觀。此外，居留地缺乏有效的法律監督，也利於操作各種金融投機。一九〇九至一〇年橡膠等股票大漲，工部局英國總董也涉入其中，卻不能舉發，因為英國外交官員承認，找不到夠多未涉入之人組成陪審團。但上海的英國最高法院需要的陪審員才不過五個。[14]印度終止合法鴉片貿易時，一位常坐工部局的董事愛士拉（Edward Isaac Ezra）受到刺激，開始透過非法途徑「進口印度貨物」（他的訃文寫的也是此委婉的說法）。[15]

關係緊密的利益集團成形，廣泛影響上海公共租界，新計謀隨即出現。一九二七年，一群市民，包括兩名工部局董事和一名巡捕房督察組成一家公司，將商業靈緹賽跑引進公共租界。另有兩家公司迅速跟進，其中一家在法國租界。雖然包裝成運動，實則只是賭博工具，套句邱吉爾精闢的形容這就是「活的賭博輪盤」（說實在也適用整座城市），而且是獲利驚人的賭盤。[16]為保護賽狗場，工部局董事抗爭長達三年。中國政府和英國外交官則是端出捍衛治外法權的高超道德原則反對。與此同時，中國客人投入金錢，這些公司從中抽取百分之二十。每逢賽狗之夜，就能賣出上萬張票。最後，公共租界的美籍總辦（譯注：一八六〇年代後，工部局設立了總辦一職，為工部局各機構與董事會之間的聯絡人）反擊這個總是套用同樣說詞的強大集團。一九三〇年十月，他告訴各位董事：

> 中國人不懼痛苦與艱辛，也要以此反對工部局，與其說是管理從前所謂的「模範居留地」，實則仗著治外法權進行剝削圖利。若純粹由中國人治理，就不會發生這種事。[17]

此話戳到痛處，而且背後還有驚人的事實：上海公共租界的犯罪率總是比周圍其他地區高。完全不足模範。如果真要說是什麼的模範，就是缺失制度治理的楷模。

更深層的問題則是，每個工部局的巡捕房每月都有來自「地方事業」（也就是幫派）的收益，依照階級分配得利，從巡官到最低階的華捕。[18]但比起法國租界的結構性貪汙，這又是九牛一毛。一九一八至二五年，法國租界警務處的華捕督察就是當地主要犯罪集團的成員黃金榮，而一九二五至三二年間，政府當局祕密允許上海青幫壟斷鴉片買賣，四處開設賭場營利。事實上他們把巡捕業務直接發包給幫派。一九三一年，法國租界的警務處總監費沃立（Etienne Fiori）告訴公共租界的督察，他們「真傻，不懂得照做」，而且他們和流氓說好「對他們的鴉片和賭博事業睜一隻眼閉一隻眼，條件便是維護法國區的秩序。」[19]該集團也向公共租界提出同樣的交易，很多巡捕都對此方式和獲利條件很心動，但政治上不可行，即使英國、荷蘭、法國殖民地的鴉片事業都由政府獨占（一九二〇年代，英屬香港五分之一的政府營收來自鴉片所得稅金）。[20]法國人自己也稱之「與魔鬼簽訂的契約」，逐漸成為公開醜聞，法國外交部一九三二年終於採取行動。法國與青幫達成維持壟斷生意的協議，但只能在租界之外，而且由法國當局協助運送鴉片存貨。[21]帶頭涉案的主要法國官員未盡保護職責的代價是致命的：一九三二年三月，一週內便有三人相繼神祕死亡。

美國人也在做生意。律師阿樂滿（Norwood Allman）是前美國領事，一九二五至三三年曾任墨西哥榮譽領事。一九二八至二九年，他盡其所能抵抗上海工部局打壓賭博，因為上海少數的墨西哥人中，就有一名是輪盤生意的主要營運者。[22]但這無損阿樂滿之後成為受人尊敬的市議員。另一方面，當地強大的美國利益集團確定自身受到上海的美國法律機構之縱容，在前後二十年間，造就範圍廣大的詐欺金融。雷文（Frank Jay Raven）在一九二一至三四年擔任工部局董事，他是自身利益掛帥的經典代表，也是美國社群的支柱。他憑著「美國東方銀行」（American Oriental Bank）建立房地產和金融公司的網絡。然而，美國東方銀行無力償還長達三年，一九三五年倒閉，並拖累三家中國銀行，許多美國傳教事業將資金存在雷文的銀行，自然受到嚴重的財務傷害。當地一家主要的英國報紙在審訊一陣子後指出：「不是只有上海會製造這種投機犯罪」，但該地區應該對「普遍的特殊現象」提出更高的警告。「雖然它是美國的銀行」，但其實是「美國人在上海開的銀行」，而且不受制於任何美國銀行法律規範。[23]因此才會造成如此大的紕漏，讓雷文在治外法權的保護之下創立銀行，而美國的法律卻管不到。而且為了得逞，雷文和他的法律團隊收買了美國在中國的法律單位，或令他們三緘其口。這並不困難，當地法院的法警還有像是山繆・泰特布姆（Samuel Titlebaum）的人物，此人後來在一九四一年被控侵占，並發現他一直使用假名工作（以便掩飾之前的犯罪紀錄）。雖然泰特布姆被送進監牢，但還是沒人知道他的真名。[24]

難怪上海注定被某位記者說成「待售中的城市」，刊登在一九四〇年上海與紐約同步發行的報導揭發內幕，上海就是這種勾當的市場（而且盜版馬上就會在上海出現）。但城市本身是無辜的：治外法權一直都是殖民主義在中國最重要的武器裝備，也是治外法權助長了這些醜聞。上海的公共租界和法國租界並不壟斷犯罪，其他地方當然也有道德或法律墮落的立法委員和官員。但不可否認治外法權和破碎的行政體制助長犯罪，提供詐欺機會，例如雷文，而主權和政權的灰色地帶就是靈猩賽跑集團行動的地帶。為了關閉靈猩賽跑集團，公共租界當局最後在體育場設下障礙物和鎮暴警隊防止任何人進入。這全然是齣鬧劇：外國治理的左手鎮壓右手，核心則建立在公共租界的政治文化。最終結果當然就是法國租界生意興隆的逸園賽狗場。

然而，雖然治外法權阻礙中國的治理（只要有治外法權之處就有問題出現），卻能用來抵抗日本。同樣的，任何條約保障的中國公民也可以出租自己的身分給中國的利益團體，因此，一九三七年後，支持國民政府的報紙便可以表面上隸屬於美國或英國的報社（一九四〇年時仍有十家）。國民黨探員可以繼續在租界活動，反日探員可以搭乘外籍船隻往來通商口岸。未受占領的上海一度成為蔣介石作戰的加工食物來源、情報總部與財務中心。在這些相當極端的情形下，中日之戰許多方面都是一場相當奇怪的戰爭：前線滲透性高——物資與人可以輕易穿過；忠誠也是多元光譜，可以容納非國民黨的蔣介石盟友以及與日本同謀的汪精衛。汪精衛深信唯有談判才能實現和平、拯救中國，因而脫離蔣介石，並於一九四〇年成立南京國民政府。這不是一場非黑即白的戰爭。[25]反觀中國東部被日方占領的核心地帶，現場的外國記者只要報導眼見的事實，就足以反駁日本人的政治宣傳，有時會主動發起精神上的抗日活動。[26]此時，國民政府受困於長江西方幾千公里的重慶，並且遭受猛烈轟炸，上海無疑就是逃出戰爭的大門。

日本入侵滿洲後，國民黨必須暫停廢除治外法權與收回租界的努力。上海以及其他在天津、漢口、廈門等有損主權的島嶼，當時還看不見外強掌控終止的日期，遑論香港和臺灣兩個殖民地。因此，雖然就在門外的戰爭造成極大壓力，公共租界的工部局和法國租界的公董局（譯注：一八六二年四月成立，上海法租界的最高行政當局）開始管理這片領土。一九三八年，上海工部局的年度報告表示為了改善社會與工業福利，他們參與日內瓦的國際勞工組織、開設新的公共圖書館分館、搬遷老舊墓園、推動校園交通安全活動，並在上海首處圓環實驗交通管制。地方納稅人年度大會花了大把時間討論工部局交響樂團的未來，廢除交響樂團的議案徹底受到反對。[27]所以上海依舊正常營業。更不用說，這座城市繼續生產、交易，繼續扮演抵抗日本的角色，或單純維持中國的經濟活絡——認真工作，也認真玩樂。

一九三九年三月，恐怖分子的目標是舞廳和夜總會，因為中國打仗的歲月就是中國跳舞的歲月。炸彈落下時，上海在跳舞。就連手榴彈丟進舞廳、餐廳、飯店時，上海也在跳舞。一九三七年後，整座城市在日軍包圍之下變成「孤島」；雖然危險，但在外國控制之下仍舊保持中立——上海的人民仍在跳舞。一九四一年十二月七日，珍珠港被轟炸之後，日軍終於進入上海，在高聳的大樓升起日旗，從前的上海電影也曾以那些高樓象徵現代。上海人還是在跳舞。十二月的那天他們跳舞（很多人的舞伴此刻已經換了），直到一九四五年八月，這座城市再度回到國民政府控制。那是雞尾酒、現代音樂、現代造型與現代人的流水年華。中國從未如此國際化，如此繁忙，如此受到摧殘，如此身負重傷。

中國的舞蹈狂熱從國民政府一九二七至二八年確立政權開始。[28]專為歐洲顧客設置的跳舞場所之前就有，但是從這個時間點開始，中國老闆眼見快速成長的中國跳舞市場，紛紛開設新的夜總會和舞廳。一九二二年，瑞典裔的美籍樂隊指揮「小白」史密斯（'Whitey' Smith）抵達上海，他表示「中國人還沒學會西式舞步。」[29]一九三七年「小白」離開時，中國人已經停不下來。橫越太平洋的船運越來越便宜且快速，貨物、想法與外國人從美國來到中國的速度也更快（比從歐洲來更快）。戰爭期間與戰後，美國城市的舞廳宛如雨後春筍，風潮也迅速地吹向海外。一九二二年，年輕的美國記者伯奈．賀許（Burnett Hershey）說：「裝著爵士樂的貨櫃輪船正通過金門大橋。」他大膽地說，「沒有爵士樂的上海，就不是上海。」[30]音樂化為樂譜與唱片，隨著樂手一起旅行，可見大眾喜好。舞臺上的舞者跳著一起飄洋過海的新舞步。中國也有一群又一群的學生航向海外留學。他們帶著學位證書與海外生活歸國，他們的觀點變了，衣服、髮型與習慣也變了，而且迷上了爵士樂和舞蹈。

沒有什麼比上海的爵士世界，對英國文化控制權產生更迅速且全面的破壞。住在通商口岸的外國人過去在飯店的舞廳跳舞，到了一九二〇與三〇年代，專門的舞廳和夜總會也加入不斷變化的夜生活。一九三九年三月，永安百貨的大東方舞廳等場所引起了民間治安組織注意，這間舞廳建於中國人熱舞高潮的一九二八年。這是針對學生與都市居民的平民文化事業，他們聘請知名女舞者當家，舞廳因而聲名大噪。霓虹招牌高掛在南京路，招牌上有穿著舞衣的女人和穿著燕尾服的舞伴。走上新新百貨的五樓就是天堂舞廳，這也是另一間高貴精緻的舞廳，採職業伴舞制度，共有六十位舞者，客人買票輪流跟她們跳舞。對照之下，一九三六年開幕的仙樂斯宮殿可稱為極致奢華的夜總會，目標客群是中國與外國菁英。仙樂斯以裝飾派藝術風格，閃閃發亮的霓虹高聳建築物是沙遜爵士投資的地產之一，外灘的華懋飯店也是。

在這些公共場合交錯相遇的男女，在當時中國社會可謂相當大膽。而這些地方也代表這座城市複雜的多國環境。大東方舞廳的老闆是澳洲裔的中國人，舞廳深受日本與中國顧客喜歡。在夜總會演奏的樂手有非裔美國人、菲律賓人、俄國人和日本人，之後還會加入德國的猶太難民。一九三四年，第一支全由中國人組成、由幫派贊助的樂隊，在中國人經營的新飯店演奏。[31] 夜總會和舞伴制的舞廳雇用俄羅斯舞者，這些舞者大受外國色情報導喜愛。記者亨利．錢普利（Henri Champly）寫道：「半裸的身軀穿著夜宴裙衫。隨著世人共享的爵士樂，挽著穿長袍或民族服裝的黃種人旋轉」。[32] 中國的評論者也注意到了。報導曝光後，這個世界便再也難以掩藏：所有夜總會都燈火通明；天堂夜總會甚至聘請了自家霓紅燈設計師，而夜總會在許多層面都代表象徵享樂現代主義閃閃發亮的峰塔。錢普利等歐洲種族主義者、中國的社會評論家與教育家，還有威脅現代主義的愛國人士，這些也是焦慮發作的源頭。

逸園舞廳（Canidrome Ballroom）正是一九三〇年代上海的政治、文化、科技、現代與犯罪關係錯綜複雜又互相影響的例子。舞廳的正式名稱為「法國賽場」（The Champs de Courses Français），公共租界的賽狗事業瓦解，法國賽場正好得利。悉心規畫的賽場蓋在法國租界，這片廣闊土地原為《字林西報》擁有者的地產，一九二八年末開幕時，館場可容納兩萬觀眾，包括跑道、田徑場和一棟藝術風的飯店與舞廳，從飯店還可遠望燈火通明的賽場。比賽往往是一瞬間的眼花撩亂，卻如中邪似地大受歡迎，該公司的賭注收益自然驚人。法國租界政府從收益抽成，但須透過獨立的公司，因為法國法律禁止政府單位從賭博牟利。[33]眾所皆知的上海青幫涉入這樁生意，他們透過法國代理人在董事會內運作。每名觀賽的中國觀眾其實都違反了法規，因為現身賭博場合便已是違法，但狗還是照跑。走進場館的大門要花五毛錢，對都市的勞工階級而言是天文數字，而樓上的舞廳又更是尊貴的場所。

一九三四年四月十三日，非裔美國人巴克・克萊頓（Buck Clayton）與他的「哈林紳士樂隊」（Harlem Gentlemen）在逸園舞廳首次演出，蔣介石的夫人和她的姊姊宋藹玲（丈夫是財政部長孔祥熙）也在觀眾席。光是舞池本身就比克萊頓在美國表演過的任何一家夜總會大。克萊頓回憶：就像在「不同的世界」。松滬會戰後為了讓觀眾回流，舞廳引進燒烤餐廳，放了一個「電視架」播放賽場的賽事，他們吹噓說是「電視的前身」，用餐的人不用離開桌子就能跟上比賽進度。[34]此外，他們也奇招盡出，雇用動物訓練師和猴子團，讓猴子穿上衣服、馬褲再戴上帽子，將猴子綁在狗身上，訓練成騎士。賽場經理吹噓：「整場秀鬧瘋了。」[35]一切盡是完美的組合：爵士樂與裝飾藝術、幫派與政治菁英、新式賭博與粗俗的特技表演，一切都在法國殖民力量的保護傘下。難怪上海吸引了灑狗血的記者、小說家與電影導演等。他們前來尋求靈感，也真的得到了靈感。他們根本就不需要捏造任何東西，上海本身就超乎所有想像。

熱心督導電影《大地》的杜庭修、認真致力改革全國身心健康的基督教青年會，以及童子軍運動與協助錄製〈耶穌恩友〉（What a friend we have in Jesus）的勝利唱片公司（Victor Company），全都一敗塗地。新生活運動呼籲模範公民：早睡早起、準時、排隊、不賭不嫖、向長輩敬禮、遵守禮儀、帽子戴正、鞋子穿好、呼吸新鮮空氣、不酒醉、不亂丟垃圾或抽菸，不在茶室、戲院與車船喧譁、節儉。然而，都市人嘲笑這些命令；上海也聽不到青年合唱團在被敵軍包圍的西邊高唱杜庭修的愛國歌曲。上海充斥美國爵士唱片和日漸流行的「黃色音樂」（即上海流行歌曲），在EMI唱片公司的上海工廠製成唱片，整日在一九三〇年代如雨後春筍的廣播電臺播送，當然還有驚人的電影產量。想要在跳舞面前將社會軍事化，相當棘手。在炸彈四射之前，人們難以聽見政治；當炸彈停了，人們只聽見音樂。[36]

在戰前，不斷嘗試勒緊這種都市文化的動作，包括電影審查、廣播與出版管制，以及喊到沙啞的愛國與道德教條。一九三四年末，新生活運動之一就是上海的大學生組成小隊，追查贊助舞廳的老師和同學。[37]但是修改一部電影或禁止一首歌曲造成的改變微乎其微。上海已經懂得太多，也對自己的世故自信滿滿，對自己的墮落滿不在乎。當時社會諷刺劇也拿此開玩笑，說著上海男人為了太多選擇而為難。漫畫家蕭劍青一九三六年的選集《漫畫上海》帶領讀者進入許多景象：在舞廳、夜總會與澡堂等地，或透過旅遊仲介、在街上、在舞臺上以及穿著摩登的女大學生，滿足肉體的欲望。[38]一九三四年一本色彩繽紛的圖畫雜誌《時代漫畫》發行，之後開始有人仿效，而新生活運動幹部與血魂除奸團也正好撻伐。[39]發行三年以來，這本月刊集結身體與政治、社會諷刺與尖銳評論、詼諧與色情。刊物的畫家受到喬治·格羅茲（George Grosz，譯注：一八九三—一九五九年，德國藝術家，畫風幽默諷刺，反應現實生活）、約翰·哈特斐德（John Heartfield，譯注：一八九一—一九六八年，德國藝術家，以蒙太奇攝影著名，作品諷刺政治）、詹姆士·瑟伯（James Thurber，譯注：一八九四—一九六一年，美國小說家、漫畫家，擅長肢體幽默、荒謬情節）與其他墨西哥、日本的漫畫家影響。這本漫畫就與這座城市一樣，兼容並蓄，完全現代。一篇介紹「現代語言」的文章收錄了探戈、爵士、華爾滋、查爾斯頓與狐步，當然也有咖啡、咖哩、土司、愛克發（Agfa）及柯達，而且當然不會漏了——帝國主義。[40]

性與政治兩者在《時代漫畫》密不可分。兩者都非常戲劇化，而且顯著。雖然也有女性藝術家，但男性想像的女體滿地綻放——或大或小的色情意象，充斥一九三〇年代中國的視覺藝術。[41]赤裸的女人身穿透明衣裳或衣不蔽體，在讀者面前大方炫耀現代泳裝，或乾脆坦露胸脯令讀者眉開眼笑。國民政府關注「女性問題」，例如著名的作家魯迅；但仍始料未及種種以現代自由為由的社會奇觀。啤酒、香菸、威士忌、可口可樂和煤油，透過廣告上穿著泳裝或旗袍的女人（喜笑盈腮、嫵媚誘人、短袖、短髮、暴露雙腿），遍布中國的視覺藝術。、中國興盛的電影工業、當地的電影明星（如阮玲玉、胡蝶）及電影雜誌，皆與《時代漫畫》縱橫交錯。漫畫內頁到處可見夜總會、俱樂部和舞蹈。

《時代漫畫》裡的政治傾向則以抨擊得意的中產階級和貪汙的官僚為典型，有時還算安全。這些是無人反對的標的；但雜誌偶爾也會踩到危險的地雷。一九三六年，該雜誌由於攻擊中國駐日大使而禁刊六個月，而且越來越常拿日本人做文章。由於國民政府希望在變得夠強之前不要挑釁敵軍，因而整個一九三〇年代中期都與日本玩拖延遊戲，所以當不能說出日本國名時，《時代漫畫》就用「××國」代替。同時，蔣介石的軍隊展開一連串動作，意圖撲殺共產黨員在中國中部的叛亂。一九三三年，他說日本是「表皮的病痛」，共產黨是「心臟的絕症」。[42]一九三七年六月，《時代漫畫》社會文化版一篇漫畫，則是關於載滿槍枝的「××國」軍艦，拉著和平天使行經無法無天的太平洋。

蔣介石的第三個比喻，我們或許可以稱為「靈魂的疾病」：西化的文化在不受管束的《時代漫畫》扉頁，或在上海的舞廳地板散布；條約國更以武力及細則保護這種文化。當然，多數人沒有跳過舞，或沒讀過《時代漫畫》，甚至不識字（雖然他們可以聽收音機，當時每十戶人家就可以找到四臺收音機）。很多人有閒錢到逸園看賽狗，但廣大的民眾無法。他們的故事也是上海的故事：貧窮的都市、居留地邊緣的違章建築與難民營。一九三七年七月後，百萬人湧進公共租界和法國租界就不離開了。這些人需要吃，需要工作。街上的屍體也需要收拾。應付這場危機消耗了上海外國當局許多精力。[43]但至少他們在這方面還有點事要做。

雖然國民政府的「特勤」單位拿著炸彈和刀槍約束自家國民，但他們並沒有攻擊、挑戰公共租界政府當局。國民黨嘴上依舊反對帝國主義和「不平等條約」，但收回外國特權仍懸而未解。民族主義的說詞反而被日本人偷走，尤其是漢奸和日本代理人頻頻攻擊「英美霸權」。正面挑戰公共租界現況的是日本人。一九三七年到四一年十二月之間，上海外人治理的核心地區開始上演抗爭不平等。這件事有三個面向。首先，日本軍隊強迫上海工部局和法國公董局壓制中國的民族主義和愛國主義：他們封殺所有廣播、電影和記者，而且嚴禁任何支持國民政府的行為。例如國慶日、各種「國恥日」（例如《二十一條》）、滿洲危機等，都是明顯的目標。抗日行動展開時，日本成功收買外國維安機構達成自己的目的。第二，日本從未正式對中宣戰，因而維持條約國的身分。他們在工部局和分支單位都有自己人，外交官更遊說取得更多公共租界內的代表席次維持利益。第三，日本讓英國、法國、美國一起承擔責任，因此僅費了少許力氣治理中國人口最多的城市。在此期間難民又使得人口數更加膨脹。他們付出丁點代價，獲得龐大利益。英國和美國代理占領的地區，如此的占領既經濟又實惠。整體而言，許多外國的非戰人士其實非常同情中國，但在權宜與其他不可抗力的因素之下，只好勉強持續這種合作關係。

有人開始預測日軍即將進入公共租界。一九三七年十二月三日，曾經領導松滬會戰的將軍松井石根監督六千名士兵進行勝利遊行，從南京路到外灘，穿越租界的心臟地區。這條路線常見此類的軍事演出：英國、美國和上海義勇隊便經常在這條路線遊行；一九一八年的「凱澤」也是，由此可見日本的雙重用意。然而，儘管已經有所預防，仍有少數中國攻擊者留在租界，並轟炸遊行。[44] 三天後，類似事件又在發生，於是日本軍隊公然在租界內行動——此舉有違長久的協議——從飯店抓了四名中國嫌犯，帶回自己控制的地區。隨著中國人的暴動越演越烈，日本也對公共租界的協同維安施加越來越多壓力。上海工部局發出公告，禁止反日的廣播或刊物，並將每年懸掛中國國旗的日數減低到只剩幾天。然而，即使有這些處理措施又擴大監視，仍然無法阻擋地下組織快速且殘暴的攻擊，轟炸並射擊敵人和其機構。為回應日本要求，一九三九年二月工部局終於同意警務處主動與日本警察合作。他們進行聯合突擊，租界政府將逮捕的嫌犯交給日本。工部局透過英國外交官請求重慶的蔣介石，請他直接下令暗殺公共租界外的漢奸，但不要動到租界內，以免全面崩盤，導致日本接收。[45] 局勢毫無減緩的跡象。一九四一年二月，工部局成立上海西區特殊巡捕隊（Western Shanghai Area Special Police）與上海特別市政府的傀儡政權聯合運作。英國人和其他工部局警務處的職員開始發現自己正為漢奸和他們背後的日本主人工作。

同時，上海工部局數十年來共享控制權的君子協議開始動搖。英國在工部局一直占有很多席次，雖然不再是絕對多數，但表面上來自世界各國的董事會——五名中國、兩名日本、兩名美國、五名英國——掩飾英國仍然占有工部局及警務處多數職位的事實。此時，不斷傳來要求增加日本席位的壓力，工部局被迫同意。此外，選舉權的條件為房地產，因此擁大批租界內土地的英國公司之投票數便能提高。少數住在租界的日本居民會在選舉中投給日本人。但是，依照傳統慣例，各國會分配參選人數比例，以確保董事會的國籍平衡。日本人只會推出兩位候選人，而英國人也會分配人數投給日本參選人以求回饋。一九三九年，這種平衡開始變化，安排日本人投票的日本居留民團發起行動，要求更多日本代表席。

外強在上海的歷史紀錄中，鮮少出現比接下來投票大戰更荒唐的事件。一九四〇年的工部局董事會選舉之前，日本公司開始將名義上較大的土地切割成小單位，為了讓在領事館註冊的每一單位都擁有一張選票。日本選民因而變成雙倍。隨著歐戰爆發，英國在中國的外交官也以同樣手段回應日本在上海下的戰帖，提高英國的選舉人數比例。因此，一九四〇年的選舉結果並沒有改變控制的平衡，但選舉產生的裂縫在其後迅速擴大。一九四一年二月，英國的票數是一九三九年的十倍，但當時真正住在上海的英國人口其實較少。由此可見，英國外交官和盟友深諳選舉操縱。[46]但由於這種怨恨使日本居留民團七十歲的委員長林雄吉（Hayashi Yukichi）在一九四一年一月納稅人年度大會，對著上海工部局的英籍總董凱西克開槍。凱西克死裡逃生，但工部局沒有。為了避免眾怒爆發，英國和美國的領事與日本外交官倉促達成協議，暫停選舉程序，並指定臨時董事會管理租界。

權威遭到質疑再加上承受壓力的同時，工部局發現治理的權利本身就是不定時炸彈，而工部局就坐在這顆炸彈上。幫日本人維持治安也是，工部局依然承擔當地戰爭源源不絕的代價。一百萬名難民逃進公共租界和法國租界，很多人和家人或朋友住在一起，另有十四萬人住在多處難民營。一百萬人中，四分之一住在法國耶穌會教士在租界旁設置的難民營——危險的「安全地區」，約七萬五千人流落街頭。[47]隨著上海的經濟開始自行調整，上百家小店一間間接連開設，多數難民不再直接向慈善機構或政府牟取資源，但他們的福祉又間接成為外國行政當局的責任。城裡的人要吃飯，家庭要燃料，公共衛生要維護。房租盤旋而上。上海工部局只好主動參與糧食採購，試圖調節價格，但內部資源也逼近極限。經濟脆弱反映在勞動關係方面，罷工隨即引發，而日本和幕後操作的代理又以此對英美施壓，煽動外國工廠勞工動亂。這些紛擾，加上長期財務管理不當，意味上海工部局在一九三九年走向破產，不得已向英國政府恭敬地要求借貸。

到處的資金都很吃緊。兌換率貶值，海外利潤縮減，價格提升。太平洋關係研究所報導，投機者在期貨、股票、黃金和房地產投入「巨大金額」。「每天上百萬美元」就在賭桌上流轉。[48]可謂賭場歲月。法國租界拿逸園的收入支持許多社會福利。公共租界一直藉由發放執照賺取比例不錯的收入，而現在又設置臨時自願娛樂稅。上海跑馬總會固定直接提供賭注營收給董事會或贊助慈善事業。一九三七年後，傀儡政府和許多情報與維安單位徹底利用局勢。就像許多幫派原本或後來，就是將賭場當作金源。上海西區、公共租界或法國租界以外的地方，一直都是外國政府標註為待擴張的地區。他們造橋鋪路，主動建設。住宅區沿著街巷發展，外國政府便向那些房屋收稅，同時維護當地治安，劃下地盤。如今，這些地區成為暴力犯罪的市郊花園——上海「歹土」。

歹土充滿迷樣神話，理由充分：這裡是艾爾．卡彭（Al Capone，譯注：一八九九—一九四七年，美國芝加哥犯罪集團創始人）的芝加哥，而且沒有任何限制。這座城市喜愛跳舞與投機，賭場和夜總會興盛，妓院如雨後春筍，日本人資助的毒品幫派也在這裡快樂度日。一旦發生衝突，就用極端暴力解決。當然，某種程度而言，這不過是上海的家常便飯。在一個沒有單一公權力能作主的地區，空缺就由投機者和罪犯填滿。中國低下的主權被層層剝皮，直至暴力赤裸的最底層。長年運作的結果就是上海歹土。儘管那兒有土地章程、好聽的說詞、模範租界等陳腔濫調，還有不容質疑的公正官員，上海公共租界一直都是塊歹土。

不過公共租界表面還是維持正常，雖然質疑聲浪不間斷，而且處處都是危險。日本的傀儡政權發起「恢復權利」的運動以及「反帝國主義」的政治宣傳，這些完全就是中國民族主義者的政治修辭主軸——汪精衛和其他「中華民國維新政府」的通敵者便是以此自居。日本此刻正好利用反帝國主義，而且目標只針對英國和美國。外國軍民與日本軍隊互動時總是緊張，而且多次發生暴力衝突，連足球比賽也是。一九四一年三月十五日，逸園賽場舉辦地方足球聯盟決賽。中國的東華足球隊與工部局警務處的職員進行十一人制比賽。法國裁判判一名中國球員出局，東華隊因而全隊離場抗議。接著兩萬名觀眾暴動，衝進球場，丟擲棍棒、石頭、磚塊，放火燒看臺。警察懷疑這是「職業策動」，但經濟和政治的緊張關係也助長暴動，群眾大喊「豬！」、「狗！」、「外國流氓！」[49]

警務處的加拿大籍警員肯尼斯．波納（Kenneth Bonner）將新聞剪報收集在剪貼簿裡，從頭記錄野蠻的暴動。從松滬會戰軍隊交戰起，一頁又一頁無縫接續到以牙還牙的恐怖戰爭。尋常的暴力事件甚至和隨之而來的武裝犯罪沒有兩樣，武裝犯罪又更使暴力事件火上加油。剪報的標題總是驚恐：「上海一戰紀念日，炸彈爆炸，子彈四射。」「六顆炸彈落地……，巡捕與幫派在老閘交戰，三人死亡……，又一大道官員（譯注：上海市大道政府，為抗日戰爭時期日本扶植的傀儡政權）被殺……，鹽稅官身中多槍……，槍手射殺親日官員……，婚禮遭炸彈轟炸……，炸彈落在賭場……，中國人死於舞廳射殺……，南京外交部長中槍。」年末的頭條是「脫韁的恐怖年代」。

脫韁——他們殺害或綁架彼此的銀行家，他們殺害彼此的記者，他們轟炸法院、銀行與報社，他們槍殺傀儡政權的官員與疑似支持國民政府的人，他們槍殺法院官員和夜總會巨星。工部局警務處最高階的日本和中國官員都被暗殺，低階的巡捕也是；命案現場留下的傳單寫著：「你們這些人像奴隸一樣替外人工作……，我們是奉獻國家的英雄，為天行道，終結你們。」[50]多數殺人犯都是憑著個人觀點行事。他們殺了俄羅斯移民協會（Russian Emigrants' Association）會長和繼任會長；他們殺了法國警務處中國偵察隊的隊長和繼任隊長，還有法國租界的代理督察與一名知名法國律師。他們打算殺了英國在公共租界的總辦，此後，總辦就坐進英國大使的防彈轎車，在上海四處躲避。波納把報導剪下來貼在剪貼簿裡，但沒有什麼能收納暴力。就像逸園裡騎在靈猩上的猴子，租界的政府當局都穿上舞臺服裝，再和戰爭與恐怖行動的犬，套在同一個軛上，一同演出這場混亂的暴動。

一九四一年十二月八日上午，日本占領上海公共租界，不啻為解脫。[51]將近兩年之後，最令人驚奇的是，公共租界、工部局和底下機構都維持不變，任職的職員也是。當地日本勢力並不想把租界交給傀儡政權的盟友。十二月八日上午，日本宣布即將進駐，提示租界行政當局和警務處迎接他們。英國和美國的工部局董事於一九四二年一月辭職，由中立國或軸心國的代表取代。某些部門的英籍首長也辭職，高階巡長則是「退休」。全都非常恰當且正式。但多數人都留在職位，因為他們沒有其他謀生的方法。這對日本來說正好，他們也不想付錢維持敵人的生計。其他英國人仍在許多工部局委員會服務，而總辦高飛・菲利浦（Godfrey Phillips）又續任三個月。[52]日本占領之下，上海不再是汪洋中的「孤島」，但同盟國國民被困住了。新的德國與瑞士董事行事和之前的英美董事頗為相像，他們唯恐失去工部局的主權，而且謹慎對待預算。他們非常在意象徵。敵軍職員離職也得到了虛偽的稱讚和豐厚的離職金。上海義勇隊解散了，但禮數非常周到，舉辦退休典禮。工部局的官方語言依然是英文，就連日本的職員處理內部文件也用英文，這就是文化的力量，敗方亦然。

香港的解脫卻是非常短暫。一九三七年起，香港也因大戰改變。首先的紛擾來自北方，一九三七年八月十六日，三千五百名從上海撤退的婦幼搭船來到香港。幾百名美國人也來到殖民地或前往馬尼拉，另有九百名印度人搭著印度政府特許的船直接航向加爾各答。在香港，無親無故的人暫住跑馬地。根據描述「沒有阿媽」的跑馬地讓上海英僑難民生活困難。[53]然而，他們的到來喚醒香港這灘死水。英屬香港與飛黃騰達的上海相形之下總是失色，因此過著低調的生活。香港依然是貨物集散阜。一九三六年有兩萬艘遠洋船隻載著四千萬噸貨櫃進入，那是和平的最後一年。裡頭住了一百萬名居民，兩萬兩千名華人，除了孫逸仙廣州政府那幾年的狂熱，以及一九二五至二六年的抵制與罷工，他們居住的城市其實還不如上海破爛的邊緣地區。中國的砲彈似乎離他們很遠。奧登和伊舍伍一九三八年拜訪時，匯豐銀行的總經理祁禮賓（Vandeleur Grayburn）告訴他們，「那只是本地人打打架」。他可能是在扮演兩位馬克斯主義者幫他選定的角色，但是他私下也寫了：「說戰爭也太誇張，根本只是幫派玩玩。」[54]

隨著日軍侵入華中地區，對於先遷到武漢，再遷到重慶的落難政府來說，香港成為重要的聯繫地。一九三八年十月，日本攻擊並占領廣州與鄰近地區之前，中國的補給路線就是取道香港。甚至在那之後，飛出日本控制領土的中國飛機，仍是以香港為重要聯絡地點。儘管英國不甚情願，仍然讓三十二名中國探員待在他們的殖民地，補給並支援焦頭爛額的國民政府。[55]日本對英國施壓禁止直接運輸之前，中國三分之二的軍需品經由殖民地輸送。某些上海商人也南下香港，遷廠至安全的英國領土。中國片廠基於安全考量搬到殖民地，香港不僅成為電影工業中心，也是中國政府發動宣傳戰、召集海外華人支持與國際媒體同情的重鎮。日方施壓漸增，加上英國政府採取保守主義，為了避免類似過去天津與上海的英日衝突，殖民地的審查機制於是趨於嚴格。一九四〇年六月，對日關係越來越緊張，英國官方下令撤離英國婦幼，雖然三千五百名居民確實離開，但許多人又透過關係繼續留下，接受護理訓練或從事其他當地需求的工作。撤離也暴露了其他方面的緊張。根據法律，任何在殖民地出生之人都是英國子民，但這個規定只適用於「歐洲種族」。許多亞裔歐人或亞裔英人欲往澳洲，卻發現由於種族歧視的移民政策無法登陸，只好返回香港。[56]多數難民也前往香港。一九四一年十二月之前，約有五十萬名中國人穿過寬鬆的邊界進入香港。

一九四一年十二月八日，日本軍隊也穿過同一條邊界。英國臨時接到通知，隨即採取行動，拆毀橋梁，退守到可能是軍事史上名稱最糟糕的防禦位置——醉酒灣防線（Gin Drinker's Line）。香港奮力防禦，而且撐得比日軍預期更久。但是，早些年香港還能受到英方保護，現已脫離大英帝國的利益範圍，廣州淪陷後，這個殖民地被日本團團包圍。從開戰第一天的轟炸就可看出香港無法對抗日本軍機。香港抵抗的目的是阻止日軍前進，除了為榮譽而防守，也向重慶的國民政府表示英國不是說著玩。首相邱吉爾下令奮戰到底，總指揮官和軍隊堅持到一九四一年聖誕節，但那是無望的掙扎。非常少人成功突破並脫逃，除了名聲遠播的中國「獨腳將軍」陳策（譯注：曾經協助孫逸仙在廣州對抗陳炯明，當時負傷截斷一腿，有「獨腳將軍」之稱）帶領的小隊。[57]

狠毒的評論將香港抹黑為飛船和酒鬼（即使這條地堡和戰壕鋪成的防線只是恰巧以海灣命名）。「說香港是碉堡有什麼用？」當地評論者萊斯利．萊德（Leslie Ride）在戰敗的浪頭激動表示：「這麼多家庭還在那裡，夜總會還在營業，你也可以打電話給你太太，像在辦公室那樣（而且不回家吃晚餐的理由更好）。」萊德主張：「香港政府腐敗到核心。裡面沒人相信日本會攻擊這座美麗的島，這顆東方明珠，這個大班聖地。」[58]他聲稱，香港一被攻擊就馬上淪陷，並非英軍棄守防禦，並非幫派和通敵者在九龍造反，也不是日軍登上這座島嶼。萊德一點也不誇張。十二月十三日，日軍從九龍派出三名軍官和香港談投降，他們抓了兩名英國人質，其中一名是總督夫人的祕書瑪維絲・李（Marvis Lee），她還帶了她的兩隻臘腸犬奧圖和蜜姬。她在香港總會享用三明治時告訴記者：「我不忍心丟下牠們。」[59]

英人在亞洲慘敗的消息立刻引來惡毒的相互指責，憤怒的評論家與記者指責當局的「馬奇諾心態」（Maginot Mentalities，譯注：出自二次大戰為抵禦德軍於法國東方邊界建立的馬奇諾防線，由於造價昂貴，加上附近地形崎嶇，法軍因而疏於守備，導致德軍突破防線），並把新加坡說成「飛船坡」（Blimpore），由威士忌蘇打、粉紅琴酒與種族主義催生的無能堡壘。[60]香港保衛戰暴露殖民地的慣性偏執，吝於包容亞裔英國子民等族群，如葡萄牙人（即澳門人）、亞裔英國人、印度人等等。蔣介石夫人搬到香港太平山山頂之前，住在那裡唯一一位非歐洲人是亞裔富商何東（Robert Hotung，譯注：何東之父為荷蘭裔猶太人，母親為中國人），該區在一九〇四年的命令之下只保留給「非亞洲人」；小島長洲一九一九年也同樣保留半數面積。殖民地一位立法委員辯護這項針對特定種族的命令竟表示，這完全不是「種族」議題。雪上加霜的是，這項命令由英國與美國傳教士發起。華人不准進入香港跑馬地，也不能任職當地菁英組成的香港管理機構。約在日本攻擊前一年，移民部門與空襲警報部門爆發兩起英國官員醜聞，暗示底下深藏更大的危機冰山。隨著人們試圖於戰敗與餘波中生存，英人與他們香港子民之間的嫌隙，以及英人內部的問題，紛紛浮上檯面。

伴隨日本攻擊是一連串血腥事件，俘虜、傷患、護理師與醫生慘遭屠殺。上千名華人死亡，上千名婦女被姦。日軍全面掠奪香港，從中剝削利益，羞辱被捕的英人。紀錄顯示英人被迫坐上華人和印人的人力車，或被拉上街頭示眾。一九四二年一月五日，日人下令英國子民集合，先住在「骯髒的小妓院」，接著集中到香港赤柱監獄旁草率搭成的拘留營。有些人懇求拘留在山頂。美國記者項美麗（Emily Hahn）觀察寫道：「想想，香港滿是自以為國王的公僕，腳底踩著一堆苦力。記好了。忽然之間，變成這樣！」為了幫助他們「記好了」，日方資助拍攝電影《香港攻略戰》，英文片名為「The Battle of Hong Kong」或「The Day England Fell」。為了拍攝，英國囚犯被拉出拘留營，帶到香港皇后像廣場遊街，從山頂重現投降場面。攝影機圍繞他們沮喪的臉，以及諷刺英國帝國主義的全套裝備：一個男人被迫穿上馬褲。[61]日軍攻占一周年時，該部電影在東京、上海與香港放映。瑪維絲．李和她的兩隻狗印成明信片，在軍方媒體流傳。

除了損失一千七百名英軍的香港保衛戰，日本撲向英國在中國其他租界和居留地的過程多半和平有序，只有上海出現短暫的同盟國抵抗，英國砲艦皇家海燕號（HMS Peterel）拒絕被日本接收，指揮官回覆：「滾出我的船！」海燕號幾分鐘後就沉沒，雖然保全名節，但是至少有七人喪命。在廣州香港西北方一四四公里，戰爭從美籍海關總稅務司李度開始。德籍猶太醫生難民告訴他十二月八日上午香港的衝突。前一天晚上李度應酬後走回英屬沙面島的家，「街道漆黑，城市死寂」。他已經接到解雇通知，通知來自受傀儡政權控制的中國海關。他和一小群同盟國國民，多半是嶺南大學的傳教士和職員，軟禁在家裡。時值溫暖舒適的冬天，他種花植草、彈琴、晒日光浴、閱讀。他在十七日的筆記寫下，當他「午餐後，在陽臺安靜地坐下，抽著煙斗，難以想像香港正在大戰。」[62]一九四二年一月一日，他看見日本官員穿著日間的燕尾服，他們的妻兒穿著和服，走在街上沿路探訪。四個月後，他與其他平民被遷移到廈門維多利亞酒店，接著轉往上海，還順道接了汕頭與廈門的同盟國平民。外國人在中國的居留地重新洗牌，而且是一連串非自願的遷移。戰爭本身已經將許多外僑趕到相對安全的外國租界。許多傳教士待在外站，有些被迫遷走。衝突發生後，日本居民從武漢的租界或國民政府控制的居住地逃出。此刻，同盟國國民被拘留或監禁，但是被占領的城市各有不同步調。多數較小的通商口岸或滿洲的城市裡，會如同李度一樣被軟禁在家，或集中在酒店、學校。這些人的感受明顯都是不舒適、不確定、無聊。有些還能進行無言的對抗。為紀念聖喬治日（St Geroge's Day）和莎士比亞誕辰，與世隔絕的北京燕京大學英籍職員還邀請美國同事參加奇怪的野餐，地點是某任中國總理偽裝成佛寺的住家。吃了香腸當午餐後（向苦難的時光致意），之前在北京的報社擔任編輯的李治（William Sheldon Ridge）致詞。李治手拿《亨利五世》（*Henry V*）對他們說：「現在，全英國的青年內心如火！」而聖喬治（英格蘭）會殺了那隻龍。他們唱著〈天佑吾王〉與〈星條旗〉（The Star-Spangled Banner），在民歌聲中跳舞。[63]他們能做的事情就有這些，還有等待。

北京殘餘的英國社群最後被集中到鮮少利用的英國使館，位於外國控制的東交民巷。英國外交官還能維持前首都宮殿的舒適與尊嚴，然而，一九三六年末，他們正式搬到南京大使館。憑著尊嚴與慎重，他們保住前使館，否則數十年的檔案又能存放在哪裡，而且或許鐘擺又會再次向北，盪到首都的位置。一九三七年盧溝橋事變爆發後，宅院成為英國居民的臨時避難所，但在一九〇一年拳民事件後允許的外國駐兵，以及之後外國控制而建立的東交民巷，都會在一九四〇年八月撤除。一九四一年十二月，東交民巷只有少數領事職員，也將某些房間出租給仍留在北京的英僑。一九四二至四三年的冬季，此區出現一部關於太平洋戰爭的離奇文學著作《太后與我》（*Décadence Mandchoue*），這是一部以回憶錄之名，實為細節豐富的情色幻想著作，作者是老早被高尚的貴格會家庭驅逐出英國的埃德蒙·巴恪思爵士（Sir Edmund Backhouse）。回憶錄中，他假扮英國外交領事人員，不僅住在使館，而且欺負軍閥並威嚇中國官員。雖然故事荒誕，但結局似乎正好。巴恪思爵士偽造文書並詐欺，儘管如此仍然建立漢學家的名聲，而此刻他坐在使館裡，細細描述他與許多人的性交經驗，其中包括奧伯利·比亞茲萊（Aubrey Beardsley，譯注：一八七二—一八九八年，英國插畫藝術家）、羅斯伯里伯爵（Lord Rosebury，譯注：一八四七—一九二九年，曾任英國首相）、保爾·魏爾倫（Paul Verlaine，譯注：一八四四—一八九六年，法國詩人）、慈禧太后與王爾德。寫作想必幫他消磨時間，如同燕京大學職員以〈爛醉如泥〉（Down among the Dead Men，譯注：英國民謠，飲酒歌曲）一曲跳舞。[64]

珍珠港事變後，日軍全面猛烈地征服東南亞的同盟國國民，然而，正當人們試著募款，他們在上海的同胞去看賽狗、舉辦派對、和骨董商討價還價。占領上海的日本軍官和想在傀儡政權發跡的政客走遍市場，尋找象徵階級的裝飾品。珍珠港事變爆發，一九三五年籌畫柏林頓府展覽的大維德爵士正好抵達上海加入搶購。[65]戲院依然開張，夜總會也是，炸彈也繼續墜落：一九四二年三月七日，偉宮舞廳（Grantown ballroom）遭到轟炸。事後人稱這段日子為「馬不停蹄的暴力」，但日本將油門催到底，不再受到任何外國媒體或法律禮儀約束。支持國民政府的記者或情報活動的嫌犯很快就被日本憲兵扣押並狠狠毒打，但整體而言是少數。一九四二年，上海跑馬總會春季會議的報導和相片弄臭了上海英人在亞洲戰線的名聲。但他們之後會說，日本強迫我們開會，籌畫大型遊行慶祝新加坡淪陷。會議進行到一半，軍樂隊還走進賽場，繞著跑道遊行。當時是「同盟國殲滅週」，跑馬總會百分之七十的利潤給了日本軍隊，其餘留下。遊行結束後，比賽和下注照常繼續進行。[66]

這種反常情況對於多數上海的同盟國國民而言，最好的狀態約持續了十四個月。在回憶錄和文件中，他們過著貧窮不安，但本質上熟悉的生活——雖然繼任的日本訂下限制收入的規定，很多人更被炒了魷魚，有些被趕出家門，另外也禁止他們使用私人汽車：搭公車和電車（通常只是近距離）對很多人來說是陌生且羞辱的天方夜譚；家務工作、採購食物和煮飯也是。一九四二年和四三年，在紅十字會協助下，約有兩千五百人搭船到葡屬東非或印度，交換日本平民。很多人再也沒有回來。一九四二年十月，八千名留在上海的人依照命令在公共場合戴上國籍臂章，不准進入電影院、劇院和餐廳，並且必須遵守宵禁。一九四二年十一月，日本逮捕拘留約三百名違反治安的嫌疑犯。一九四三年二月和三月，十二個「平民集中營」分別在上海、揚州和山東濰縣（收容中國北部的平民）成立，除了極為老弱之人，其他都關了進去，包括大部分在燕京大學野餐的人。集中營都是倉促成立、設備不良之處，不過，接下來兩年半都待在裡面的人多數經驗是不適與勞累，而非痛苦或危險。他們在棚屋、倉庫、學校建築裡的生活，可謂超現實。完全沒有「非常有用」的阿媽或家僕。一名年輕英國女子和家人抵達揚州集中營時寫道：「真是麻煩。完全得靠『自己』解開繩子、卸下行李，搬我們的『四張』床。」但至少她還燙了頭髮準備迎接集中營的生活。[67]在中國的同盟國平民通常可以免除香港或東南亞殖民地官員遭受的羞辱與惡劣的環境。一九四五年平均死亡率其實仍然「低於上海歐洲人的一般數據」。對健康的長期影響另當別論，而且戰爭還要再進行一年，死神的鐮刀將會掃過集中營。不過，拘留者一開始在集中營的健康檢查結果是「好得驚人」。[68]他們也不用經歷殘暴的侵略或戰敗的創傷。

逃跑完全可行，因為反日游擊隊就在不遠處，很容易到達，但只有少數人逃跑。通常是單身男人，而且因為感到無聊，所以不遠千里地往西前進。（其中之一曾是托爾布恩的朋友，這下他真的嘗到了冒險的滋味）[69]狀態最脆弱的外國社群是沒被拘留的，可能因為他們在日益艱難的戰爭中必須靠自己餬口；或是印度人，因為日本對他們別有企圖。蘇巴斯．鮑斯（Subhas Chandra Bose）領導的印度獨立聯盟（Indian Independent League）和印度國民軍（Indian National Army）探員，在中國三千人的印度社群中相當活躍。[70]另外，在納粹探員半賄賂、半施壓之下，日本滿不情願地在上海虹橋劃出「特別區」，並於一九四三年三月十八日命令一九三七年後抵達的猶太難民搬進去。日子越來越難過。很多印度人在戰爭後期一貧如洗。多數印度巡捕在一九四四至四五年間遭到解散。據說，許多貧民窟的猶太人因營養不良與後來的美國空襲而喪命。但是，在這塊八百公尺長、一．二公里寬的小小「特別區」中，多元的教育、文化與宗教活動卻蓬勃發展。

所有尚存的租界幾乎在太平洋戰爭時期都交還了，部分甚至交還兩次：一九四三年一月十一日，英國和美國在重慶正式簽下條約，廢除治外法權和外強在小島的權利；同年夏天，占領公共租界的傀儡政府為了表現反帝國的民族主義，又在南京簽了一次。[71]就像在重慶的英美外交官，這些管理上海公共租界的人也別無選擇。但是，仍然說了不少國際化和治理「模範」的說詞。市政府甚至舉辦了官印設計比賽，因為原本的官印少了日本國旗。[72]

國際化的說詞其實非常重要。日本軍隊和情報單位試圖盡其所能地從充公的敵軍財產圖利，傀儡政權也是。所以，為了貶低從前工部局的象徵，日本的商業團體和外交官都利用過去帝國夥伴的同一套說詞。公共租界交還之後，正要離開的工務局總董岡崎勝男（職業外交官與前奧運選手，也是未來的日本外務大臣）在廣播對他的中國繼任者向所有國家的民間和商業團體請益。他補充：「我深深相信，這座偉大城市的繁榮，與營利、預算編列、借貸、公共會計等關係密不可分。」[73]日本的商人和外交官就和前任英國一樣，萬般不願將治理好的上海交給中國人。

但是，此刻正是民族主義者行動與演說的時機——當然還有音樂。為了慶祝回歸，名義上的漢奸市長陳公博寫了〈大上海進行曲〉，在「愛國特別音樂會」上由前工部局交響樂團演奏：

大上海！
大上海！
我們的財富不斷成長；
我們的文明不斷進步；
讓我們回春中國、保衛東亞；
完美我們的自由與獨立。
（譯注：歌詞由英文翻譯，非中文原文。）

一九四三年八月一日——交還日——一篇新聞敦促讀者「令上海成為模範城市」，如此「才不會令我們的日本朋友失望」（某方面來說日本的現身合乎「自由與獨立」）。無論這些話或陳公博的勉勵，都沒什麼人聽見。即使受到占領，城市狂熱的文化持續進行。同日下午五點，逸園準備開始當天十二場比賽的第一場。偉大夜總會（Weida nightclub）開門營業，保證有來自夏威夷的六人樂團、「夏威夷氣氛」、「甘醇美酒」、「嬌媚舞孃」等節目。舞者出場到偉大夜總會伴舞之前，先在霞飛路的瓦得瑪舞蹈學校（Waldemar's Dancing Academy）排練舞步。一九三七年，法國幫派電影《逃犯貝貝》（*Pépé Le Moko*，譯注：描述巴黎盜匪集團首領逃到阿爾及利亞躲避警察，在那裡與一女子相戀，卻因想念故鄉被警察引誘回鄉而遭逮捕）在杜美大戲院播放，給熱愛道德墮落的人觀賞；《鴉片戰爭》（*Opium War*），又名《萬世流芳》，準備在南京大戲院和美琪大戲院上映，給熱愛「英國是奸商先驅」等政治宣傳的人觀賞。傀儡政權總統汪精衛五月曾預先觀賞了這部中日合資的電影。那年夏天的流行歌曲就是來自這部電影，就連重慶也聽得到，演唱人就是電影女主角——滿洲出生的日本人，中文姓名是李香蘭。李香蘭的這首歌融入了美國爵士風格的〈賣糖歌〉，琅琅上口，歌曲內容為反鴉片，大勝陳公博乏味的民族主義。[74]

上海於戰爭時期欲從「英美腳鐐解放」的情結，以及隨之而來的成功反帝國主義政治宣傳，兩者在充滿西方文化的交還過程非常明顯。上海的大報《申報》發行紀念特刊，內頁充滿西裝店與雪茄等商店的祝賀文。即使美國電影已經不在大螢幕上映，《上海時報》仍會刊登好萊塢的八卦消息（傑基・庫根〔Jackie Coogan〕又要離婚了）。上海工部局在沙遜爵士名下華懋飯店的夜總會（已被充公）舉辦雞尾酒餐會，作為非正式的送別會。中國都市在一九三〇年代經歷文化強勢西轉，主要轉向美國，可從〈大上海進行曲〉以及夜總會的夏威夷音樂窺見，同時透過鐵路、航運、郵政網絡和廣播傳送的人與貨物，滲透全中國。因此，這也是某種詭異的美國主義勝利。

雖然是勝利，然而新條約終止了英美在中特權，對國民政府而言也是勝利。但在重慶，勝利的典禮較少，受到的羞辱反而較多。面對日本的屠殺，英軍竟然潰散，這點激怒蔣介石和國民政府高層，同時徹底瓦解英國在他們眼中的地位。香港淪陷，接著是新加坡。一九三一年九月之後，在中國的英國只是苟延殘喘，接著潰散崩盤。

第七章

—— Chapter 7 ——

所謂盟友

沒有打字機或紙張，沒有可以放機器的桌子或坐下的椅子，也沒有辦公的場所，這該如何打仗？沒有打字員，就算有，卻沒錢付他們工資；他們找不到住處，不易取得食物、烹飪的油、穿的衣服，甚至牙刷，這該怎麼打仗？這就是中國海關代理總稅務司周驪（Cecil Henry Bencraft Joly），在一九四一年十二月面對的難題。不僅如此，中國海關所有檔案盡數遺失，多數職員和外站也都撤除，這裡幾乎沒有交易需要審查，也沒有營收可得，因此沒有繼續運作的道理，更別說讓外籍總稅務司領導。一九三七年，中國海關的營利依然占國民政府收入百分之四十五，因此還可容忍外籍人士任職；到了一九四一年，收入已經縮減為比百分之一多一點點。[1]十二月底，周驪在寒冷陰暗的重慶觀望局勢。兩百顆日軍炸彈轟炸過的城市還沒恢復，曾經風光的海關，此時前景並不樂觀。

海關看似悽慘的未來，預示了通商口岸及從中獲利的人會有什麼結局，周驪便是其中之一。他的家庭與英國在中發展息息相關。一八九二年他於澳門出生，其父親當時在澳門擔任領事，哥哥和姊夫都在海關工作；他的妻子生於天津，岳父曾在中國鐵路擔任會計。周驪的妹妹嫁給任職於標準石油公司的美國人；周驪的母親守寡後，靠著教韓國儲君英文支持家計。[2]數十年來全家的利益都靠通商口岸提供的機會。此時，周驪要捍衛這些利益，而且不光為了自己，還有海關內的所有外籍員工，超過九百五十名，占全體職員百分之十二。[3]

周驪的職務是早在一八九八年清朝與英國交換合約之前就開始的共生關係，可惜不是非常愉快。合約中，英國主張海關總稅務司一職須由英人擔任，職務關係到英國在中國對外貿易的大宗，而且預期未來數十年也會如此。這般洋洋得意的自信最後證明只是稍縱即逝的優越。但是，自從一九三一年日本占領滿洲，英國控制中國對外貿易，海關反而能讓國民政府保護共和體制當下要緊的國際信譽。繼續讓外籍人士擔任總稅務司極為重要，如此才能讓中國從海關營收取得貸款。此外，到了一九三一年，日本對中貿易已經威脅至英國，一旦提出替換英人職位的想法，海關就有可能落入日人控制。加上越來越多港口落入侵略者手中，外籍職員儘管受雇於中國，他們的中立立場對於保護中國利益還是相當有用。一九四一年十二月初，周驪在滇緬邊界的騰越擔任稅務司，在與世隔絕的外站度過快樂時光。此時，他被召回國民政府的臨時首都重慶，處理這場政治災難。

日本接管上海公共租界時，完全控制中國海關及其員工、檔案與設備。雖然當時的總稅務司梅樂和接到遷移重慶的命令，但是他並未照做。他表示留在上海才能善盡職責。許多偏激的同事認為他是看中上海相對安全（當時已有將近一萬兩千人死於重慶的轟炸），他個人也偏愛舒適生活（其中一人的形容是「酒池肉林」）。所以梅樂和與中國海關形同囊中物。一九四一年十二月十三日，汪精衛的通敵政府正式在破碎的南京運作，下令解散海關內所有同盟國國民。[4] 部分英人對於這個決定感到困惑，例如在上海海關擔任襄辦二十七年的歐文・甘德（Owen Gander）就不懂「為何海關內的外國職員會受政治局勢影響」。[5] 太平洋戰爭剛開始的時候，通商口岸不與現實同流是個共識。經過數十年的革命與軍閥混戰，普遍的認知已經形成：中國海關是完全中立的官方機構，無論各種衝突的原因與結果，都不受妨礙。梅樂和也建議中國和中立國的職員待在崗位，超過一百名中立國的職員在整場戰爭都照做。這樣對重慶政府可能才是最好的。梅樂和也向職員保證，接替他的岸本廣吉

「非常適合這個艱難任務」。[6]岸本廣吉曾任日本海關最高機要，因為經常維護中國雇員的利益，其實頗受歡迎。在被占領地區的工作者橫豎沒什麼選擇。投奔自由中國的選項看似直接，但是拖著全家穿越戰區向西跋涉幾乎不太可能。基於這點，國民政府下令，只有高階官員必須於一九四三年之前遷往重慶。與敵人有某種程度的共處，也不失為合理考量。

於是中國海關詭異的歷史分歧由此開始，岸本廣吉的辦公處維持舊有的海關，包括多數員工、絕大多數外站，以及所有營運紀錄。岸本廣吉的海關也有打字員。此外，雖然一八六〇年代在赫德爵士治理之下（即梅樂和的舅舅；海關家族淵源綿密），中國海關獲得清朝認可，海關的價值理念也發展成形，但是，如同周驪在重慶代理的官方總稅務司，岸本廣吉任內沒有外國貿易可以審理，同時也缺乏持續存在的理由。日本長時間遊說而終於獲得的中國海關，結果只是個空殼。

周驪抵達重慶後，才發現大事不妙，自己根本被國民政府擺了一道。國民政府長久以來試圖破壞外人主導海關的傳統，加上珍珠港事變後，英國面對日本的侵略以失敗作收，更激勵國民政府破壞的決心。隨著香港與新加坡分別在一九四一與四二年初淪陷，殖民者僅存的光芒也消失殆盡。英國外交官絲毫沒有立場協助他，甚至覺得幫他「會帶來傷害」，於是周驪找了一九二九年起擔任中國銀行顧問的加州人亞瑟．楊（Arthur Young），向國民政府要求資源。[7]在重慶的英國大使赫拉斯．西摩（Sir Horace Seymour）對於一九四二年廢除舊約後趁勢簽訂新約感到樂觀。他苦笑地說：「對於英國與中國的貿易現況不會有實質影響。」[8]重慶和昆明只有十一家公司存在。半數沒有生意，剩下的股票也快速貶值。其中一家公司由賽普勒斯人經營；太古集團只有一艘單螺旋槳輪船；怡和在政府部門有個絲綢採購；匯豐銀行正從福州搬來。中國法院也開始彷彿毫無治外法權般行動。一九四二年八月《南京條約》簽約一百年，重慶的社論要求廢除條約。國民黨和中國的民族主義者依然普遍決心對抗帝國主義。外頭當然可見蔣介石和邱吉爾以盟友身分肩並肩對抗法西斯主義的海報，但是一位外交官抵達蘭州，見到當地大型的宣傳壁畫是鴉片戰爭、五卅慘案、一九〇〇年拳民事件後，外國軍隊進入北京、英日國旗並排，嚇得他臉色發白。[9] 權力從受困的英國轉向美國，預示帝國的接力棒交接。菲律賓淪陷並不如英國那般玷汙了美國在中的名譽；但是這張帝國主義的標籤，美國一直閃躲，而英國一直拿著到處吹噓。

梅樂和爵士設法搭上離開上海的遣返船，並從葡屬東非盡快回到崗位。他在重慶受到冷漠對待，不過即使如此還是值得。他的同事說，梅樂和來「搶了收銀機，然後走人」。[10] 一九四三年三月，美國達特茅斯大學（Dartmouth College）的畢業生李度接任官方總稅務司，當時周驪已經「驚恐地逃了」。[11] 那年一月十一日，中英在重慶簽訂新約，象徵新的里程碑，英國放棄治外法權與所有剩餘的租界，還意外放棄了英國指派海關總稅務司的權力。美國也在同日簽訂了類似條約，但是，美國擁有的經濟與軍事能力，也代表國民政府認為延長外人管理中國海關暫時仍然有利可圖。一度搭上交換船遣返的李度在八月回到重慶。他在抵達時提到：「戰事狀態看起來不錯，但海關前景非常黯淡」。他的首要任務是「員工維生的薪水」。他的同事告訴他：「什麼都沒了，連尊嚴也是。」[12]

重慶是座高低起伏的山城，「街道擁擠、狹窄、難聞」，[13] 此地位居高處，跨越陡峭的砂岩，俯瞰往北流的嘉陵江；南方邊界即為長江。一八九一年，重慶正式開放，數十年來卻鮮少當成通商口岸，除了英國商人阿綺波德．立德（Archibald Little）曾經勘查超過十年，希望能讓第一艘輪船開進長江三峽的急湍。[14] 可惜那段歷史幾乎不被列入英國在中的豐功偉業。此外，重慶著名的是惡劣的天氣和破舊的街道。擁擠的巷弄、「千種噪音」、惡臭等等，一切嚇壞了一九二一年來訪的毛姆。[15]一九三一年重慶有二十四家公司，一九三六年調查發現一百三十八名外僑裡多半是傳教士，而且多數為美籍。日本曾經建立過一個租界，但就如同其他許多類似的地區，幾乎沒有建設。這是通商口岸較偏遠的外站：一九三一年，某名從舒適上海來到這裡的英國人，表示住在這裡需要「堅韌的神經和自制」。「這裡連來了威士忌新品牌都是件大事，會傳上好幾天」。但是，科技還是能滲透與世隔絕的中國，乃至住在長江上游的人們：一九三七年五月，重慶的英國居民甚至能透過短波收音機收聽英王喬治六世的加冕典禮。[16]

與廣大英國帝國溝通的渴望，漸漸容易得到安撫，早期的地理隔絕也很快得以穿透。一九二四年，輪船在重慶和宜昌之間航行一年後，便完全取代了帆船。一九三一年十月起，重慶就有定期的飛機航班，將武漢到上海原本兩週的旅程，縮短為兩天。一九三〇年代中期，從重慶的報導也可以感覺遲來的進步，這裡逐漸跟上一九二〇年代中國城市的生活。重慶關閉鴉片館、建造新路（也管制交通）、設立自來水廠、從英國進口路燈，野心勃勃地想要「與上海的繁華匹敵」。但是，即使外國船運公司開始在長江營運，一九三六年，從上海運送第二座電廠的設備還是得花三個月。就算裝了新燈，部分地區還是一片漆黑；一九三七年，甚至還有個廣為相信的傳聞：外國人會殺棄嬰，然後吃掉。[17]

一九三四年十月，蔣介石的軍隊打敗從江西蘇維埃撤退的紅軍，並追到四川，該省的地方勢力第一次發現來自南京政府的注意與壓力。他們並不喜歡，四川的軍閥寧願遠遠地愛國。一九一一年革命之後，他們一直享受著獲利可觀的自治，雖然並不見得會與四川人民共享。軍閥也成功挑戰外國勢力，外國公司在長江上游的船運事業也有他們的份。一九四一年，周驪面對的問題之一就是重慶海關一直受制於當地顯要——劉湘將軍的船運長期完全不搭理海關。[18]一九二六年之前，沒有外籍職員派駐重慶海關。即使政府已經開始重視重慶，但要在重慶建立海關威嚴非常困難。

這座晦暗泥濘的城市不太像首都的候選，但此處仍舊擁有對外隔絕的地理優勢。所以先是中國，接著是外國，陸續來到重慶。一九三七年十一月二十日，國民政府宣布遷都重慶，政府官員攜家帶眷擠上開往長江上游的輪船。各國外交官也隨後搭著自家砲艦前來。面對日本進犯，原本井然有序的撤退變成洪水宣洩，尤其在一九三八年武漢淪陷後，重慶平靖時期五十萬的人口至少暴增為兩倍。由於大河長江，重慶已經是中國人口密集的城市。一九三七年初，四川郊區不穩定的政治局勢與嚴重的饑荒帶來大量難民。一開始，許多輪船剛到上游時根本沒有停泊的地方，靠岸之後也沒有住宿或食物的著落。

政府各部會和軍隊紛紛搬遷，不只是人，國家其餘的部分也跟進。軍火庫改址，許多工廠也是。一九三七至四〇年間，光是軍火設備就有將近二十萬噸送到西邊。一九三九年，美國記者藍道・古爾德（Randall Gould）發現上海美亞織綢廠把設備運到上游生產；河南一家棉布紡織廠也是（自來水廠也一起搬遷）。赤腳的工人直接上工；因為當地沒有建造材料，臨時搭建的電力熔爐和鑄鋼廠也從下游運上去。剛蓋好的華聯鋼鐵（Hua Lien Iron and Steel）已經開始製造機關槍。中央大學的教職員從南京撤退六週後又復校。他們就連實驗的牲畜都運到上游，牛也一起帶到了重慶。重慶的公車也是南京開來的。輪船與費時四十九天的車隊運來一萬兩千箱故宮博物院的收藏。[19]中國人辦的英文報社《自由西報》（*Hankow Herald*）也把設備運到西邊發行「重慶版」。

當然，戰爭也來了，從天空來。一九三九年五月，正午天晴，日軍的炸彈接二連三地落在重慶，隔天又有近四十架飛機在空中列隊，再次轟炸還在燃燒的城市。儘管先前機場遭到攻擊，重慶其實毫無準備，火勢在舊城蔓延成長條狀的火海，約五千人葬身。空襲之後，身心受創且無家可歸的倖存者露宿街頭，約二十萬人驚恐地逃出城市。市中心五分之四遭到摧殘，四川人和外地人的屍體往下游漂。雖然外國使館還可從國旗分辨，但已在日軍的轟炸下支離破碎，罹難者包括以為中立區較安全而闖入的中國人。報社和政府的中央通訊社電臺皆毀損，此舉似乎威脅著要封殺空襲的慘忍暴行，但是城市此刻擠滿了外國記者與攝影師，他們的報導引發世界輿論。《生活》（*Life*）雜誌寫道：「現代戰爭史上最可怕的城市轟炸」，而且這座城市「遠比羅馬古老」；文明的前哨遭到圍攻。[20]照片裡盡是成堆的焦屍與滿目瘡痍的城市——「慘絕人寰的轟炸」——就連習慣西班牙內戰空襲新聞的人也為此景震驚。[21]

重慶向四處開拓，往地底下挖掘又重建。隨著居民、商家、政府搬離破碎的中心，城市跨過河流，往西擴張。受到重創的城市屹立不搖，從岩石中挖出空襲避難所。然而，破碎的市區也出現了重建的機會。建築物很快就重生，而且比從前「更大、更新潮」，設計風格偏重「現代且國際化」。因為建材持續欠缺，多數房屋都是木板條和泥漿搭建，不過有些也拿廢墟回收的磚頭建造。因此，也有觀察者表示，重慶看來像是一座大型舞臺。一度被鄙為「中世紀」的城市，現在卻看得出其中居住著多國人士。電影院、夜總會、冰淇淋店，甚至滑冰場紛紛開幕。這裡成立了三個交響樂團，在杜庭修一九三九年去世之前，還籌辦大型愛國歌曲演唱會。部分故宮博物院的珍寶開設臨時展，另有中國藝術與攝影陳列。兩家電影製片廠設法製作電影。緬甸富裕的難民開車前來；某位美國人更表示曾經見過晚宴服和寵物獵豹。然而，對多數難民而言，牆上賞心悅目的廣告仍然遙不可及。[22]

作家林語堂後來抵達重慶時，發現上海的銀樓與絲綢店、北京的藥局、上海與香港大報的臨時辦公室、北京知名的大三元粵菜餐廳、上海南京路的冠生圓食品公司。有錢的人在這裡可以享受上海糕餅、福州肉碎與雲南火腿。商務印刷、中華、開明與世界圖書出版社都在這裡成立。他總結：「一言以蔽之，各大城市皆濃縮進了重慶。」[23]在這些擁擠的街道、國民政府的新世界，來自沿岸、世界一家的中國，遇上中國中心的「大後方」、「下江人」；移入者遇上了機警的四川人。人們操著各地含糊不清的方言，無法理解彼此，這樣的挑戰靠著書寫解決，他們甚至也寫英文。

隨著戰爭發展，國民政府的共和體制七零八落，對外聯絡依賴重慶作為主要窗口。林語堂發現重慶許多書店擠滿買不起書的窮人，他們就站上整天看書。[24]海明威和約翰．史坦貝克（John Steinbeck，譯注：一九〇二—一九六八年，美國作家，曾獲一九六二年諾貝爾文學獎，主要代表作有《憤怒的葡萄》等）的盜版翻譯就擺在書店，服務那些此刻已經沒有圖書館等地可去的外國文學讀者。然而數量有限，選擇也不多。林語堂還失望地提到，重慶沒人知道他的近作。一九四一年末與一九四二年五月，香港和緬甸相繼淪陷，此後，補給重慶的唯一生命線是美國經由喜馬拉雅山的空運，這個重要的後勤支援輸送了上千噸補給品、上千人，損失了六百架飛機和兩千條人命。這種情況下，書本不會是優先物資。[25]儘管如此，某個美國文化計畫還是設計出新穎輕巧的微縮膠捲閱讀器，將閱讀器連同美國國會圖書館的科學研究影片、妥善保管的中國文學典籍，一起送到中國。[26]發生在重慶的反差與荒謬也需要一本像上海《時代漫畫》的月刊予以剖析，但是補給短缺意味完全沒有圖畫雜誌，除了美國戰爭情報處（US Office of War Information）發行的一本刊物。《生活》雜誌更是被視為珍寶。在木板條和泥漿搭建的屋裡，重慶人並不是躺在現代中國都市鋪的溫床。

但是即使沒有新書進來，重慶的空運仍載來了目擊者和記者，先從香港，珍珠港事變後又從「駝峰航線」。項美麗說：「幾乎所有寫文章的人都去了那裡。」瑪莎．蓋爾霍恩（Martha Gellhorn，譯注：一九〇八—一九九八年，美國記者，被譽為美國二十世紀最偉大的戰地記者之一）在一九四一年四月抵達中國，為《考利葉周刊》（*Collier's*）報導，她的新丈夫海明威也滿腹牢騷地跟來。（他私下表示：「中國是個爛透了的國家。」）攝影師瑪格麗特．布林克—懷特（Margaret Bourke-White）也和劇作家丈夫歐斯金．考德威爾（Erskine Caldwell）前來。如同格雷厄姆．佩克（Graham Peck，譯注：一九一四—一九六八年，一九三五年首次抵達中國，任職美國戰爭情報處）說的，許多短暫停留的訪客都走著同一條參訪路徑——「機場、戰地孤兒院、防空洞、醫院、夫人、機場」（蔣夫人經常提到自己援助戰爭孤兒）。不過，仍然或多或少有其他待得較久的人。[27] 蓋爾霍恩撰寫報導；美國記者白修德（Theodore White）為《時代》寫文章；哈里森．福爾曼（Harrison Forman）為《紐約先驅論壇報》（*New York Herald Tribune*）工作；還有德國記者君特．史坦（Günther Stein）等，他們都協助重慶於戰爭期間維持向全球曝光，「讓那個城市每日都存在於地圖上」。項美麗說，多數記者都是「保王派」。他們報導勝利，不報導戰敗，協力編織重慶抗敵的故事。而且，一開始他們很少寫到盟友的問題——至少一開始是，至少出版品也是。瑪莎．蓋爾霍恩發現儘管天氣惡劣和資源匱乏，重慶的確是座啟發靈感的城市，但她也說：「我再也不想來了。」項美麗提到天氣對心情的影響（如同別人口中「糟糕的濃霧」），對於像她一樣曾經住在倫敦的人，倒是還可忍受。印度記者卡拉達（D. F. Karaka）見到窮困的重慶，倒是想起自己在牛津的學生生活。[28]

於是中國出現臨時成立的外國社群。記者與外交官等身負任務的男男女女，他們前來消除疑慮，找尋真相，提供建議，說教傾聽。一九四一至四二年，不僅英國軍隊表現不盡理想，英國政府也沒有滿足國民政府離譜的借貸要求（國民政府要一百萬英鎊，後來拿到五十萬），儘管如此，英國政府仍然試著以訴諸文化的方式拯救自己的地位。英國首次指派文化專員籌畫各種活動，包括交流、獎學金與贈送書籍設備。中英科學合作館成立，館長是科學家李約瑟（Joseph Needham）。文學活動也來助陣。羅伯特・佩恩（Robert Payne，譯注：一九一一—一九八三年，英國作家，曾為毛澤東、史達林、馬克斯等知名歷史人物作傳）在重慶北方的復旦大學臨時校區教授英詩，只是缺少書本有點困難（詩人暨評論家威廉・燕卜蓀〔William Empson〕在北京大學昆明校區，則靠著強大的記憶回想文本，教了兩年的詩與評論。）美國戰爭情報處利用十足反映西方文化價值的雜誌、影片、展覽、文宣與廣播，滲透戰爭時期的中國。難民和逃難者也逐漸從香港和被占領的通商口岸進入重慶。多數陸續被他們的外交官送到印度，其他人盡量在當地有所發揮。有些白俄人開了餐廳；《自西報》有蹋踏舞教師刊登的廣告；熱愛中國的英國人約翰・麥考斯蘭（John McCausland）在重慶電臺工作，用「有教養、語調優美的完美英國紳士英語」主持廣播，但除此之外拒絕說英文（他與荷蘭同事一起拿到了中國國籍）；一位在加州文圖拉（Ventura）的牙醫和牙醫太太記錄且翻譯了這個電臺的廣播，提供美國廣播網播放；由此可見重慶與中國外界薄弱的聯繫。[29]

飛越喜馬拉雅山的飛機也載著打造「自由中國」（這個詞很快就會出現）的男男女女抵達。一九四四年春，英國資訊部（British Ministry of Information，譯注：成立於一戰末期，於兩戰期間負責公關與政治宣傳的部門）派遣英國時尚攝影師賽西爾・比頓（Cecil Beaton）到中國。這份工作和他一九三〇年代效力的《時尚》雜誌完全不同。他發現「中國沒有北京野餐、馬球小馬，也沒有花團錦簇的牡丹可以作標本」。這裡不是安・布里其的中國，也不是北京的美學家哈洛德・愛克頓（Harold Acton，譯注：一九〇四—一九九四年，英國作家、美學家，曾於一九三二至三九年旅居中國，期間與文學家陳世驤合譯《桃花扇》英文版，並著作其他詩詞與戲劇書籍）的中國。相反的，比頓努力拍攝砲彈工廠和遊行；他的《時尚》美學直覺展現在政治人物、官夫人、成都警察、街頭小販、突擊隊、消防員與護士等照片中。描述中國的刊物供過於求，而這些照片也跟著流通，不僅在英美媒體，也在希望轉變中國觀感的書籍中出現。某位作者引導讀者先看照片，照片呈現了「東方與西方」共同的人性，以及「中國和英國注定要當朋友」。基於戰爭時期的審查和禮節，比頓為此行寫下少了較尖銳評論的文章，但是他震撼力十足的影像，仍舊捕捉了一個貧窮卻自信、為了戰爭而動員的社會。不過，他抵達印度後在日記寫道：「我感覺像從監獄，或從蓋世太保手中被放了出來。」[30]

《紐約客》（*The New Yorker*）的插畫家索爾・斯坦伯格（Saul Steinberg）在一九四三年七月加入美國海軍心理戰隊，他送回美國的圖畫包括美國空軍第十四航空隊的戲院生活、交給中國游擊隊的破壞指南，以及一本給軍人的中國生活須知。此時，美國空軍轟炸隊正從西南方倉促建成的大機場飛來，約有六萬美國人駐守在中國直到戰爭結束。他們嗜肉的飲食習慣與家鄉物品種種需求隨之而來，自然也帶給中國莫大壓力。一九四三年，蔣夫人說，我們就是沒有足夠的「牛、豬、雞」給他們吃。這是史上最大、最急的一次外國人潮湧入中國鄉間。《紐約客》出版斯坦伯格的漫畫，當中描繪了不同文化與經濟力量的交會，可見禮尚往來之中逐漸升溫的緊張。其中一本手冊寫道：「不要把每家店的東西買光。故鄉中國城的骨董更好，而且請慎選吃飯的地方。」[31]寫給軍人的須知也出現在法蘭克・卡普拉令人震撼的電影《中國戰役》（*The Battle for China*，一九四四年）；美軍雇用他拍攝「我們為何而戰」系列電影，這是第六部。旁白說道：「中國是歷史，中國是土地，中國是人民。」日軍轟炸上海、武漢與重慶的影像，不斷地穿插在「三千萬人」進入重慶的場景。逆流而上的船隻「載滿沉甸甸的珍貴工具，送給新中國」，「熊熊燃燒的重慶，象徵堅不可摧的精神」。如同這個系列的所有電影，《中國戰役》也是從故事長片挑選材料，融合敵人的新聞剪輯。[32]因此，某些《大地》沒用上的片段被卡普拉拿來表現日本進犯時的西遷畫面。比起他在一九三三年拍攝的《閻將軍的苦茶》，某種程度而言算是進步。

若說重慶媒體大軍傳出的中國抗日故事虛實參半，或說訪客的快閃行程也是如此，這樣的結論或多或少並不公允。但是，四面八方的報導確實包含某個程度的幻想。媒體也在越來越嚴密的審查制度中工作，而且發現越來越需要發表嚴肅的批評，也必須與支持中國的海外人士溝通。發表批評時，國民政府探員便以譴責外媒作為反擊——「嫖妓、酒醉、愚蠢的男人」，一面對外交官提出抱怨，一面更加勒緊審查。[33]他們也採取更積極的行動，意圖美化不快的情況，強調若是在情況允許之下，戰爭期間也可於柏林頓府舉辦文化活動，接著又重提送貓熊到外國動物園的老派外交方式。可愛的貓熊也是此時開始成為中國的標誌。太平洋戰爭剛開始，中國為答謝美國援華聯合會（United China Relief，譯注：一九四一至四六年於美國成立的民間組織，為中國抗日募集資源與資金），贈送了兩隻幼小的貓熊到美國布朗克斯動物園（Bronx Zoo）——「象徵毛茸茸的溫暖感謝」。在英國，蔣彝著手繪製倫敦動物園的貓熊「明」。一九三八年，抵達倫敦的「明」引發近乎歇斯底里的熱潮。[34]

當時國民政府也派出他們最珍貴的外交資產：蔣夫人宋美齡。一九四一年，宋美齡告訴蓋爾霍恩，據說自己的「價值相當軍隊的十個師」，蔣夫人在一九四三年激動人心的美國之旅，在好萊塢露天劇場和麥迪遜廣場花園迎接群眾，在國會上下兩議院聯席會議演講，其創造的價值其實已經遠遠超過十個師。她對現場觀眾說：「我說的是你們的語言，不僅是心中的語言，也是口中的語言……。在本質與基礎上，我們是為了相同的目標奮鬥。」[35]

中國的社運人士已在海外集會反覆宣揚重慶的困境，為中國的抗日事業召集輿論，也為救援行動募集金錢，例如姚念瑗。姚念瑗數十年後將以筆名「鄭念」聞名。她走遍英國，後來又去美國與澳洲，不只宣傳軍人承受戰爭的恐怖，還有很大部分著墨在「日本飛機為中國百姓帶來的恐怖」。一九三八年九月，「受傷的中國」（Stricken China）在英國海斯廷斯（Hastings）南岸展覽，裡頭有一座完美的迷你中國花園，還有一間陳列中國手工藝品的小巧店鋪。在在都與電影和照片裡日軍轟炸帶來的「死亡、毀滅、悲痛」形成強烈對比。共產主義者、傳教士、國際主義者、中國的學生與外交官同心協力，其中還包括不少在戰爭開始後滯留外國，並意外發現自己其實正為國家大事奔走的人。姚念瑗後來在澳洲坎培拉的扶輪社演講：「重慶的人民已經學會如何每日面對死亡」，受到媒體廣泛報導。[36]當時她講述的是親身經歷：姚念瑗在重慶的老家在她與外交官夫婿出發前往澳洲時遭到轟炸。雖然在轟炸範圍之外描述此事比較容易，但是重慶成為剛經歷歐戰轟炸的外國人心中難以抹滅之恐怖。一九三七年之前，鮮少人聽過重慶，這個在「無人知曉地圖」上標記的地名，如今成為恐怖代名詞。[37]如作家蕭乾的《中國不是契丹》（*China but not Cathy*）一書書名，他也強調正遭受攻擊的是一個開化的文明，而非遙遠、奇異，更不是「古色古香」。[38]

英國外交官、在通商口岸流亡且為中國辯護之人，也喜歡這種人性與團結的訊息；但是對他們而言，這麼做是因為方便宣稱長久以來都是這樣。英國和中國如今成為盟友，英國同時也強調其實彼此一直都是朋友。撰寫中國的書籍急著出版，包括熟悉的作者。葛林自從一九三〇年被《字林西報》除去編輯職務後，一直堅持不懈地為通商口岸的社群辯護。他的著作《中國外僑》（*The Foreigner in China*，一九四二年）便是寫給將上海泥灘建設為繁榮都市的外國人，向他們致敬。雖然治外法權與租界無法青山常在，但葛林認為兩者一度非常重要。而且平心而論，難道它們沒有幫助催生現代中國嗎？一位英國外交官一九四三年十月在重慶演說時表示，治外法權與租界在中國與西方之間打造了「不可見的連結」。講述友誼、合作與協助之時，他也間接強調「一小群在中國的英國人（與美國人）——傳教士、官員、商人」如何建立這樣的夥伴關係。[39]

相反的，蘭州的國民政府宣傳團隊在城牆畫滿五卅慘案的圖畫，描述當時英國警察如何在上海街頭以槍制伏學生。某些英國的文化科學支援資金其實來自拳亂賠款，可見英國拿著中國的錢行善，追根究柢就是一九〇〇年所受的屈辱。在英格蘭，蕭乾發現自己和「中國人戈登」的後代住在一起，又發現某個援救中國的展覽裡展出的中國古物，正是拳亂掠奪而來的珍寶。過去難以輕易遺忘、改寫或迴避。

然而，中國並非孤軍對抗帝國，而且對日抗戰期間，中國更加意識到，自身在廣大的國際事務中能夠掌握什麼角色。對印度未來的總理賈瓦哈拉爾．尼赫魯（Jawaharlal Nehru）來說，一九三九年的重慶是「勇於為自由奮鬥的當代象徵」。時任印度國會領袖的他在一九三九年八月訪問中國，當時沒有名片，且必須面對接二連三難以消化的中國宴會。尼赫魯在防空洞躲過五次空襲，其中一次和蔣介石一起。他的結論是，中國是「非常穩重的民族」，印度的民族主義者可以「從他們身上學到很多」。但是這種印中互動正是英國眼中的惡夢，英國擔心泛民族主義者不久之後就會挑戰他們。他們多年來盡可能地阻撓任何印度民族主義派系與國民黨交流，但現在尼赫魯從中國的首都，透過收音機表示「在這個已經厭惡帝國主義和侵略的世界，兩者的大限之期不遠矣。」英國無可奈何只好端出向來拿手的情報系統，在印度設下監督這個關係的精密情資單位。前上海工部局警務處總督肯尼斯．波恩（Kenneth Bourne）就是其中一位指揮官，他的小隊監督中國外交官與居民活動。為回饋尼赫魯，蔣介石也於一九四二年二月訪印，雖然當時的局勢已經戲劇性地扭轉到最壞，他的目的在於說服莫罕達斯．甘地（Mahatma Ghandi）不要妨礙抗日。蔣介石對於印度自治表示最大支持。他告訴羅斯福，他為在印度見到當地的政治局勢與英國的頑固大感「震驚」，覺得自己有必要這麼做。[40]

然而，英國會確定所有人都知道——印度是我們家的事，而且我們在中國沒有帝國財產。英國當然有香港，但他會說那完全是另一回事，那是完全不同的殖民與帝國世界。他們堅定地說，香港不是中國。英國的戰爭目標並不包括放棄香港，日本占領的殖民地更是整個戰爭期間令人擔憂的問題。珍珠港事變後立刻湧進重慶的人部分來自香港。搶先抵達的人之一，竟是最不可能出現之人：菲莉絲．哈洛普（Phyllis Harrop），她是殖民地中國事務祕書處的女助理（Lady Assistant），這個職務偕同警察調查娼妓走私案件。和德國人短暫的婚姻使她獲得許可文件，一九四二年一月從香港逃到葡屬澳門，又從那裡搭船到法國廣州灣租界的白瓦特城（Fort Bayard，譯注：今日的湛江）。哈洛普從那個超現實的地方（她覺得反倒像「法國郊區」）靠著腳踏車和轎子，接著又搭貨車、火車、飛機和一小群人抵達國民政府控制的重慶。哈洛普沿途以目擊者的身分報導日軍攻擊香港、虐待囚犯等暴行的第一手消息。官職身分也讓她的文章具有分量，另外還有一篇由逃出者香港大學心理學系的教授萊斯利・萊德所寫的報導，他在一九四二年三月十日，打下震驚英國評論者的英國政府宣言之基礎。人人都知道哈洛普，她代表香港發生的邪惡暴力。她告訴記者：「我的中國家僕被刺刀刺死」、「我的阿媽被強暴」。[41]英國人和中國人同樣都被敵人摧殘。某條新聞口號說：「記得香港」。英國的幽默週刊《諷趣》（*Punch*）刊出一則可怕的卡通圖畫，畫上的復仇之劍磨得發亮。[42]

若要理解中國南方香港前線的詭異之處，就得瞭解哈洛普故事的政治地理。雖然日本占領香港及九龍半島的都會地區，但是他們沒有冒險進入郊區，共產黨的游擊隊因而能在那裡運作。澳門面臨日本巨大的壓力，卻仍維持中立，葡萄牙也是，但是非常孤立，而一九四一年六月抵達澳門的英國領事約翰・里夫斯（John Reeves）設法在戰爭期間保持主動樂觀。廣州灣的法國政府屬於維希政權（Vichy，譯注：一九四〇至四四年，二戰期間納粹德國控制下的法國政府），也非常小心避免觸怒日本。儘管如此，透過賄賂和假文件，以及一些中立的沿岸船運，哈洛普還是逃出了香港。一九四三年二月，日本拿下廣州灣，澳門雖然毫髮無傷，但已經與日本達成協議。里夫斯在領事館裡行動，和日本只隔一道矮牆。他主要的工作是幫助一萬人取得援助，這一萬人可能是逃出香港到澳門的人、被日本送出海的人，或在臨時難民營的人。他們多半是居住在香港的澳門後代，也包括印度人、馬來人和其他同盟國的人，如菲律賓人。這是龐大又艱鉅的任務，但里夫斯樂在其中。他揚起領事館的旗幟（而且這面旗幟是為了抗日勝利當天升起而走私進來的），經營報紙（寫專欄和打油詩），甚至主持復原委員會，計畫戰後香港建設。他後來寫到這段經驗：「我愛極了！」國民政府的保鏢祕密地守在背後，而他身上通常也都會帶著左輪手槍（連打曲棍球也會帶）。儘管如此，澳門之戰是場痛苦的戰爭。大約十五萬的人口中，十萬是一九三八年從廣州逃避日本侵略的中國人，在太平洋戰爭期間又上升到五十萬人。光是一九四二年，就有超過兩萬七千人餓死在不幸的殖民地。日本大抵上得到了想要的，殖民地的幫派也是。[43]

雖然里夫斯主要透過無線電和世界各地的同盟國溝通，他也和中國南部重要的英國組織「英軍服務團」（British Army Aid Group）聯絡。英軍服務團是萊德逃出香港前成立的組織，[44]目標是協助人們逃離香港、打開同盟國軍民拘留營的溝通管道，以及獲得日軍活動情資。服務團還有一個目標：讓英國盡可能接近被占領的殖民地；而且必須非常謹慎，因為當時禁止執行政治工作。服務團在一九四二年在殖民地北方三百二十公里的韶關即興成立，兩艘曾經是妓院的船就是總部，此後，服務團開始成長茁壯，並往四面八方擴展。英軍服務團幫助英國、印度、香港的中國軍人、公僕與平民逃出。一九四二年起，美國空軍第十四航空隊襲擊香港的基礎建設和船運，服務團也幫助中彈的軍人。英軍服務團是個土生土長的獨特組織，職員來自香港的多元族群，甚至身穿走私出來的九龍製造制服。如萊德所言，服務團完全沒有「大班心態」，但仍致力於高舉英國國旗。雖然他們和在新界活動的共產黨分支以及國民政府合作，萊德仍然希望在日本投降後，他們就能火速進入香港。重要的是，確保解放女王殖民地的是英軍，而非國民政府，更非美國。

同盟國國民在香港拘留營的生活比在上海克難，而且他們在日本占領後立刻遭到拘留。然而，比起外面的生活，在拘留營裡意志較不受到威脅，政治立場也不那麼困難。日本派遣的總督磯谷廉介抵達殖民地時說：香港「不是中國的一部分」。[45]日本泛亞洲主義的意識型態和解放說詞，也許會讓汪精衛的通敵政府以為英國占領的土地會回歸中國，但是相反的，如同一戰期間的青島，香港被日本併吞，而且立刻易主日本。一八九七年紀念維多利亞女王登基的銅像被搬到日本，原地則改放帝國宣言。[46]不久之後日本公司和居民陸續抵達，開始清理英國的遺跡：街道和地區都換上新的日本名、學校教導新的官方語言、公開舉行讚揚日本勝利與紀念日的典禮、慶祝日本節日與儀式。如同每座被侵略的城市，當地總有些人會與新勢力聯盟，但也有些人是在英國官員的促使下跟進，目的是希望見到秩序重建，保護居民不受戰爭匱乏傷害。多數人則是沒有選擇。日本政權立刻擺出官僚、任性與殘忍的一面。如同在其他被占領的城市，不同派系的軍隊和各種機構為了權威和利益互相競爭。一九三八年廣州淪陷後，香港人口因為中國難民膨脹，但因遣返計畫（起初鼓勵，後來強制），香港人口逐漸減少。隨著居民另覓新機，他們也把食物供給的壓力帶到其他地方，尤其是一九四三至四四年奪走百萬人命的廣東省饑荒。

儘管奇怪，英國人開始在香港赤柱的拘留營重建被中斷的社會與鐵網外的政府，演變為溫室裡的模仿笑話。[47]尋常的官商緊張關係在起初互相指責的氣氛中愈趨高張，但是，在拘留營裡的高階官員殖民地輔政司詹遜（Franklin Gimson），以國王之名建立權威（總督當時被拘禁在臺灣，和在東南亞被抓的人一起牧羊）。在詹遜的命令下，委員會成立，準備恢復生活，但是這種生活多了前殖民地菁英奇妙的點綴，尤其是男人與女人都得學煮飯、洗衣、縫紉。老師教導孩童讀書，舉行考試評分，未來作為文憑資格。殖民地生活的左右梁柱——酒和僕人——都沒了。被拘留的人修葺花園、演出戲劇與音樂、舉行宗教禮拜、互相八卦、一起打牌。然後，一切變得非常、非常無聊。至少有四十名寶寶在拘留營受孕，另有二十樁婚姻，還有幾件離婚。被拘留的人穿得不好、吃得不好，醫療補給也非常稀少。但死亡人數比預期要少。

就像在澳門的里夫斯，他們也開始思考未來。事實上，計畫戰後復原的團體不只三個。里夫斯領導的成員大概最具代表性，包括印度、中國、葡萄牙與歐裔亞洲人。詹遜的消息大概最多，因為他的團體內有許多前官員。但是在倫敦，只有殖民地計畫處（Colonial Office's Planning Unit）是唯一的官方代表。[48]他們全都針對大局開始剖析，剖析之後認為戰敗的震驚和英國此刻無法治理的空檔，正好提供徹底重建殖民地的機會。一九四四年，日本真的提出香港回歸中國的想法（經過重慶的一連串祕密和平會談），英國當然不願照做。此時的香港在英國人心中攸關榮譽，也是重要的經濟策略資產，而且戰後英國失去在中的治外法權，香港的地位此刻更是舉足輕重。整個一九三〇年代，許許多多英國公司面對國民政府的政策，已經將地址搬到香港。英屬香港戰後只會更重要。儘管如此，普遍仍舊認為未來應該建立更民主與代議的政治體系，殖民地治理應該納入更多在香港的中國人。在赤柱的委員會認為，過去香港義勇隊的中國人為殖民地奮戰犧牲，如此的改革能夠持續鞏固那樣的忠誠和奉獻。

當然，還有第四個討論香港問題、規畫香港未來的團體。這個團體在重慶國民政府外交部歐洲司開會，但是會議沒有太多成果。[49]不肯讓步的英國，不僅在一九四二年修約時拒絕討論香港，一九四三年十一月同盟國領袖召開開羅會議時亦同，由此可見開會沒有意義。邱吉爾在一九四二年十一月著名的主張：「我們一定會排除萬難」，而且他「不是為了主持大英帝國清盤」才當選首相。[50]即使面對羅斯福總統可畏的逼迫，香港很明顯的還是不在議程當中。開羅會議的結論倒是允諾中國從日本手中收回臺灣與滿洲，並將移交日本在中國的財產作為賠償。除了四百二十五平方哩的香港和十一平方哩的澳門，中國長久盼望的統一指日可待。

開羅會議的成就非凡，同時又令中國徹底失望。中國在此會議位列同盟國「四強」，象徵重要的國際地位（雖然會議必須分成開羅和德黑蘭兩場，因為蘇聯在太平洋戰場位居中立，而且史達林只去了德黑蘭那場。）。但實際運作上，中國並沒有獲得他們希望的「中國戰場」主角地位，也沒有光復緬甸並重開滇緬公路。儘管如此，蔣介石在之後的日記提到開羅會議與十二月一日發表的〈開羅宣言〉，仍稱之為「中國外交事務史上的最大勝利」。他表示，不只中國，全世界都這麼看待開羅會議。中國領袖與同盟國強國共同開會，無論從任何標準而言，都是全球政治了不起的一刻。蔣介石、羅斯福與邱吉爾的合照展現了世界秩序已經不同。（不太清楚誰邀請了宋美齡，她的身分又是什麼？為何也和同盟國的領袖合照？）羅斯福本人付出極大努力確保蔣介石認為會議成功，邱吉爾和英國代表對於中國占用那麼多時間則是不解且惱怒。英國指揮官艾倫．布魯克（Alan Brooke）覺得與中國代表實際談起軍事，真是「有夠浪費時間」。[51] 但事實是，這個會議找來一個貧困的國家，因為偉大的同盟若要維繫，就需要中國。邱吉爾認為，假裝中國是「強國」乃是「情感」用事。然而，他沒有選擇，只能聽羅斯福講述中國戰後的地位，接受蔣介石加入。但是，美國總統在與英國首相私下午餐時，明顯提出他可能會交還香港以示善意，這個想法遭到斷然拒絕。而且當英國駐埃及大使基爾汗男爵（Lord Killearn）來打招呼時，又會提醒蔣介石不愉快的過去。基爾汗男爵就是整個國民政府北伐期間，擔任英國駐華公使的藍浦生。十八個月前基爾汗命令英國坦克包圍埃及皇宮，逼迫國王解散政府。英國的在中政策一直在光譜兩端來回游移，並在其他殖民地上演赤裸暴行。一九二〇年代在廣州和英國交手過的蔣介石非常清楚。開羅會議可謂一場無聲的會議，沒有任何人說彼此的語言。

開羅會議成為戰爭期間中美關係的高峰。會議後，美國外交官幾乎立刻拿著國民政府誇大不實的計畫向華府要求大筆新借貸。[52]中國根本沒有任何理由需要美國的金錢，而且雖然重慶的抵抗意味著日軍在中國受到牽制，但中國的態度、期待與行動，總有某些部分令人不安。

到處都是錢的問題。對周驪來說，一九四三年他真正要的是退職金。珍珠港事變後，中國海關的外籍職員數量大減。不只是李度資遣未受占領地區的外班員工，如水手、水上稽查員與調查員，一九四三年七月三十日，日本占領地區的英美籍中國海關員工也遭到強制退職（再一次地，重慶政府不認可中國海關在岸本廣吉領導下的任何作為，包括在一九四一年十二月早已解散同一批人）。當時他們多半待在上海拘留營或被遣返。一九三一年後，戰爭的威脅延長了在海關的職務；太平洋戰爭一開始他們的職務便終止了。李度和十幾名外籍高階職員還是覺得自己能為中國的國民政府效力，但是規則和遊戲改變了。一九四四年，中國海關舉行九十周年紀念，李度朗讀赫德爵士一八六四年的海關精神指導，但這段歷史和精神都已無關緊要。中國海關再也不是就連梅樂和時期都是半自治且外籍領導的封地，像李度那樣的人發現自己必須加強中文能力，因為海關的官方語言忽然轉為中文。多數外國職員因而張口結舌。

李度的長久目標是確保混亂之中每位員工都能獲得公平的結果，特別是日子所剩無幾的外籍員工。外界說再多邱吉爾式帝國主義的高尚情操或是國際主義（有人說中國海關是「小國際聯盟」），仍不及退職金和資遣細節，這才是受困在末日機構中國海關的人面對的現實。他們要拿到應得的，他們要強勢的貨幣，才不會因人為操作的低兌換率變得一文不值。他們會指著雇用契約的條款。唯我論堅持到了最後，他們沒有發現中國對西方的關係正在進行革命，而中國海關的異動就是革命作為之一。不受條約約束的中國不會重視職員對於補償的期待，中國不再需要周驪和他的同事了。多數人會很失望。通商口岸廢除後，當地任職的員工完全得不到補助，直到一九五〇年代，英國政府才會付給他們善意的費用。中國海關的處境則好轉一些，因為李度拿到了強勢貨幣。

一九四三年，李度抵達重慶，此時的空襲頻率已經趨緩。雖然較少恐怖攻擊，對每天搭著轎子上班的他而言，這座城市仍然充斥「骯髒、惡臭、茅坑、豬隻與臭水溝」。總稅務司在那裡力拚資金餵飽員工和員工的家庭（如他所言，「三萬張嘴」），遇到國民政府的民族主義者攻擊，也要站出來保護員工。一九四四年十一月，某位政府部長說海關的中國職員「都是外國人的奴隸」。李度監督營收來源，一九四四年六月美國副總統亨利．華萊士（Henry Wallace）來到重慶並計畫戰後復原時，李度告訴他一九四三年三分之一的營收來自於與日本占領地區的合法貿易。看來重慶相當忙碌，無論是黑市買賣（五十美元的鋼琴可以賣到三千美元），或打敗日本之後的復原預備。[53]到處都在談論抗戰，卻幾乎沒有行動的跡象，反而都在進行援助和借貸。美國會給中國戰爭剩餘的船艦嗎？會提供資金重建港口、燈塔或鐵路嗎？中國也都準備收下。中國孤軍奮戰四年。道德上，他們應得支援，或者至少這是評論者口中中國領袖的立場。

戰爭本身似乎已經不太重要，直到一九四四年五月，日本第一軍開始將中國撕成兩半。面對敵軍至今最大的進犯，國民政府軍隊不僅訓練不佳、軍備不整、準備不全，甚至領導無方，想當然爾立刻潰散。隨之而來的是混亂、悲慘、毀滅以及數十萬人逃難，此情此景徹底震驚蔣介石的盟友。軍人拋下武器逃跑（某些軍官跑得更快），盜匪襲擊難民，河南鄉村的居民不再抱持希望，群起攻擊國民政府的軍人。[54]李度把私人檔案裡一份令人憂心的報告拿走，那是由洛陽的稅務司李桐華寫下的。李桐華帶著一百名職員和家屬先搭驢車，接著徒步逃難。搶劫他們的人有村民、土匪、車伕、撤退軍人，甚至自己的守衛。道路都被洗劫一空。李度暫時落入敵軍手中，看見另外兩名俘虜被殺，他則幸運地逃脫。和他們一起逃跑的一百二十名銀行官員只剩六名。日軍用機關槍掃射抓到的人，或者用手榴彈解決。某天晚上，建築物和貨車燃起熊熊大火，點亮夜空。李度說：「那幅景象讓我想起電影裡的戰爭畫面。」[55]

絕望之際，美國逼迫蔣介石向共產黨妥協。共產黨在首都以北八百公里的總部延安愈趨茁壯。這個位於中國西北山區的小小集鎮，一九三七年成為國民政府與共產黨統一戰線協議下，陝甘寧邊區的首都。一九三九年遭到日軍轟炸後，延安幾乎始終安然無恙。共產黨軍隊從江西費力撤退，花費一年時間，一九三五年十月抵達延安，並且存活下來，之後他們稱這段歷程為「長征」。如同重慶，延安相對不易進入。他們在延安建立模範新城市，展示他們對中國的願景。他們的故事一開始在報章和一九三七年出版的《紅星照耀中國》一書戲劇性地流傳。一九三六年，著作《紅星照耀中國》的斯諾從上海前往共產黨的總部延安。隨著更多記者和左派人士到了陝甘寧，文章紛紛出爐。戰爭期間國民政府官方禁止外國與延安聯繫，然而，來到延安的人寫了許多讚美的文章，表示那裡似乎是另一個中國、另一個未來。延安沒有貪汙。相反的，雖然資源短缺，地方的社會組織團結一致、充滿幹勁。延安本身吸引十萬難民，許多學富五車、身懷絕技的男男女女都選擇加入共產黨，絕大多數不是因為他們認同共產黨的意識型態，而是因為他們認為這裡才是真正的抗爭中心。許多人受到斯諾的書啟發。

華萊士造訪重慶時說服國民政府允許美國官方進入禁區，記者也成功進入。美軍假稱，他們需要利用共產黨網絡，才能攔截被占區的飛行員而取得情報，於是組成觀察團體，綽號叫做「迪克西使團」（Dixie Mission）；因為是在「造反」的領土。一九四四年七月，迪克西使團抵達延安。延安的天氣能見度較高，但不只這一點勝過多霧的重慶。延安是「不同的國家」，住著「不同的人民」。沒有警察，沒有乞丐，「沒有窮到絕望的跡象」。有「使命感」，有領導者和被領導的人、有男有女，無不相處融洽。一名外國居民提到共產黨員晚上跳舞和那裡的留聲機，可能就是他對當地生活永遠的印象。與迪克西使團一起抵達延安的美國大使第二祕書謝偉思（John Stewart Service）報告：「完全沒有重慶官僚的那些廢話。」謝偉思一九〇九年生於中國，父母任職於成都基督教青年會（之後在雷文案中損失終身積蓄）。一九三三年，他開始在中國的外事單位工作。他和家人經歷四川的軍閥交戰，更能感受共產黨治理之下的延安有何差異。他提到一名外國記者曾說：「我們來到崎嶇的北邊，找到中國最現代的地方。」[56]

一位前傳教士去過延安後表示：「這就是我希望看到中國的樣子。」[57]一九四四年，《紐約時報》記者拜訪延安，報導他在那裡遇到的人，包括西班牙內戰的共和政府軍、在上海聖約翰大學的美國畢業生、曾任職基督教青年會的牧師、傳教士訓練的醫生、許多曾經留學海外的醫護人員、歸國學人、「去過全世界海洋」的水手。[58]這樣的世界一家中國並不陌生。延安擁有許多這樣的驚人之處，但似乎要靠那裡的人才可能成就某些事業。延安的情況曝光，加深許多人對周恩來本來就有的老練印象。周恩來早在重慶統一戰線時期就開始領導中共。這些是務實的人，而非只會空談。來訪記者哈里森．福爾曼總結：「中國共產黨不是共產黨」。越來越多觀察者都在覆誦這句話。[59]

事實上中共在延安非常務實，他們為了迎接西方訪客，早已迅速改頭換面，下令撤走反國民黨的海報和口號，換上支持同盟國的，小心翼翼地向世界呈現穩健的形象。此舉果然有用。另一名記者在報導裡頭開玩笑，去過重慶那個亂七八糟的地方，延安看來就是「中國的仙境」。謝偉思等人並不光憑第一印象就被唬住，他們還在外國人的小圈子裡找線民。其中一個重要消息來源是英國人林邁可（Michael Lindsay），他在共產黨內教授無線電工程，也是無線電通訊顧問。林邁可交際廣闊。他的父親林賽（A D. Lindsay）曾是大名鼎鼎的牛津大學貝利奧爾學院（Balliol College）院長。林邁可一九三七年末以教育顧問的身分來到北京燕京大學。他和妻子李效黎在前首都祕密與共產黨合作，太平洋戰爭初期逃出游擊隊把持的北京。這對夫妻從日本占領的地區走到共產黨的基地，這條路線也是上千名來自北京的師生走過的。和延安其他外國人不同的是，林邁可不是共產黨員，許多去到延安的人也不是。他單純相信「任何會思考的人都有責任對抗日本軍隊」。林邁可協助共產黨設計無線電傳輸系統，直接將新聞傳到美國，也就是後來的北京電臺。60

謝偉思從延安發送正面的報導到美國國務院，同時加深美國對於國民政府的憂慮，不僅不信任，甚至輕蔑。到了一九四四年，幾乎沒有外國觀察員相信國民政府有心認真打仗。相反地，他們假裝抵抗，同時把兵力留待與共產黨戰後勢必發生的對決。事實上，中國軍隊在緬甸節節勝利，一九四五年春，他們又在湖南省西部擊退一支新的日軍，並收復之前日本第一軍攻占廣西的大片土地。但是，國民政府高層貪汙的傳言無所不在，成為同盟國眼中的致命傷害。蔣夫人一九四三年拜訪紐約時，下榻華道夫阿司多里亞酒店（Waldorf Astoria），包下一整層樓（以及曼哈頓醫院一整層樓）。媒體捕捉到她穿著皮草在酒店的身影，此時，中共八路軍似乎正在抗敵。但是，其實不然。共產第三國際延安的聯絡員孫平（Peter Vladimirov）在日記提到，事實上，中共的策略是避免與日軍大規模作戰，反而專注在阻撓國民政府進入收復地。61 某些記者提醒讀者，但是謝偉思對共產黨的正面評論影響力更大，加上輿論普遍厭惡蔣夫人，以及她貌似貪汙的亂象。

戰爭的中國戰場現在改由美國控制。英國沒有發揮空間，因此幾乎全神貫注地為和平準備，這一點與國民黨、中國共產黨（和其他許多傀儡政權）同步。對英國而言，主要目標是重建東亞與東南亞的帝國，包括重占香港，並盡可能提高在中國的地位，尤其此時已無十九世紀的條約特權庇護。英國外交官和領導人長期憂心上海，此地在中國國土虛有其表的統治狀況百出，頻頻造成困擾。因此，日本占領上海，並從一九四三年二月開始拘留同盟國平民，對於英國不失為一份禮物。現在無人反對交回租界或廢除治外法權，不是國民政府有心情容忍任何反對，而是最終執行交回與廢除也不會造成地方騷動。因此，怡和洋行、帝國化工與英美菸草公司可以專注規畫戰後重新營業，穩固中國市場，並且盡量避免市場太習慣對手的商品。

太平洋戰爭時期英國在中國最成功的操作，也是其中最諷刺、最不客氣的。一九四三年，專責戰爭事務的特別行動處（Special Operations Executive）展開「行動懊悔」（Operation Remorse）計畫，由銀行家和商人於戰爭期間聯手經營。「懊悔」成立巨大黑市，為英國在中國的活動賺進價值七千七百七十萬英鎊，等同二〇一五年的二十七億英鎊。[62]「懊悔」成立的關鍵在於國民政府要求盟友購買法幣，但匯率根本與現實脫勾。意思就是當同盟國代理會以更昂貴的法幣購買貨物：蓋機場用的鏟子一把五美元，在中國要二十五美元。他們覺得自己被騙了，他們確實是。但外交代表又無法改變中國的貨幣政策：中國告訴他們，改變貨幣政策會加速通膨。[63]英國認為這道程序根本只是圖利貪汙的官員，所以決定略過，改做黑市生意。起初他們出售印度盧比和英鎊、銀行匯票等各種貨幣工具，接著又賣珍貴的寶石、手錶、鋼筆和其他價值高但體積小的物品，甚至一度出售高級摩托車。這些貨物從印度流入未受占領的中國地區，接著藉由偽裝成英國產品部（British Ministry of Production）的代理，透過效率高超、範圍廣大的網絡分發出去。他們兌現的訂單深至敵軍占領的上海，貨物來源遠可溯及瑞士和南非。「懊悔」賺來的法幣則分給英國和其他同盟國機構運用；官員也是因此才同意這個遊戲，即便不是出自良心，但至少仍遵守了參加規則。法幣能夠賄賂任何可能有利英國在中國動作的人，也可收買，還能確保行動機密。當時的術語是「軟化」，但以「掐住脖子」形容可能更恰當：「懊悔」車輛載送的法幣，推估每一趟都有六噸之多。

表面上，「懊悔」的用意是資助情報擷取以及英國的行動。戰爭末期，「懊悔」的資金空運到集中營給拘留人，也投入香港，幫助重建殖民地。但細看這個龐大企業的內部紀錄，也能清楚發現目的就是讓英國國旗在備受戰爭摧殘的中國市場飛揚。鑽石是英商在中國最好的朋友，而且這樁成功得不可思議的事業——赤裸裸的資本主義——幫助戰爭時期穿著卡其褲的商人，準備戰爭結束後隨即瓜分中國。

所以，可想而知，就在戰爭最後這段時期，林語堂丟了他的幽默感。而且既然蔣介石從來就沒幽默感，不難料到他將攻擊從前的盟友。從這兩人的反應可以看出，光譜上的中國民族主義者，想到中國在西方眼中的地位，有多麼心灰意冷。對立足在延安的共產黨而言，逐漸為國際熟知的他們，從來沒有這種幻覺。多數現存的資料中，關於戰爭時期中國、美國、英國的關係，都指出西方人對他們身陷困難的朋友愈加感到幻滅。但這個幻滅的過程賦予國民黨陣營動力。美國和英國原本希望一九四三年二月簽了友誼新約後能夠盡釋前嫌，但他們想得美。

一九四三年夏，林語堂出版《啼笑皆非》（*Between Tears and Laughter*）。書一開頭就很生氣，而且一路氣了兩百四十三頁；完全沒有笑話。他寫道，五百萬名中國士兵陣亡，目的不是「為了把英國人留在香港」，這個「鴉片戰爭的戰利品」。一九三九年日本要求英國關閉滇緬公路，刻意令中國資源短缺——海岸淪陷後，那是唯一的後勤通路——英國同意，而且將收回東南亞殖民地優先於支持中國前線。林語堂控訴，英國甚至拒絕讓國民政府成立自己的空軍。而且在他眼中，美國也沒好到哪裡——戰爭初期允許「油和廢鐵運送到東京，以轟炸中國的女人和小孩。」[64]像林語堂那樣諷刺英國戰時目標的評論並不罕見，美國政府內部也普遍這麼認為。林語堂對英國目標的理解也相當正確。

林語堂對於大西洋憲章（Atlantic Charter，譯注：一九四一年八月，美國總統羅斯福和英國首相兩人會商後，宣布英美兩國對於戰後共同的目標原則共八點，稱為大西洋憲章）刪除殖民主義虛偽的舉動也非常不滿：羅斯福和邱吉爾承諾同盟國會尊重「所有民族」的民族自決，但是他們根本沒有意願，尤其英國對於歐洲諸帝國。林語堂進一步主張，除了科學與「唯物的文明」，中國應該拒絕西方。儘管如此，林語堂仍表示，「令英國人再度成為紳士，就要把他們運回蘇伊士運河以西」。所以英國還是有希望。同時，中國應該認清盟友的真面目，整頓軍備並且振作起來，如此一來，「西方國家便無法阻撓她，或令她失望。」賽珍珠和她的丈夫暨出版商理查．威爾許（Richard Welsh，譯注：威爾許是賽珍珠的第二任丈夫；第一任是本書第三章提到的美國農學家卜凱），奉勸林語堂維持早期的幽默風格，以中國人的身分向西方讀者傳達中國的面向。但是林語堂已經厭倦當個幽默睿智的哲人，就像許多在中國的人已經厭倦同盟國。《紐約時報》評論他的書「尖銳、粗暴、放肆」；林語堂「自以為是、高傲、偽善、自命清高」。然而，書中關於英國的戰爭目標，以及珍珠港事變前同盟國的姑息政策，全被他說中了。[65]

林語堂可能只是被鄙為無關緊要的人物，被當成文化人而非政治評論家。獲得更多關注的反而是國民黨威權與腐敗的報導和評論，而且並未因為蔣介石發表個人的政治信念而緩和。一九四三年三月，他出版一本專為黨、政府官員、學生和學童著作的書，名為《中國之命運》。這本書激怒在重慶的各國外交官。英國將該書翻譯並摘要，也給美國一份。這份報告飛到倫敦與華盛頓，並對外流到媒體。有人把這份報告當成任何獨裁政權都可能產出的宣言（此人是一位外交官，也許不是希特勒，但一定是佛朗哥）。[66]對英國而言該書的問題不是反民主的語調，而是對外國帝國主義洋洋灑灑的批評，尤其是在現代中國的英國。全書超過一半的內容是在重述那段歷史。蔣介石開場就講述滿族和他們面對外強肆虐時有多麼軟弱，接著又老調重提共和體制繼承清朝不平等條約，世界各地外強齊聚在中國牟利，種下各租界與上海公共租界的不公不義。他說，這些地方就是賭博、娼妓、毒品和幫派興盛的地方——確實很難否認——也是投機當道的地方，並且毀壞對法律的尊重，危害中國人民。

《中國之命運》暗示，雖然英美已經放棄特權，故事卻還沒結束：民族主義者認為帝國主義對中國的影響入骨。這樣還不夠，該書似乎也將範圍擴大至共和體制目前控制的大中國，包括西藏和蒙古，甚至似乎包括東南亞大陸。這些地區都曾接受中國文明影響。英國資訊部馬上擱置印刷英文版的計畫。「我沒看過為了政治利用歷史而更惡毒的手法。」歷史學家費正清在日記寫道：「受人尊敬的政治家不會寫出這種小書。」另一位讀者佩恩當時在昆明教書，認為該書「冒犯且不可容忍」。[67]該書也氣壞中國自由主義的知識分子與左派人士，他們盡可能與之保持安全距離。但該書引發的風波不僅如此，同盟國開始質疑國民黨領導的中國值不值得拯救，或是到了戰後的世界能否與之共同合作。

更驚人的是在國民黨的國家四處散布的貪汙報導，而且某些人和大元帥非常親近。此外，國民黨的特務機關展開血腥鎮壓，這些並不限於孤立的上海街頭。如果佛朗哥負責寫文章，那麼搞特務的似乎就是希萊姆（Heinrich Himmler，譯注：納粹政權的要角，被稱為史上最大的劊子手），在場的外交官將這些報導視為警訊，高調的中國評論家賽珍珠也同意。在那之前，所有路思義旗下的媒體都聲嘶力竭支持蔣介石的中國，然而一九四三年五月《生活》雜誌的文章也指出這一點。[68] 令眾人吃驚的是，國民黨一面投身反帝國主義，同時又想取得區域的領導地位。任何一九三〇年代認真聆聽中國外交官的人，也許不會那麼意外：這一點早在國際聯盟以及國民黨掌握大權時就不斷覆誦。這個意識型態的影響可從蔣介石的著作窺見，在動員中國抗敵的教育與其他機制更為明顯。此外，日本與漢奸政權為求己利的反帝國主義說詞也不斷地被強調。

反帝國的民族主義也許能夠成功將「英國人」送回蘇伊士運河以西，但西方人會留下他們的文化與價值觀，就像被占領的上海。上海獨樹一格的現代社會與文化將會深植：雞尾酒、舞池、傑基．庫根的八卦、逸園賽狗場（戰爭結束後繼續舉行比賽）、爵士樂。一九四五年六月，距離戰爭結束只有幾週，一場摩登的盛會在上海大劇院舉行。李香蘭站在爵士交響樂團前，歌曲靈感來自蓋希文（George Gershwin，譯注：一八九八—一九三七年，美國音樂家，風格結合古典音樂、爵士樂和布魯斯），由被徵召的日本音樂家服部良一作曲。樂手出身前工部局交響樂團，主要是俄國人和西歐的猶太難民。交響樂以一節中國人初次聽到的布基烏基（boogie-woogie，譯注：富饒節奏的音樂曲風，發源於一八七〇年代非裔美人社群，一九二〇年代末期興盛）舞蹈節奏收尾，演奏地點是匈牙利人設計的現代舞廳，演唱者是滿洲出生的日本女人。[69]如此本質上大雜燴的影響、文化與人物都會持續到戰後，但對於混血的反對聲浪也會日漸升高。一個思想的主體正在形成，並在林語堂的著作與《中國之命運》中，指出中國的問題不是帝國主義，而是西方本身。那個疾病不是皮肉也不是心臟，而是靈魂。洗劫中國漢人五千年歷史精華的不是西方列強而是西方文化，並且羞辱、降格、奴化中國人。引用林語堂於一九四七年一月出版的《中國之命運》官方英文譯本前言，「政治的革命」需要「文化與道德的重建」相伴。這番話雖然看來陳腔濫調，卻將演變為巨大的恐怖。

第八章

—— Chapter 8 ——

外國專家

一九四七年底，廣州沙面島先前的租界區域已經恢復戰爭前的寧靜與美麗。當時，在日本投降之後，某些政治關係良好的中國人搬進了外國人的房屋，因此後來在驅逐他們不成的時候，局面有些緊張，但多數屋主最後都成功拿回了他們的財產。儘管遭遇了通貨膨漲，進口也受到限制，但前景看來還算不錯，令紐約城市銀行（National City Bank of New York，譯注：今花旗銀行前身）有足夠的信心在島上重新開設廣州分行，和其他八十家外商在城裡營業。有人說要把該區打造為文化中心，因為沙面市議會過去的基礎建設非常充實。有件趣事，某個英國領事館的員工受到碩大的樟腦樹啟發，將靈感化為詩詞創作，刊登在《南華早報》（*South China Morning Post*）上。[1] 有個遊客說，那裡「是個安靜的地方，永遠都像週日早晨」。因此，當大批群眾在一九四八年一月十六日星期五蜂擁過橋，推擠過警方路障，包圍英國領事館時，自然震驚了所有人。群眾意圖拉下在領事館飛揚的英國國旗，接著拿起磚頭和花園的裝飾丟向窗戶。兩個鐘頭後，軍隊恢復秩序，但領事館早已遭到入侵和縱火，領事和副領事在逃出之前，還躲在廚師的床底下。渣打銀行和太古集團（Butterfield Swire）的辦公室也遭縱火。三個鐘頭後，記者從香港搭機趕來，還可看見熊熊火焰飛舞。沙面島的領事館旗幟被了扯下來，但示威者其實也同樣要求把香港的旗幟降下。他們大喊：「打倒英國帝國主義！」、「交回香港九龍！」

英國殖民政府開始驅逐兩千名在前九龍寨城內搭建棚屋的人，激起了一波由學生帶頭發起的全國性示威抗議。這些被英國人視為非法居住者的人所引發的爭議，延燒了好幾個月，但另一個更重大的議題也早就爭論了數十年——在一八九八年租界擴張之前，中國地方政府的機構就已設立在此地。那麼，這塊六．五英畝的區域，主權究竟該歸屬於誰？[2]（譯注：一八四七年清朝政府擴建九龍寨城；中英第二次鴉片戰爭後，清朝於一八六〇年《北京條約》將九龍半島南部連同鄰近的昂船洲割讓給英國，然而一八九八年中英《展拓香港界址專條》將九龍半島北部與新界租借給英國，卻不包括九龍寨城，故成為英國殖民地內的清朝飛地。）中國政府一直堅持他們在城內擁有司法管轄權；英國則反對這個聲明，多年來不時主張自己的權利，但同時保持小心謹慎。九龍在戰爭期間發展快速，但是英國並不打算將這塊土地用於都會發展，而是想建設為公園，於是在一九三〇年代，數百名居民便被驅趕出去。戰爭之後，難民再度跨越租界，回到此地，此時，城牆已被拆除、石頭拿去興建機場跑道的九龍城寨，吸引了新一批的居民移入。殖民政府不顧廣東當局的抗議，依然堅持要把城寨蓋成公園，並派遣查封官，意圖施展權力。保護查封官的警察高舉標牌，寫著「解散，否則開槍」，要把居民趕出他們「偷工減料的城市」，摧毀他們「破木蓋的小屋」。英語報紙消遣地指出，這次「入侵」以一扇柵門作為「攻擊地點」，整場行動規畫得如此完善，儼然是由「羅馬軍團」發起的攻擊。警察見到象徵性的抗議活動，但發現牆上張貼了各種口號：「尊重我們的主權，保護我們的財產」、「團結一致保護主權」、「認清誰才是敵人」。當地的中文報紙刊出一張照片——一個孩子待在房子的殘骸之中，標題問：「這流淚的小女孩該何去何從？」

非法居住者直接搬回了九龍城寨，而且升起中國國旗。殖民政府總督聲稱警察搞砸了整件事情。九龍的對峙僵局越演越烈，有時還會演變為暴力事件，全國學生——廣州、上海、天津、南京、北京——憤而群起，回應九龍的呼救。在天津，社運人士要求所有華北學生抗議這次「英國的暴行」。在上海，交通大學和同濟大學罷課。在南京，抗議人士在英國大使館、中國外交部和其他政府機構外集結，要求香港的主權回歸中國。[3]大約有一萬名群眾在上海外灘示威，在外國人持有的商務大樓和酒店張貼印著「對抗帝國主義」、「趕走帝國主義」、「打倒帝國主義」的海報。他們帶著中國國旗，呼喊反美口號，也拿粉筆在美國軍車寫下標語，直到他們的代表獲准進入英國領事館遞交陳情書才肯離開。牆上可見用瀝青寫的「滾！骯髒的英國人」和「滾！骯髒的美國禽獸」等字跡。牆上的字跡也許不容易洗刷，但是全中國政治場景的激動之情才是真的洗刷不掉。英國領事之後曾困惑地說：「我們從沒料到領事館會被燒。世界已經和平，而且我們人在一個友善的國家。」廣州一個團體宣布：「抗戰已經結束，不平等條約已經廢除，但是英國帝國主義再次侵略，傷害我們的同胞，沙基慘案的仇也還沒報。」[4]英國放棄對九龍的計畫，幫派搬進無人治理的地帶，直到一九五〇年的大火摧毀重建的棚屋城。

廣州和南京當局將發生在沙面的暴動歸咎於共產主義者的煽動。事實上，事件是由國民黨內的民族主義派系策畫，目的是利用反帝國主義，轉移大家對中國內亂的注意力，並讓省政府主席宋子文難堪。結果，局勢完全失控，整個國家充斥抗議與不滿，一月時發生的短暫暴動就是強而有力的證明。美國官員總結，這些事件當然是人為煽動，但是示威者的「誠懇」，卻是「無庸置疑」。[5]國民政府與實力增強、信心滿滿的共產黨內戰打得不順，而且沙面事件前一天，共產黨在東北的軍隊發動決定性攻擊，從此之後穩坐滿洲。但是最能表現國民黨真正大勢已去的跡象，也許是上海舞廳裡舞男舞女在同月稍晚展開的抗議行動。

上海的夜總會勢力窮盡所有辦法抵制本該在一九四七年九月生效的全國舞廳禁令。舞廳禁令之所以會出現，部分是出自於針對現代商業娛樂世界普遍存在的鄙視態度；另一方面，由於經濟瀕臨失控，因此政府希望推動節儉的生活方式。內戰期間，跳舞被視為極為奢侈的活動，更不用說當時的通貨膨脹完全不見緩解——一九四八年一月的上海物價幾乎是一年前的二十倍，而且逐漸成為常態。[6]但是一九四七年末，舞廳雇用的男女人數約為二十萬人，即使炸彈子彈滿天飛，也不見舞廳停業。再說，舞者還能做什麼其他工作？一位抗議者說：「我還得餵八張嘴巴吃飯。」另一個哭著說：「根本就是判我們死刑。」她們大喊：「我們不想變成妓女。」當天最後，估計有五千名抗議人士包圍奉命行事的市政廳，並且到處破壞。鎮暴警察必須平息暴動，數名涉案人士遭到逮捕，並審判入獄。但四月一日起，禁令遭到廢除，舞廳再度開張。[7]中國起火燃燒的時候，政府必須容忍跳舞的城市。

這群暴動的舞者登上了報紙，報導還附上了照片，成為中國內戰期間有趣的插曲，並顯示這種相對新穎的文化深植於都會休閒生活中，同時表示跳舞在經濟活動中扮演的角色，以及有許多人依然厭惡、反對跳舞文化。這場發生在一月三十一日的上海舞者暴動嘉年華，也是國民黨權力衰弱的徵兆，同時可見就連幾乎沒有政治文化的舞廳，也對這個時代感到不滿。然而，即使全中國都處於狂熱的不安狀態，一九四五年八月，整個國家的未來看來卻是前所未見地好。蔣介石以「四強」領導者之姿結束戰爭，是勝利的同盟國，在聯合國中主導並決定世界的新秩序。他的聲望達到顛峰，儘管海外夥伴的批評聲浪愈來愈大，而且毫不掩飾，加上戰爭後期，外國對於中國政權普遍喪失信心。[8]國民政府的軍力從未如此強盛，收回滿洲、殖民地臺灣以及日本租界地區的主權。除了英屬香港與葡屬澳門外，國民政府將占領中國的外強通通掃空，並在光復之後再度強調不平等條約已經廢除。地方上，國民政府毫不在乎地毀壞移交的承諾，而戰爭時期日本的作為是既定事實，前外國租界或居留地的雇員和債權人都得不到任何賠償。就連私人外商害怕的事情也成真了——他們想要收回原先的廠房或事業，卻處處受阻。中國抵抗侵略，擊敗百萬日軍以及太平洋戰爭龐大的戰爭機器，付出了可怕的代價，但是在一九四五年八月，中國看似獲得了非常優渥的回報。中國的姿態驕傲挺拔：屈辱、瓜分、次等的地位都已平反，成為真正獨立、傲視群雄的國家。

內戰開打不到四年，中國卻大勢已去。國民政府逃到臺灣，在臺北建立中華民國臨時首都，準備「光復大陸」，但毫無成果。一九四九年十月，中國共產黨宣布「中華人民共和國」中央人民政府成立，國民黨開始加緊內部清查，揪出令國民黨「丟掉中國」的嫌犯，最終成為暴力掃蕩。[9]在美國與歐洲則是另一種肅清，參議員尤金．麥卡錫（Eugene McCarthy）展開獵巫行動，尋找蘇維埃間諜或支持者，也就是促成這場動搖世界的歷史事件之人。打擊美國左派鋪天蓋地的行動中，目標包括太平洋關係研究所（Pacific Relations）以及美國國務院內批評國民黨政府的人。幫助美國進入延安的大功臣謝偉思（John Service）被糾纏了好幾年。即使真正的蘇維埃間諜被揪了出來，這場反民主的大肆取締還是波及到了自由主義者和左派人士。[10]冷戰冷卻了民主，但亞洲的情況卻更為嚴峻，而且是一場激烈又危險的軍事衝突：一九五〇至五三年，美國、英國與其他十四個聯合國會員國出兵韓國，與中國軍隊和蘇聯空軍對戰。一九五一年的某日，美國飛機無預警地轟炸靠近威海衛的蘇聯機場。而中國則是提供越南獨立同盟會（Viet Minh，譯注：一九四一年五月成立，目的是帶領越南脫離法國殖民與抵抗日軍入侵）補給、訓練與顧問，對抗接受美國協助的法國。

一九四五年八月八日，蘇聯對日本宣戰，並入侵滿洲，中國共產黨在蘇聯的協助之下充滿信心，獲得資源並成長茁壯，與此同時，國民政府則持續快速凋零。任何調解、美軍支援或金援都無法拯救分裂、怯懦、無能的國民黨，也無法阻止其鬥志高昂、意志堅定、陣容堅強、紀律嚴明、武裝精良的對手。美國協助國民黨成立使用恐怖手段的特務機構（terror apparatus），並提供設備。特務機構粗暴地行動，而且似乎前所未有地武斷，但是以濫殺為警惕的作為反而對國民政府造成莫大傷害。特務機構的非法殺人行為，透露了國民黨的邪惡以及即將到來的失敗。例如一九四六年七月，身為詩人及學者的聞一多便是其中一名受害者——他的朋友指出：「凶器是美國的滅音左輪手槍。」聞一多死前曾在另一位受害者的葬禮上慷慨激昂地發表悼詞，激動地說：「還剩下多少日子？你完了！大勢已去！」[11]不久之後，他就遭到殺害。

日本投降，醞釀多時的中國地位爭奪戰隨之展開。中國共產黨的軍隊現在自稱人民解放軍，他們走出基地，並在轉眼之間將勢力範圍擴張兩倍。但是美軍到達天津，接收日軍在北方的地盤，並空運十一萬名國民黨軍人到南京與北京把持這兩座城市。國民政府從華北沿著鐵路進入滿洲，在俄國離開之後接收城市。一名美國人觀察到，城市中所有工廠都被搬走了，只剩下啤酒廠、烈酒廠、香菸公司，因為占領的軍隊需要那些補給。但是中共也從山東載了數萬大軍穿過渤海灣，而且當美國試著把雙方帶上談判桌調停的時候，滿洲郊區絕大多數都落入了共產黨的控制。蔣介石投入軍隊守住城市，但是中共兵力不斷增長，將這些城市團團包圍。內戰時好時壞，時而又因美國的介入而停火。中共失去延安，但取得了大部分的山東。一九四七年冬，他們發動攻擊，沿線炸毀滿洲所有鐵路，阻絕滿洲城市的補給，中共因此徹底拿下滿洲。一九四八年九月，在人民解放軍取得長春前，大約有二十萬百姓在這個「活墳」中餓死。隨著長春失守，保住滿洲的希望也沒了。中共往南乘勝追擊。中共不再是支游擊隊，而是身經百戰、訓練有素、軍備充實的軍隊，而且一一擊潰（或收買）委靡不振的國民黨軍隊。一九四九年一月，人民解放軍占領北京、天津和多數長江以北的華東地區，並在五月時跨越長江。[12]

國民政府大吃敗仗，五十萬士兵遭到殲滅，於是決定撤退。將近二十年無間斷的戰爭，疲憊的人民轉向中共帶來的和平，多數人選擇相信共產黨是好的。「中國人民站起來了！」一九四九年，宣布新國家成立的前三週，毛澤東在會議中這麼說，但這個說法——自立、自決、自我解放——只是動聽，而不是真正的結果。中國共產黨的勝利並沒有帶來自立自強的新時代，起初只不過是換了夥伴，以及為了促進中國發展，與外國盟友和專家合作而展開的新階段。一切不過就是換掉舊的，找來新的，同時中國開始和西方作對，在韓國數次大敗美國領導的聯合國軍隊。

戰爭結束了，而中國共產黨也勝利了。回顧二十世紀中期種種幫助中國的行動，從來沒有一個國家收到如此多元的幫助，同時來自官方和私人企業，希望重建這個經歷數十年內戰與侵略的國家。[13]這些善意的代價極其高昂。中國帶著戒心歡迎這些幫助，接著轉為憎恨，最後出於現實政治與國家尊嚴的因素，驅逐這些善意。即使經歷一九四九年政權轉變，在救援等其他諸多領域中，許多事業多半是繼續維持運作，而非中斷。慈善與人道行動起初隨著傳教事業展開，而後隨著政治、教育、軍事與科學任務逐漸茁壯，先是民間慈善機構組織的援助行動，第二次世界大戰後亦有聯合國善後救濟總署（UNRRA）。中國共產黨當權後，中國、蘇聯和共產主義東方集團國家進入合作無間的新紀元。外國專家如過江之鯽進入中國，有些說著全新的語言，有些雖然說著舊語言，卻穿插社會主義的國際主義（Socialist internationalism，譯注：認為國家政體之間應該互相合作，共同建立和平的社會，終結資本主義的剝削）與兄弟會的新術語。然而，許多方面而言，他們和其取代的專家一樣，帶著兄長式作風，高傲且自私。一九六〇年七月，隨著中國與蘇聯的關係瓦解，這些新來的外國專家忽然撤退。眾多計畫只進行到一半就中止，只剩下非常少數的盟友，在這個情況下，中國在此世紀首次真正獨自決定自己的道路。

自從一八四〇年代西方人開始居留中國，便開始出現「愈多外國勢力在這裡愈好」的想法。外交官和商人信心滿滿地認為，就算貿易沒有提升「文明」的程度（以歐洲人和美國人的認知標準而言），也會為國家帶來無比的財富。愈多貿易，國家和人民就會愈強盛，同時「無知」、「迷信」和「殘忍」的社會習俗就會衰退。基督教傳教士搭著最早開往中國的船，志在救贖中國，透過基督教的戒律與價值重新塑造中國社會。多數商人會為了謀求更多利益滿口天花亂墜，而許多傳教士則只專注在快速救贖個人靈魂。但是，對於那些維護外商或遊說政府增加更多通商口岸的人（最早先開放了五個，一八六〇年後又開放了更多，但數目還是有限）來說，這種西方人有利中國的想法便成為了必要說詞。儘管如此，許多地方仍有人誠心相信這種想法。一八六三年，總管大清帝國海關署（Imperial Maritime Customs Service）的赫德爵士（Sir Robert Hart）將中國的進步視為己任，監督各式各樣的計畫。雖然赫德任職於世俗機構，卻是個擁有虔誠信仰的人，這一點也影響他建設中國的目標。海關署善盡了核心功能：評估關稅、管理進出中國的貨物。但海關署也為清朝培養一群專家，以及為中國缺少的專業技術建立了招募委員會。一八六〇年代，委員會的主要任務是強化這個國家的軍事實力，但其成就卻遠不只於此，包括翻譯計畫、翻譯學校、公共衛生、醫學與科學行動，此外也建立燈塔、繪製河流與港口路線圖、成立西式郵政。[14] 海關官員忙於發展與教育計畫，發起反對纏足和殺害女嬰的運動——兩者在外國人心中都是非常嚴重的議題。相關人士一致認為自己的作為都是好的。

出於實際的理由，部分傳教事業很早就著手進行醫療與教育工作。起初，這純粹是招攬聽眾的方法。這就可憐了醫院裡頭患有頭痛的病人：傳教士醫院的等待區沒有一刻是安靜的，因為那裡可以留住一定數量的聽眾，福音派便以他們為傳道目標。傳教士學校的學生不只上課，也學習詩歌和祈禱文，以及基督教的道德準則和行為舉止。十九世紀末和二十世紀初，社會福音（Social Gospel）的思維開始發展起來，更為強化了這些活動，除了繼續本來的傳教目的，也開始致力將這種思維拓展到其他領域。醫院、學校、大學成為傳教士重要的著力點，它們不再只是宗教的附屬機構，而是基督宗教活動的主要推手。針對教育、社會、產業等越來越多的行動中，基督教青年會（YMCA）是主力。[15] 傳教事業是分布範圍最廣泛的外國勢力——中國百分之九十五的縣市都有基督教的身影。理想上，傳教士也能就地回應危機，也能在饑荒或水災時向他們的國際支援單位遊說協助。[16] 著名的有一八七六至七九年華北饑荒時期高度參與的山東義賑會（Shandong Famine Relief Committee）、一九二一至二二年的華洋義賑會（International Famine Relief Commission）等。這些團體將傳教事業融入清朝與共和體制的大眾生活，也促使更多傳教團體從事宗教以外的活動。[17]

晚清與共和體制初期的改革中，也能見到外國顧問與專家的活躍。[18] 赫德在之前相當與眾不同，因為他獲得了高階官員的青睞，但卻不是以外交官的身分。但是，到了一九二〇年代，每個政府機構似乎都有自己的顧問，而各個帝國在中國的競賽也變成在各處室安插專家的競爭。這種作法成為借貸談判的固定手段，而且能夠控制中央政府機構，日本一九一五年五月的《二十一條》就是明顯的例子。一九一四年，中國政府內有荷蘭、德國、義大利、日本的財務顧問以及美國、日本的憲法專家；國防部有德國、日本、法國專家；交通部的顧問來自德國、法國、丹麥。前《時代》雜誌記者，澳洲人喬治．厄內斯特．莫理循（George Ernest Morrison）深受袁世凱總統器重。另一個英國人，前上海公共租界巡捕房巡長布魯斯（C. D. Bruce）為警務提供建言。政府的法務顧問是比利時人。[19]其他尚有省分層級的顧問以及較基層的顧問。他們就像獵鷹一樣看著彼此的顧問，注意其他國家可能會獲得什麼利益。這些人有的全心投入工作；有的對得起專業；有的消磨時間以累積通常相當優渥的薪水。

一九二〇與三〇年代是顧問和專家獲得機會的黃金時期，有政府開出的高階職缺，也有自由業者高價兜售專業知識給任何願意付錢雇用他們的小牌將軍。外國專家在中央政府掛名並坐擁高薪，安撫他們的外交官。互相競爭的軍閥也提供資源，包括國民黨，讓各種外國的軍事與其他顧問瓜分。光譜的一端是接續赫德的安格聯爵士，他緊緊看著共和體制的荷包，理所當然地成為總統聽信的人。而光譜的另一端，是一隻手臂留在加里波利（Gallipoli，譯注：一九一五—一九一六年一次大戰期間，英法為打通博斯普魯斯海峽以利支援俄國，並占領鄂圖曼帝國首都伊斯坦堡，故由土耳其加里波利半島登陸的戰役）的英國人「獨臂」薩頓，自私貪婪、身懷軍事戰術經驗的他來到中國，幫助張作霖的軍隊改良壕溝迫擊砲。[20]這種專業水準參差不齊的現象一路持續到一九二七年之後的國民政府。一九三三年後，德國軍事顧問提供國民黨軍隊關鍵的訓練。先是蘇聯，接著是志願的美國飛行員協助飛虎隊（Flying Tigers）在空中對抗日軍入侵，英國則掌握海軍。一九二九年起，美國人亞瑟·楊（Arthur Young）擔任財政部與中國中央銀行的經濟顧問，不過一九三五至三六年的全國貨幣改革是由英格蘭銀行協助。[21]蔣介石和他的前任統治者一樣，會為了政治理由，同時也為了維持外交勢力平衡指派象徵的職位。一九三六年，英國人仍然把持中國海關總稅務司，來自美國、法國、德國、奧地利、南斯拉夫的顧問分別在五大部會擔任要職，而此時占多數的是美國人。[22]

顧問來到中國，可能被厭惡或引起爭議，也可能會被辭退。一九三八年五月，德國軍事任務在日本的堅持之下終結。[23]戰爭時期，蔣介石與美籍將軍喬瑟夫·史迪威（Joseph Stillwell）之間的恩怨更是傳唱不完。「尖酸的喬」（Vinegar Joe）史迪威在公開場合稱他的上司蔣介石為「花生」（peanut，譯注：也有笨蛋、沒用的人之意）。一九四二年，史迪威被派到中國擔任參謀長，他沒有經營這段關係的耐心，也沒有戰場帶兵的經驗。當時的大環境中，同盟國內部出現不同派系，兩人對於策略和運作也意見不一，加上私人憎惡，因此容易滋長對立。而史迪威也要負擔許多責任：英國和英國的指揮官，特別是路易斯·蒙巴頓（Louis Mountbatten），和蔣介石一樣令他不順眼，但是史迪威沒有指示手下製造意外事故暗殺蒙巴頓，他卻對蔣介石這麼做。一九四四年九月，羅斯福要求中國任命史迪威為中國軍隊統帥，這個要求不僅不切實際，對中國更是奇恥大辱。史迪威遭到斷然辭退。[24]權宜之計也會促成奇怪的合作關係——日本的中國遠征軍司令岡村寧次將軍在一九四五年帶著軍隊投降後，幾乎立刻開始指導國民政府反共。一九五〇年，國民政府在臺灣正式授予他職位。[25]

這些人當中，許多人（無一例外都是男人）在各自的領域舉足輕重。[26]與此同時，在中國國家直接的勢力範圍之外，外國的慈善機構與人道組織也成立了一個龐大部門，以社會福音與傳教士的教育、醫療行動為基礎，協助打造共和體制的中國。其中一項任務，是處理賠款留下的後遺症。一九〇一年，拳民之亂後為懲罰清朝簽訂了《辛丑條約》。其中的庚子賠款，原是為了賠償外國因軍事行動與占領華北之花費與個人生命財產之損失。懲罰性的賠償由關稅作為抵押。但賠償估算往往過於浮誇，以美國來說，是合理金額的兩倍，讓某些外交官員幾乎立刻感到後悔。一九〇八年，美國政府將賠償金額減少了將近一半，而既然已經支付大筆金額，剩餘的賠償便轉為教育計畫資助。[27]

起初這些經費花在中國學生赴美與成立留學先修大學，即後來的清華大學。這個計畫將會帶著胡適、林語堂、杜庭修等人越過太平洋，以及最後總共大約兩萬兩千名學生到達世界各地。[28] 一九二五年，這些計畫又改為成立中華文化教育基金會。基金會資助了眾多計畫，例如設置中國國家圖書館（一九二九年）、提供中國地質調查局雙倍資源（此為當時中國研究機構中，唯一品質優良而受到國際認可的機構）、培養大學科學研究與教學能力、海外學術訪問。特別的是，該基金會身為外國資助單位，管理董事會卻完全是由中國賢達所組成。[29]

同時，英國也將絕大部分賠償金轉向新成立的中國政府採購委員會，從英國購買基礎建施設備（鐵路建設居多）、資助香港大學、在倫敦成立大學華人會（Universities China Committee）以促進學術交流。[30] 其他獲得賠款的外強亦成立教育、科學、文化專案，或花在他們國內的產業發展。故宮博物院、中央政府新成立的研究機構——中央研究院、中國的大學和教育單位等，都獲得補助。[31]

這些作為的目的，都並非出於無私。降低賠款的目的是拔掉民族主義反對聲浪的刺，以利中國繼續支付大部分的債務（分成四十年），並且避免單邊毀約與可能造成的市場衝擊。每個情況都有進一步的文化外交目標，或以購買關係牽制中國，圖利自家市場或國家利益。而且這些外國的懷柔計畫有個完美的優點，就是全部花費都由中國買單。清朝和接續政權的財政決策能力因而大受限制。

起初，付出賠款後，讓整個國家的可用歲入剩下不到一半，而且，即使賠款減少了，將關稅營收作為債務抵押的作法仍妨礙了中國的財政。後來有人半開玩笑地主張這麼做完全是為了中國的長期利益，因為被軍閥控制的北洋政府的軍事花費不斷，又毫無效益，只讓內戰衝突更為嚴重。但《辛丑條約》的庚子賠款矮化了中國政府的主權自主，成為長期憤恨不滿的源頭。

儘管如此，這些針對文化、科學、教育領域的重大投資，長期累積下來的成果斐然，即使就許多方面而言，這只是讓各國透過不同方式與規模繼續進行指派顧問的遊戲。這類計畫希望能夠拉近彼此之間的關係與語言，能跟親美、親日或親英的菁英建立連結，因為跟這樣的人才好做生意、達成共識。儘管在海外留學過，地主國卻並非都對中國學生懷抱好感：美國史上唯一一項以「種族」為歧視依據的立法——美國排華法案——直到一九四三年之後才廢除。[32]不過，整體來說，這些連結都持續維繫了下去，那些由外國成立或援助的機構也對中國帶來深遠影響。

這種國家推動的計畫與私營部門的投資緊密銜接。一九二一年，基督教傳教團體已經在中國資助了超過兩百五十家醫院、九所醫學院、十四所大學。[33]但傳教事業本身的基金並不充裕；而「醫院」一詞對很多機構來說，也只是理想中的描述。相較之下，直到美國在一九五〇年十二月對中華人民共和國下達貿易禁令時，私營的洛克斐勒基金會（Rockefeller Foundation）在過去四十年間，已經在資助中國的計畫上花了五千五百萬美元（相當於二〇一四年的四億美元），[34]目標是「於中國逐步發展科學醫藥系統」。[35]基金會補助了約七十五家中國機構：醫院、大學、學院，為自然科學、社會學、經濟學、農業、土壤科學、公共衛生、鄉村建設等部門奠定基礎。社會改革家晏陽初在定縣施行的平民教育、農學家卜凱在南京大學的研究，都獲得了大筆投資。一九二七至三七年，位於北京的燕京大學有四分之一的預算來自基金會，位於天津的南開大學也是另一個重要的遺產受贈單位。基金會本身的基金來自洛克斐勒家族在標準石油公司的控股，在一九〇九年之前幾乎壟斷整個美國市場；一九一三年，約翰．洛克斐勒（John D. Rockefeller）的私人資產比美國聯邦政府的全部預算還高。紐約標準石油公司（Standard Oil Company of New York）是中國最大的美商。此外，透過愛麗斯．何芭特（Alice Tisdale Hobart）的小說《中國燈油》（*Oil for the Lamps of China*）以及一九三五年改編而成的電影，這家公司可能就代表了中國普羅大眾心中對駐中美國人的印象。紐約標準石油靠著創新的行銷手法成功立足中國，但這家公司當然也好好利用了治外法權與十九世紀中期條約所賦予的低廉關稅。洛克斐勒大方付出，但就像其他因賠款成立的計畫一樣，洛克斐勒也間接從中得利。

洛克斐勒基金會投注在中國的資金，百分之四十拿去捐助他們的頭號機構——北京協和醫學院。醫學院成立於一九二一年，離紫禁城約八百公尺。為了支持醫學院每年的運作，基金會又挹注更多資金。北京協和醫學院是另一個國外「模範」機構，不僅有闊綽的經費用於醫療訓練與研究，裡頭的設備也是最先進的。附屬醫院的病人通常是北京居民，但孫逸仙也是在那裡診斷出末期癌症，一九二五年，他的遺體在那裡進行解剖、舉行簡易喪禮、進行防腐處理。蔣介石與宋美齡也曾是那裡的病患。醫學院校園的規模龐大，前身是皇宮，內部的新式樓房則採因地制宜的風格，融合中國建築設計（主要是屋頂）與歐美標準，這種風格常見於傳教事業的建築。建築師哈利．何塞（Harry Hussey）表示英國公使館是他重要的靈感來源。[36] 一九〇六年，醫學院成立之初，由英國倫敦會（London Missionary Society）、美國公理會（American Board of Foreign Missions）與美國長老會

（American Presbyterian Mission）聯合主持，但洛克斐勒的基金將這家醫學院從堪用、普通的標準（資金不足的傳教機構常見的現象），變成一間以國際標準檢視也非比尋常的醫學院如同中國的約翰霍普金斯大學、菁英機構。

北京協和醫學院的任務並不「因地制宜」，而是要成為中國科學醫學的模範，建立「中國所有學校必須達到的標準」，尤其他們希望畢業生都加入這個目標。北京協和醫學院做過一些領先世界的研究，訓練出一批優秀的醫生（一九四三年有三百一十三位）。已在全中國行醫一段時間的傳教士與醫生也在這裡提升知識與技術。[37]一位中國觀察者在啟用典禮上表示，醫學院「重視品質而非數量」，而且「即使只有一個學生，也會是一個訓練完備的學生」。[38]菁英主義是個優點，但也是個問題。在洛克斐勒基金會龐大的資金資助之下，北京協和醫學院的目標究竟是否恰當，在整個機構運作的歷史上還是備受爭議。協和的畢業生進入中國政府的健康部門，擔任重要的領導職位，身負艱難任務，但洛克斐勒基金會並沒有幫助他們——只有百分之三．六的基金流向中國機構。而且外派到醫學院的外籍職員都住在宮殿般「自給自足的小島」上，享受豐厚的薪水、華美的房屋，擁有自己的電力、瓦斯、水源供應。他們舒適的生活媲美上海租界的富商。院長住在僅存的滿族宮殿，內部盡是現代化的設施。[39]儘管協和被特別視為一個模範機構，他們卻規避國民政府針對所有醫學與教育機構必須以華人為管理層的規定，他們的中國人管理階層都有名無實。董事會直到一九四〇年代末期才實質獨立。那是個美國機構，由美國人從美國經營，用的是美國投資的錢。

一九二一年九月北京協和醫學院開幕啟用，科學醫學的價值是普遍共識。[40]但是，有些人不服，為什麼要由外國人主導這門科學，而且他們主導的方式真的符合中國的需求嗎？發問的其中一人是物理學家竺可楨（Coching Chu），他是庚子賠款選送的第二批留學生，在一九一〇年十月抵達美國的時候，才剛在上海讓日本理髮師剪去辮子。當時一群年輕的民族主義學生在美國創立中國科學社（Science Society of China），宗旨是以科學救中國；一九一八年，竺可楨獲得哈佛大學氣象學博士學位，已經是該社的領導人物。之後竺可楨會回到家鄉，主持中央研究院的氣象學機構（一九二七至三六年），並在一九三六年成為浙江大學校長，一九四九年後，持續為中華人民共和國服務超過二十年，領導科學研究。[41]首位利用中國歷史文獻重建國家氣象歷史的人就是竺可楨，但他會發現，要取得某個中國國家機構近期的資料非常困難，那個機構就是由外國人控制的中國海關總稅務司。一九三一年，他領導的研究機構根據研究結果表示，除非能夠「自由取用獨立運作的氣象報告機構底下的觀察資料」，否則「在天氣學的發展中，最終將被迫居於次要地位」。[42]科學領域的奮鬥，也包括了民族主義的困境。

一八七三年，赫德曾經提供中國海關總稅務司的資源給「科學」領域——由英國皇家學會定義與代表的科學——根據海關各分部與燈塔的資料，發展出中國第一個氣象學網絡。[43]這個網絡全面收集資料並加以研究，成長茁壯後與東亞暴風警報系統整合。上海耶穌會的徐家匯學院氣象臺與海關署密切合作了六十年，這個氣象臺不僅是名列全球研究網絡的私營機構，也是為法國殖民帝國工作的科學系統。[44]就當時而言，這樣的安排很有效率，但是，如同竺可楨後來指出，氣象臺專門研究中國海上經濟與發布相關預報，因此全是為了外國沿岸與遠洋船運的利益。其他與北京協和醫學院並駕齊驅的機構，似乎也以西方科學為優先考量，而非由中國人認定的中國發展需求。也可以說，中國需要推行公共衛生或助產士，而非一小群專科醫生。

中國海關總稅務司和徐家匯氣象臺的氣象工作，打從一開始，明顯就與在中國的外國勢力關係密切，並持續至一九三〇年代。氣象臺針對深深影響海上通訊的颱風進行了開創性的研究。但是極端氣候導致反覆的乾旱與洪災，中國毫無招架之力，這才是更大的問題，耶穌會的科學家卻沒有處理。這樣中國要怎麼加強因應？同時，徐家匯氣象臺每日以俄語、英語、法語製作廣播，卻沒有中文，而且氣象臺的贊助完全來自外國，包括法國海軍、上海法國租界當局、法屬印度支那政府、法國外交部和多個外國船運公司。那些機構既然投入了贊助，當然會希望獲得回饋。法國海軍每日獲得兩次氣象預報，而且委託耶穌會進行地球物理學研究。此外，一九三〇年代，資料規律地傳送到東京中央氣象臺，即使一九三七年戰爭爆發時，還是繼續傳送給日本在上海的海軍機關。[45]在這個攸關國防的領域，外國軍事機構卻擁有特權，能夠取得中國政府機構產出的敏感資訊，實為無法繼續容忍的矛盾。沒有國家可能容忍這種事情，但中國必須容忍。

即將掌權的國民政府決心掌控氣象網絡，將資料收集的方向導向中國需求。為了增長新國家的軍事能力，此舉的目的也在統率自然資源，發展策略性的生產與科學研究。[46]劃時代的氣象學研究與氣象預報即將從外國主導的氣象臺收回，交由中央與地方政府控制。但是如同其他方面，中國殘缺的主權阻礙了此處的發展企圖。國民政府持續施壓，氣象學家同時謀求別的辦法——如同國民政府探員在其他領域的作為——他們成立獨立於海關總稅務司之外的氣象臺，而且設備更好。[47]徐家匯氣象臺並沒有因為政府的計畫而振奮，反而明顯提高警覺。十九世紀末至二十世紀初，徐家匯氣象臺一直是中國氣象研究的先鋒，擁有收集原始氣象資料的特權，而且耶穌會一直在國際氣象組織（International Meteorological Organization）大會中代表「中國」。氣象臺主任並不樂見氣象臺的地位受損，一九三七年五月，甚至提議一項由國際聯盟資助、耶穌會主持，在中國成立全國的氣象服務。這個提議最終未果，但由此可見這類外國機構異想天開的一面，就和那些夢想著「上海自由市」，或在太平洋戰爭期間嚴肅主張英國天津租界是「中立國家」的人一樣。48

戰爭把這些問題通通拱上臺面。日本即將占領北京之際，部分北京協和醫學院的學生和職員往西南長途跋涉，到達後來的西南聯合大學（聯大）。最有名的是整個護理學院團隊離開北京，往南前進一千多公里，於一九四二年抵達重慶。但多數教職員仍留在原處，身為美國經營的機構，醫學院在珍珠港事變之前，並未受到日本侵犯；事變之後，醫學院停止教學，但僅在六年後便於一九四七年恢復授課。許多出走的人對後來的發展不聞不問。協和的學生多半來自富裕家庭，曾在傳教事業設立的學院就讀；他們能夠負擔相當公立學校五倍的學費。超過一半的畢業生在畢業後出國留學，其中約一半的留學生從事醫學教學。協和提供的舒適圈鼓勵這群菁英「如同教士般孤立」，遠離外面的世界以及中國新興的衛生基礎建設。一九二五至二六年，中外教職員的比例大約相當；即使一九四〇至四一年的中外教職員比例是十比一，外籍人士依舊占去半數高階職位。直到一九四七年，才有中國人擔任院長。北京協和醫學院幾乎從來沒有在中國的土地扎根，因此從未被承認為正式學校。49

戰爭的餘波令徐家匯氣象臺面臨越演越烈的政治問題。氣象工作政治化與軍事化成為全球現象，再者，戰爭時期與戰後的民族主義意識高漲，表示中國政府機構非常想要保護自家領域，收回那些受到危害的主權。一九四一年後，中國海關總稅務司的外國人成為明顯的目標；留下那些外國人只是為了取悅可能的外援，加上中國的海事建設遭到毀壞，需要獲得重建技術。李度接管海關後，仍有外籍人士擔任高階職位，例如一九四六年六月，不管當時的輿論如何批評，仍不得已地讓英國人普里契德（E. A. Pritchard）出任上海稅務司。據報導，財政部長宋子文對這種他稱之為「狹隘的沙文民族主義」有所批評，但國民政府當然可以隨心所欲地使用手段，而且完全不會違背民族主義的原則。[50]徐家滙氣象臺也是明顯的目標，更是在一九四七年與國民政府中央氣象局發生衝突的對象。一九四七年二月，政府下令關閉氣象臺「以維護（中國）國家權利」，但是，雖然氣象臺必須服從國家命令且隸屬於上海氣象局，中國依然無法完全控制它。[51]

一九四五年夏末，日本投降，國民政府返回被解放的城市，恣意擄掠，以財物充公和勒索的行徑摧毀城市脆弱的經濟。外國企業必須想盡辦法拿回自己的資產——先是在一九四二年被日本侵占，又在一九四五年基於「敵人財產管理法」落入國民政府手中。投降之後，日軍和罪犯（兩者差異在一夕之間崩壞）大肆搜刮可得財物。[52]國民政府利用職權之便，透過正式或非正式的管道盡情得利，沒收財產。他們很快就「五子登科」：房子、車子、金子、銀子、女子。但這還只是開端。一旦象徵軍官地位和舒適生活的財富齊全了，他們會開始奪取磨坊、店舖、造船所、工廠，以及任何可以伸手的倉儲，包括數十萬公噸陸續抵達的物資。戰後中國的國際救援行動變成貪汙和腐敗的代名詞，規模之大前所未有——就連對中國而言也是。[53]政治也介入了。中國人問，為什麼要在市中心重新舉辦賽馬呢？那種活動可是與租界和治外法權所代表的舊秩序緊密相連啊。再者，賽馬總會會長樊克令（Cornell Franklin）是美國籍律師，曾經擔任上海工部局總董，這個身分當然更是沒有幫助。於是，賽馬再也沒有舉辦過。[54]多數公司最後成功拿回資產，然而，在一個破敗又分裂的國家裡經營事業，再加上連年的內戰與通貨膨脹，都對勞工關係和企業本身造成龐大壓力。

從中國西部前來的國民政府官員正忙著搜刮油水的同時，約有兩千兩百名來自三十八個不同國家的外籍人士也接連抵達，開始中國史上首度單次規模最大的救援行動。聯合國善後救濟總署（UNRRA）透過中國的夥伴，即中國善後救濟署（China National Relief and Rehabilitation Administration，CNRRA），從一九四五年一月至一九四七年十二月計畫結束，提供了中國價值約五億兩千萬美元的物資與服務，其中多數來自美國。四百名中國人將渡海至國外研習受訓。UNRRA調派上百名外籍職員到中國的CNRRA（組織本身常見調派，就像中國海關和郵政總局的外國顧問和職員）。[55]超過兩百四十萬公噸貨物送進中國，其中的四分之三經過上海。國民政府唯恐失去甫受承認的主權，要求物資的運輸須透過CNRRA讓中國的管理單位執行，而非直接透過UNRRA。這件事情引發的政治角力一直持續到計畫結束，從國民政府的單位名稱就能看出端倪：行政院善後救濟署（行政院為國民政府內閣部門）。然而，爭議最大的來源，卻是貪汙與據稱的能力不足。救援物資在上海的倉庫腐爛，或被拿到市場出售。此時，湖南陷入饑荒，《生活》雜誌公布照片，鋪天蓋地的災難襲擊三千三百萬人。官員把CNRRA的麵粉賣給餐廳，軍人則肆意拿取。米行老闆對著《生活》的攝影記者微笑的同時，一個孩子就在他面前乞討。[56]「整個上海都依賴UNRRA的物資生活，」英國作家與教授佩恩在一九四七年寫道：「貪汙的氣味滿布CNRRA的辦公室。」[57]

一位中國學者後來開玩笑道：「我們曾說，CNRRA代表的是『China Never Really Received Anything』（中國其實什麼都沒收到）。」[58]這麼說並不公平。例如，蔣介石在一九三八年下令炸毀黃河堤防，導致洪水氾濫，而CNNRA協助災區復原的功勞極大。CNNRA進行預備工程，將河水導回原本河道；一九四二至四三年河南饑荒不斷，估計約四百萬人死亡，而CNRRA重建了該地區的農業。[59]UNRRA的援助確實抵達了中國，卻也遭遇嚴重的運輸問題，被戰爭摧毀的眾多交通設施更是讓情況雪上加霜。然而，UNRRA有時甚至沒有嘗試讓物資深入港口以外的地區。上海商人劉鴻生和他在劍橋念過書的兒子劉念義長期與美國情報單位經營關係，累積優勢，在CNRRA取得重要職位。他們是高明老練的管理者，而且自願獻身服務，但同時，劉念義將UNRRA的船隻導向本身家族企業控制的碼頭，優先取得能夠重振家族生意的設施和物資。[60] CNRRA的名聲這麼差，實在一點都不奇怪。組織運作期間，總出納、副會長和主任祕書都曾被法院傳喚，後來因物資處理或財務問題遭到判刑。[61] UNRRA承認必須針對濫用職權進行「極大規模」的調查，但最終起訴的人數很少，多數濫權情形都未受調查。[62]

外籍職員也沒有免於這類的控訴，但他們的問題更大。一位在美國受過教育，尖酸的CNRRA省幹部雖然把最鋒利的矛頭留給國民黨官員，一九四六年末，他還是提到對外國職員的看法：

有幾個是好人，但多半都是「觀光客」，想來「看看中國」。他們只做一點點事情，卻愛在沙面喝酒跳舞。有些是愚蠢的理想主義者，例如有個「社會福利工作者」，提議要「幫每個嬰兒量體重」，還要「用顯微鏡檢查食物」。

（譯注：本引言由英文翻譯，非原文）

他說，他們想在「中國的鄉村設計紐約的公園大道」。[63] 外國租界行政機構的前職員，以及中國海關總稅務司曾經雇用的英美員工，都不能算是人道主義的觀光客（UNRRA四百名英國職員中，有四分之一是在中國招募的），但是，他們是否熟悉當地、擁有人脈，或者略懂中國的語言（雖然也許根本不該這樣假設）都很難說。這些人曾經為外強部署的局勢工作，改朝換代後，這些人又被安排到援助單位。這種看似換湯不換藥的做法，也是國民政府的爭議來源。UNRRA的內部報告中，批評這些調派到中國機構的職員「態度高傲」。[64]前美國外交事務官員葛超智（George W. Kerr）卻持不同意見，他總結：「長達一世紀以來，美國不斷試圖以慈善改善中國人民的生活。這是最近的一次行動，但不會是最後一次。」[65]那是傳教事業社會與慈善工作的高峰，以及洛克斐勒基金會的高峰。

UNRRA一部分的職責是設法遣返滯中的外國難民，包括歐洲人和東南亞華僑。UNRRA並與美國陸軍的「行動圍攻」（Operation Beleaguer）大型計畫合作，將日本軍民送回日本。日本投降後，出現大批移動潮，外籍人士數量持續減少。一般而言，外國租界的職員必須離開，只有極少數人找到其他工作。中國海關總稅務司的外籍職員人數急遽下降。有些外國團體是一整群人一起搭船離開。一九四五年十二月，七萬兩千五百名在上海的日本人於一年內陸續被驅離。在滿洲的日本人則經歷了更為血腥痛苦的過程：戰敗後的一年中，十七萬九千人死於飢餓、疾病與暴行，五人中就有一人是日本平民居民。[66]一千名英籍印度人在外國治理的警務處解散後立刻被遣返回國。將近四千名俄國人接受蘇維埃公民身分，搭船回去蘇聯。很多人直接被送去古寧格（Gulag，譯注：前蘇聯政府負責管理全國勞改營的機構）。一九四六年，超過五千名德國猶太難民取得入境美國的簽證；一九四八至四九年，則有將近三千人獲准進入以色列。最奇怪的遣送是一九四九年初，約五千名無國籍且更謹慎聰明的俄羅斯人去了菲律賓，他們待在圖巴包島（Tubabao Island）上美國分發的帳棚，有些人待了兩年之久，才被轉往澳洲或美國。[67]中國城市裡多元民族的合唱開始減弱了。

那些留下的人必須習慣毫無特權的生活，尤其是不再擁有治外法權。現在，英國人和美國人發現自己的法律地位和其他在中國的外籍居民相同。他們好歹也是勝利的同盟國子民，但此時卻在中國法律面前並無差別。只是，大批在中國的美國官員仍然享有特權，此為終將引爆的難題。這些外交與軍事人員（在一九四六年末仍有約一萬名軍人）並不受中國法律的限制。香港出生的英籍歐亞人查爾斯・阿徹（Charles Archer）涉入的謀殺案，為新秩序帶來重大考驗。阿徹一九四七年八月殺了中國黑市商人余生孝（Yu Shengxiao，音譯），他的共犯是美國海軍湯瑪斯・馬洛（Thomas Malloy）。余生孝跟馬洛交易金條，結果余生孝中槍身亡，阿徹和馬洛互相指控。馬洛受到軍法審判，被判終身監禁，在美國服刑。一九四一年十二月二日，阿徹被中國法院審判、定罪，不久前，他恰巧也是舊時治外法權系統中，最後一個於被判處入監的英國人。報紙頭條寫著「一百七十三年來第一個以謀殺起訴的英國人」。阿徹也被處以終身監禁。一位英國官員哈洛德・吉爾（Harold Gill）（前上海巡捕）表示訴訟過程「極為公正」。但後來一位英國評論員表示，阿徹的判決比馬洛嚴重，因為他是在中國監獄服刑。事實上，那是英國控制上海工部局時蓋的監獄。[68]治外法權實施的幾十年前，過失殺人和謀殺案件一直是衝突的引爆點。一八二〇年代開始，甚至更早之前，治外法權的支持者常以過去中國法院中不公不義的判決案例做為證據。但阿徹的判決沒有什麼好抱怨，除非他寧願在英國被絞死，而且幾乎一定會判絞刑。

美國軍事人員持續享有豁免權才是更大的問題。可能沒人在乎黑市商人余生孝，但是一九四六年的平安夜，一位出身菁英家庭的北京大學學生沈崇遭到美國海軍下士威廉・皮爾森（William Pierson）強暴，引發全國性的抗議。[69]美軍駐紮在中國的軍隊已經因為紀律鬆散與行為不檢為人詬病。他們也像馬洛一樣從事黑市買賣，不僅如此，還經常酩酊大醉、在大街滋事、尋花問柳。報紙的諷刺漫畫總有「吉普女孩」（jeep girl）：年輕的中國女性和相對有錢但毫無教養的外國軍人廝混。美國軍隊甚至被拿來和日本軍隊比較，而且戰爭時期官方就開始鼓勵反「吉普女孩」的活動，很多人認為這些女人受到的攻擊，其實針對的是夥伴美國。雖然皮爾森受到軍法審判，並判處十五年監禁，判決卻在美國上訴時被駁回。他甚至未受中美共同審判，而且最後無罪開釋，加上被告辯稱沈崇為自願，這兩件事深深激怒了民族主義者。北京大學的校長胡適要求學生勿將法律審判問題與美軍駐紮的政治問題混淆，但他們還是如此。共產黨也狡猾地利用這個案件進行政治操作，如同余生孝事件一個月後的上海人力車伕被殺事件。沈崇案與處置方式深深影響了美國在中國的新形象。不僅因為美軍支持蔣介石的政府，還因為美軍是酒鬼、野人、強姦犯、殺人犯。國民黨沒有保護中國的主權，也沒有保護沈崇。

一九四九年五月二十五日，共產黨軍隊進入上海，某些外籍人士立刻搭機離境，但國民黨管制的長江開放後，其他人則是井然有序地離開。和他們一起離開的亨利．卡蒂爾－布雷松（Henri Cartier-Bresson）記錄此情此景，成為他的攝影代表作：一九四九年九月，蓄著鬍子、穿著長袍、戴著遮陽帽的天主教神父前往上海的戈登號（USS General W. H. Gordon，譯注：美國軍隊運輸艦）；其他人最後一次搭上人力車前往碼頭。[70]但很多人以為這不過是日常公事，只是再次換個政府。外國企業和多數私人公司已經見過幾次類似的改變，而且都適應了。最大的那幾家外商一開始可能有些狼狽，但最後都與國民黨建立了雖不和睦但可行的關係。例如標準石油和英美菸草都同意納稅，雖然根據條約，他們並沒有這個義務。一九三〇年代，英美菸草是中國最大的納稅人。[71]因此，一九四九年的政權轉換應該不會有什麼不同才對。而且主流分析都將中國共產黨描述為「農村社會主義」，而非純理論的馬克斯主義。美國官方則較為謹慎，為了避免危及職員或「自取其辱」，一九四九年夏天，國務院下令關閉上海與天津所有領事館。[72]一九四九年五月二十五日，穿著軟底鞋、漫步進入上海的軍隊看起來並不恐怖。布雷松拿著徠卡相機拍下政權轉換的諸多時刻：鄉下男孩和城市菁英互相對看；人民解放軍的軍人盯著滿是美國冰箱的商店櫥窗，一臉茫然。

一九五〇年一月，英國政府正式承認共產黨政權，速度快得近乎失禮。「他們要和我們做生意。」一九四九年十月，英國外交部向支持這個決定的內閣報告這件事，他們推論「我們在他們土地上擁有不可動搖的基石，只能靠生意來維持。」[73]國民黨現在已經沒有能力收復大陸，而且完全被趕了出去。反正英國人從來沒喜歡過蔣介石，當然，蔣介石也從不喜歡英國人。中央人民政府以謹慎的冷靜態度評論了英國的承認，並承諾會與所有友善的國家建立外交關係，接著卻完全陷入沉默。這番詭異對話接下來的發展是，英國假定他們與中國的關係可視為國與國之間正常的雙邊外交協議。英國已經承認中央人民政府了，他們要的不就是這個嗎？然而，對中國共產黨而言，他們不可能不把英國當成帝國主義者，或在這個世紀仍於中國殘餘的外強勢力。與西方強國的關係，都是透過這片稜鏡看待——強烈的意識型態與根深柢固的民族主義。他們可能會——也可能不會——建立有效的國與國關係。但首先，新的政府必須拆除帝國主義遺留的建設，盡可能消除其帶來的影響和「奴僕」——毛澤東在一九四九年六月向史達林如此描述——並且防範帝國主義捲土重來。[74]有形的部分包括上海總會大樓、教會學校、帝國化工的總部和工廠、《字林西報》大樓，但無形的影響仍留在在中國社會與中國人的心中。

美國對於英國承認共產黨政權就沒那麼高興了。美國仍然持續支持國民黨，他們已經投入大量援助、借貸、物資以及大把的善意。經過聯合國善後救濟總署的援助之後，又通過了一九四八年的中國援助法案（China Aid Bill）。此法案接續聯合國善後救濟總署的工作，並如杜魯門總統一九四八年二月所言，希望藉由提供「喘息時間」，來解決經濟危機造成的政治危機。經過計算，在一九四五年到一九四九年三月之間，美國總共提供了十億六千萬美元的軍事與經濟支援，以及四億美元的借貸。美國的策略是提供國民政府物質援助，同時在國民政府與共產黨之間居中調停。接下來的任務都是依照這個主軸進行，其中最著名的人物是一九四五至四七年的馬歇爾將軍（General George Marshall），但卻沒有取得任何進展。美國並不想要主動採取軍事介入的手段，從戰略或經濟利益的角度來說，也不認為有此必要。但他們也不希望完全收回對這位長期盟友的支持，儘管美國的駐外官員開始在中國的「解放區」遇到共產黨幹部與軍隊，看見他們和國民政府官員之間「令人痛苦的差異」。再者，美國看上國民黨重要的特質以及其中的自由主義思想，對他們而言，這些都比蔣介石與蔣介石的國家還重要，所以不想放棄支持。但是他們的目光被理想的家長主義蒙蔽，因而無法瞭解中國在一八四二年之後被外國矮化的歷史中，美國在其中扮演的角色究竟有多複雜。

美國的策略一開始應該要歸功於路思義的媒體、中國與中國人長久以來在美國的文化印象，以及傳教團體的遊說力量。此外，戰時中國在美國的宣傳機器也幫忙鼓吹，每年還有千名傳教士休假回國，他們講述、教學、書寫中國的種種；戰時的主要庇護援助組織「援華聯合會」多年來在美國的宣傳，也發揮了作用；賽珍珠的作品以及米高梅公司的《大地》也同樣產生影響——這些力量讓中國在美國人心中占有一席之地，因此不能輕易將中國人民與其精緻的古老文化拱手讓給新來的暴君。

雖然中國共產黨公開與蘇聯結盟，讓美國更難想出務實的策略，但是一九四九年八月，美國國務院公布《中美關係白皮書》，闡述了美國與中國的關係。引用其中一位作者的話：「叫中國遊說團不要再威脅了。」根據這份白皮書，「失去中國」不是美國的責任，要怪就怪國民政府。美國已經盡全力了。一九五〇年一月，國務卿迪安．艾奇遜（Dean Acheson）宣布，美國不會干預任何攻擊臺灣的行動。[75]國民政府丟了大陸，也沒人幫忙他們保住臺灣。

儘管如此，共產黨還是害怕外國會反擊。毛澤東認為，他們可能會占領主要沿岸港口，派駐大批軍隊。一九四九年五月，毛澤東宣稱英國海軍艦隊與國民黨聯手，造成人民解放軍的「重大損失」。[76]這種說法幾乎可以確定是在影射「紫石英號事件」（Amethyst incident），也就是西方國家在中國領土最後一次軍事行動。四月時，護衛艦皇家紫石英號在長江流域鎮江一帶，遭到人民解放軍的砲彈擊潰，其他三艘試圖靠近的軍艦也被砲彈攻擊，大約有三十人陣亡。紫石英號在擱淺了一百天後，終於成功回到海上，成為英國帝國勇敢的傳奇終章。同時，上海虹橋墓園聚集了兩千名外僑，為部分罹難者舉行最高的軍事榮譽葬禮。皇家空軍飛過空中，向死者致敬。這是英國的步槍最後一次在上海鳴放，也是英國帝國的軍人最後一次在上海行進。在上海街的聖三一堂與墓園中，也最後一次舉行一世紀以來通商口岸生活中的所有儀式。[77]但國民政府也在城市周圍挖掘壕溝、架設刺網，作為軍事防禦。從南京開來的最後一輛火車於同一天早上抵達，很快就傳來共產黨軍隊進入首都的報導。隔天，皇家海軍撤出上海，最後一批美軍則在兩天後離開。

此時，光只有撤出軍事人員已經不夠了，外國記者發現上海的主流輿論都在為人民解放軍對英國船艦的攻擊喝采，因為「一百年來欺負中國人的外國人終於得到了報應」。美國大使司徒雷登

（John Leighton Stuart）也發現中國人對此事件「事關國家尊嚴的弦外之音」。[78]就連內戰期間，國民政府得知敵軍打敗高高在上的皇家海軍，也感到一絲欣慰。依照個性，英國人自己機靈地從這次戰敗擷取勝利的部分，為英勇的海軍解圍，而紫石英號的船員在那年十一月也於倫敦舉行遊行，通過喝采的群眾，但對於外國將近一百一十年在中國擁有的軍事優越與信心而言，這樣坑坑巴巴的結尾令人擔憂。

違反直覺地，新的政權成功清除了剩餘的外國勢力——那「不可動搖的基石」——而使用的主要方法就是不讓他們離開中國。這個過程稱為「人質資本主義」：外國企業收到命令，要他們繼續營運，禁止裁撤任何員工，並提升薪資和福利以及避免歇業。[79]一開始，除了與鞏固政權相關的事情以外，新政權沒有能力處理占領領土的治理細節。他們需要預防經濟崩潰、優先恢復生產，並與中國的企業圈建立關係（不論來自哪一國），刺激經濟成長。隨著局勢和人事漸趨穩定，新政權的姿態開始轉為主動。韓戰開打，加上美國在一九五〇年十二月二日實施貿易禁令，兩週後又凍結所有在美國的中國資產，讓整個遊戲產生改變。中共展開反擊，逐漸沒收美國所屬的公司行號，而外國企業普遍發現環境變得越來越不利。

例如，一九四九年五月共產黨拿下上海的時候，徐家匯氣象臺的問題更加惡化了。一九五〇年十二月十二日，共產黨政權正式接收氣象臺，完全併入上海氣象臺。一九四九年十二月，史達林問毛澤東：「中國有氣象服務嗎？」他得到否定的答案，於是繼續說：「應該要設立這個系統。」竺可楨在一九五一年時宣稱中國曾經有過氣象服務，但整個系統都只服務徐家匯，還有英美的船運利益。竺可楨後來寫到，外國人於氣象臺的所有作為，都只是為了帝國主義列強的經濟利益以及打擊中國。直到一九四九年，特別是直到一九五〇年收回徐家匯氣象臺之後，帝國主義列強於氣象前線的「文化侵犯」才算結束。[80]一開始，北京協和醫學院還是維持正常運作，但剩下的外國職員逐漸發現——其他外資機構的外籍員工也會發現——他們的同事和學生成為了政治動員的目標。這些政治動員針對的就是外籍人士的職位和作為，以及他們的背景。韓戰爆發後，一九五〇年七月中國展開「抗美援朝」，外籍員工成為批鬥大會的目標，而一九五一年一月十六日，北京協和醫學院被收歸國有。那裡一位美國研究員馬爾康．伯森（Malcolm Berhson）因捏造的間諜指控而被逮捕，四年後才出獄。隨著反美行動越演越烈，批評也越發凶猛。隔年，一場展覽宣稱北京協和醫學院是「間諜中心」，外國職員把中國病人當白老鼠，進行醫學實驗：「究竟有多少中國人被殺害，還不得而知。」[81]

北京協和醫學院和徐家匯氣象臺都是自治的外國機構，在中國各自的領域具有影響力，居於領導地位，收回這兩個機構必然受到諸多關注。他們被迫收歸國有的時間點，恰巧碰上快速推展的韓戰，但中國在歷時數十年取回主權的過程中，在此時也來到了合理的顛峰，同時，中國中央政府在各個層面的考量和影響範圍也開始向外擴張。就連動機最良善的外國專家和援助者，他們和中國的關係依舊是局限在家長主義的框架之下。在這種關係裡，不可能只有人道主義的努力存在。但是，推崇民族主義的政治，會使人道作為極為脆弱。基於實用主義的考量，有用的外國機構仍能繼續維持運作，然而，在遇上國防或其他更為重要的考量時，就不是如此了。畢竟，在上海處於「孤島」時期時，日本發現，如果別人願意承擔這些花費，最好就讓他們承擔，能因此保持他們的生產力是再好不過的。再怎麼說，都比純粹因為政治因素而關閉來得好。民族主義也有實用的一面。

將外國機構實際沒收或國有化從來就不是常態。不論是國民黨或共產黨政府，幾乎很少侵占外國資產。最大的例外都與戰爭相關：一九一七年與一九四五年對德奧宣戰後，中國政府占有了敵人的地產，在日本投降後也是。儘管如此，北京協和醫學院與徐家匯氣象臺被收歸國有，確實顯示了中央人民政府建立之後，中國的外國勢力一直持續式微。一九五一年末，絕大多數的西方人士都離開了中國，在那之後，還在這個國家營運的只有一家英國公司——殼牌石油，以及兩家銀行。其他人都走了。共產黨政權的經濟優先順位與韓戰，造就了這段複雜的過程。期間並沒有發生直接的決裂，而且各方其實都期待能夠維持關係——雖然某些英、法、美的領事館被迫關閉，官員也被驅逐出境。中國正走上有史以來幾乎是最為孤立與自立的道路。

還有另外一個原因導致外國領事館紛紛關閉，就是新政府的敵對態度。既然領事館關閉，之前的任務也就以更快的速度不了了之。英國重建了之前遭到縱火的廣州領事館（自費，要求賠償的年代早已過了），又在一九五三年初關閉（城裡只有十二個英國人），隨後，與一年前賣掉的重慶、廈門、昆明、青島、南京及武漢領事館一樣，廣州領事館也被英國政府售出。[82]外國在中國的官方勢力大幅減少。但這樣的局勢之下，有兩個特別的例外：香港與澳門仍是殖民地。毛澤東在一九四六年對外國記者說：「我對香港沒有興趣。」在中國就有夠多事要做了。後來發表的談話更是強調，只要在香港與澳門的中國人不被虧待，那麼新的政權就樂意在現階段維持現狀。兩個殖民地都會為中國扮演重要的經濟與外交角色，而且也會是取得情報的基地。人民解放軍占領廣東的時候，他們的指揮官小心地避免衝突發生。一九四九年十月十七日，接收香港北方邊界的時候，大抵上情況還算「平靜」；在澳門反而引起較多騷動，因為難民和國民黨的逃兵都湧進了狹小的城市。[83]隨著韓戰貿易禁令開始，這兩座城市的經濟角色愈趨重要。然而，容忍也有其限度。一九五二年，葡萄牙政府受到美國施壓，加強邊界管制，以符合貿易禁令。中國在邊界回以一連串暴力軍事行動與封鎖，導致里斯本讓步，要求澳門免除禁令。一九五五年，殖民地四百周年的慶祝活動在中國的壓力下取消：銷毀紀念郵票、停止興建中葡友誼紀念碑。透過香港總督，中國非正式但簡明地傳達了對此事的不滿——香港總督認為這個訊息也是說給他聽的；此外，中國也透過地方勢力強大的中間人傳達，這些人都是在幕後掌握澳門的人。兩個殖民地對中國都有極大用處，因此不能允許外國政府因為管理失當或任何象徵殖民勝利的活動而危害現況。

外國在中國的建設中，還有一個單位的核心目標就是最終成為多餘的機構，然後離開中國。理論上，基督教傳教事業的目的就是建立自給自足與自我管理的教會，之後他們的角色就不重要了。傳教事業的文化與實踐往往與遍布世界的殖民主義密切結合，而且在中國，他們更需要依賴治外法權與外國列強建立的基礎。這個充滿各式各樣傳教團體的世界（據估計在一九四九年共有一〇九個活躍的傳教團體），呈現了所有想得到的外國世俗生活與文化。傳教士住在有柵門的社區、外國風格的房屋，過著歐美生活。[84]在醫療、社會、教育等偏世俗領域工作的傳教士，可能看不出來他們跟通商口岸機構的員工有什麼分別。「傳教士也會染上虱子嗎？」據說曾有共產黨幹部問過這個問題。[85]他們真的會為了信仰犧牲自己？當然，傳教士會這麼回答，他們馬上就可以端出殉教歷史，列出那些死在拳民、歹徒和共產黨手中的名單，但提到在帝國傳教的複雜性，以及文化帝國主義，他們的立場就不太穩固。他們自己說的話也毫無幫助。回想他們在一九二二年的傳教報告《基督宗教占領中國》的內容，就連在當時來看都有很多問題，但教會好戰人士說的話會被新的敵人直接取用。「他拿手術刀打開中國的福音大門，西洋的砲彈連根門栓都舉不起來」，這段話不斷用來描述美國醫療傳教士先驅伯駕（Peter Parker）。一九五〇年十二月在廣州嶺南大學的批鬥大會上，首先就是搬出這句話當眾譴責外國職員。[86]

自己人傳出的批評也從沒短少。賽珍珠就是批評傳教世界最主要的人物。「外國傳教有必要嗎？」她在一九三三年的一本爭議性的手冊中提出此問。她的結論是：唯有停止宣說和傳道，才會有基督教的社會行動。一九二〇年代的學生反基督教運動、國民政府革命的動盪、國民黨將國家權力伸及教育與健康照護，都大大震撼了外國傳教事業的建設。因此，自一九二〇年代初，教會與宗教組織持續推動改革，中國人基督教信徒逐漸取得領導地位，但是到了一九四九年，外國的傳教社群還是非常龐大。多數傳教團體和個人都相信，這次不過是中國的轉變之一，他們能夠安然度過。

對基督教的傳教士來說，政權轉換到共產黨的過程，起初在全國各地都還算順利，但這樣的光景不會持續。為了向新政權澄清自己的立場，中國的基督教組織逐漸瞭解到，他們必定要與傳教事業，甚至與任何外國關係都保持距離。一九五〇年與周恩來的會議決定了界線。他們必須斷絕任何海外金錢援助，也不能再聽命於任何外籍人士。這些界線後來成為〈基督宗教宣言〉的內容，由基督教會的主要領導人物起草，於一九五〇年七月發布。這份宣言把基督教納入帝國主義侵犯中國的歷史之中，也將其視為未來潛在的帝國主義威脅。基督教與帝國主義「有所關連」，所以中國的基督教徒必須與外國切割關係。經過這類自我檢討之後，為了去除中國基督教的帝國主義汙點，一九五一年時興起了「三自愛國運動」，要求教會自行募款、自行管理、自行傳教。[87]對於在教會、學校、學院工作的外國傳教士來說，處境早已變得更為脆弱艱難，而對他們的中國人同事而言，和傳教士的往來也是越來越危險。在遭受譴責的氛圍中，又充滿了各種足以癱瘓機構運作的質疑，倫敦傳道會（London Missionary Society）於一九五〇年九月決定在隔年年底前完全撤出中國。十二月時，中國內地會（China Inland Mission）做出撤離所有員工的宣布，人數約有一千人，包含員工與他們的眷屬。一九五一年一月十八日，二十所由外國資助、多半屬於傳教團體的學院，都轉由政府資助。傳教團體的撤退，很快就演變成了毫無尊嚴的落荒而逃。

其中有一個特別的例外：天主教會絲毫沒有要撤走外籍人士的意思。天主教會在中國的追隨者遠多於基督教會，歷史也更為悠久。天主教會的回應既激進又直接，但招致的結果也十分殘酷。眾多外籍教士遭到逮捕。彷彿回到十九世紀的動亂一般，在南京與廣州設立孤兒院的愛爾蘭、加拿大與法國修女，都因為忽視對她們的指控而被遊街示眾、審問、監禁，然後遣返回國。據說廣州在兩年內就有兩千名嬰兒死去。困惑的外交大使問，我們又回到十九世紀充斥殺嬰和屠殺傳聞的恐怖時代嗎？我們又回到一八七〇年動盪不安的天津，屠殺外國修女嗎？[88]羅馬教廷的大使黎培理（Antonio Riberi）在一九五二年九月被驅逐出境，他是唯一被迫離開中國的駐華公使。他留下了一個分裂的教會，而且在一波又一波的壓迫中吃盡苦頭。

其他行業的外國勢力處境稍微好一點，但仍可能有些波折。外籍人士的撤退必須依照政府規定，不管他們之前在中國的職務是什麼。然而，為了讓企業中的外國職員留下，政府控制了離境簽證。海外的總公司必須開始將資金匯入中國以彌補營運成本，政府甚至不准他們的分部或子公司在當地借貸。在工廠和辦公室，新的工會活動以及每個行為都可能受到政治詮釋，每件外國人犯下的過失或被他人解讀為輕蔑的舉動，都會引起衝突。

中國企業也有類似的遭遇，但是中國人在一九五〇至五二年一連串鎮壓反革命的運動中（所謂

「鎮反」運動）還面臨了被殺害的危險。這波運動始於一九五〇年三月，特別將前國民黨員視為目標，雖然「前國民黨員」這個定義非常模糊。這波恐怖行動掃蕩了「歷史的」反革命分子、煽動挑撥者、「帝國主義漢奸」等，對象可能是任何國民黨黨員或國民政府公務員、外國公司或機構的雇員或相關人士，宗教機構也包括在內。中央政府提出了處決的人數比例：毛澤東指示，新政權處決的人數不能超過千分之一的人口，雖然許多地方根本超出這個比例。宣傳口號和海報充斥著國民政府的特務形象，幾乎都戴著費多拉帽（fedora hat，譯注：中間凹陷的寬邊帽），看起來就像芝加哥的幫派。間諜狂熱席捲全國。國民政府的游擊軍隊確實還在這個國家裡面奮戰，並且在美國的掩護之下襲擊沿岸。[89]但絕大多數被「鎮反」肅清的人，都不是游擊隊，也不是特務。對外國的外交官來說，最怵目驚心的是兩位外國人在北京被公開審理與處決，罪名是間諜罪——一名日本人和一名義大利人被控主導了由美國策畫的暗殺毛澤東行動。這個事件傳達的訊息很清楚：沒有人是安全的。[90]

日本投降後，上海的逸園成為鎮壓顛峰最惡名昭彰的地點。在日軍占領期間，那裡仍然繼續舉辦賽狗，但在國民政府回來後就停了。舞廳繼續開張，體育場也舉辦運動比賽（一九四五年十二月的賽事中，美國的陸軍隊和海軍隊讓全場歡騰鼓舞）。一九五〇年十月，舞者還能還能隨著「喇叭王大勇」（Tayong，音譯）領導的九人爵士樂隊，在舞池內踩著布基烏基的節奏起舞。[91]但是，一九五一年二月二十一日，《中華人民共和國懲治反革命條例》公布，全國展開了大規模的行動——大規模的逮捕、大規模的審問、大規模的處決。四月二十七日當晚，上海警察發動突襲，逮捕了八千人。隔天下午，在一萬人的群眾面前，九個「頭號」反革命分子被關在柵欄裡，在過去上海外人踢足球、狗兒賽跑的運動場上被一一提審。現在人們口裡抨擊的狗，是帝國主義的「走狗」，群眾要求將他們處以死刑。那些人在隔天就被槍決。四月二十八日，估計約有兩百八十萬人在工作場所、學校與家庭聆聽有關訴訟的廣播。四月三十日，又有兩百八十五人在逸園被審，而且萬目睽睽之下被帶走、處決。海外新聞報導突然發現娛樂場所還有這番用途。這個場地也在六月十日舉辦「三自」大會，基督宗教領袖大聲譴責他們從前的外國傳教士同事（中國公理會教會宣布開除蔣介石與宋美齡）。三週後，同樣的場地又舉辦盛大的集會，慶祝中國共產黨建黨三十周年。[92]

一九五一年，中共又發起「三反」——反貪汙、反浪費、反官僚主義，接著又在一九五二年二月加入「五反」——反行賄、反偷稅漏稅、反偷工減料、反盜騙國家財產、反盜竊國家經濟情報。幾乎沒有什麼不被這些運動涵蓋，而在韓戰的背景下，這些罪狀也被視為反革命罪。[93] 一九五一年，光是在上海就有三千人被處決；一九五六年，中國政府宣布全國共有八十萬人被殺。毛澤東之後在一個公開場合對觀眾說：「如果不殺了他們，人民就無法抬起頭。」[94]

雖然如此，表面上，外國人生活的風景看起來還是相同。外派中國的人還是在虹橋打高爾夫球（但是一個揮竿很猛的外國人說，萬一讓球打中球僮，可是會引起不得了的事件）。[95] 一九五〇年八月，《字林西報》發行第一百號，許多單位都道賀致意：滙豐銀行、怡和洋行、渣打銀行、利華兄弟（Lever Brothers）、帝國化工；還有一些當地的公司：安利（Arnholds）、上海業廣地產公司（Shanghai Land Investment Company）、別發洋行。這一期報紙還刊登開士頓菸草（Capstan Navy Cut cigarettes）的廣告，泛美航空仍在宣傳自家的同平流層快剪飛機（Stratosphere Clipper）。之後《字林西報》又刊登了國泰皮草店、福利公司（Hall & Holtz）和惠羅公司（Whiteaways）的聖誕禮物、「美食家」（Gastronome）超市的魚子醬、白昂其（Bianchi）的聖誕蛋糕、聖拉薩羅（San Lazaro's）

的鋼琴廣告。教堂的禮拜繼續；皇家亞洲學會（Royal Asiatic Society）依舊舉辦演講；克拉克．蓋博（Clark Gable）、瑪娜．洛伊（Myrna Loy）、威廉．鮑威爾（William Powell）主演的《曼哈頓通俗劇》（Manhattan Melodrama）仍在羅克西（Roxy）戲院上映。夜總會幾乎都還在營業，排班舞者也還在工作，但只提供咖啡和茶。《曼哈頓通俗劇》是十六年前的舊片，報紙另一邊的欄位列出離境簽證核准的名單，還有一則新聞報導菲律賓社群為即將離開的朋友舉辦送別會。怡和洋行的釀酒廠也還在釀製啤酒，但在充斥恐怖和鎮壓的局勢當中，沒有人敢喝。[96] 一九五一年三月三十一日，這份報紙最後一次發行，向「偉大的國際兄弟情誼」致謝，就此道別。拍賣行魯意師摩（L. Moore & Co.）在另一個欄位刊登廣告，出售一間房屋和所有家具，屋主是曾任英國商會主席的馬錫爾（Sir Robert Calder Marshall）。

是誰在買那些皮草？據說是住在「小克里姆林宮」（Little Kremlin）或「紫禁城」的居民。這兩個住宅區坐落在上海虹橋，社區都設有守衛和柵門。大批新進的俄國顧問住在那裡，人數越來越多，部分人還住在怡和洋行上海經理之前的住所。[97] 住宿地點分配下來的時候，有些人可能會露出滿意的微笑。科學家和技術師取代洋行大班，來這裡「komandirovka」（出差）。俄國人湧進霞飛路，首先購買行李箱，然後裝滿行李箱，逐漸清空剩下的進口奢侈品存貨。加拿大的銀狐皮草特別受到歡迎。這些熱切的採購者是一九四九至六〇年間來到中國的先鋒部隊，估計共約有兩萬名俄國人和東歐人。這是單次外派「中國幫手」中最大的一群。他們在中國國家最高層工作，也進入工廠與大型基礎建設計畫。他們在中國的大學工作，訓練人民解放軍甫成立的空軍和海軍，並重建衛生照護系統。同時，大約有三萬八千名中國人前往另一個方向，到蘇聯和東歐留學和工作。新的學生和知名學者一窩蜂地去上俄語課。針對不諳俄語的人，也有許多翻譯書籍；這些新的教科書、技術手冊、文學、藝術作品，在一九五四至五七年間，占了中國出版品的百分之四十。[98]「中蘇友好」不僅有協會、展覽與刊物，一九五六年，在上海鴉片與地產大亨哈同（Silas Aaron Hardoon）之前的住所中，還舉辦過規模盛大的展覽。[99]

這段歷史中，蘇維埃在中國的計畫推估約花費了高達兩百五十億美元（二〇一二年幣值），相當於蘇聯平均一年GDP的百分之一。[100]光看這些數字無法傳達這些工作的深度與廣度。一九五三至五七年，以經濟發展為目標的「中國五年計畫」期間，蘇聯與東歐的貢獻包括建設一〇八家工廠，並為另外八十八家中國自籌資源建立的工廠提供設備，給予約四千項技術。[101]這些援助沒有落入精明的劉氏家族手裡；湖南的商家沒有因此得到油水。來自蘇維埃的科學家艾力克西・史特羅申克（Aleksei Vasil'evich Stozhenko）在一份一九五六年的報告表示，這些成就「驚為天人」。

他們以十二年內追上全球科學（包括我們的）為目標。但眼前的一切顯示出，他們不到十二年就會實現……。他們的建設在四年內已經是我們二十年的好幾倍……，他們有最新的設備，那些設備是我們的機構只能夢想的，甚至連莫斯科的機構也是……。在我們的顧問領導之下，我們的科學家在外國土地實現他們的夢想。[102]

史特羅申克也對中國人留下極好的印象。「他們工作認真、紀律嚴明……，在各種科學領域都極有天分，主動果斷。不僅對俄國人，對待彼此也很熱心、客氣。」他還說，他們都很誠實，每個都是。

但是，過去在「舊中國」的外國勢力特色（官方越來越常使用「舊中國」一詞對照「新中國」），在這個新的國家也可以發現。那些顧問住在獨棟別墅，包括廣州沙面島維多利亞酒店附近的地區（現在劃為政府特區），比起從前，更不讓城市中的一般居民接近。一九五四年壯觀的「友誼賓館」在北京開幕，內有一千五百個房間，一家俄國學校、約有七百五十輛汽車和司機，每週舉行舞會、放映電影，在北京西北的大學區自成一座「俄羅斯島」。[103]俄國顧問能在每座城市設置的「友誼商店」系統享有購買某些物品的特權，而中國人則不能進入。單身漢的補給品有時似乎還包括年輕的中國女人，至少在舞會中是有的。帶著家人一起赴任的顧問擔心小孩的道德健康，就像通商口岸時期的家庭一樣，也會擔心這種特權生活會「寵壞」小孩。顧問擁有的生活水準遠遠優於他們家鄉的同事：他們有生活費補助，另把薪水存回家裡，在俄國買汽車或消耗性商品時還可以插隊。他們不學中文，想要瞭解中國也不容易：化學家米哈伊爾．克洛奇科（Mikhail Klochko）就寫到，友誼賓館的圖書館完全沒有關於中國的書。

顧問似乎都有蘇聯維安單位監視，同時也被中國人暗中偵察。有些人當然需要監控。在許多個人行為不檢的報告中，當事者包含了蘇聯大使本人，以及許多較低階的顧問。有時也會出現更為嚴重的事件，包括強暴。令人不悅的是，這些事件顯示出中蘇之間的關係是多麼不平等，和從前一樣，這些顧問並不受制於中國法律。他們只受蘇聯的司法管轄。這是剛開始擬定協議時，蘇聯方面的要求。這些中國的新朋友透過祕密協議與簽訂協約，擁有治外法權：條文寫著：「以友誼與合作之精神，並符合國家主權與領土完整之平等、互惠、互相尊重的原則。」[104]

聯合國善後救濟總署引進的「公園大道方法」在一九四六至四七年受到批評，現在，蘇聯的作法整套引進中國。在大學，博士學位考試鉅細靡遺地複製蘇聯：桌上鋪著桌巾，擺一盆花。[105]精準的模仿也是有問題的，因為中國社會的各行各業皆盛行美國或西歐的模式，而且已經根深柢固，在高等教育的領域尤是如此。擁有工業背景的俄國顧問也引起了矛盾。俄國人發現，許多中國工廠進口的美國或歐洲設備比他們自己的還要先進。聯合國善後救濟總署和西方私人企業都為新的政權留下這個問題。接著，中國人開始發現，某些東歐的工業設備比俄國的還要進步精緻。但整個計畫中最大的問題開始慢慢浮現，而且是政治性的問題——因為史達林死後，中國和俄國開始競爭共產集團的領導地位，而且中國在一九五六年自行發動政治與經濟計畫後，與蘇維埃的經濟模型便開始分道揚鑣。

與蘇聯建立關係從來就不是件容易的事。一九五〇年初，史達林與中國共產黨針對《中蘇友好條約》談判時，他確保蘇聯不會失去在一九四五年八月與國民政府簽訂條約之利益。這一點，他得償所願。一九四五年，國民政府同意蘇聯使用旅順海軍基地——國外通常稱之為亞瑟港（Port Arthur），由沙俄首次於一八九七年取得——以及日本之前在大連的租借領土。直到一九五五年五月，蘇聯才放棄這兩個地方。過往那些與中國簽訂條約的外強占據了中國的基地，招致許多譴責與指控，而蘇維埃勢力在大連駐紮的紀錄中，同樣也遭受這些批評。[106]直到一九五二年，蘇聯繼續控制中東鐵路（現在是中國長春鐵路）。中國曾於清朝時期擁有外蒙古的主權，現在希望能夠拿回來，卻被斷然拒絕。中國與蘇聯成立的中蘇「合股公司」積極地掠奪新疆的自然資源，但卻因為俄國的目標與野心而成為交惡的原因。民族主義的力量如此巨大，使得大學生舉行示威行動，反對新疆協議，讓新政府大吃一驚，被迫展開宣傳，以正當化政府的行為。107

中蘇友誼當中，除了精心演出的團結和友愛，根本毫無國家尊嚴可言。而且，即使蘇聯的協助計畫非常重要，其中牽涉的金錢仍屬借貸，而非補助，可以用股分償還。蘇聯讓中國蒙受不少損失：一九四五年，俄國大肆洗劫了滿洲的工業；蘇聯占領後，約百分之五十的當地工廠都被搬到蘇聯。108中國在韓國損失了數萬人的兵力，毛澤東的長子也是其中之一。中國沒有從蘇聯獲得及時有效的支援，不僅如此，蘇聯還破壞了中國侵略臺灣的計畫。

但是不管這些損失如何，中國軍隊出兵韓國，還與美國打得不分高下，這個事實提升了新政府在國內的聲譽，更是擦亮了毛澤東本人的招牌。伴隨韓戰發起的各種大型政治活動乘上了民族主義的浪頭——這股浪潮奠基於對日抗戰以及對國際新地位的追求。但是嶄新的國際地位其實是個尷尬的地位。處於社會主義集團的新中國讓各國都不太自在，這樣的角色是國際之間完全沒有料想到的。一九四九年時，那些還有可能與新政權取得妥協的國家，現在全都轉為敵對的態度。蔣介石的政府繼續在聯合國安全理事會上代表中國，而且還會繼續代表二十年。

最大的問題隨著一九五三年史達林逝世而來，而尼基塔・赫魯雪夫（Nikita Khrushchev，譯注：接續史達林，時任蘇聯共產黨中央委員會第一書記）於一九五六年二月的祕密報告攻擊他的前任（譯注：指的是一九五六年蘇聯共產黨第二十次代表大會之後，赫魯雪夫召開祕密會議，在會議中報告《關於個人崇拜及其後果》譴責史達林。報告既出，嚴重影響了中共和東歐共產集團的主導思想，並引發了一系列動亂）。中國完全沒料到事情會如此演變，而且感到非常不悅。一九五六年，毛澤東改變方針，帶領黨與國家駛離蘇聯的經濟計畫模型，發動大型動員計畫，例如以十五年內趕上或超越英國為目標的「大躍進」。在對外關係中，人民解放軍將砲彈轟向岸外國民政府控制的金門與馬祖兩島，反而讓自己陷入危機。（譯注：指的是一九五八年金門的八二三砲戰，在美國的援助下造成解放軍損失，攻擊失敗。）毛澤東挑釁的用詞與姿態彷彿有意與美國開戰，讓赫魯雪夫十分擔憂。意識型態與策略的差異使雙方本來就有點緊張的結盟關係更加惡化，並且導致中共與蘇聯，甚至與其他共產黨集團走向分裂一途。對毛澤東而言，蘇聯的領導人都是「修正主義者」，軟弱地帶著共產集團遠離面對資本主義和帝國主義時必然會產生的衝突。中國國家新聞機構不斷指責與怒罵，讓集會、會議、高峰會等場合氣氛沉重。一九六〇年八月，俄國人受夠了，斷然撤走所有人員，終止所有援助計畫。

然而，只有一個國家，當中央人民政府在舊中國的遺跡上建設新中國時，仍然保持忠實的態度。只有一個國家，在後來成為指標的一九六〇年社會主義集團政黨大會上，拒絕與蘇聯一起譴責中國。從那個時間點開始，成為夥伴的兩國高階領導人互相訪問，中國還提供了技術協助。一九六四年，兩國簽訂正式結盟條約。一九六六年，這個新盟友的總理訪問北京，中國動員一百萬人歡迎。從機場到市區的路上，排滿了「穿著節慶服裝的歡樂群眾」。他們大呼「堅持反對美國帝國主義」、「堅持徹底反對現代修正主義」。六千名表演者在天安門廣場為來賓跳舞，一千六百人之多的合唱團高聲齊唱〈所有國家勞工團結〉。空中飄滿了兒童施放的氣球。[109] 長久以來，中國歷盡千辛萬苦，力求他們應得的、完整的尊嚴與尊重——這個國家就是如此對待中國，他們的總理受到這樣的待遇是當然的。一九四九年十二月，史達林甚至懶得走下火車會見毛澤東，羅斯福也曾讓蔣介石氣得流淚。毛澤東以自己的方式發展民族主義與意識型態，帶來歷史上最古怪的偉大結盟。中國數十年來為求認同與尊重而付諸的努力，在一個詭譎的場合達到顛峰。當時中國動員的群眾，數量超過來訪國家一半的人口，夾道歡迎這些來自阿爾巴尼亞的好朋友。

第九章

—— Chapter 9 ——

亞洲之光

毛澤東確實出身自鄉村，但隨著逐漸大權在握，卻捨棄了在長沙與北京等都市接受的教育與生活，表現得愈加像個農民。撼動聽眾最好的方法，莫過於他刻意表現的野蠻與粗俗。毛澤東的父親是個窮人，靠著精明和努力，在湖南長沙西南的韶山成為一名相對有錢的農民。毛澤東自己分析過，他的父親是名「富農」。在他眼中，這是個專有名詞，而非只是單純的描述。這個詞彙是幾個特定分類的其中之一，一九四九年之後不久，中華人民共和國全體居民都會分別被歸到這個範疇裡。

一九三六年七月，毛澤東與美國記者斯諾在數夜的談話中提到，他人生的核心課題就是對抗他父親的暴君行徑。這位來自上海的記者，趁著包圍共產黨的軍隊短暫休戰，動身尋找他的獨家新聞。共產黨在陝西山區保安成立了新的基地。毛澤東的聽眾包括其他共產黨領導以及他的妻子，他們也學習到了更多這位領袖的過去，以及他何以相信持續的鬥爭是必要的。毛澤東說，反抗他父親的時候，他第一次瞭解「透過公然造反」來捍衛權利，究竟可以獲得什麼樣的成果。斯諾的筆記必須先讓毛澤東的下屬確認後，他才能起身離席（而且若毛澤東提出要求，便得在修改之後才能出版），因為整個世界將會透過這些談話瞭解毛澤東。同樣地，透過一九三六年十一月發表在《中國週評》與《生活》雜誌的文章，以及那一年開始大量出現的中文翻譯，整個世界也開始瞭解中國。[1]《紅星照耀中國》在英國賣出十二萬五千本，在美國超過六萬五千本，而且全球都在報導這本書。[2]那是一本魅力十足的書，而且一直都是。裡頭描述了一場冒險傳奇，講述了醞釀中的革命。但這一切都是悉心安排的操作，為中國共產黨接下來數十年控制的對外形象立下典範——黨的領導、黨的野心、黨的實踐。在這其中，完全不會有計畫外的狀況發生。

《紅星照耀中國》提供共產黨迷信的基礎。有個男人來自鄉村——百分之九十中國人住的地方——而他要領導他們起來革命。毛澤東說，他的家庭過得很節省，但向來知足。雖然年輕的時候，他自己也得下田工作，但他父親能夠雇用額外人力，因此毛澤東才能到學堂修習儒家教育。當時在那樣的鄉下地方，幾乎只有這種教育形式。他父親需要有人記帳，也要識字的人幫他打理日漸複雜的生意，所以毛澤東讀書學習；但他也沉浸在「舊中國的浪漫，尤其是那些造反的故事」。他所有同學都讀過這些書，但幾乎沒人像毛澤東一樣從中學習。一九三六年在保安的時候，他聲稱他開始發現這些故事「奇怪」的地方：「所有人物都是武士、軍官或文人，從來沒有農民英雄。」他得到一個結論：那是因為農民沒有力量，「那些故事全都褒揚帶著武器的人、統治人民的人，他們不需要在土地上工作，因為他們擁有土地、控制土地，而農民幫他們工作。」3

毛澤東說，在一連串的刺激下，如遠傳到連韶山這種地方都能看到的新思想、藉由西方科技強化自我需求、滅國的威脅、戰勝俄國的日本帶來的啟示等，他的政治意識逐漸燃起。但是，一九三六年七月，他也把這個逐漸浮現的想法使用在他的農村世界與中國文學文化之間的強烈反差中（甚至拿來跟通俗文化互相對比），以及鄉村力量與政治力量之間的差異。在保安的那幾個夏日夜晚，毛澤東是在說書，但他也在塑造革命。中國共產黨重新取回政權後，也會改造中國的社會與經濟文化，並將農民的生活與價值視為令國家生存的心臟，以及在世界與歷史面前呈現的形象。

農民的全新地位反映出「舊中國」與「新中國」、「舊社會」與「新社會」之間鮮明的區別。對於自古以來習慣二分法的思想文化，「新」與「舊」這對組合成為適用生活每個領域的樣板，每個人也以此樣板認識自我、自我的歷史、國家的歷史。過去當然不會被遺忘，也無法擺脫，但只要在需要的時候記起就好。每個人都發現自己無法擺脫過去，但他們也開始準備要轉型、脫胎換骨——如果他們的歷史允許的話。中共的中國重新描述了自己的國家，懷抱著重新塑造國民的野心。這種想法一點都不奇怪——因為國民政府時期的中國也是如此（最顯著的表現就是新生活運動）。但在一九四九年後改頭換面的中國，比起國民黨過去曾經做過的嘗試——甚至是想像——都來得更加集權、影響深遠。在新的中國，無論是鄉村、都市、國家的國際地位都脫胎換骨。「新中國」是個強而有力的概念，並透過媒體散布廣大的政治宣傳。不僅如此，邁向新中國的過程由內而外顛覆每個人的生命，改造了城市與景色，並對國際社會造成重大挑戰。

因為沒人喜歡國民政府，所以在說起新中國的故事時，這一點提供了極大的幫助。國民政府自身的極限和失敗的執政讓他們自食惡果，但新中國也是他們成功的果實。他們成功提升了中國的海外形象，加強了美國援華聯合會、英國援華會（British United Aid for China）等戰爭時期的親華團體所做的宣傳。透過海外的中國學者、作家、藝術家的助力，對中國歷史、現代文化與中國人的新理解被灌輸到了西方人的內心和輿論之中。但是，後來國民政府自己推翻這一切——至少主流說法是這樣。他們一方面蹩腳地抵抗日本，另一方面竟豐厚自己的羽翼，建立蓋世太保的國家，並向自由主義者與愛好和平的政黨——中國共產黨——發動血腥殘暴的戰爭。

不幸的是，批評國民政府的都是優秀的作家。他們越是憤怒，就寫得越好。紐西蘭作家詹姆斯・貝特蘭（James Bertram）的《不被征服的人》（*Unconquered*，一九三九年），以及美國人傑克・貝爾登（Jack Belden）的《中國震撼世界》（China shakes the World，一九四九年）都是激勵人心的共產黨地區見聞。這兩本書都為《紅星照耀中國》裡呈現的國度增添了新的層次。而伊羅生所著的《中國革命的悲劇》（一九三七年）揭露了國民黨統治的血腥根源。《時代》雜誌記者白修德與賈安娜（Annalee Jacoby）於一九四六年寫出了尖銳的著作《中國驚雷》（*Thunder Out of China*），描述了戰時的中國，是為最兇狠的針砭。白修德是繼斯諾之後，前往共產黨區域的外國人之一，但他一點也不天真。這本「當月選書俱樂部」選出（Book-of-the-Month Club，譯注：一九二六年創立於美國紐約的讀者服務公司，每月由評審團選出五本新出版書籍推薦給讀者。曾經獲選的包括海明威的《太陽照常升起》、瑪格麗特・米契爾的《飄》）的暢銷書賣了四十五萬本。白修德和賈安娜收集了所有控訴：貪汙、無能、兇殘，導致飢餓的農民在日本陸軍第一軍侵略時，轉而對抗國民政府的軍隊。[4]再者，《紅星照耀中國》在英國的「左派圖書俱樂部」（British Left Book Club，譯注：一九三六—一九四八年專門出版極左派書籍的出版社，每月推薦會員書籍，全盛時期會員多達五萬七千人）廣為流傳——那些前往共產黨總部朝聖的相關報導，也強化了該書對新星毛澤東和他對中國新希望的描繪。

因此，許多外國人準備好要讓共產黨從大家對國民政府的懷疑中得利。中國國內與海外華人的輿論一致認為，至少共產黨的勝利會帶來和平。中國共產黨勝利之後，立刻參與了韓戰，但這個事實也無損支持者的信心。相反的，那些反對西方重新進入備戰狀態、日本重新武裝與冷戰的人，甚至更加堅決要讓共產黨坐收懷疑國民政府的好處。從這個觀點看來，為了邁入和平發展的新紀元，也為了自衛，中國必須先展開內部的政治與社會革命。因為局勢渾沌不明，所以人們不相信或聽不進去那些跟暴力相關的報導，他們無法接受為了建立更好的中國，這些正義的敵人必須付出暴力的代價。結果，許多外國觀察者根本準備照單全收，甚至相信美國軍方於一九五二年在中國與北韓使用生化武器這種錯誤的指控。[5]

這個新國家最令人引人注目的，莫過於將農村作為基礎：這是一場農民革命——由一位農民領導，完全掌控這個全世界人口最多的國家。當時沒有這種國家存在，在世界史上也沒有。這個過程牽涉了某些層面的徹底逆轉。中國農民過去總是被施予恩惠的對象（routinely patronized）；他們出現在每個與中國有關的論述中，但是，如同毛澤東在年幼時發現的，他們從來不被重視。中國在理論上和主流文化價值百般尊重他們，但實踐政治權力時，卻忽略他們。除了收稅時，國家和農民之間根本沒有連結，甚至連收稅的工作也被外包了出去，因此，國家是在好一段距離之外，治理大部分的農村世界。農村人民面對不公不義時從不默默承受，而歷史中也不乏起義與抗爭。農民叛亂的規模可以大到推翻一個朝代，而反對徵稅的小型暴動也不計其數。清朝面對的最大挑戰不是外強侵略，而是在一八五〇至六四年源於廣西山區鄉村的太平天國起義。這起中國最嚴重的攻擊外國人事件來自西北的鄉村青年——他們後來構成了一八九九至一九〇〇年拳民事件的中堅力量。[6]農民有力量。彭湃在海豐抓住了這股力量，並在國民政府北伐期間釋放出來。毛澤東則是在湖南看見這股力量。

農民也有文化。共和時期的特色之一就是由中國知識分子發掘的中國大眾文化，[7]而且一面倒地聚焦在農村。當時著名的學者探尋並收集民俗歌曲、民間傳說、諺語、童謠、故事，例如顧頡剛和魯迅的弟弟周作人。一九一八年，北京大學校長蔡元培也在學校成立民謠收集部。魯迅自己帶頭倡導普及的視覺藝術形式，如著名的木雕、圖畫書與刻版印刷年畫。當時也因為受到托爾斯泰啟發，促成了這股風潮，讓大家相信農民文化與生活是中國身分認同真正的源頭，也是中國弊病的良藥。不僅如此，浪漫主義、民族主義、迫切的文化革新任務都是當時的時代背景。那些思想家反對「上海化」的中國，那是從沿岸城市擴散開來的混血城市文化，那樣的文化不僅有損尊嚴，更和中國的失敗息息相關。而且大眾文化也是一種政治手段：大眾熟悉的藝術材料有助於動員。《時代漫畫》在這裡沒有生存空間。

首先出現在斯諾書中的中國奇聞，以及後來其他記者與政治朝聖者發表的「新」中國報導，深深吸引、啟發了外國讀者。中國本身的問題正在逐步獲得解決，但似乎還有更多事物可供世人學習。這裡似乎證明另一種經濟模型，能夠解決國際貧窮問題。而中國成長的軌跡最終與蘇聯和西方模式分道揚鑣。中國似乎沒有走向浪費的過度消費。新的國家自立更生，而且免於匱乏，感到滿足。這個中國模式賦予務農者尊嚴，開創新的性別關係與實用民主的新模型，所以新中國在某些人眼中是世界的燈塔。如果我們想要瞭解這是如何發生的，中國農民如何振奮全球的激進分子——例如一九七〇年代美國與歐洲的女性解放運動——那麼我們必須要瞭解一九四九年後中國農村發生了什麼事，這些事又是由誰報導？如何報導？以及這些報導是如何形成的？

一九二〇年代以降，革命分子的要務便是經營、培養農民力量，發揮最大效果。彭湃的蘇維埃主義最終因過於樂觀而無法持續下去。國共合作破裂的關鍵原因，正是出在兩方對農民問題的齟齬。之後中國共產黨仍然專心醞釀城市革命，堅守這個路線，直到一而再再而三地經歷血腥敗落後，才在一九三〇至三五年間形成新的鄉村革命策略，以江西蘇維埃共和自居，接著在陝甘寧邊界的延安成立總部。雖然左派因土地政策衝突而分裂，但是共產黨被趕出城市後，彭湃、毛澤東和其他人的經驗，對重新制訂政黨策略影響甚具。一九三〇與四〇年代，中國共產黨在中國北方的基地不斷試驗改革程序；一九五〇年代，土地所有制度經過改革、各個農村既有的政治勢力都被擊潰後，共產黨的勢力便快速部署於全國。

毛澤東的想法越來越偏離正統（以馬克斯主義的術語來說）。一九五〇年代中期，他以中國農村地區作為新國家發展的核心。國民黨內外的民族主義政治計畫，目標都是透過科技發展與工業重建，將中國打造成強國。[8]只有在對抗當時所謂的「共匪」或從農村徵兵，才會為達目的而接觸、控制農村。孫逸仙主張「耕者有其田」，而國民政府在一九三〇年甚至通過耕地改革法，限制地租等級，但從來沒有實施過——反而是戰爭期間共產黨的「解放區」才有。國民政府檢討的時候，會將自己的失敗歸咎日本侵略，或者共產黨叛亂的干擾——時機永遠不對，他們永遠接應不暇。但最根本的問題是，驅動國民政府的願景是現代的，而那樣的願景全然屬於都市。共產黨的體制早年也抱持這樣的願景，而且也是一九五三至五七年「五年計畫」的核心，借鏡蘇聯的國家成長模型也是如此。然而，與此同時，中國共產黨也同樣重視土地。一種完全不同的「現代」概念逐漸興起。農民的中國才是現代的中國，都市的中國不是。毛澤東跟黨內的許多領導不一樣，尤其是那些早期策畫人民共和國的人，他在一九四九年之前從未出過國，也沒見識過什麼中國的城市。

雖然國民黨的願景投射到了海外，而且越來越成功，在柏林頓府，或透過新聞媒體、同情的支持者和宣傳活動。但是一個農村式中國的發掘，對於改變這個國家在海外的形象一直非常重要。賽珍珠的小說《大地》是關鍵的文本。裡頭的主角王龍和他的妻子阿蘭，還有他們的掙扎，對美國大眾造成莫大影響。賽珍珠在一九四九年說到，她之所以書寫他們，是因為他們是「無聲的一群」、「中國主要的人口」；是中國的「根本」。即使歷經磨難，他們依然堅持不懈，而且「他們昨天是那樣，就和今天一樣，永遠如此。」[9]她眼中的中國鄉村人民，本質的特徵就是順從。王龍對自己的命運無法作主。他任憑天氣、蝗蟲、士兵和其他人類「寄生蟲」擺布。他能從不幸之中重生，是因為他當了暴民，跟著別人洗劫有錢人家。王龍完全沒聽過政治，他問街上一位滔滔不絕地譴責有錢人的革命分子，既然有錢人看起來這麼厲害，那要如何才能說服他們答應讓天下雨，這樣他就可以耕作。書中沒有提到社會或社群，或任何團結起來的方式。書中只有家庭；「農民」一詞甚至沒有出現在《大地》裡頭。一九四九年之後，中國一點也不歡迎賽珍珠的書和她筆下的中國，而且由於中國的農村人民在她書中「反對改革」的模樣，使得她一直是左派和共產黨批評的對象。新中國的諸多王龍，可是離「順從」的形象遠得很。他們面對他們的問題，創造他們的歷史。事實上，他們是轉變歷史唯一可能的動力。

白修德和賈安娜在《中國驚雷》中又強調這一點，書中將農民的困境擺在最前方，主張在「農民將法律掌握在手，讓農村燃起熊熊烈火」之前，亟需找到一個解決方法。他們也將焦點放在中國共產黨如何在他們控制的地區拉攏農民。[10]其他戲劇性的報導讓海外輿論產生警覺：中國裡正形成一股強大、迥異、激盪的勢力，而且農民當然能夠涉足政治。工業合作（industrial co-operative）與土地改革是一再出現的書籍主題，也反映出國民政府在多數方面如何令人失望。[11]如果你和多數人一樣，聽多了舊中國沿岸城市的專家不斷詆毀中國、影響你對中國的願景，那麼這樣的觀點就是史無前例，甚至「非中國」的。

某些具有影響力的外國觀察者樂觀地將中國共產黨描述成土地改革運動，認為他們本質上不是真正的共產黨。[12]在俄羅斯的蘇維埃高層一開始也很懷疑。一九四九年十二月，毛澤東第一次在莫斯科會見史達林的時候，他把重點放在強化國家的計畫。任何美國訓練出來的國民黨技術專家都很熟悉那一套：以軍事現代化與工業發展為核心，不談農村和中國的農村人口。[13]毛澤東要求的協助是蘇維埃式的發展原型。但那套原型需要重建經濟，而重建經濟必須依賴農業成長餵養農村與都市人口，提供輕工業原料（例如棉花），並藉由出口農產品獲得引進機器與技術的資金；光是這一項目就必須占了出口貿易的四分之三。[14]農村對這項計畫極為重要，這一點是國民政府從來沒有考量的，但是，首先必須保住農村。

新政府的首要任務是解除農村的武力。任何活躍的地方反抗勢力、長期的土匪行徑，或惡劣的地方「暴政」與「霸凌」，通通都要予以鎮壓。藉由重新分配土地，並且公開羞辱身上貼著「地主」或「壞分子」標籤的人，再大肆屠殺，就能拆散既有的社會、政治與經濟關係。事實上，根本沒有人是「地主」，只是因為出於需要，而把那些與人結怨、無權無勢、不受歡迎的地方人物塑造成這種形象。[15]工作隊勸說並輔導村民，確保他們瞭解自己過去的處境。在「訴苦會」上，男人和女人一個個起立，向自己的社區居民陳述自己的傷痛，以及地主是如何欺凌他們。地主所有的土地和財產都會被剝奪，只留少許。當時有許多人被殺害。大約有兩百萬人死在控訴者的手裡，也有非常多人自殺。一九二六年，毛澤東在湖南農民運動報告中指出，唯有經過適當的指導，才能施展極端的暴力，但是他自己也會把這種結果僅當作歷史不公所導致的必然結果，就像那些具影響力的外國觀察者一樣。[16]被殺的人錯在過去殘酷對待殺他們的人。土地改革讓全國動員起來，將全新的「農民」意識逐漸灌輸給人民——人們都屬於同一個階級身分，而且大家都曾經受到壓迫。這也跟尊嚴有關。新的領導出身貧苦與社會的邊緣，並且開始加入共產黨。中國每一個縣市、每一個村鎮的人口，都因土地改革而共謀了這場推翻舊制度的血腥過程。[17]

這個故事消毒過的版本，是農民擺脫歷史的「封建」衡軛，並抬頭挺胸，而抵抗改革的人，主要來自謹慎的個人與團體，在面對被指派的任務時產生猶豫。但在中國的許多地區，人民起初害怕這個新的政權就和近幾十年接二連三橫掃他們土地的政權一樣短命，而這種想法不無道理。特別是在中國南方，根本沒有所謂的解放過程，只有人民解放軍的軍事征服。當時有人起義反抗中共，同時，龐大的游擊軍隊、流離士兵組成的幫派與土匪也在活動。即使中共大權在握，改革的過程還是會有停滯、轉折或失敗。一九四九至五〇年之間，許多社區在抵制納稅時，至少有三千名幹部被殺。工作隊往往規模很小又軟弱，而且成員多半都很年輕也沒經驗。佃農和地主之間的關係錯綜複雜，早上才變更的事情，到了晚上就偷偷摸摸恢復。但持續的壓力與兩百萬人被殺之後，逐漸累積為強烈的影響。「富農」一開始還能保有土地，但一直是各種動員行動針對的目標。這種每天都要面對的壓力極其巨大。

土地改革從中國農民之中創造新的英雄。其中一位是河南木匠之子，於一九三〇年定居在山西平順的李順達。[18] 李順達與許多人的故事逐漸成為中國與海外對於新農民的投射焦點。他住在西溝村，位於乾燥多石的太行山，堅硬的土地無法耕作，讓村民數度考慮捨棄該地。只有來自外地、極端貧窮的難民（例如李順達的家庭）才會考慮住在那裡。根據故事，中共一九三八年首次占領西溝村，工作隊來到村莊，組織農民聯盟，李順達也加入。工作隊開始說起故事，將歷史的不公不義與解放等元素都放在其中——不外乎是懶惰的地主虐待欺騙佃農。「我們又冷又餓」、「我們日常的食物是玉米殼和雜草」。佃農有些不安，但也逐漸相信這些說詞，並且開始行動。李順達身為貧農，不僅進行勸說，自己更是活生生的實例。他被選為「勞動英雄」，建立互助組，率先實施新式工法，帶領互助組復育荒地，提高產量。

西溝的農民要求不在場的地主負責，訴說他們的痛苦，細數地主施加在他們身上的勒索和暴力：他們說的就是他們認定的事實。他們為自己訂立遠大的目標，並於一九五一年在全國宣傳；一九五二年獲得全國最成功的互助組頭銜。當年，李順達名列七十位模範農民代表，在農業部副部長帶領之下前往蘇聯。在北京，他們首次穿上西裝（對山西農夫來說應該很不自在），搭上火車，下榻莫斯科的飯店。這棟飯店比山西任何一棟建築都高。他們也參加勞動節遊行，瞥見史達林一眼。回程途中，李順達走訪中國，講述他的西溝經驗，以及他在蘇聯烏克蘭、西伯利亞的集體示範農場看見科技農耕的未來。這個未來將由曳引機打造，但是唯有真正的集體事業才能購買使用曳引機。「現在我完全瞭解什麼是社會主義。」據說李順達回來後這麼說。[19]他也帶回很可能是西溝的第一臺留聲機，而且他說所有俄國女人看來都像女演員，在田裡工作的時候也是。

這就是新中國的新農民童話故事，透過宣傳機器在國際之間流傳，向訪客展示模範集體農場與公社，在通訊與期刊撰寫相關文章，並在國外的會議研討中國與中國政治。但西溝的故事與整個土地改革在螢光幕後也陷入問題的泥沼：誤報生產水平、管理不良、預備工作不及、擴張過快，以及任何人為事業都會遭遇的意志脆弱與疏忽。一九五二年，西溝工作隊開始出現可觀的損失，而為了繼續動員，維持李順達團隊在全國的重要角色，意味官員掩蓋、扭曲和欺騙。[20]事實上，持續進行的集體化令許多鄉村社區越來越窮。很少社區單靠農耕為生。「副業」（手工藝或小生意）由於不符合社會主義，因此遭到禁止。在許多地方，季節性的遷移是必要的，但這也不准。鄉村經濟幾乎沒有犯錯或另覓機會的空間。這一點，以及遲早會發生在土地上的理想與現實鴻溝，即將造成全國難以想像的災難。

這個故事從頭到尾，發起行動、孕育培養合作社、設定遠大目標並超越目標的，都是農民——在黨的領導與啟蒙之下。一旦達到舒適自滿的程度就停下的王龍路線常被提起，然後否決。一度被視為任憑欲望擺布，只比野獸好一些的農夫，迅速躋身成為新國家的象徵。在「舊中國」，數十萬農民遠渡重洋像奴隸一般工作；或到加州或澳洲，面對太平洋國家的種族屠殺和歧視法令，拚了命地在毫無希望的土地挖找黃金。在「新中國」，他們穿著新作的西裝，由政府部長帶領參觀烏克蘭的農場。[21]李順達絕非一般農民：他在一九三八年加入中國共產黨，逐步晉升。不過幾年，一九四五年就被選為宣傳重點，宣揚他的作為。一九五四年他參加人民大會，一九八三年去世之前始終擔任全國的政府職位，反應中國革命的興衰。李順達的革命之路順遂，但是很多人的貧窮和政治運氣當然都沒能讓他們變成聖人。[22]無論如何，這真的是件新鮮事，一個曾經沒有土地的男人，出身貧窮省分的低下階級，他的姓名竟然出現在中國國家政府，還占據一個職位。看在那個男人本身所有的限制，以及這樁事業血腥的偽善，這是真正的革命。

在西溝發展故事中經常和李順達一同被提起，還有另一位人物，她是合作社的女性副社長申紀蘭。這也是新的。若舊中國的農民從未被聽見或看見，舊中國的女人也不會。晚清與共和體制初期的改革者將女人的地位放在核心，他們主張，除非法律與文化能夠鬆開對中國女人的束縛，否則中國無法成為現代國家。中國的力量衰弱，因為一半的人民不能貢獻中國再生。控訴的清單很長：媒妁之言、纏足、教育與就業管道不足，或是公共場合隔離女人、貶低與奴役女人的族長文化。有人認為，這些也降格並奴役中國。外國的觀察者儘管在國外愉快地忽視自己國內的性別不平等，也同意衡量文明高度時，女人是關鍵的角色。在他們眼中，中國完全是矮的。一九二三年，魯迅在北京大學對女學生演講〈娜拉走後怎樣？〉，討論易卜生（Hendrik Ibsen）的劇作《玩偶之家》（*A Doll's House*），最後女主角離開丈夫與家人去尋找自我。易卜生的作品隱含對家庭的尖銳觀點，呼應五四運動的批評。這齣戲在中國引發自身政治與文化的辯論。[23]魯迅說，娜拉不是回到丈夫身邊，就是走向「不好的結果」。這需要政治的解決方法。魯迅聲明，易卜生感興趣的是詩，不是他的社會中任何女人的實際結果——他告訴聽眾，或是「妳」必須面對的實際結果。在中國，除非娜拉擁有「經濟權利」，否則她也要面對一樣的選擇，而且獲得經濟權利甚至比獲得政治權利更難。（譯注：《玩偶之家》內容概要為娜拉為家庭奉獻，但經常受到丈夫輕視。娜拉不惜冒名舉債為丈夫治病，丈夫病癒後發現此事，揚言要剝奪娜拉教育子女的權利。但是債主放棄追究後，丈夫又表示原諒娜拉。娜拉明白自己只是丈夫的玩偶。戲劇最終以娜拉離家關門結束。）

雖然性別不平等的基本輪廓已經畫了出來，但是某個程度而言，女性地位的著墨仍然是幅諷刺漫畫。然而，儘管共和體制期間，女性的法律與政治權利依然有限，但接受教育的女性人數增加，上學的時間也更長；越來越多女性離家工作（當然多數女性一直都在工作），從事的職業也逐漸多元；而且更多女性成為全國知名人物。她們在學校和大學教書，在社會、文化、政治組織工作。她們是藝術家、作家、演員。女性選舉權運動於一九一二年後展開，從此持續不斷，女性的政治權利因而進入主流，成為省分規定；到了一九四〇年，更納入國家憲法。許多女性參與改革與革命運動。每個渴望救國的女性都聽過秋瑾，她是一九〇七年遭到處決的反清革命家，也是女子學堂的校長。另一位知名的女性是為國民政府革命作戰的謝冰瑩，她的日記非常暢銷。一九三四年，林語堂將謝冰瑩的著作譯成英文；一九四〇年，林語堂的女兒又翻譯謝冰瑩的回憶錄《女叛徒》，為當時成長中的英語閱讀市場介紹女人在中國的生活。這類著作原本多半局限於慈禧太后的論述，或傳教士筆下的中國基督教信徒，但現在範圍擴大，逐漸可見為自己發聲或書寫的中國女性。[24]

女性政治運動大部分偏向改良主義。一九一一年共和體制成立後，起初二十年間，女性團體與協會如雨後春筍。而且民族主義的社運人士希望透過女性消費者購買「國貨」，對抗帝國主義。[25]女人身為消費者、家庭消費的主宰、兒童的教育者，本身就有力量。當時的「國貨運動」，成敗就看女人的選擇。然而，愛國消費與世界各地的國際主義兩相競爭之下，最終讓女人成為文化與政治上的弱者。一個女人怎麼可能既愛國又現代？而且，雖然當時有許多活躍的女性記者，上海都市現代的特色就是以有色眼光看待女性身體。她們就是文化的抵押品，刊登在《時代漫畫》扉頁的男性欲求物。

新中國主張自己是不同的。一九五〇年五月一日，政府公告新的婚姻法作為改革先鋒，打破阻礙女人進步的封建圍牆。婚姻法賦予離婚權利，廢除媒妁之言和婚姻買賣，並且規定婚姻之中，男女地位與財產權利平等。法律也規定結婚必須向國家登記戶籍，但是只限符合新法定年齡的男女，亦有血緣與其他限制。法律更要求離婚必須經過調解程序。執行法律往往伴隨大型宣傳活動，之中也有暴力。離婚率大幅攀升。法律本身無法解決魯迅口中娜拉的根本問題，但卻起了革命作用，尤其在中國鄉村。[26]婚姻法在鄉村推行，不管多麼片面，有時甚至躊躇不前，卻是現任與前任政權法律的重要分野；另一個重要分野是新國家的神話成為正統。社會認為女性地位越來越重要：一九五四年西溝縣的申紀蘭當選中國人民大會代表。[27]

如同土地改革的敘述，中國女人快速解放的故事也到處宣揚。新的婚姻法發行英文版；英文雜誌《今日中國女人》（*Women in China Today*）刊登女性的故事，讓她們講述新生活與目標。這不是單純的宣傳手段，而是政府批准的宣傳，在新中國的種種故事占有一席之地。然而，就像農民的故事，為舊中國女人訂作的新歷史只是越來越慘澹。舊社會是封建暴君與族長暴力的場所，女人在其中依照法律沒有權利，殺嬰與強迫為娼均為普遍。一九二〇與三〇年代短暫的性別解放被重寫為不道德，其文化表現純粹就是色情刊物。爭取女權的人當然存在，然而除非符合革命神話，否則將被否決。而且，此處一樣，革命神話才是重點。

中國的歷史學者必須重新思考他們對於現代中國歷史的理解，才能容納這些價值觀的轉變。例如，新中國的模範農民在舊中國的形象需要重新包裝。[28]左派曾經反覆批評十九世紀的鄉村叛亂，尤其是「迷信」與「仇外」的拳民。那些叛亂冒犯了唯有現代化才能救中國的信念。甚至當他們的敵意在國民政府北伐期間開始軟化，當拳民的仇外情結重新被詮釋為反帝國主義的原型，他們對於拳民信念的本質還是極為矛盾，儘管也為拳民集體的力量感到驚訝。[29]但是，此時現代歷史要求重寫，而且要將無產階級和鄉村鬥爭寫在核心。拳民被重新塑造為反帝國主義的愛國者，雖然缺乏進步的政治意識（那個時代常說的詞），他們進行的也是政治鬥爭。一九〇〇年反傳教的屠殺在一九五〇至五一年攻擊天主教與基督教傳教士的行動得到迴響。

毛澤東已將農民角色的理解模板寫進一九三九年給黨的教科書。他主張，中國歷史獨特之處在於眾多大規模農民的起義事件。這些是「中國封建社會中，真正推動歷史發展的力量」，需要一些嫻熟的技巧將此納入馬克斯主義的正統，而且即使每次叛亂都被平定，每次暴動仍會摧毀既存的封建體制，並且「或多或少促進社會生產的力量」。然而，這些歷史的農民運動缺乏「正確」的無產階級領導，他們短暫的勝利僅是一個朝代的變動，不是革命。[30]在這番見解引導之下，研究人員探尋被前朝扭曲與貶低的歷史，希望找回這段遺失的過去。於是研究計畫興起，旨在找出太平天國叛亂的蛛絲馬跡。一九五四年，田野調查來到太平天國的發源地廣西，開始尋找物品與手稿，搜索這個事件的證詞和故事。一九五八年，他們在天津找到尚存的拳民並進行訪問。研究團隊也深入山東鄉間訪談，尋找歌曲或這個大型起義其他實質、非實質的遺跡。[31]

很少人此刻會質疑為何需要理解太平天國或拳民之亂等事件。二次大戰之後，國際歷史研究的重要特徵就是愈加重視社會文化史的新形式以及「底層的歷史」。中國既定的歷史寫作傳統幾乎只在乎社會菁英與統治者。一九五〇年代發起的研究計畫揭開大量豐富的新題材，過去只能透過政府得到的紀錄（而且往往是厭惡和鄙視的），如今能夠重新理解；這段新的歷史，透過展覽、歷史遺跡、博物館展示，全面向大眾宣傳。一九五八年太平天國博物館在南京開幕。一九六一年，中國革命歷史博物館開幕之時，在眾多展示當中，太平天國和拳民代表「舊式民主革命」。[32]

如何一面稱讚過去的農民英雄，一面與他們反覆失敗這件事實之間取得平衡，成為中國學者的難題。只有中國共產黨幫助打破這個循環。研究人員也需要找尋切入事實的方法——其實太平天國的信念奠基在本土化的基督教，而影響拳民世界觀的大眾信仰，其實就和基督宗教一樣，受到新政權大舉撻伐。遠較安全的研究主題是太平天國的土地重配與性別政策（其法律禁止纏足），以及拳民的反帝國主義（其仇外情緒）。但是更宏觀來說，學者另有難題。中國的過去被當成現在利用的工具。無法提供當下需求的歷史幾乎就是無關緊要，相關研究也不可信。我們現在知道中國許多暴動與叛亂的歷史，正是因為它們為革命提供來龍去脈，但是代價是，沒有政治功能的歷史，就會在現今世界被人塵封。

為了新中國全新的國家政治文化，曾經遭到貶低的形式與經驗拿來另做他用，其中之一便是恢復驕傲的農民歷史。其他則有重建藝術，大幅擴張「文化」的範圍。這方面最直接的表現是身體：為了慶祝革命，隨著農民跳舞，中國都市也開始跳舞。都市的鄉村人口暴漲起初有兩種形式。最明顯的是軍人，他們多半出身鄉村。但最誇張的是在剛解放的城市，學生和眾人為祝勝或國慶遊行倉促學成的舞蹈，跳起來與其說是整齊劃一，不如說是歡天喜地。這支舞蹈就是採收稻米的〈秧歌〉。一九四三年之後，毛澤東在延安基地指示文學與藝術應該取材於大眾，為大眾而做，因而有了這支現代化的陝西省舞蹈。舞蹈特色就是五彩繽紛的服裝、精神抖擻的舞步、敲鑼打鼓。秧歌相對容易學，而且蘊含身為中國人的民族主義美德，但在一九五〇年初期之後失寵，因為比起從蘇聯傳來的新式舞蹈，秧歌顯得俗氣。[33]熱愛跳舞的人們對狐步和其他舞廳舞蹈的喜愛，也還會持續一段時間。

重新理解中國所需的文化遺跡與珍寶，一九三〇年代曾在海外風靡一時，當時的中華人民共和國也公開宣稱所有權，尤其是關於外國竊賊，以及用來強調被國民黨疏忽的敦煌寶藏，或誤以為被美國人偷走的「北京猿人」遺跡。[34]為了保存中國遺產，免於受到日本侵略，北京圖書館的典藏被送到國外，故宮珍寶也在各地旅行。一九四一年末，美國外交官同意協助運送北京猿人化石出國，但是十二月初的猿人化石交接美軍，卻在珍珠港事件後消失不見。雖然這些特別的考古收獲被視為科學證據，支持恩格斯「勞動創造人類」的理論（因為勞力是演化的決定因素），[35]中國全新的革命文化事實上是原始的文化。此外，政府當局迅速立起紀念碑，象徵過去的帝國主義暴力，也尋找革命的遺物以供展示。上百件火速收集來的物件，包括早期領導人李大釗行刑的絞刑臺、處決幫助紅軍的十四歲少女所用的鐮刀。[36]一九五〇年，廣州設立紀念館，取代一九二六年較小的紀念館，緬懷一九二五年沙基慘案的罹難者。中國革命歷史博物館名列北京「十大建築」，位於新擴建的天安門東，坐落國家遼闊的中心。首都現在是座完善的展場，提供精心編輯的故事。全中國的博物館和紀念館紛紛設在抵抗、革命、壓迫的地點，或是相關革命領導與英雄的場所。這些地方充其量只是擺設與主題相關的人造品，或像上海公園的告示牌一樣，雖然是贗品，但透過陳列和敘述添加真實性。

說故事是這個國家的主要業務。新的政府快速展開動作，以官方身分控制對外關係，包括資訊流通。新中國自我投射的形象受到謹慎管制。建立形象的主要工具包括新聞機構（新華社）、外文出版計畫與出訪外國。旅客入境不僅受到限制，在中國的活動也遭嚴格控管；公開的資料和各種出口的出版品亦同，外人不易獲得資訊。因此，香港成為「觀看中國」的地點，中國流出的訊息滲透唯一非共產主義管理的國界，外國大使、情報機構、記者與學者篩選著片段的資訊。一九六二年以前，中國的難民越過邊境相對容易。觀察中國的人訪問他們，也訪問慢慢從上海與其他城市撤出的外籍人士。他們有些人終於因為負債放棄資產，或者終於出獄。神祕的文字、信件、照片紛紛被解讀分析。但在冷戰的政治情勢中，同樣的，那些訊息也會被反共人士誇大，自由主義者或海外的左派也不相信或無視許多不利新政權的訊息。很難知道事實上到底發生什麼事。

管制只是部分。新政權立刻開始發行外文出版品，宣傳國家的轉變，包括世界語（Esperanto，譯注：波蘭猶太醫生柴門霍夫〔L. L. Zamenhof〕所創的普世人工語言，欲以此語言作為國際交流的媒介，促進世界和平）；另有海外廣播傳送，先以摩斯密碼傳播英文。這幾個特別的行動都沒有獲得廣大的觀眾。但是，《人民中國》（*People's China*，一九五〇年一月）、《中國文學》（*Chinese Literature*，一九五〇年）、《人民畫報》（*China Pictorial*，一九五一年一月）以及《中國建設》（*China Reconstructs*，一九五二年一月）這幾份雜誌廣為流傳，成為中國文化與政治活動的推動利器。[37]孫逸仙的遺孀宋慶齡更是《中國建設》的名譽編輯，其他經常出現在對外關係，但不隸屬中共的「民主人物」也列為文章作者。一九五二年，中共成立外文出版社（Foreign Language Press），目的「用外文說明中國，以書籍溝通世界」。中國影響世界與領導全球的野心與日遽增，因而透過不同文體，如官員演講、小說、民間故事、傳記、報導，向世界介紹北京觀點。一九五九年，北京廣播電臺製作的節目多達二十四種語言，英語廣播並以美國、澳洲、紐西蘭、東南亞與南亞等地為放送目標。[38]另一本文化期刊《東方地平線》（*Eastern Horizons*）在香港發行，即使外表上獨立，實則仍是官方刊物。過去國民黨透過贊助期刊、文化外交與外國片廠的你來我往等方式與外國大眾溝通，這些努力都獲得傳承。共產黨政府的作為更為廣泛深遠，但是找到並留下具備語言能力的人員頗為困難。多數精通外語的中國人會有階級背景的問題，或者曾經住在國外，而當共產黨政權開始攻擊蘇聯的時候，外籍人士的投入也隨之萎縮。

一群來自各國的外籍人士成為這項工作的主力。他們來自不同背景，仍然反應中國一九四九年之前國際化的歷史。紐西蘭人艾黎（Rewi Alley）曾任上海工部局消防員與工廠督察，是其中一位多產的政治宣傳家。歐洲的反猶政權也促使其他人來到中國：艾培（Israel Epstein）與金詩伯（Sam Ginsbourg）都出身俄國猶太家庭，為躲避沙俄迫害逃到滿洲。[39]憎惡德國的觀眾，會喜歡分別來自德國與奧地利的左派猶太人魏璐詩（Ruth Weiss）和葉華（Eva Sandberg或Eva Siao）。日本經濟學家橫川次郎激進的信念導致他在日本丟了政府的工作，在南滿鐵路研究部工作時又被逮捕監禁；戰後橫川次郎留在中國。英國倫敦會教育家的女兒戴乃迭（Gladys Tayler）在愛情和政治交織之中回到中國。戴乃迭生於北京，是牛津大學中文系第一位學生，她嫁給古典文學的學生楊憲益，兩人一起在外文出版社工作幾十年。[40]戴妮絲（Denise LeBreton）與當時在法國留學的丈夫李鳳白認識，和他一起來到中國。周瑛（Esther Cheo）雖然出生上海，但在北京廣播電臺工作十一年，她也是倫敦異國學生戀情的後代。

中國筆戰的士兵中，有人曾經受到CNRRA吸引而來過中國，例如紐約的酪農韓丁在戰爭時期曾為美國戰爭情報室的CNRRA工作，後來以曳引機技師的身分回到中國。他的妹妹寒春（Joan Hinton）是核子物理學家，曾參與曼哈頓計畫，受到哥哥啟發而追隨他，這個舉動意味叛國與間諜兩項毫無事實根據的指控——不養羊，養核子——終身跟隨她，直到二〇一〇年於北京去世。其他人是共產主義政黨的兄弟派來的：英國共產黨指派阿倫．溫尼頓（Alan Winnington）與麥克．夏皮羅（Michael Shapiro）為新華社工作。人類學家伊莎貝爾．布朗（Isabel Brown）雖然出生在成都的加拿大傳教士家庭，一九四七年偕同夫婿大衛．克魯克（David Crook）在英國共產黨指示下來到中國研究土地改革。[41]克魯克是英國共產黨員，他曾參加西班牙內戰，並幫蘇聯國家安全委員會（KGB）在西班牙與上海監視托洛斯基主義者。一九二七年與鮑羅廷一起穿越滿洲邊界的資深激進分子安娜・路易斯・斯特朗（Anna Louise Strong）在一九五八年起定居北京，直到一九七〇年去世，固定寄出《來自中國的信》宣傳共產黨當時主要的思想。其他還有許多人，包括一位日本貴族，二十二名聯合國韓國軍隊的逃兵（二十一名美國人，一名英國人），還有兩名在一九五二年被指稱為蘇維埃間諜而被趕出美國的共產主義經濟學家。[42]

外國專家的酬勞、住宿、飲食、待遇都相對要好，即使一九五〇年代，中國籠罩在政治風暴中，他們依然能夠得到寵愛。這樣的光景不會長久，但在那段期間，他們回憶錄裡的世界是安・布里其可能認得的，甚至是她在《北京野餐》（一九三二年）裡描繪的，尤其是與嚴酷的革命現實保持愉悅的距離。事實上，比起上千個共和時期來到中國的外國專家，他們和在明朝與清朝的耶穌會數學家與製圖師擁有較多共同點。他們多半是技術專家，中國政府利用他們達到政治宣傳與文化外交的目的。主要的差別是，不像耶穌會，他們多半認同中共政權，也認同中國。反過來，中共多半只把他們當成有用的人才。話雖如此，許多人獲得中國國籍，在中國住了數十年，並且受到黨的推崇。[43]他們在國際間的知名度可能高於一般文學翻譯家、語言教師或政治宣傳家，因為他們經常接待訪客；訪客也希望從他們身上獲得更多書面之外的訊息。有些人在中國變得很有名，邀請參加遊行或示威，或在集會與政治場合致詞。海外支持共產黨政權的人還有「篤信者」與「百分之三百的人」這些頭銜，例如斯諾、瑞典激進分子揚・米爾達（Jan Myrdal）或前加拿大傳教士文幼章（James G. Endicott）。他們從不批評共產黨，而且大聲疾呼對共產黨政權的支持，不管北京的風吹往哪個方向，他們都全心擁護，只不過與刺骨的寒冷保持安全距離。[44]

中國的外國僕人成功宣傳中國。在海外出版具影響力或廣為閱讀的文章，無不經過嚴格的情報管理或內容修改，也都與這群外國來的「中國之友」有關。例如土地改革。透過克魯克與韓丁等參與者的觀察，或者夏皮羅、陳依範（Jack Chen，譯注：一九〇八—一九九五年，陳友仁次子）、米爾達在鄉村的訪問，改革過程的敘述慢慢開始在海外流通。克魯克後來寫到，他希望從「已經解放的地區學習這個過程」，以此為例，「教導二十世紀的英國如何締造烏托邦」。[45] 克魯克夫妻的書《一個中國農村的革命》（*Revolution in a Chinese village*，一九五九年），這本三部曲中的第一部是一九四八年在河北村莊居住八個月的研究。大約同時，韓丁也伴隨一個黨的工作隊，在山西邊界的村莊住了八個月，之後出版《翻身》（一九六六年）一書。這本書比克魯克的三部曲晚了很多年，因為一九五三年韓丁返美時，美國政府沒收他的筆記，五年後才還他。資訊審查的特權並非中共獨有。

這些作家全部都是共產黨左派的忠實信徒，而他們書寫的資料形形色色（從專業並令人敬佩的紀錄，到膚淺又天真無比的文章），但經年累月，他們描繪鄉村中國如何「站起來」，然後「翻身」的故事，意味中國如何反轉自我、自己的思想與自己的村莊。暴力的部分並沒有被掩蓋（而且即使是海外最同情中國的政治圈也會擔憂），但沒有人牽記這一點。夏皮羅會令他的讀者相信「被殺的地主出乎意料地少」。[46] 多數情況中，那些死去的人被寫成戰爭時期叛國或參與其他明顯的犯罪。畢竟，誰會反對處決叛徒？但是戰爭時期的創傷和極端被當成尋常事務，過去的惡魔行徑被報導出來也無關緊要。例如陳依範寫道：

> 地主強迫佃農付出百分之四十五到七十的租地生產。他們一年收取借貸利息百分之好幾百。而這些苦難之外，還加上殘酷的軍隊、警察、密探、無知、迷信、法院貪腐、幫派欺壓、強迫勞動、

殺人與強暴等可怕的重擔。[47]

一九四九年後中國鄉村有沒有人活著是個謎。然而，翻身的宣言會找到方法進入海外學校教科書與大眾歷史。海外對中國的理解出現重大轉折，但不過是又被另一幅諷刺漫畫取代。土地改革分析寫成學術論文的模樣，由學術機構發行，但這些文章都是由篤信者寫的。他們的著作也會啟發並鼓勵下個世代。一九六八年，全世界的激進分子都為《翻身》著迷，一般而言也深受毛澤東的政治立場吸引。左派學者與高姿態的知識分子從韓丁的書中證實此為中國革命的福音。[48]看看這個新穎的東西，中國要給世界上一堂課，瞥見可能的「新烏托邦」。

中國透過北京嚴格的政治宣傳機器向全球大眾呈現，除此之外，來到中國的訪客也很多；一九五〇年代，每年有大約八千到一萬人。[49]新國家剛建立的那一刻他們就排隊等著進入，而且中國花了非常多錢幫助他們旅途順暢。其中一位首先抵達的是英國共產主義者暨工會官員梅莉安．拉姆森（Marian Ramelson），她於一九四九年十二月抵達，參加亞洲女性研討會。她返國之後表示：「中國是自由的，這個事實就像熾熱的太陽照亮東方」。[50]拉姆森在這條絡繹不絕的揭露之路上朝聖先鋒。西伯利亞鐵路的盡頭是光明、歡笑、秩序、團結與合作，飛往北京的飛機或穿越香港的邊界也是。沒有蒼蠅（這個特點一再被提起）；火車準時出發；女人和農民抬頭挺胸；工人安居樂業；東方的世界無不正確。美國政府刻意阻撓美國人訪問中國，但一九五一年起，在共產黨前線組織中英友好協會（Britain-China Friendship Association）的安排下，英國開始固定派出代表；一九五五年起，改由商業團體「破冰者」（Icebreakers）安排（後來也稱四十八團〔48 Group〕），訪問一度稱霸皮草市場的公司，例如怡和洋行（他們把英國人當成沒有見識的生意人）。[51]一九五四年，前英國首相艾德禮（Clement Atlee）率領工黨官員正式拜會；一九五五年，沙特與西蒙波娃來到中國，長篇稱讚「無限」的未來，不只是中國，而是全世界，因為「此為新中國在歷史上特別令人興奮的時刻：長久以來只能夢想的人性可能在此時即將實現。」泛非主義的學者杜波依斯（W. E. Du Bois）和雪麗．加納（Shirley Garner）來了兩次。[52]有些朝聖者驚奇不已，決定再次回來為外文出版社工作。回來的人急著寫作並演講。也有例外，英國首相艾德禮就是。但就如多數遊客，他們見到中國的反應，早在他們抵達前就是那樣了。他們期待發現耶路撒冷，而耶路撒冷就在那裡。

一九五〇年代末期，隨著中共與蘇聯的爭執越演越烈，中共的外交政策焦點大幅移向非洲、亞洲與拉丁美洲，擴大中國的影響。一九四九至六〇年間，來到中國的拉丁美洲代表團共計一千五百人。其中有前任總統、藝術家、智利詩人聶魯達（Pablo Neruda）、巴西小說家阿瑪多（Jorge Armado）、和平運動者與科學家。回去之後，這些訪客就是建立「友好協會」或類似團體的主要人物，也以正面口吻書寫、談論新中國。非洲民族主義者也開始設法來到中國，而且獲得熱情的接待。一九五六年，共計四百三十五個代表團來自非共產黨國家。一九五〇年代最後三年，有八十四個代表團從比屬剛果來：共產黨國家、政治立場不同的世界，一個個爭先恐後來到中國。[53]不能來的人，北京廣播電臺的反殖民節目表不是試著啟發，就是對國際的情報秩序發出令人不安的挑戰，也動搖聽眾的內心。

沒有任何事情是偶然發生的。這些訪問的安排，分秒細節都經過精心排練，根據每位訪客的政治位階與政治潛力，無微不至地準備。[54]參觀地點有限，導覽內容也一再重複。訪客都有導遊與翻譯，訪客歸國書寫大量報告靠的就是他們所提供的材料。熱情的接待滿足朝聖者的虛榮，同時中國也安排最有利用潛力的訪客與黨內高層會面。在國外，另有對策因應這些已安排好的參訪。英國政府盡其所能，用盡機會蒙羞、為難、阻撓親共派的主要人物，尤其在韓戰期間。前外交官約翰・普拉特（Sir John Pratt）長年批評中國沿岸的英國人，他被除去英國的中國大學委員會（Universities China Committee）委員頭銜。資深公僕莫妮卡・費爾頓（Monica Felton）到韓國訪問英國戰俘之後就被免除城鎮規畫員（town planner）的職位。外交部的中國專家德里克・班以安（Derek Bryan）和妻子廖鴻英是親共圈的主要人物，結果被調派到祕魯，他懂得其中的暗示，於是辭職。科學家李約瑟一九五二年去了中國後，英國外交部情報研究單位的反共宣傳小組進行祕密行動詆毀他的名譽。[55]

多數訪問中國的人因為寫了過分樂觀的報告，描述高牆背後的仙境，導致自己的事業受到傷害。李約瑟是被攻擊者中最傑出之人，雖然蒙蔽他的不是東方耀眼的太陽，而是成功的政治宣傳騙局背後的暗黑藝術。[56] 李約瑟是知名的生物化學家，也是皇家學會會員。一九三七年，三位拿著英國協會獎學金的中國科學家抵達他的實驗室，從此引起他對中國的興趣。李約瑟接著學習中文，並於一九四二至四六年在重慶主持中英科學合作館。李約瑟信仰基督教，也是社會主義者，他積極參與在英國的親中行動。一九五二年初春，中國宣稱美軍到處使用生化武器，並拿美軍飛行員俘虜的自白以及中國科學家所做的研究背書。李約瑟與那些優秀的中國科學家有私交，基於同情，同意參與獨立的調查任務。李約瑟帶領團隊前往中國，進行大量訪談，評估中國科學家交給他們的調查結果。然而，中國的指控其實是謊言；在衰弱的政治氛圍中，科學家無法以所受的訓練進行公正研究，而中國政府也樂於利用這項威脅，並且火上加油，發起公共衛生的大型抗爭運動。

冷戰期間，誰知道誰站在哪一邊？政治的心怎麼和政治的腦相連？一九五二年的前二十年，原本是敵人的共產主義，在戰爭期間成為朋友，然後又變成敵人。麥卡錫對美國共產主義的戰爭其實是在攻擊美國的自由主義（譯注：美國參議員麥卡錫以莫須有戰術掃蕩共產黨，指控許多美國共產黨人或同情共產主義者，進行不恰當的調查和審問）。美國對日本的占領政策「轉向」，加上重新武裝西德，這兩件事情加深了對於美國自由主義的懷疑（譯注：一九四五年九月二日日本投降後，以美國為首的同盟國對日本實施軍事占領，原本用意為消除戰前的軍事獨裁，然一九五二年占領結束後，隨著冷戰開始，美國與日本簽定條約，包括持續在日本駐軍，以維美國種種利益；一九五四年，美國為了完成戰後在西歐對蘇聯的軍事戰略部署，促成《巴黎協定》，將西德拉進北約組織並重新武裝）。就算比李約瑟更機靈的人可能也無法駕馭這些政治浪潮。以智識而言，李約瑟從頭到尾對中國的文明、文化與歷史都非常推崇，他接著撰寫並主編多卷指標性的著作，集結成《中國科學技術史》（*Science and Civilization in China*）。但是中國大打文化外交，向所有來到中國，眼見就信的「方便的樂觀主義者」施展機靈的手段，誘捕皇家學會會員李約瑟，就像他們誘捕許多其他人一樣。

代表團常常被安排在十月一日中國國慶日前後來訪，讓中央集會舉行時，擴建的天安門廣場有外國友邦的身影，而一九五九年，廣場周圍就見到了人民大會堂和中國革命博物館。[57]代表團接著繞中國一圈，參觀模範集體農場，訪問學校、工廠、水壩和礦場。中國的外交越來越主動，也提供越來越多指標性的場合吸引訪客。「科學工作者」、工會會員、女人，都是場面高調盛大的研討會主題。和平是一再出現的會議主軸（邏輯上是個多餘的主軸，因為沒有人會特地召開戰爭研討會），例如，一九五二年十月舉辦的「中國主導之亞太和平會議」。[58]在畢卡索象徵和平的白鴿俯視之下，四百〇四名來自四十六個國家的代表齊聚北京，包括歐洲的「和平奮鬥者」。中國負擔所有旅費，招待訪客下榻豪華旅館，奉上數不盡的禮物。日本重新武裝、韓戰、東南亞反殖民的奮鬥都是焦點，中國身為「亞洲與太平洋的和平保障」也是。寒春被分配譴責美國核武計畫以及據稱的「細菌戰」。國慶日當天，他們先看著五十萬人在天安門前行軍，接著參加毛澤東與周恩來主持的兩千五百人盛宴。北京的工人卯足全力，及時完成新的和平飯店：安裝門鎖的效率提升三倍。最後又有五萬群眾聚集在紫禁城內。現場可見擁抱、握手、眼淚、全體一致的解決方法、常設的委員會與等身的太平洋專著。代表團分散全國。「我們尋求事實的時候，眼前沒有任何阻礙。」一位美國代表如是報告。59

代表團的奇異世界意外成了喜劇，但中國採取的地理策略時程表卻是嚴肅的，並在一九五四年日內瓦會議，以及一九五五年印尼萬隆（Bandung），獲得最大成果。60 一九五〇年代中期，中國國內與海外政策開始減緩韓戰的軍事行動。在日內瓦，周恩來透過談判促成越南和平，因而備受注目。他也刻意拜訪英國與其他外強代表。其中一個成果是英國在北京前使館重開駐中代表處，雖然尚不是大使館，因為英國在臺灣還設有領事館（英國主張此乃駐省的領事館，暗示不承認國民政府）。他也和美國大使級的官員對談，一開始著重在未決的韓戰問題。那一年，周恩來與印度簽訂協議，同時公布新政策之五點「和平共存」原則：互相尊重領土完整與主權、非激進、不干預內政、平等互惠、和平共存。除此之外，由印尼政府主辦，印度、巴基斯坦、斯里蘭卡與緬甸共同贊助的萬隆會議中，二十九國齊聚，討論共同利益與進程。其中最急迫的是緩和中國邊界的緊張關係、東南亞華僑（比起效忠國民政府更效忠中共的）、中國對於革命運動的支持。中國還沒成為聯合國會員，遑論國民黨仍掌握的安理會席次，但中國在萬隆與同時間的外交行動獲得顯著成功。中華人民共和國似乎真的要在蘇聯與美國之間走出不同路線，端出新的調停政策。但是，中國很快又走回軍事行動。

其中一位較不眼花撩亂的訪客是英國記者詹姆斯・卡麥隆（James Cameron），一九五四年，他獲准參加中國建國五周年的慶典。離開首都的最後一站，他去了毛澤東的出生地韶山，「比我想像要好得多」的農莊。卡麥隆回憶，他們帶他去看他家的鴨園、毛澤東上學的路線、被國民黨毀壞後重建的家。還有一把梳子——「毛澤東用來梳他父親的牛身上的虱子」。這個寶藏一度被掩埋，現在又找了出來，而且絲毫沒有生鏽。一塊招牌寫著「永遠不會生鏽」。種種信念與行動圍繞著對毛澤東的崇拜，這種中國革命微小卻神聖的奇蹟並不罕見。[61]這個奇蹟也呼應劃時代的自我欺騙、實用的自我保存、政治策略與暴政等導致中國步向最大災難的要素——奠基在快速執行的土地改革與集體化，推動近在眼前，那是一九五八年春天啟動的「大躍進」。一九六一年四月，有人問另一個前往韶山的訪客：「你叔叔知道過去兩年發生的事嗎？你一定要讓他知道這裡的情況。」[62]這位訪客是毛澤東的姪子，而且毛澤東確實知道，但是儘管有一連串的苦難報導，韶山一直比其他地方幸運。

一九五八年，第二個蘇維埃式的五年計畫不到一年就被拋棄，所有精力都轉向大型的動員行動，規模前所未見。這次動員的說詞和焦點都擺在國際排名，透過國家意志與個人努力，大躍進將帶領中國名列前茅。好幾年的時間，農民被安排在後院煉鋼，把煮飯的鍋子和其他家庭工具融成無用且劣質的金屬塊；合作社變成人民公社後，幹部燒掉人民的房屋，成立公共廚房與宿舍，一九五八年作物豐收，人人狼吞虎嚥。中央委員會設置農業顧問局，下令中國的農夫深深犁田（利用號稱肥沃的土地），播種距離靠近一點（種子互相競爭會長得更大）。毛澤東一九五七年宣布，中國十五年內就會超越英國的工業生產；不，是七年。中國約十五年內就會趕上美國；不，一九五八年五月，他決定，十年內就要超越美國。政府下令：「鼓足幹勁，力爭上游。」統計與報導顯示這波動員成果極度成功：煉造鋼鐵、農作豐收；國家依照統計資料收稅，出口農作物。中國已經進入社會主義的時代，而且這裡是所有可能的世界中最理想的世界，任何事情在這裡都有可能發生。

但是報告是幻想，數字是謊言。災難正在發生。所有層級的官員都卯足全力執行政策，達成上級指示的目標，避免違令引來批評，甚至處罰或處決。於是災難降臨。最低統計數字估計，一九五八至六二年間，中國死亡人數超出統計預期的兩千七百萬人。飢餓、疾病，以及數次政治鎮壓，奪走上百萬人命，營養不良更是導致生育率暴跌。加上其他災難，總數則更高。[63]中國餓死的人數史無前例。

訪客還是來，他們還是沒看見。「以前的時代，」一位天真又頑固的英國評論家表示：「一、兩千萬人餓死，幾百萬人在全國的鄉鎮乞討或以吃樹根為生，都是很正常的。」一九六四年春天，劍橋大學經濟學的講師暨英國國家學術院院士瓊安·羅賓森（Joan Robinson）來到中國，她補充：「這次整個國家都被照顧到了。」[64]新的國家把農民的尊嚴視為核心，農民站了起來，憑他們的力量令黨治國，而且由於農民，歷史的過失才能矯正，但是農民遭到背叛、霸凌，深受饑荒與災難蹂躪。一九六二年後，毛澤東指定的繼承人，中共副主席暨國家總理劉少奇主導新政策，鬆綁控制並允許鄉村部分個人企業，饑荒因而緩和。但是摔了一跤的毛澤東又於過去四年的重創中再添羞辱，他發起了「社會主義教育運動」。運動期間，再一次地，惡魔和個人過去的過錯又被覆誦，而且掘得更深。[65]有了對於從前封建制度的怨念，當下飢餓與憔悴的痛苦就會稍微緩和。

一項殘酷的諷刺是，展現新中國國力，並在其他強國中立足的成就，正是是國民黨原本的驕傲。國民政府的建國計畫（針對國防工業與科技實力）真正的繼承人其實在乾燥的庫魯克山，新疆烏魯木齊以南三百二十公里。「五九六工程」為紀念一九五九年六月而命名：當時赫魯雪夫下令，蘇維埃完全撤出中國認為韓戰之後十分重要的國安計畫。無論如何，「救」中國還是需要科技，光憑人力和希望救不了中國。雖然中共於韓戰成功牽制美國，並將一九五三年的南北韓停戰協議視為中國的勝利，中國軍方學到一個教訓：他們戰勝的技巧不僅過時而且不足。人民解放軍的戰略壓倒聯合國軍力，戰爭令西方種族歧視的言論起死回生，稱其亞洲「游牧民族」的威脅，但是中國的人力損失慘重：一百萬人傷亡，其中二十萬陣亡。[66]隔年發生一九五四年臺灣海峽危機，美國憑其優越的軍事科技，信心滿滿欲與中國交戰，再度敲響中國的警鐘。

中國領導階層的現代派與本土派開戰。現代派想要專業、設備優良的軍隊，而本土派對大型動員充滿信心，認為人民的戰爭要由人民的軍隊來打。儘管現代派失勢，實際上他們的科技計畫如火如荼進行。於是一九六四年十月十六日下午三時，中國在新疆的小隊引爆二十公噸的原子彈，激起國際之間猛烈反彈。[67]中國撐過饑荒的歲月，捱過蘇維埃援助撤退；利用歐洲與美國的訓練，拼湊可得的破碎訊息，靈機一動，設計出通往十月十六日「中國人民大勝利」的道路。然而，中國的科學家與技師發展這項震驚世界的武器，可是自力更生、義無反顧。所以這確實是新中國，一個強壯的國家，能夠主導龐大的資源與人類才智，全心全意專注在一項偉大的計畫。這也是一個軍事的國家，政治野心遍及全球，對抗並擊敗帝國主義，敵人名單越來越多，包括蘇聯，而且中國現在還擁有核子武器。

中國不害怕戰爭。畢竟，毛澤東不只一次說過嚇壞赫魯雪夫與其他領袖的話，當一半的人類在核子戰爭中滅亡，一半就會生存；我們會無所不在，而且「生出比以前更多的小孩」，但是「帝國主義會被徹底剷除」。[68]

第十章

—— Chapter 10 ——

怪物與惡魔

年幼的吉姆・巴拉德（Jim Ballard）因為剪刀而發抖，那些中國女人手上揮舞的金屬刀片；讓他顫抖的還有銳不可擋的大軍，排列整齊、穩定前進，但是他們完全沉浸在自己的世界，呼喊著口號，演出思想狹隘的革命戲碼。這位英國作家一九三〇年出生於上海公共租界，他的父親在那裡管理一家棉布印花廠。一九四五年，他從日本的拘留營被釋放後，便離開中國。他的文章兩次提到兒時熟悉的場景：成排的中國「除草婦」，受雇到上海人家除草。[1]他筆下第一個故事是〈死亡的時間地點〉（A Place and a Time to Die），於一九六九年秋天刊出，正好呼應了當時進行到第三年的「無產階級文化大革命」。[2]這場動亂是新中國最龐大的群眾運動，對觀察者的誘騙、啟發與震撼也是同樣的規模。對中國舊時的描述和恐懼獲得新生，而「黃禍」現在穿上了紅色的新裝。中國從未如此脆弱，也從未如此危險、自信、無法預測。

巴拉德的故事裡「大批人馬」（一支約百萬人的軍隊）來到一個不知名的村莊，而這個村莊位在已被征服大半的大陸上（這個大陸或許就是北美洲）。兩個男人準備賭上生命保衛村莊，卻發現自己被推擠到一旁。「敲鑼大喊的士兵」蜂擁而來，對他們視若無睹：

> 裡頭還有沒拿武器也沒拿救生帶的平民百姓，女人手上拿著一本紅色的小冊子。他們高舉著黨的領袖或將軍的大張照片。

「他們對我們沒興趣！一點兒興趣也沒有！」其中一個男人終於瞭解，那些人快速經過，或是包圍住他，對著他滔滔不絕，卻似乎沒有真正注意到他的存在。他們腦中滿是唯我主義的狂熱，正在執行一場宣傳行動，由革命的憤怒與熱情交織而成。之後巴拉德在他的自傳小說《太陽的帝國》（*Empire of the Sun*）會將他的回憶訴說得更清楚。書中寫道，一九一四年，十一歲的巴拉德看著在草地上工作的女人，當他「太靠近她們的時候，總會感到一絲恐懼而不禁顫抖」，因為「他可以想像，如果他昏倒、擋到她們的路，會發生什麼事」。房屋的主人跟他說了一個古老傳說，中國人多到可以從北極排到南極。小男孩問：「他們可以除掉全世界的草？」主人回答：「你要那麼說也可以。」

除掉全世界的草——一九六九年年底，中國看起來確實向全世界宣戰，也對自己宣戰，而上海就是這場新鬥爭的總部。一九六九年十一月以後，毛澤東以上海或上海周遭為據點，長達八個月。一九六五年十一月十日，新鬥爭鳴放的第一炮就在上海——一篇刊登在《文匯報》上、針對某齣劇所撰的文章。一九六七年一月，革命者的「人民公社」推翻市政廳，接管這座城市。接下來，全國城市裡進行的改革運動紛紛由這種團體主導，尤其是前上海演員藍蘋，現在的名字是江青，也是毛澤東的妻子。這個祕密團體與毛澤東將是主要人物，從那些被指控將國家回歸資本主義的人手中奪回控制權。但是，上海仍是中國國際化的首都，過去曾被賦予新的生命——在中蘇決裂之前，經過與東歐共產集團強烈的互動，明顯增添許多東歐風情。這個城市渾身是傷，但其世界主義還是比中國其他地方還要強烈，因此成為明顯的目標。

這個國家從未如一九六六至六九年這段期間那般好戰：中國在香港對上英國，在澳門對上葡萄牙；將大批武器輸入北越，又派遣建設軍旅及空軍防禦部隊；在緬甸與柬埔寨醞釀革命運動；與蘇聯斷斷續續在邊界交戰。在海外，任何私下與中國外交官接觸的人，都會獲得革命的文宣和裝備（源源不絕的徽章、書籍、手冊），激進分子也會拿到現金。中國在境內訓練游擊隊和革命幹部，並派遣顧問到海外。城裡的廣場和體育場盡是譴責帝國主義與修正主義的大型集會。約一百萬人（大批人馬）一度遊行經過英國在北京的使館區，而好戰的青年「紅衛兵」接著搗亂並放火焚燒代辦處以及部分蘇聯大使館。其他被圍攻的大使館還有印尼、蒙古與印度等。印度、法國、英國與蘇聯的外交官及其家人遭到粗暴對待，而中國外交官和學生在倫敦、仰光、巴黎、莫斯科和雅加達與當地維安警力衝突。由於這些事件，許多國家與中國切斷了外交關係。在北京街頭，外國領袖的肖像被高高掛起並點火焚燒，這毫無意外地也是這齣憤怒戲碼的橋段之一。[3]

但是，這些作為與其說是政策執行，不如說是裝飾用的憤怒；事實上，大部分時候幾乎沒有政策可言，而只是反覆提出針對中國革命敵人的辯論。這麼做的原因是要將政治轉向階級鬥爭，以及刻意減少所有外交活動；一九六七年一月，中國外交部被激進左派占領後癱瘓。萬隆外交成功後，中國政府積極追求第三世界國際主義，並於一九六四年達到高峰，接著又分裂。中國曾經與許多外國政權建立團結關係，同時卻又積極支持共產主義的政黨來推翻這些外國政權，於是友邦紛紛遠離這個夥伴。中國與其他共產黨雖有兄弟情誼，卻無法輕易與外交政策結合。從尼赫魯（Nehru）在一九五四年拜訪北京之後開始，毛澤東曾與印度領導人有過幾次溫馨的會面。毛澤東在第一次會面時表示：「儘管我們的意識型態與社會系統存在差異，卻有個凌駕差異的共同點：我們都必須克服帝國主義。」但尼赫魯所謂那段「因外國統治所受折磨的共同經驗」，以及國家發展面對的相同挑戰，並未防止未決的邊界問題，並在一九六二年導致中印戰爭。[4]一九六三年四月，當時的中國國家元首劉少奇正式訪問印尼，轟動海內外，但是強大的印尼共產黨在一九六五年九月竟搞砸了一場政變，在秋後算帳中約有五十萬人遭屠殺，其中多數是印尼華人。周恩來於一九六四年出訪非洲首都，卻因為被懷疑中國的意圖不軌，結果狼狽作收。一九六五年，他在坦尚尼亞表示非洲「已時機成熟，可以革命」，卻敲響中國第三世界外交的喪鐘。原訂的第二次萬隆會議隨後被取消。[5]中國還是擁有阿爾巴尼亞這位朋友，但他們除了口頭上支持，其他什麼動作也沒有。

儘管如此，中國在譴責敵人的世界時，主軸始終如一：反對帝國主義。而且不僅國內說詞如此，中國對外從頭到尾也將自己視為世界革命的中心與總部，自居仍在鬥爭中的海外國家應該學習的對象。然而，中國無論如何反對美國干涉越南、多明尼加共和國、以阿戰爭，或當時任何正在進行的戰爭，過去的未竟之業仍然存在：中國南方海岸有兩個被外國控制的小據點，也就是一八六〇年與沙俄簽訂的條約，以及一九一四年與英屬印度和西藏簽訂的《西姆拉條約》所留下的邊界問題。即使新政權已經執政了十七年，革命前的文化、遺物、證據仍然無所不在。俄國留下的後遺症則隱藏在中蘇意識型態的分歧，以及中國第二常見的說詞「反對修正主義」之中。

真實的外交政策亂作一團，中國好戰的毛澤東主義反而大受全球歡迎。這可能是現代時期中國最成功的單一文化輸出，勝過任何哲學與政治思想。大批毛澤東主義專家繼承了他們在一九五〇年代的政治同路人，攜帶經典的「小紅書」（《毛主席語錄》），前往「倫敦、巴黎、羅馬、柏林」——如同一九六八年英國左派的口號——也去了美國、日本、澳洲；此外，他們還去了阿魯沙（Arusha）、納薩爾巴里（Naxalbari）、阿亞庫喬（Ayacucho）、地拉那（Tirana），產生更有破壞力的影響（譯注：分別位於坦尚尼亞、印度、祕魯、阿爾巴尼亞）。他們的影響轉為坦尚尼亞總統尼雷爾（Julius Nyerere）的烏賈瑪計畫（ujamaa development，譯注：將銀行與企業國有化、建立農業集體公社，以追求社會平等）、西孟加拉邦的納薩爾起義（Naxalite，譯注：印度共產黨的起義），以及祕魯的光明之路叛變（Sendero Luminoso，譯注：祕魯共產黨叛變）；當然，阿爾巴尼亞也是。[6] 追趕毛澤東主義風潮的人會成為時髦的左派（或單純只是時髦），但是極端且真正的毛澤東主義叛變在二〇一七年仍然低迴不去。

從未有哪齣戲劇的評價具有如此震撼的影響。這場動亂的開頭只是抨擊一齣戲，批評那是一株「大毒草」。《海瑞罷官》根本說不上是部好戲，但其創作的動機是出於政治，而非戲劇本身。作者吳晗是中國主要的明朝歷史學家，一九六〇年受北京京劇團委託著作這齣戲，以協助矯正大躍進期間各級官員虛報成績的現象。海瑞是明朝官員，由於剛正不阿而遭到罷官下獄。毛澤東要幹部效法海瑞，誠實提報問題，正確提供資料，不要害怕後果。然而，到了一九六四年，毛澤東和其他人開始認為吳晗的戲中暗藏了批評。從這個角度詮釋，海瑞這個角色代表的是韓戰英雄與資深共產黨領導彭德懷元帥。一九五九年彭德懷反對大躍進，便在毛澤東的命令之下遭受迫害。這齣旨在說教的戲，正好成了毛澤東的藉口，對抗那些領導階層中被他當成敵手的人。這些人為了復甦饑荒之後的經濟，減緩了大躍進中某些極端社會主義的措施。江青以毛澤東密使的身分到上海找人寫好文章，而毛澤東本人則親手修訂了草稿。[7]

吳晗只是個次要目標。中共的領導階層之中出現了政策上的歧異，有些領導追求實用、程序化的發展模型，而毛澤東認為那樣勢必導致黨的腐敗，最終也會使得階級鬥爭的手段被捨棄。另一方面，毛澤東也相當敏感：一九六四年十月，赫魯雪夫被蘇維埃政治局的同事罷免，而他認為赫魯雪夫被罷免的理由也可能會被套用到自己身上——赫魯雪夫遭控反覆無常、指示「不切實際的計畫」、個人凌駕於集體領導之上（毛澤東對彭德懷的攻擊，恰恰就屬於此類作為）。吳晗是清華大學的教授，但他也是北京市政府的官員，而打擊吳晗就等於間接打擊北京市長——也就是黨內的資深要角彭真。此舉預示了範圍更廣的全國性動盪——期間，毛澤東動員沒有權力的平民發起批評，攻擊反對他的人，並推翻領導階層的菁英——他們曾擁有革命的精神與個性，但現在手握大權，享受勝利，反而過得太舒適了。至少，這是毛澤東的構想。如此一來，從未嘗過革命滋味的新世代就能體驗到鬥爭，新的領導也會從全國大眾中崛起。「歷史上，後進總是更為積極。」一九六四年，毛澤東告訴一位法國來訪的政客：「這也是為什麼年輕人會超越我們。」[8] 對吳晗的批判蔓延開來，彭真也因為保護屬下而遭到攻擊：黨內的領導階層開始分裂。中國共產黨已經鞏固的國家結構中，現在被丟下了一顆原子彈；但毛澤東分析，黨的力量也是革命分子的巨大弱點，因為黨的力量會加速自滿，促進反革命。

實踐上，這意味了黨的領導階層和各層級官員即將面對來自反對者的激進叛亂：他們攻擊公認的菁英，攻擊彼此，攻擊軍隊。面對這些攻擊，他們最初的反應就是主動取得控制權：派出「工作隊」展開調查、批評自己部門的員工，挑出政治背景薄弱這種容易的目標，或是一九五七年被貼上「右派」標籤的人。但毛澤東一聲令下，就破解了這些戰術。一九六六年八月五日，更激進的派系接獲毛澤東的指令，展開更廣大的造反，如毛澤東所言的「砲打司令部」。新的革命團體攻擊工作隊、占領政府機關、搜走檔案，也在大型遊行中，拉著剛被廢黜的領導遊街，粗魯地對待並批鬥他們。

黨的最高層批准了暴力的使用。

大型叛亂變成年輕人的叛亂。學校學生自己組成「紅衛兵」，不只批鬥，有時甚至殺害他們的老師；他們成群結隊，掃蕩被指控為階級敵人的住家；鄰居監禁鄰居；「富農」、「地主」和所有其他階級敵人與反革命分子再度被拖出去毒打、關押、殺害。數不盡的人自殺。鄉村地區也發生大屠殺，許多人甚至證實了食人事件：加害人吃掉被害人的器官和血肉。數個主要城市上演了叛亂分子和軍人之間的激戰，他們拿出長矛、棍棒、長槍，也有坦克、大砲，甚至戰機。中國國家主席劉少奇在獄中死於醫療疏忽，彭德懷也是。在殘暴的破「四舊」運動中——舊思想、舊文化、舊風俗、舊習慣——中國的文化遺產遭到蹂躪。寺廟和遺址、文物、書籍、藝術品無不被人丟棄、焚燒、搗毀。

數十萬戶住家遭到洗劫；為了消滅過去的證據，人們急忙破壞自己的物品，或賣出，或丟棄。眾人排隊丟掉書籍或個人文件，使得紙張回收業在這段期間大為興盛。上萬人被列為「地主」，又貼上其他的「壞」標籤，被趕出城裡的住處，被迫搬回鄉下老家。至少有一百五十萬人被殺或自殺，多數都集中在一九六七至七一年間。非常多人終身殘廢；上萬人在接續的暴力浪潮之中經歷了恐嚇、虐待。[9]

對許多觀察者與許多牽連其中的人而言，文革彷彿一場大型的集體發狂，充滿了錯亂的幻想又撲朔迷離，彷彿墜入無底深淵。還能用什麼方式去描述一場國家將自己當作祭品的政治行動呢？在這場行動當中，佛像戴上高帽，然後縱火焚燒；這場行動當中，北京的家貓被大肆捕殺，然後「把前腳綁在一起，擺在路邊。」[10]然而，爆發之後，許多推動這場叛亂的人，是那些未受影響、野心勃勃與惴惴不安的人。他們心生害怕與不滿，不斷改變結盟。其中包括共產黨官員的孩子。那些官員在新的政治制度中飛黃騰達，他們的孩子卻走向發動攻擊一途，以保護自己、自己的福利與未來的工作。同時，在上海，許多年輕工人發現「後大躍進」時期的經濟調整，將使他們面臨飯碗不保與生活品質下降的窘況。他們無法如老一輩那樣享有較優渥的薪資特權，這些不滿導致城裡工廠或磨坊的草根階層起身造反、對抗現況。實際上，幾乎無人倖免；選對邊站的重要性攸關性命。

文革也像一場嘉年華。許多方面而言，起了解放與活絡的作用。平日對於年齡、地位與性別嚴格的限制，此時戲劇性地迅速鬆綁；年輕人周遊中國，免費搭乘大幅擴張的鐵路系統，「交流鬥爭經驗」。他們湧入北京（根據報告，一九六六年八月之後，北京在四個月內湧進了一千一百萬人）。[11]光明從層層紀律當中釋放：他們在這段旅程見識鄉村、激情、性、個人探索，淺嘗權利與尊重的滋味。[12]嘉年華的黑暗不可避免地與光明交織：暴力、殘酷、殺戮、偏執、排斥與所有社會關係的崩毀。到處都是犯罪與欺凌的機會。北京理所當然地臭氣熏天，因為其衛生基礎建設無法應付瞬間暴漲的人流。上百萬人帶著腦膜炎的病菌移動，導致十六萬人死於某次疫情爆發。[13]這些革命青年達到目的後，最終竟是遭到狠心背叛。一九六八年末，開始鎮壓這些革命青年，多數是以暴力鎮壓。整個「失落」世代的生命與生涯都被扭曲侮辱。但對許多涉入其中的人，尤其是年輕人，雖然風暴依然持續，他們仍活在喜悅的曙光之中：中國似乎還掌握在他們手中，準備重新由他們打造。

但說真的，還剩下什麼事情可做？新中國還有什麼沒有得到？以上海的市容為例，上海正在準備革命十周年紀念，城市全新的尊嚴展現了勝利的姿態，對照屈辱的過去，此時已然改頭換面。[14]原來閒人不准進入的上海跑馬總會，現在是人民公園，工人可以在新造的湖上划船。從前是「經濟帝國主義起點」的外灘，現在是「美麗寬闊」的休閒場所，供人民使用，而外國士兵與帝國主義者的雕像，例如巴夏禮爵士（Sir Harry Parkes，譯注：一八二八－一八八五年，英國外交官，一八四一年來到中國，參與中國事務長達二十年），不再看守這個地方。從前不讓「華人與狗」進入的河岸公園，現在可見住在附近的退休老人坐著與孫子聊天。「站起來」的上海人民，也從一九二五年五卅事件的犯人手中收回南京路。工人不再住在低矮的棚屋裡，而是住在示範房屋，而且引發瘟疫的露天水溝也被移除。這個城裡的人已經洗去「殖民者潑灑的汙穢與惡臭」。

上海是座經過磨練的城市。「沾滿中國人民血汗的帝國主義逸園」，已經改建為可容納一萬四千人的文化廣場。狗兒不再追逐「電動兔子」；改由新西伯利亞的芭蕾舞者在那裡表演。曾被說成「色情」電影，例如雷根（Ronald Reagan）主演的《寶馬名姬》（*Stallion Road*），不再在那裡上演、毒害青年；「猥褻」與「反對政府」的雜誌都被教育材料取代。外國樂手不在仙樂斯的舞廳演奏「淫穢」音樂，取而代之的是上海評彈團的傳統歌曲和弦樂。一切都非常值得，而且令人讚嘆。褪去老舊又「不公平的皮」，「罪惡之城」已然清洗乾淨而且煥然一新。不過，生氣蓬勃、非官方的世界仍然留存了下來。香港製作的電影與時尚仍然低調地流行，而且頗具影響力。然而，很多人自願成群結隊離開上海，其實也不令人訝異。

針對地域平衡的產業發展策略，促使工業與企業搬遷，帶動上萬人接受西北或滿洲的工作。[15]並非所有人都自願前往，但也並非所有人都是被徵召的。中國共產黨執政後，上海是他們最大的挑戰。他們老早就在討論遷移上海的產業，此舉目的有數個：幫助中國其他地區發展；減少資源過度集中某一地區的安全問題（而且是沿岸地區），並打破這個危險且曾經妥協過的城市獨大的勢力。有些產業真的遷移了——一九五五至六〇年間，一百四十五座工廠完全搬走——而且上海還不是第一個五年計畫的優先執行地區。儘管如此，企業持續搬遷，而且上海某些人確實「被」搬走了。早在一九五一年，上海的大學畢業生就被強力導向中國其他地方就業。一九五二年九月，一個廣受歡迎的一千兩百人戲班離開上海，前往滿洲支援韓戰。一九五〇年代，上萬人被送到新疆和中國西部其他省分。一九六三至六六年，七萬名青年前往新疆，另外十萬名則去了其他鄉村。[16]這是國家政策，但上海又特別是主要的目標。

另一批離開上海的人，他們的目的地非常不同——香港。一九四五年至五一年間，邊境管理開始實施的時候，有一百四十萬名難民居留在殖民地，在接下來的十年間，至少又有四十二萬人過去。[17]到了一九六一年，難民中估計有十萬人來自上海。一大群人帶著他們的資產、技術和人脈；有些人把他們的事業搬到這裡，其他人把船運的利益轉移過來。其中幾個上海最重要且資深的企業家族，對於香港戰後發展迅速的工業化貢獻良多，最明顯的是紡織業，根本成了「上海飛地」。他們投資從海外購入的新工廠；一九四〇年代末期政治因素引發的通貨膨脹，以及對中國的貿易禁令，導致許多設備囤積在倉庫，此時正好派上了用場。上海資本飛往香港的顛峰期是一九四八至四九年，但在共產黨掌權後，若情況允許，仍然遮遮掩掩地繼續這麼做。大多數難民沒什麼家當好帶，但隨著香港經濟快速起飛，那些新的磨坊與上百座新工廠，都需要勞工。這波快速流進的人潮，對殖民地的基礎建設造成莫大壓力，但也加速了香港的成長。

「外觀看來沒什麼改變。」一九六六年六月，即將離開上海的英國領事評論：「那些帝國主義的建築依然佇立在外灘。」[18]但從前在裡面的人都走了。自一九三〇年代末起，面對國民政府的法令、遲早要讓渡的治外法權、日本侵略等因素，英國設立的中國公司本就開始逐一重新註冊到別處，但在一九四五年之後，速度又更快了。香港的文化截然不同，部分由於中國通商口岸的地位，部分由於英國殖民的影響，儘管如此，對於兩萬三千名住在那裡的英國人來說，香港是在中英僑熟悉的地方。依傍水岸的是同一家銀行（而且門口也有銅獅守護）；在市中心玩板球，在跑馬地舉辦賽馬；去慣了上海夜總會的居民，也能接受改去香港夜總會。他們在上海習慣了浮誇的英國官員生活，在香港也過得沒有什麼不同，而且更加棒得不得了的是，香港有自己的總督和圍繞在總督身邊的儀式。一九六三年開始，也有了賽狗場——雖然是在澳門，但澳門也有許多賭場，讓放逐的日子因而增色許多。

留在中國本土的外國人非常少。一九六四年，原為外國社群數量最多的俄國居民，減少到一千三百二十六人，多半都住在新疆。一九六五年初，上海有兩千七百三十名外國人，但其中兩千〇九十二名是來自非洲、亞洲或拉丁美洲的學生。其他居民只有六十五人不是外交人員。一九六二年，有四十二名英國人（多數是英國男人的年老中國遺孀），以及五名法國人。這些數字甚至持續減少：英國領事布魯克斐德（David Brookfield）在一九六四至六六年間在職的時候，有五人死亡與一次受洗的紀錄，其他人在殘留的外人利益消失之後，隨即離開。除了波蘭的船運代理和一九六四年開幕的巴基斯坦國際航空，一九六五年底，只有三家外國公司駐守，全都是英國公司。第四家公司是華比銀行（Banque Sino-Belge），連帶銀行經理和經理的家人，與其說他們是在繼續營利的企業，不如說是人質——這個情況從經理在一九五二年來到這裡安頓下來時，就是如此。還有二十七名印度人，多半是經營小店的錫克人。留下的俄國人只有六名，還被歷史上最不可能的上海居民——西藏人——以十比一的人數勝出。[19]天津和北京也有小群的外國人逗留。英國外交官員仍然繼續留心他們的福祉，但訪客喬治・蓋爾（George Gale）懷疑地表示，那是他們沒有在寬闊但無用的使館玩尋寶遊戲的時候才會這麼做。英國最終在一九五九年放棄古老的公使館，裡頭滿滿都是歷史：檔案（包括一八五八年在廣州奪取的中文檔案）、紀念牌、紀念碑、古代的銅製大砲、前居民遺留的碎屑——包括了不起的幻想家暨騙子巴恪思爵士。[20]這些東西有一部分運回了英國，部分送人，部分當成破銅爛鐵變賣——若捫心自問，這些東西數十年來除了帶來驕傲以外，沒有太多用途。

一九六五年，歐洲人在上海的人數其實是增加的。三十名外國專家來到上海外語學院教授語文，一夕之間人數翻倍。整個世紀以來，這種團體在中國所有的矛盾特徵，竟然就在這群為數不多、來自各國的人之間再度複製：意識型態的熱情與天真、自大的利己態度，甚至是單純的恐華。[21]多數這種由各式各樣的人組成的團體，和每年齊聚在英國領事館進行聖誕節禮拜的外國社群（人數一年比一年少），彼此之間並沒有什麼關係。英國領事館現在的官方名稱是「英國代辦處」（Office of the British Charge d' Affaires），照顧在上海的英國僑民，但訪客走進領事館時經過的門柱還是掛著皇家徽章。一九六五年來到中國的人，他們的家族往往與之前的通商口岸有些淵源：康斯坦斯・馬汀（Constance Martin）的祖父是第一任租界巡捕督察，當時是一八五四年。還有幾個出身歷史響噹噹的家族：羅伯特・顛地（Robert Vyvyan Dent）的父親在一八六二年出生在外灘的顛地洋行（Dent & Co.），當時家族企業正值顛峰，堪稱呼風喚雨的英籍公司，唯一的對手只有怡和洋行。老顛地和妻子、兒子路易士住在原亞爾培路（Avenue du Roi Albert，譯注：今上海市黃浦區陝西南路）的大房子。麥士尼（Husheng Pin Mesny）的父親一八六〇年來到上海，在太平天國內戰期間走私軍火，內戰之後，又擔任傭兵與軍事顧問。麥克班（W. R. McBain）在上海的家族事業於一八七〇年代起步；一九二五至二六年，五卅運動期間，他正任職上海工部局。[22]麥克班一度在外灘擁有一棟大樓，現在則租給殼牌公司。一九五〇年代來訪的外國記者，例如蓋爾，人數以些微差距勝過尚存的俄國人裁縫，甚至是酒吧和酒吧姑娘，但看來真正算是愛德華時代留存下來的遺跡，只有這些人了。（譯注：愛德華時代為一九〇一至一〇年，英王愛德華七世在位時期。維多利亞時代中後期和愛德華時代被認為是大英帝國的黃金時代，之後發生重大政治社會變化。）布魯克斐德和其繼任者仍然保持舊式的家僕制度，那是老顛地或老麥克班等上海英僑曾經引以為傲的制度。一九六七年，名單上有「一號小廝、二號小廝、家庭苦力、廚師、洗衣阿媽、保母阿媽、園丁」，其中許多人長期都在領事館工作。英國領事館的草地還是有除草婦來修剪——一個英國外交官曾回憶道：「草地修剪得好極了」。領事館近五十公尺的旗竿依然矗立，英國國旗依然高掛，但是一年只有十五個場合才會這麼做（避免引發爭議）。[23]所以中國唯一還被稱為「苦力」的人很可能就在英國領事館工作——這個地方紀念了一八四二年維多利亞女王的軍隊於第一次鴉片戰爭占領這座城市。

如果曾經在中國無比強勢的英國人只剩下一息尚存，那麼對於留學劍橋的上海商人、與父親在戰後和CNRRA互相圖利的劉念義來說，這個世界又是如何變化？一九六五年，就和其他一九四九年之後留下或回國的「國家資本家」一樣，劉念義保有一些過去的利益和地位：以他的情況而言，他可以從過去家族經營的火柴工廠獲得百分之五的營利，藉此他可以負擔一輛汽車、一名女傭和一間舒適的房子。那一年，法國攝影師馬克・呂布（Marc Riboud）拍攝了他和妻子夏天錦的肖像。毛澤東的小雕像令平凡的壁爐赫然生輝，他們後方的展示櫃擺滿裝飾玉器。劉念義站著，雙手交叉站在姿態高貴的夏天錦身旁。相片的說明文字寫著：「快樂的資本家」。他父親為他取的英文名字是Julius，向凱撒大帝（Julius Caesar）致敬。劉念義依然不負凱撒盛名。上海的資本家中，外國記者經常訪問劉家。訪客看到這些人在國慶日時遊行，紛紛感到驚奇。記者卡麥隆覺得「愚蠢」或虛偽。「我不能抱怨。」劉念義的弟弟劉公誠（曾經叫做Leonardo）幾年前曾告訴卡麥隆：「我本以為解放會砍掉我的頭，相反的，卻救了我。」一九三八至三九年，他曾在延安待過一年，這件事也有所幫助。之後劉公誠把他管理的水泥公司完全交給國家，心想可以留下經理一職。而且他說：「我再補充一點，現在和工人之間『沒有』糾紛。」果然是快樂的資本家。[24]

這種日子無法長久。一九六六年八月二十三日，文化大革命的青年準備徹底檢修上海。[25]在鑼鼓喧天、震耳欲聾的呼喊聲中，他們在整個城裡漆上口號，掛上布條，貼上海報。街道和建築物也重新命名：紅衛兵把南京路改為「反帝路」，黃埔江改為「反帝江」；上海市也應該叫做「反帝市」。他們彼此比賽誰取得好，但是想像空間非常狹隘。大世界遊樂中心變成「東方紅」，而巨大的毛澤東雕像隨後就會令門面蓬蓽生輝。從前外國擁有的建築物，門前基石的銘文被鑿壞、燒焦，或塗上水泥、油漆。英國領事館被告知移除他們的皇家徽章，他們照做了——在被洗劫（還有「丟光臉」）之前先採取動作。外國車的品牌名也被改了：奧斯汀變成反帝，福特則是反修正主義。賽跑馬總會的圖書館被搗毀，博物館被闖入並破壞。

上海幾乎一夕變天。宗教建築全面遭到攻擊：清真寺、寺廟、教堂都被洗劫，宗教符號與象徵都被摧毀。城隍廟、靜安寺、龍華寺的文物和經文都遺失了。代表徐家匯天主堂和聖三一堂的尖頂和塔樓被拉下，十字架也被拆走。錫克教的三處謁師所被占領。福州路祆教的禱告室和墓園也被闖入霸占。僧侶和修女遭到惡劣的待遇；上海的伊斯蘭教長被毒打（北京的則被殺害）。墓園也遭到侵襲，絕大多數的墓碑都被打破。江海關大樓前面貼了兩張海報，寫著「海關大樓的鐘仍響著帝國主義如鬼魂般的聲音」，以及應該改鳴〈東方紅〉的訴求。一週內，新的鐘就安裝完畢，而那首讚揚毛澤東的歌曲透過四十臺揚聲器響徹整座城市。隔壁大樓的銅獅仍然守護在前匯豐銀行外，但匯豐銀行變成市政府的總部之後，銅獅也被搬走了。有了毛澤東的上海心想：要獅子做什麼？

要香港的流行、髮型做什麼？好幾群紅衛兵闖進理髮店和咖啡廳，斥責他們鼓勵「泰迪男孩和飛來波女郎」（teddy boys and flappers，譯注：泰迪男孩是英國一九五〇年代的次文化，流行於富裕的青年之間，服裝風格追求愛德華王時期的窄口西裝褲、長外套、厚底鞋；飛來波女郎的特色則是短裙、留妹妹頭），命令他們停業。穿著流行服裝、鞋子或髮型的人會被當街攔阻，可能當場就被剪掉頭髮、脫掉衣服。年輕女孩馬上剪掉自己的辮子。鞋店的皮鞋都被丟了，因此帆布鞋銷售一空。一年前呂布拍攝的年輕時髦女性——穿著俐落褲裝、白色手套、輕薄絲巾，嘴唇擦上口紅——絕對不會被輕易放過。新上海的視覺宣傳一度是「毛主席」賦予上海無產階級的願景——「快樂生活」的中產階級，但現在必須穿著低調、打扮得像個工人，也要忘掉那些熨燙整齊的摺痕。[26]糖果店不賣外國糕點；花店關門大吉；也不准養金魚。一位英國外交官表示，他看見十二、三歲的女學生組成宣傳隊，在街上排隊，表演舞蹈，高喊口號，宣示效忠毛主席，儼然「福音教派的救世軍」。[27]過去服裝的「原罪」則由劉少奇的妻子王光美頂下。她在北京清華大學憤怒的群眾面前身穿旗袍、腳踏高跟鞋——那是一九六三年她出訪印尼的服裝。她的脖子還掛著一串乒乓球（代表當時她脖子上的珍珠項鍊）。批鬥她的人罵道：「妳侮辱我們，穿著這身服裝和蘇卡諾（Sukarno，譯注：時任印尼總統），在印尼打情罵俏。妳令中國人蒙羞，侮辱全體中國人。」[28]你的服裝就代表了你，而且可能會讓你為此付出代價。在激進分子的眼中，那根本不是王光美最嚴重的逾越，不過正好拿來批鬥、羞辱她。

在上海，外灘和南京路外，暴力席捲了每條街巷、每戶住家。紅衛兵闖入被控「黑五類」的人家中。一九六六年八月三十日，他們找上五十一歲的鄭念。在目睹鄰居被攻擊後，她心理多少已經有點準備，但接下來發生的事，再怎麼有心理準備也不夠。一幫人闖進家中，把她鎖在其中一間房間，接著洗劫、破壞、掠奪她和女兒的住家。鄭念的衣服被剪成碎片，她的明朝瓷器被踩破，她的書被丟到花園的火堆，家具都壞了，她的唱片收藏被搗爛。臥室床頭的牆壁用她的口紅寫上「帝國主義走狗」。紅衛兵也割破床墊和布料家具，搜尋武器或黃金。而且這樣的入侵不光只有一次。一九六六年八月二十三日，光是上海就有八萬四千二百二十一戶遭到入侵（劉念義在後來也會被找上）。大把的現金、債券、貴重金屬都被搜走，其他貴重物品如果沒被搗毀（或偷走），就由紅衛兵「獻給國家」。將近五百五十萬本書與三百三十萬件「文化遺物」被奪走，交由城市的骨董管理單位處理。被搜刮的私人物品數量正好證明了搜刮行動的規模。九月一日至二十五日之間，中學學生組成的紅衛兵毆打了超過一萬人，其中有十一人死亡。另外一份報告統計有七百〇七人自殺，而三百五十四人的死亡與該月的私人住所入侵行為有關。之所以能夠計算得出傷亡人數，正因為是由官員指揮、監督青年的暴行，並提供目標給青年。在北京，地區官員或警察張貼出攻擊目標的名單，寫上他們的姓名、年齡、「階級來源」與「罪行」：地主、反革命分子、壞分子、「妨礙革命者」。[29]這是被授與執照的暴力行動。

鄭念本名姚念媛，是北洋政府官員之女。她曾就讀燕京大學與英國倫敦政經學院，並在倫敦認識她的丈夫。丈夫任職國民黨外交部的時候，她也隨著他外派。戰爭期間，她在英國、美國與澳大利亞的同盟國會議與集會上勇於為中國發聲。他們夫妻在澳大利亞的時候，協同設立該國第一間中國大使館。一九四九年共產黨接管上海，她的丈夫在上海主持外交事務辦公室。之後，他轉任上海殼牌石油公司經理。一九五七年，鄭念的丈夫去世，她接手顧問一職，直到公司一九六六年初關閉。[30]鄭念的世代鞏固中國在外交社群的地位，也努力擊退帝國主義。鄭念的生活代表見過世面的上海中產階級，而她並不引以為意。她喜愛歐洲古典音樂、品酒、早餐吃塗上奶油的土司，口說流利的英語。每兩年她都能去一趟香港，採購在上海買不到的物品。英國的外交官和她很熟。她的住所華美、設備齊全，有九間房間、四間浴室、一架鋼琴、精緻的骨董與藝術收藏；廚師、女傭、園丁照料她的起居。現在她被指控為間諜。

經過一個月的連番批鬥（公開羞辱與折磨的大會），鄭念被人監禁，一關就是六年。紅衛兵在一封一九五七年的信加上鄭念的名字——那封信是寫給一位即將搬來上海的英國女人——因此她被指控「洩漏上海穀物供應資訊」。但她要到一九七二年才會知道這件事。鄭念出生在澳大利亞的女兒是名年輕的電影演員，於一九六七年六月被捉走，並在批鬥之中飽受折磨，然後被殺害。劉家兩個兄弟被攻擊譴責的過程，還在電視上轉播。[31]一九六七年十二月二十八日，劉念義從以前家族企業的總部大樓墜樓身亡。文化大革命不僅攻擊革命未竟之業，也攻擊中國的世界主義者、中國歷史，以及數十年來接受全球潮流與影響的中國文化與社會。

政治批准的仇外情節，外國文化、觀念、影響遭受的暴力攻擊，充斥了整場文化大革命。在倫敦求學、家人在海外、懂得外語（王光美會說法語、英語、俄語）、了解外國產品與風格的品味，這些都是有毒的記號，被視為叛國的意圖和思想。雖然文革與支持國際團結的政治立場大相逕庭，但顯然與整個世紀影響中國革命的民族主義運動有關。比起相信太平盛世的拳民，文化大革命反而更類似蔣介石對上海外強毒化中國的譴責，以及抵制外國商品的「國貨」運動。這一切看似瘋狂，但絕對非常現代。在一九〇〇年，當時參與叛亂的人認為外國的神與其信徒讓他們的世界變得扭曲。但蔣介石和發動抵制的運動人士是精心算計過的政治計畫。這些參與文化大革命的革命分子也是。

文革的影響無遠弗屆，但音樂的世界尤其受害最深。一九六六年六月，作曲家賀綠汀成為上海首波個人批鬥的目標，他是上海音樂學院的院長。中蘇關係還友好熱絡的時候，不只將曳引機和肥料工廠引進中國，也有許多文化交流與實習計畫。有新西伯利亞的芭蕾舞團，也有許多音樂家、歌唱家和舞蹈家。[32]這個領域的技術發展稱為「新音樂」——以歐洲的古典傳統發展中國的樂曲與表演，自一九一九年白話文運動以來，也屬於中國文化與社會的民族主義轉型。新的音樂能夠催生新的中國。一八七九年，中國最早的上海工部局管弦樂團是上海音樂學院的基礎。一九二七年，蔡元培成立音樂學院，成為孕育文化與音樂專才的搖籃。上海的歐洲難民社群當中，有許多才華洋溢的音樂家，管弦樂團也吸引了許多國際巨星到上海演出。[33]一九五〇年代，這個文化又因俄國與其他社會主義國家的人才交換而增強。中國特別重視鋼琴以及某些西方音樂家：莫札特、貝多芬、布拉姆斯、舒伯特，他們引起了許多共鳴。蘇維埃集團顧問心中的文化優先與充滿革命企圖的中國官方文化政策之間，呈現了緊張的關係，但對都市的世界主義者與音樂家而言，這是豐富且多產的時期。此時年方二十一歲、出生上海的傅聰，在華沙獲得知名的蕭邦國際鋼琴獎第三名，更是全國莫大的驕傲。根據《人民日報》（官方黨報）報導，現場「掌聲如雷」。[34] 中國也掌聲如雷。傅聰是第一位亞洲人——更別說是第一位中國人了——在這樣的比賽中獲獎。

一位波蘭音樂家發現了傅聰的天賦。傅聰獲獎之前，曾在波蘭留學兩年。但根據他的父親（即知名的中法翻譯家傅雷）所言，他獲獎的原因是由於他給兒子「密集的中式教育」。而且傅雷還說，畢竟「無論外國如何影響他們的文化，中國人總是吸收最好的」。因此，這是真正的中國勝利，而《人民日報》正面的報導更是錦上添花。[35] 一九六五年，毛澤東向「音樂工作者」發表談話，呼應了傅雷的評論：「我們應該向外國學習，並將所學用於創造中國的事物。」對於外國文化，應該不要拒絕，也不要未經思索便加以模仿。這是傅雷小心的論證。然而卻不夠小心。傅雷公開表揚兒子以及自己的教育方法，導致他於一九五七年的反右派行動中遭到毒打，因為他並未給予黨適當的尊重。

兩年後，傅聰出逃英國，引起更大的震驚，但對於那些深深懷疑上海音樂圈的國際主義內涵之人，以及反對傅雷觀點的人來說，這件事正好拿來加以操作。音樂學院屈服於壓力，新增中國樂器學程，也接受少數民族的音樂家（包括在上海的西藏音樂家），然皆非出自真正的熱情。學院的作曲家徒步深入延安鄉間，沿著長征的路線進入安源礦區。他們訪問年老的幹部、農民、工人，聆聽他們的經歷，把故事寫進革命的交響樂和清唱劇。音樂學院的教職員不得不因應大躍進的要求，寫出「更多」、「更好」的歌曲（可能無法「更快」）。[36] 一九六〇年，音樂學院舉辦年度慶典——上海之春，然而在偏愛中國「國家音樂」的政黨壓迫了歐洲古典音樂數年後，這場慶典的氣氛猶如寒冬。

一九六六年，慶典最重要的部分，就是在工廠、軍營和鄉村的表演，而「中產階級的『威權』」與其「限制與慣例」就是譴責的對象。[37] 據稱，超過百分之七十的表演者是「業餘工人、農民與軍人藝術家」，誓言遵從「中央委員會與毛主席」，創造「更多、更好的歌曲和舞蹈，代表我們的年代」。所以巴哈、貝多芬和史特勞斯通通出局，所有的耳朵都轉向了〈前進，上海光榮的工人！〉以及〈紅軍不怕遠征難〉。

中國現在對著不同的音樂報以如雷掌聲。而音樂學院的紅衛兵占領並破壞了傅雷與妻子朱梅馥的住所，三天後，一九六六年九月二日，他們雙雙自殺。[38]音樂學院中，其他文化大革命的罹難者包括鋼琴家李翠貞。一九三〇年代，她在倫敦求學時與鄭念結為好友，同時也是音樂學院於一九二九年創校時的第一批學生，後來又回母校教學。她的孩子住在澳洲，丈夫在香港工作。丈夫一九五七年過世之後，她也在香港工作一段時間。她難逃此劫。她以為自己長久以來與政治劃清界線，便能與鋼琴和學生相守，然而，她先因「英國帝國主義走狗」的罪名，被學生強迫在校園的柵欄底下爬行；一九六六年九月九日，同一批學生又對她召開批鬥大會，之後她便以瓦斯自盡。上海交響樂團的指揮陸洪恩在文革初期就被拘禁。儘管已經確診精神疾病，他們卻不讓他接受治療，又把他帶回音樂學院批鬥，控訴他對「小紅書」不敬，犯下反革命之罪。一九六八年四月二十七日，他在前逸園賽狗場（現在重新命名為文化革命廣場）面對廣大的群眾接受審判。審判透過電視即時轉播，整座城市的觀眾聚集在工作場所的電視機前。陸洪恩與其他七人都被判處死刑，立刻帶去槍決。群眾聽到判決後發出歡呼、拍手、呼喊口號，並高唱〈大海航行靠舵手〉。這首歌的最後一句歌詞是「毛澤東思想是不落的太陽」。[39]至少有十七名音樂學院的教職員死在烈日之下。其他人被打到殘廢、手指骨折。身陷囹圄者，不計其數，而且多半都是當場就被帶走。到了一九七〇年，後來的報告簡潔記錄，音樂學院有兩百五十名學生，但有三十間臨時的單人禁閉室中，關著音樂學院八十名教職員。[40]

香港也高唱讚美毛澤東的歌曲：他是舵手、高升的太陽、人民的救星。一九六七年一月二十九日起，英國的殖民地也開始戒備，不僅因為邊界動亂，也因為澳門發生針對葡萄牙政府的攻擊，戒備長達一個月。共產主義學校策畫的衝突引發了暴動與左派叛亂，最終遭到葡萄牙政府鎮壓。但事後解決衝突的正式談判中，葡萄牙人一心掛念進入澳門港口的中國海軍艦隊，已經放棄了對澳門的實質控制。殖民地的管理機構聲明放棄使用武力，解散了部分高階官員，並同意賠償。管理機構的名稱不變，但實質權力已經拱手讓出。那裡還是他們的房子，但他們已經不是主人。那些中國艦隊與部署在澳門邊境的人民解放軍，也用來防止好戰的紅衛兵攻擊殖民地。這樣的現狀對中國最好：中國獲利——不僅是經濟，也透過澳門的港口，以及更大的香港通往世界。

即使如此，套句某些人說的：在香港的英國人並不想要被「澳門化」。快速工業化為香港帶來壓力，加上持續吸收來自中國的難民導致了數次勞工抗議，較有名的在一九五六年與一九六六年。但一九六七年五月六日，九龍人造花工廠針對薪資與工作環境展開罷工，後來竟演變為警方與勞工之間的暴力衝突。[41]五天之後，當時被激進人士占領的北京外交部發出正式抗議，在廣州與北京也出現大型示威。香港當地的共產主義者認為那是強烈的暗示。他們委屈自己，居住在舒適、資本主義的香港，現在急於增加革命的履歷。他們組成「各界同胞反英抗暴鬥爭委員會」，得到中國社運分子的各種工具與手法，另有殖民地內九家與共產黨相關的報社支持，於是在行政機關外面發動抗議遊行。示威者包圍政府大樓，背誦小紅書，高舉海報與旗幟；六月展開大罷工。但示威轉為暴動，暴動又演變為威脅與殺害——七月起，甚至有炸彈出現。

總計有五十一人被殺，還有兩百五十起炸彈攻擊，並有一千五百個爆炸裝置被拆除。一九六七年七月八日，邊界外的中國槍手開槍射殺警察，造成五人死亡。面對暴力，左派那些分化香港大眾的作為也浮上檯面，港督戴麟趾爵士（Sir David Trench）便放棄了一開始的「溫婉」原則。失序的報導穿過邊境、傳入香港，許多居民擔心家人與親屬，對局勢更無助益。英國鎮壓叛亂的工具一一準備就緒，部署就位。他們在馬來亞、肯亞、賽普勒斯早已磨過了刀。表面上「溫暖人心」的正面宣傳，背地支撐的卻是鐵與血：未經審判的拘禁、關閉三家挑釁的報社、起訴編輯和出版商（三人入獄）、遣散罷工的政府員工。軍隊與皇家空軍直升機偕同支援警察，突襲了商會基地和鬥爭委員會。英國政府大獲全勝。香港很少人為失敗的共產黨哀悼，但事件的情勢高漲時，中國一片譁然。

上海首先有感。一九六七年五月十六日，示威者包圍領事館。領事彼得·修威特（Peter Hewitt）的家人搭車逃走，但車輛遭到攻擊。他表示，「一群紅衛兵接著衝進領事館，放火燒了一個肖像，在牆上寫了『反英擁毛』，並在女王的肖像、我們的皇家徽章和電影螢幕上亂畫。」

> 接下來三個半小時，他們衝進房子洗劫，拉著我在房子和大門之間上上下下，偶爾又抓住我，用小枝的旗竿打我，用蠻力把我的頭壓倒在地上，要我屈服於毛澤東。

誠如那名英國領事在一九六六年三月時說的，英國人有他們「情感上的理由」，希望能夠保留外灘上的建築；但在中國人的想法裡引發的情感並不相同：那是帝國主義的遺跡，仍然盤據在黃埔江一座小小的橋頭堡。[42] 修威特回憶道：他們一直「很想在我們的草坪上嬉鬧」。接下來五天，他找出沒被破壞的東西，燒掉所有檔案，接下紅衛兵正式的抗議，然後搭機撤退到北京。他和一名同事一邊遭受夾道攻擊，一邊上了飛機，整趟往北的旅途中，還被飛機組員訓斥。他終於領悟，這和香港沒有太大的關係，而是因為民族主義。

六個月後，在〈東方紅〉的歌曲中，中華人民共和國的旗幟高升在「中山路三十三號」（譯注：上海前英國領事館舊址）——避免賦予英國任何占領的合法性。該址被市政府充公時，上海的電臺宣布，那裡曾是「侵犯中國的總部」。[43]電臺也宣布，這是對抗修正主義與帝國主義的盛大勝利。「完全反應了中國的偉大與聲譽」。經過短暫討論後，英國決定不採取任何報復行動。畢竟，他們是贏不了的。而且一位倫敦的官員說：「反正這一百二十二年來都沒付過租金，也不算太壞。」[44]

接下來是北京。英國駐中國代辦處搬出了一架鋼琴與一座沉重的黃銅講臺，當作最後一道防線，這也是一九〇〇年拳民包圍公使館時的紀念品，卻起不了任何作用。文化和歷史失敗了：即使那兩樣沉重的物品擋在門口，還是阻止不了群眾。緊張的情勢持續攀升數週，包括攻擊當地的外國專家——其中也有英國人。一九六七年八月二十二日的炎熱夜晚，約一萬名紅衛兵入侵代辦處。抗議戴麟趾鎮壓共產黨報紙、監禁數名記者只是表面的理由。當暴民大喊「殺！殺！」衝進去的時候，裡頭二十三名孤立無援的英國職員火速進行「末世之戰」（Armageddon，譯注：典故出自《新約》，描述世界末日之時善惡對決的最終戰場）。但面對攻擊與火燒，他們被迫走出安全地區。他們一離開就被抓起來，還被拳腳相向。許多人被迫跪下並低頭拍照，因為攻擊他們的人早就準備了相機，好記錄他們的屈辱。住在對街的阿爾巴尼亞人穿著睡衣從大使館出來圍觀看熱鬧，據報導，他們還發出「歡呼」。英國人最終被人民解放軍帶走，沒有人受到重傷，雖然代辦處部分被搗毀，裡面的設備也被破壞。代辦處代表霍普森（Donald Hopson）提交簡要報告給倫敦。情急之中，他把女王的簽名肖像放進保險櫃，還好只是稍微燒焦。他也因此得到了一點安慰。[45]

光靠外派人員的沉著與勇氣，並不能掩飾艱困的情勢。畢竟，如同英國外交部遠東司司長亞瑟．德拉梅爾（Arthur de la Mare）所寫：「在任何情況下，若要較量血腥瘋狂的程度，中國人永遠比我們在行。」[46]許多方面而言，這句話切中英國或任何外國當時衰弱的處境，而且從整個中華人民共和國與其外交關係的歷史來看，不僅只有此時此刻。在其後一年，英國的外交官的離境申請都會遭到拒絕，但比起數十名面臨各種正式或臨時拘留的英國人與其他外籍人士來說，限制出境的處境好多了。

唯一一位在北京的英籍記者，路透社的安東尼．葛瑞（Anthony Grey）於一九六七年七月二十一日遭到軟禁，作為針對香港政府逮捕左派記者的報復。八月十八日，紅衛兵粗暴地占領葛瑞的房屋，將他軟禁在內，毆打他，並對他施以「噴射機」待遇（譯注：雙手綁在身後，身體向前傾，維持不動的姿勢）；他的貓被刺死、吊掛起來，接下來兩年中，他又被關在其中一間房間。每天早上，看守他的衛兵都會高唱〈東方紅〉吵醒葛瑞；每日的政治功課都以〈大海航行靠舵手〉總結；他吃晚飯的時候，他們又唱起〈國際歌〉。更孤單的拘禁似乎還比較輕鬆。出生於哈爾濱的白俄羅斯自由記者賽爾吉．寇斯科（Serge Kost），什麼罪都沒判，就在上海被監禁了八年，隨後又多關了七年才被釋放。[47]工程師喬治．瓦特（George Watt）決定坦承在蘭州的間諜行為，他是那裡其中一位監督聚乙烯工廠的外國工程師，然後被關了三年。瓦特認為，那是唯一有機會被釋放的方法。判刑後，他馬上被抓去大眾面前，進行慣例的羞辱。他的另一位德國同事也入獄。有些人被抓的原因是攝影。來自香港的記者諾曼・巴里梅因（Norman Barrymaine）在上海的港口拍照，因而被逮捕並監禁了十九個月；另一名和他一起被捕的義大利籍船員，被關了將近三年才出獄。這時候，至少有十二名英國人被監禁，還有十二名日本人、五名西德人與十二名美國人也是。一九六六年八月，最後幾位在中國的外籍修女被毆打並羞辱，她們在北京的修道院與教徽也被搗毀，接著便被驅逐出境。西歐與亞洲到中國的旅遊業自一九六三年興起，在一九六七年之間逐漸上升，然後崩潰。[48]若非熱中政治朝聖，可是會冒上旅遊的風險。

另有其他逮捕、拘留，以及打著五花八門說詞的行動，其實盡是收押人質的行為，但他們偏不這麼說。一九六六年九月，多數外國學生收到命令，要他們待在家裡，而許多外國專家也紛紛離境，數量從四百一十一人下降到五十九人。有些人一開始便投身文化大革命的鬥爭，但他們狂熱的意識型態最終也無法保護他們不被指控為間諜。[49]克魯克、夏皮羅、李敦白（Sidney Rittenberg，譯注：一九二一年—，一九四五年隨軍來到中國，是第一個加入中國共產黨的美國人，曾在延安工作）、戴乃迭、艾培和他的英籍妻子邱茉莉（Elsie Fairfax-Cholmeley）等至少十七位「中國人民的老朋友」，都被拘禁了或長或短的時間。英國外交官也很苦惱，是否要為邱茉莉那樣的人交涉。有人認出她也在六月入侵代辦處的群眾之中，搗毀接待室的女王肖像，扯下並燒掉了英國國旗。後來英國外交官還是盡力為她交涉。幾名不幸的人，包括一小群老外僑，也立刻被盯上。曾經獲得大英帝國勳章（分別是官佐勳章〔OBE〕與員佐勳章〔MBE〕）、居住在上海的麥克班和馬汀只能在事後納悶他們究竟是怎麼引起懷疑的。一九六六年九月，紅衛兵侵入顛地在上海的家，破壞許多物品，毆打並帶走他的中國友人。而且入侵者還在他的屋外搭起帳棚，住了兩個星期。他還要等上四年，才會獲准離開中國。局勢最低迷的時候，上海的外僑落到了只有七十人。這個數字是否包括關在監牢裡的那些人，並不清楚。[50]

然而，中蘇關係此刻卻走到了河決魚爛之地。一九六七年初，蘇維埃大使館遭到包圍，長達兩週。即使他們沒有遭遇英國那樣的火燒結局，這個行動的規模也是史無前例之大。數十萬名示威者包圍蘇聯大使館，拘禁裡頭的職員。一些外交官的家屬雖然獲准離開，卻在推拉與欺凌之中上了飛機。北京的機場裡頭放了一個維妙維肖的假人柯西金（Alexei Kosygin），吊在絞刑臺上，展現示威者的榮耀：這位蘇聯總理一手握著染血的短刀，一手拿著警棍，用來暗示《死亡舞蹈》（*danse macabre*，譯注：中世紀歐洲盛行的插畫，提醒世人無論人生多風光，最後終須一死）。[51]沒人笑得出來。與此同時，真正的柯西金正在倫敦，受到盛大歡迎。他到倫敦進行元首訪問，享用首次為蘇聯領袖設置的國宴。對那些指控蘇聯「修正主義」、追求「恢復資本主義」、與美國串通以分化中國的人來說（周恩來就曾在吃驚的季辛吉面前這麼說）柯西金的訪問正中下懷。但是這也透露出一件事實，就是國際環境已經改變，而中國可能沒有多少調度空間。

和英國一樣，除了大使館，俄國也有其他可能引發衝突的地方：兩國共享著長達四千三百公里的邊界。一九六七年二月，大使館包圍解除後，新的報導注意到約有五百名中國婦女與兒童在黑龍江省一座不宜人居的島上紮營，這座島嶼是控制權仍有爭議的六百座島嶼之一。[52]珍寶島位於烏蘇里江，距離伯力（Khabarovs）兩百四十公里。一九六九年三月二日，靠近珍寶島的蘇維埃邊界衛兵以為他們又要重複這場煩人的戲碼：中國人刻意入侵長約一千七百公尺、寬約五百公尺的島。於是衛兵整裝排成一列，逼退他們。想不到中國人一哄而散，讓後面第二排的人開始射擊，並且另有三百名人民解放軍，從前一天晚上挖掘的壕溝開槍掃射。他們殺了三十名俄國人，包括起初被帶到監獄的傷患。中國的砲彈也開始對著蘇維埃邊界的衛兵轟炸。兩週後，島上又發生更大、更血腥的交戰，這次中國傷亡慘重。

這場衝突之後，蘇聯的戰略火箭部隊有整整五天處於警戒狀態。中國認為，這個首次在珍寶島發生的衝突，是一九六四年十月十五日以來，蘇聯在邊界第四千一百八十九次的「挑釁」。這一天也是五年來漫長的邊界衝突協調破裂的日子，同時又是中國第一顆原子彈試射的前一天。然而，即使中國在一九六九年三月之前已經引爆了三顆炸彈，現階段他們還是無法有效地使用這項武器。一九六七年，葛瑞被罵的其中一句話就是「引燃我們的氫彈，便是給你們這些英美混蛋一點顏色。」[53]但其實套具俗話，這不過是紙老虎在耀武揚威、實為空洞的宣言。蘇維埃兵工廠的實力遠超越中國能夠說嘴的程度，而現在俄國人會一再提醒中國這件事實。

中華人民共和國繼承的中蘇邊界，來自於破碎的清朝主權。[54]雖然國民黨的時程表一直關心著這個地方，但是他們從未真正控制中國核心領土的重要地區，遑論一九一二年共和體制在名義上取得的邊界與前線。蒙古已經獨立；新疆從來不受共和體制控制；西藏則是保持實質上的獨立。一九四九年，蘇聯空運人民解放軍，幫助共產黨奪回新疆；一九五〇年，軍隊入侵，並且收買西藏，並於一九五九年以規模龐大的暴力鎮壓當地的抗爭，加強中國控制。一九五〇年代末期，中華人民共和國已經正式穩坐清朝時期絕大部分的邊界，但與鄰居的爭議也越拖越久。邊界往往畫得不清不楚，而歷史上的主權轉移仍然備受爭議。例如與印度的邊界，是一條以亨利．麥克馬洪爵士（Sir Henry McMahon）命名的「線」（譯注：英國外交官亨利．麥克馬洪爵士擔任英屬印度外務祕書期間，主持一九一四年討論中印邊界的西姆拉會議，劃定自不丹和西藏交界處，大致沿分水嶺和山脊線至雲南獨龍江東南的伊素拉希山口，這條邊界稱為「麥克馬洪線」，但中華民國和中華人民共和國皆不承認）。毛澤東描述他是「某天畫了一條線的英國紳士」。另有蘇維埃遠東地區，在一八六〇年簽訂《北京條約》後與清朝分離；一九六四年，毛澤東面對驚愕的俄國，表示「那件事情我們還沒談妥」。事實上，中國與每一個陸地邊界的鄰居都有衝突，海上邊界那些暗礁、沙洲與小島的所有權也是。這二十三個爭議多半會個別和平解決，但在一九六九年三月，面對中國對珍寶島無情且暴力的主權伸張，現實政治也只能低頭。

這是島群的問題，也是國家本身的問題。一九六八年八月，華沙公約組織入侵捷克斯洛伐克，令中國高層非常頭痛。入侵之後，蘇聯主張布里茲涅夫學說（Brezhnev Doctrine，譯注：時任蘇共中央總書記的布里茲涅夫在一九六八年侵略捷克斯洛伐克鎮壓布拉格之春運動前後，在蘇聯及華沙條約成員國內，推行的一套對外擴張和控制東歐社會主義國家思想和政治的理論），表示任何一個社會主義國家內部的革命，都是整個公約組織的事務，這似乎預言了可能對中國展開類似的干預。而關於邊界，一八六〇年的條約所畫出的邊界並無任何詳細內容，這又是一個問題。在毛澤東與其他領導人的鼓吹之下，珍寶島事件似乎是中國刻意安排的武力展示。在他們眼中，這是預防反擊的措施，結果卻是危險的誤判。中國對蘇聯的憤怒程度似懂非懂；對另一方來說，俄國對中國的大膽則感到震驚且恐慌。一位高階逃兵後來表示：「上百萬中國人入侵的惡夢，令蘇聯領導亂了手腳。」[55]一九六九年三月，總理柯西金試圖使用北京對莫斯科的熱線電話討論解決之道，卻被中國首都的接線生拒絕。接線生收到命令，不准將這通電話轉接過去。一九六四年起，蘇聯持續在邊境增加軍力，也在距離北京四百八十二公里的蒙古配置蘇聯軍隊，此時此刻，又部屬了更多軍隊。九月，柯西金於北京機場與中國高層領導見面，一觸即發的危機似乎得到緩解——雖然在見面之後，中國開始覺得此舉根本就是假動作。十月一日的中國國慶日，人民解放軍進入備戰狀態；十月二十日，蘇聯代表飛到北京二次會議時，又再度進入備戰狀態（譯注：一九六九年十月二十日，蘇聯外交部第一副部長庫茲涅佐夫到北京進行中蘇邊境談判，中方根據情報研判蘇聯可能趁談判突襲中國）。

從一九六九年夏天開始，中國國家已經準備發動預期中的猛烈攻擊，因此又發生了數百次事件，包括與蘇聯在新疆邊界的大型衝突。中國政府下令火速建築防空洞，包括後來成為可以容納十萬人的北京地下防空洞，並儲備救急糧食與其他補給品，擬定撤退與防空演習計畫。北京政府的檔案從首都撤出，運往西南。一九六九年十月二十日，在一個恐怖的關鍵時刻之前，中共高層一接到通知，便立刻疏散到中國各地，唯恐蘇聯對北京發動核彈攻擊，因為一次爆炸就足以摧毀全國。中國軍隊進入戰備狀態，而且是首次以核武攻擊作為作戰基礎。十年前，家家戶戶後院有煉鋼爐，現在則是有防空洞。

對中國來說，與蘇聯的邊界衝突進行得很不順利，也幾乎達不到毛澤東的目的，但最終確實推動了某些談判，進而解決特定爭議。利用培養民間防禦能力與訓練義勇隊這兩項大型動員的需求，毛澤東也有效終結了部分省分的內戰。這個暴力的策略再次帶來惡果，但也促使了無法無天的文化大革命走向終結——雖然幾乎無法阻止鮮血的流淌。蘇維埃方面，輿論（批評政府的人數不亞於其他立場的支持者）和克里姆林宮一樣警戒。葉甫根尼．葉夫圖申科（Yevgeny Yevtuschenko，譯注：一九三三—二〇一七年，俄國詩人）寫了一首詩，關於「新的拔都可汗／他們箭筒中的炸彈喀喀作響」，加上公認為「接近歇斯底里」的蒙古掠奪史，以及來自中國的「黃禍」威脅。到處流傳的笑話將害怕的情緒轉為不安的幽默，而且通常帶有種族歧視的意味，嘲諷中國龐大的人口本身就是危險。但同時也有頭腦清醒的分析出現，例如異議人士安得烈．阿莫爾里克（Andrei Amalrik，譯注：一九三八—一九八〇年，蘇聯作家、異議人士，最著名的著作是《蘇聯能否活到一九八四年》〔*Will the Soviet Union Survive Until 1984*〕，寫於一九六九年，預言蘇聯將因社會與道德的對立，以及對中國的戰爭而瓦解）在危機高峰時寫下的評論，表示「中國的威脅」對蘇聯是確實存在的威脅。[56]

正是在這樣的脈絡下，巴拉德想像他的紅衛兵征服北美洲。雖然他是諷刺作家，但不是唯一一人。一九六七年，蓋洛普民調顯示，四分之三的美國人將中國提名為「世界和平最大的威脅」，勝過蘇聯。這個民調的百分比在整個一九六〇年代逐步上升，於中國核彈試爆與文化大革命初期又突然暴漲。一九六七年，另一個蓋洛普調查發現，百分之七十五的作答者對中國抱持「極為負面」的觀點。這些民調顯示對於「黃禍」的恐懼與幻想又捲土重來，令人害怕。美國政壇、大眾文化紛紛發出聲音——尤其是國務卿迪安．魯斯克（Dean Rusk）。一九六七年十月，他表示「十億名帶著核子武器的中國大陸人民」令他擔心。一九六六年，針對美國民眾對於中國人的觀感做了調查，發現極大比例的人選擇「奸詐」、「狡猾」、「好戰」、「殘酷」、「愚昧」。在一片憂心忡忡之中，即使有百分之三十七的人認為他們「努力」，但聽起來也不像正面評價。[57]冷戰文化之中，中國人的勤奮可以打通太平洋底下的隧道，引爆洛杉磯地底的核武，就像可笑但大受歡迎的米高梅電影《地道戰》（*Battle beneath the Earth*，一九六七年）裡的故事一樣。[58]創造傅滿洲博士這個角色的小說家羅默在一九五九年去世，但這個由克里斯多福．李（Christopher Lee）飾演的犯罪大師仍在大螢幕上散布征服世界的野心。一九六〇年，以中國為場景的電影中，最受歡迎的包括《諜網迷魂》（*The Manchurian Candidate*，一九六二年），關於韓戰的「洗腦」恐懼以及共產黨密謀攻占美國；《北京五十五天》（*55 Days at Peking*，一九六三年），關於一九〇〇年包圍北京公使館；《聖保羅砲艇》（*The Sand Pebbles*，一九六六年），關於一九二〇年代長江美軍砲艦的故事。每部電影都呈現西方人在面對中國暴民時的無助。就算一九六七年在北京遭到猛烈攻擊的英國外交官寫錯了報告，就算入侵代辦處的群眾口中喊的不是「殺！」（似乎真有可能是他寫錯了），但仍可以確定的是，對他們而言，或是對任何大眾文化的消費者而言，他們期待聽到的就是：「殺！」

儘管海外大部分的公眾與政治輿論都對中國懷有敵意，學生抗議運動仍然支持毛澤東主義。他們是激進的政治與文化叛亂中重要且吵鬧的少數團體，構成了一九六八年的法國五月風暴、西歐崛起、北美與日本的新左派。學生抗議運動的源頭比一九六八年法國五月風暴更早。對於信奉毛澤東主義的人、特別是文化大革命的人來說，中國的事件是青年造反的奇觀、一個反權威的計畫，而紅衛兵的行動是戰術與策略的劇目，呼應了崛起的政治反主流文化。這裡也是第三世界的一股力量，由一位哲學家暨詩人領導，為越南的革命與抗爭提供了靈感與題材。激進分子發現，紅衛兵的行動產生了無比震撼的價值。這個特徵在西德明顯可見（譯注：一九六〇年代左翼的示威者及反戰人士皆有同情共產主義的色彩，引起政府正視和緊張。西德於一九六八年達到緊張高峰，稱為「六八運動」），此外，儘管主流媒體對於中國與文化大革命抱持著排斥的態度——幾乎全世界都是——但是毛澤東主義仍在各地引起騷動。同一陣線的外國同路人給予不加批判的支持。一九六六年八月，一名英國訪客寫下在上海的見聞：「沒什麼可見的暴行，振奮的情緒明顯可見。」紅衛兵就像「學校的高級官員或童子軍隊長」。而且不管東方的風吹向何方，對劍橋大學的講師羅賓森或科學家李約瑟來說，都是甜美的風，但是文化大革命能夠成長茁壯，靠的就是年輕的新世代。[59]

除了《北京週報》（*Peking Review*）——一九六三至六四年發行了法、德、西、日語版本——這波運動中還有兩本重要的書籍。首先就是小紅書本身，即毛澤東著作的語句編選。毛主席野心勃勃的接班人林彪將之作為人民解放軍的訓練材料，於一九六四年出版。這本書流通世界各地，不只由外文出版社輸出數十萬本，還包括在德國、法國、義大利出版的譯本。在德國，光是在一九六七年就賣了十萬本；黑豹黨（Black Panther Party，譯注：一九六六－一九八二年活躍的美國組織，促進美國黑人的民權，作風激進）讀小紅書；德國與美國的激進電影導演拿小紅書拍電影；愛德華・阿爾比（Edward Albee）將主要內容寫成戲劇（譯注：一九二八－二〇一六年，美國劇作家）。在外觀上，這也是一本一眼就能認出的書。[60] 裡頭的句子，不需任何上下文，本身就自成一格。「革命不是請客吃飯」、「槍桿子裡出政權」都在北京之外老遠的地方被傳誦與討論（或諷刺）。若說該書吸引了忠實的政治讀者，其實它也具備了美學的力量，就如同整個文化大革命的視覺文化一樣。尚盧・高達（Jean-Luc Godard）一九六七年的電影《中國姑娘》（*La Chinoise*）中，一群合租公寓的室友是毛澤東主義的追隨者，裡頭到處都是那本書，排滿了書櫃、也疊在家具上，更是作為象徵的武器。牆上的裝飾是毛澤東的口號、中國的政治宣傳海報、有關毛澤東的剪報。高達還在電影裡頭用了一九六七年法國的流行歌曲〈毛毛〉（Mao Mao），其中有著一句意想不到但琅琅上口的歌詞——「小紅書轉動一切」。

另一本轉動一切的著作是韓丁的《翻身》，在文化大革命後期，於一九六六年上市。書中最令讀者感興趣的是團體集會的過程、自我批評與「訴苦」。女性解放運動的社運人士認為閱讀韓丁的書有助於「提升意識」；對地下氣象員組織（Weatherman Underground，譯注：美國極左派組織，一九六九年由反越戰組織學生爭取民主社會中的激進派分裂出來，目標是以祕密暴力革命推翻美國政府）等激進分子也造成影響。[61]在其他地方，對於那些在一九六〇年代末期興起、較為廣大且往往自我陶醉的激進文化來說，這本書可能單純就是愚蠢：一九七一年，一本手冊提出疑問：公社生活內含的衝突要怎麼解決？「毛澤東主義」就是其中一個答案；但僅是名義上的毛澤東主義，實質內容已經因為其他目的而被挪用與改編，收錄在公社的藥典裡頭，用在交友治療與「提升意識」的聚會中。[62]劇作家大衛・黑爾（David Hare）與合股劇團（Joint Stock Theatre）於一九七五年成功將《翻身》改編為舞臺劇以及英國國家廣播公司的電視節目。對黑爾而言，《翻身》是一齣關於革命以及革命的意義、「為歐洲創作的戲劇」。但這齣戲劇忠於原著，而且韓丁也介入了製作，確保戲劇忠於原著，而黑爾也教導演員在閱讀書本時，「認同《翻身》的技巧，諸如團體討論、自我批評等等，並應用於製作當中」。[63]

類似的例子不勝枚舉：就許多方面而言，歷史悠久的中國風藝術邁入了全新階段，而且自從一九三五至三六年的皇家藝術學院中國展以來，從沒見過中國造成如此強大的影響。小紅書不僅提供發亮的紅色封面，在外國人的心中，它也是符號，是態度，是時尚。時髦的激進分子手拿小紅書和海報，戴著人民解放軍的紅星帽，穿著毛澤東裝，再將這些元素融入切・格拉瓦與列寧等所有激進抗議者與異議人士的形象。單純求表現的，例如碧姬・芭杜（Brigitte Bardot，譯注：一九三四年—，法國電影女星）、小山米・戴維斯（Sammy Davis Jr，譯注：一九二五—一九九〇年，美國歌手）、亞蘭・德倫（Alain Delon，譯注：一九三五年—，法國演員）以及設計師范倫鐵諾（Valentino），都穿著毛澤東裝的變化款拍過照，而《時尚》雜誌於一九六七年九月宣布，「巴黎時尚圈」都「為毛澤東而瘋狂」。毛澤東裝在時尚圈風行好一段時間，穿在西方人的身上，或出現在法國那本媲美《花花公子》的雜誌《他》（*Lui*）裡頭。時髦的激進分子與流行服裝帶動的潮流逐漸滲透大眾市場，任何人都能打扮得「像個很酷的苦力」。歌手瑪莉安・菲絲佛（Marianne Faithfull）在一九六七年接受訪問時說：「我不太讀書，但我讀過他的小紅書語錄，我知道他在說什麼。」[64]

受到影響的可不只是名人的衣服褲子。毛澤東主義的團體、派系、政黨在極左派政治扮演了獨特、破壞的角色，程度各有千秋，遍及西歐與北美社會。一九六八年，蘇聯與華沙公約組織入侵捷克斯洛伐克，更加突顯了對已經穩固的共產黨政權在世代與政治方面的幻滅。文化大革命呼籲大眾參與政治，反對安逸的政權，這樣的主張立刻吸引了許多聽眾，包括那些認為西歐左派政黨是維持現狀的共謀，或是向蘇聯買單的無可救藥的人。逐漸增長的「第三世界」國家解放運動，以及對美國涉入越戰的反對，形同為文化大革命的火爐裡添柴。非裔美國人的黑人權力運動人士從中國的例子獲得啟發與政治支持。留歐的亞洲、非洲、拉丁美洲學生，是影響這波運動重要的力量。在西德，毛澤東主義興盛於激進的學生政治運動，而且是以一種戲劇性的直接行動作為形式。在法國，毛澤東主義扮演的角色非常活躍，透過沙特、西蒙波娃、克莉斯蒂娃（Julia Kristeva）、傅柯（Michel Foucault）、阿圖色（Louis Althusser）等人的著作，影響廣至主流知識分子。一九七〇年，法國政府打壓毛澤東主義的報紙與組織，激起罕見的抗議合鳴，包括歌手米克・傑格（Mick Jagger，譯注：英國滾石樂團主唱）、社會主義的政客法蘭索瓦・密特朗（Francois Mitterrand）與沙特。[65]

就許多方面而言，毛澤東主義與中國現實的關係，就如亞蘭．德倫的衣服褲子與北京街頭的服裝。那是改編了文化大革命的道具與形式，進而產生成政治東方主義，然而卻缺少了以中國客觀的現實經驗作為基礎。事實上，基礎越薄弱，外國的毛澤東主義就越蓬勃：太多的現實只會讓人難以承受；一九七〇年代，對所有事件演變過程瞭解越多，反而降低了絕大部分毛澤東主義支持者的數量。[66]如果有時髦的毛澤東主義者，也會有毛澤東主義的恐怖分子。從這種社會背景當中，興起了追求武裝抗爭的團體：西德的紅軍派（Red Army Faction），又稱邁因霍夫集團（Baader-Meinhof Group），以及義大利的紅色旅（Red Brigades）與前線組織（Prima Linea）。高達的《中國姑娘》裡頭，重要的一幕就是嘲諷這樣的恐怖主義缺乏社會基礎，或者也暗示在現實當中也是如此。但那些團體引爆炸彈又殺人，直到最後被警察制止，而他們助長了深刻的政治危機，形同對西德與義大利的公民自由潑了冷水。印度也發生動亂，南美洲的暴動尤其糟糕。早在文化大革命以前，中國就提供為兄弟政黨幹部訓練。其中，在一九六五年和一九六七年來到中國的祕魯共產主義者阿維馬埃爾．古斯曼（Abimael Guzmán），他於一九八〇年發起了「光明之路」叛變，於長達十二年的戰爭期間，造成六萬人死亡。

中華人民共和國（還有那位「舵手」）啟發了全球的革命運動，引起海外支持與模仿熱潮，這些都涵蓋在廣大的文化大革命的世紀論述底下，程度之深遠，連中國自己也承認。在這樣的想像之中，世界各地的國家解放運動與共產主義革命人士都把中國——而非蘇聯——視為對抗帝國主義的總部。[67]毛澤東是革命世界的「救星」，而且是「世界各民族心中的紅太陽」。《人民日報》向讀者保證，從「五大洲」來的朝聖者前往韶山，興奮得難以入眠，狂喜不已，就為了探尋那位舵手的家鄉。他們寫詩讚揚「世界人民的燈塔」，研讀他的著作，發現無論在西歐或任何地方，唯有具備毛澤東的思想，他們的奮鬥才有可能勝利。[68]火燒北京代辦處的事件之後，二十五名英國的毛澤東主義者在倫敦的中國公使館外遊行，並高呼小紅書裡的口號，讓好奇的圍觀者困惑不解。他們受外交官之邀進入公使館，互相唱誦中英文版本的〈東方紅〉與〈大海航行靠舵手〉，離開之前，還獲得毛澤東的彩色照片作為贈禮。[69]

如此超現實的戲碼，突顯出一九六〇年代末期，中國與世界的國際關係長久以來充滿困惑。文化大革命時期，激烈的政治鬥爭與每日的政治行動，主軸都是中華人民共和國與外國國家及外國文化的關係。無論是王光美因為在外交場合使中國人蒙羞而遭到批鬥，或鄭念收集的貝多芬唱片、上海英國領事館的門柱、血腥爭奪無人居住的珍寶島、外國政治行動、國家尊嚴與屈辱問題，全都是文化大革命的核心。這絕非唯一的問題，但這是唯一一個幾乎要演變成恐怖國際衝突的問題。同時，在文革的開端，以及暴力程度開始趨緩的一九六九年末期兩段時期中，中蘇關係始終扮演重要角色。

中國在世界地位的種種問題，靠著肅清已故的歐洲作曲家、重新命名街道、監禁年老的外僑，甚至中國駐倫敦公使館的合唱，根本就無法解決。這場對西方的文化戰爭只是引來海外的嘲笑。而此刻，敵人來敲中國的門了：蘇聯的坦克就在北京門口；美國的軍隊與武器進駐臺灣、日本、菲律賓與南韓；中國身陷的僵局就如同美國在越南一樣。中國與整個世界的例行外交對話已經幾乎不存在，遑論參與運動、文化等象徵性的國際聚會場合。實際上，中國是個受到蔑視的國家。全世界人口最多的國家依然被聯合國排除在外；世界最強的國家美國，其總統在公開場合甚至做不到基本的尊重：他不說國家的官方名稱，而稱之為「紅色中國」或「共產主義中國」。

所以當尼克森總統（長期對中國下餌的共和黨員）在一九七〇年刻意使用「中華人民共和國」這個名稱，北京當局便反覆思考這個政治舉動。為了回應這件事，以及兩國領袖之間慎重交換的其他信號，中國求助於歷史，而且以非凡的象徵性排場，再度邀請斯諾來到北京。一九七〇年十月一日，他與毛澤東並肩站在天安門的看臺觀賞國慶閱兵。這個在三十四年前被用來向世界傳達中國革命的美國人，他的照片刊登在《人民日報》上，旁邊就寫著毛澤東的話：「全世界人民，包括美國人民，都是我們的朋友。」[70]中國也求助歷史上最不可能出現的外交推手，而那也是一九三六年延安紅軍被斯諾描述為「奇怪」的愛好：乒乓球。

第十一章

—— Chapter 11 ——

未竟之業

周恩來也許會說，他們這是以「小球推動大球」，正為了世界打乒乓球。一九七一年四月，某個意外的舉動引起全球矚目，尤其是白宮。美國桌球隊收到一份臨時邀約，邀請他們參加北京乒乓球賽。比賽即將在中美都會參加的名古屋世界盃結束後舉辦。正在日本的中國桌球隊，因為當時經常強調的那句話：「全世界人民，包括美國人民，都是我們的朋友」，與美國新朋友的互動既生硬又尷尬。比賽期間，兩邊隊員和官員圍在一塊兒，思索著如何開啟話題，畢竟此刻太平洋兩端的心情也是和解：同時，國家對於威脅的焦慮已經過了高峰，美國民調顯示，希望美國與中國恢復正式聯絡的占比越來越高。

名古屋最戲劇性的事件莫過於在中國隊巴士上的意外接觸。一名年輕的美國選手格倫·科恩（Glenn Cowan）上了中國隊的車，針對美方受到的壓迫，發表時下憤青的粗淺看法。他的衣服、頭髮、觀點不再被中國人唾棄，雙方甚至互換織錦與禮物。這個巧遇的背後，是計謀多端、伺機而動的中國，因為北京正緊盯著名古屋的比賽。周恩來個人對中國隊下了指示；而四月六日夜晚，睡意已濃的毛澤東下令邀請美國隊來中國。

三天後，由中國負擔費用，十五名美國隊的成員飛到香港，然後穿過邊界進入中國。[1] 自十五名左派人士在一九五二年參加和平會議之後，這是人數最多的美國公民訪問。一位美國國務院官員承認：「真是令人吃驚。」也許真的可能讓人大吃一驚。來到中國的有科恩、十八歲的約翰·坦尼希爾

（John Tannehill，他稱毛澤東是今日世上最偉大且道德與智慧兼具的領導人）、出生於圭亞那（Guyana）的聯合國官員喬治・布拉斯韋特（George Brathwaite）和十五歲的茱蒂・博科斯基（Judy Bochenski）以及其他隊員，他們正式拜會周恩來。距離上次美國官員在日內瓦與周恩來近距離會面，已經相隔十七年，而且當時的國務卿約翰・杜勒斯（John Foster Dulles）刻意不悅地避開與周恩來面對面的機會。美國頭號談判員，也是前中央情報局局長沃爾特・史密斯（Walter Bedell Smith），右手一直小心拿著咖啡，避免和周恩來握手。一九七二年，周恩來回憶：「他用左手拍拍我的手臂。」極端反共的美國遠東事務助理祕書長沃爾特・羅伯森（Walter S. Robertson）表示：「我們不會在酒吧裡跟罪犯喝酒。」但在日內瓦，他們「把罪犯帶來全球會議的酒吧」。[2]

儘管如此，一九五五與一九七〇年間，中國和美國外交官會晤次數達一百三十六次，首次在日內瓦，接著在華沙。一九六〇年之前，雙方大使會面只有約略多於一百次，一九六〇年代更少，尤其是美國加緊涉入越南事務的一九六四年之後。[3]然而，雖然國務院說了這麼多，但是帶領突破的不是中國專家，而是一連串尼克森密集推動的政治階段，以及他的國家安全顧問亨利・季辛吉（Henry Kissinger）發揮的影響。他們念茲在茲的是一九七二年的總統大選。

和解當然不是由斯諾促成。雖然他在中國眼中是個重要人物，在美國官員眼中卻不是個受歡迎的角色。一九七〇年，中國以為華盛頓會理解北京接待斯諾這位「美國朋友」的用意，可見中國眼光之狹隘。此時的斯諾已是歷史，連同當時一起前往中國和被指控為共產主義的人都是不名譽的歷史。麥卡錫主義的泥沼還困住許多人。也是因為如此，一九七一年加拿大與中國的關係轉為正常時，他們感到不可思議，為何中華人民共和國最受歡迎的外國人是去世已久的加拿大醫生白求恩

（Norman Bethune，譯注：一八九〇—一九三九年，加拿大胸腔外科醫生、加拿大共產黨員。一九三八年來到中國擔任共產黨戰地醫生，一九三九年十一月於河北去世）。毛澤東寫了一篇關於他的悼文，四處傳誦。但是，除了白求恩在家鄉的左派圈裡，沒人知道關於他的生活、工作與他在一九三九年於中國去世的事。一九七二年二月，毛澤東與尼克森第一次在北京見面，毛澤東說：「我喜歡右派分子。」前一年，季辛吉祕密訪問中國時告訴周恩來，只有右派人士能夠有效地重修舊好，因為美國親蔣與反共遊說的力量非常穩固。

中國也核發簽證給七名美國新聞組織的記者（這又是另一個第一次）；雖然每名美國乒乓球隊隊員似乎都有在其他機構或報社兼職。布拉斯韋特幫《烏木》（*Ebony*，譯注：美國針對非裔美國人市場發行的雜誌，一九四五年首次發行至今）撰寫文章。媒體竭盡所能大篇幅地報導：美國國家廣播公司延長黃金時段新聞來報導這場「愛的盛宴」；《時代》雜誌的封面故事〈中國：全新的遊戲〉（China: A Whole New Game）；《生活》雜誌長達二十九頁的文章〈深入今日中國〉（Inside China Today）。[4]不過，並非所有報導都是正面的：毛澤東的照片到處都是；每個人都穿著類似且單調的服裝；大人和小孩都踢著正步行進。坦尼希爾在保守的媒體發表評論，雖然遭到公開批評，但這就是青年文化的主流。反對和解的聲浪依然活躍且毫不寬容，而且除了被監禁的外國專家，還有五名美國人還被關在中國：一九五二年被捕的兩名中央情報局探員（另有一位於一九五一年被監禁，一九七〇年死於獄中）；兩名意外飛入中國領空被擊落的飛行員；還有一名女人，一九六八年在漂進中國海域的船上被捕，而且祕密拘禁。[5]乒乓球隊離開中國後，《中國建設》五月號正要送印，裡頭譴責了美國的進犯，並列出「全世界的人民如何對抗美國帝國主義」，當然，還有「美國走狗」。[6]

球一旦轉了，事情就快速動了起來。中國尖銳的攻擊直指出兩件事：中國評估尼克森政權「極端孤立」（如同中國的抨擊文章所言），以及美國依策略須與中國交涉；中國的領導階層對於與敵人對談是否合宜，還是心存疑慮。一方面，尼克森數年來一直在文章與演講中清楚表明立場，要將中國重新整合入國際社群，包括一九六九年的就職演講。部分貿易與旅行限制在乒乓球隊訪問之後解除。此外，一九七一年為期三天的對談中，季辛吉一直在為一九七二年的總統訪問鋪路。對談當中他表示願意改變美國的根本政策，同意「一中政策」，承諾撤除在臺灣的軍隊，與北京關係正常化。[7] 他很驚訝中國對於臺灣議題如此重視，他自己的焦點反而放在更大的遊戲：夾攻蘇聯。季辛吉強調美國已經準備好一同合作，回應中國北方的威脅，而且在一九七二年，他以蘇維埃軍隊在中國邊境部屬的詳細情報拉攏中國。[8]

整個一九七一年與七二年的對話中，美國訪客與中國地主一再重述「尊嚴」與「光榮」二詞。尼克森想要光榮的和平，或至少是光榮的退出——美軍光榮退出越南。中國重申簡單的事實：就他們看來，美國從未給予他們任何表示認同的尊嚴。這是美國自己在一九五四年日內瓦會議種下的因。杜勒斯連周恩來的手也不握（無論實際或比喻），與此同時，英國首相安東尼．艾登（Anthony Eden）立刻經人引見周恩來，「多次握手」，共進三次晚餐，但沒有下文。[9] 尼克森大動作修正，並在公開與私人場合一次、兩次、多次與周恩來握手。然而，經過二十年來口誅筆伐與政治宣傳，臺灣問題在中國的尊嚴留下頑強的汙點，這不是手伸出去就能解決的。

美國最大的問題是他們持續對蔣介石做出承諾。不顧全球政治現實的推波助瀾，他們依然與過去糾纏不清。他們也擔心，「背叛」其中一個盟友，會動搖其他夥伴的信心。尼克森的目標是再選，中美和平是他進入白宮的入場券之一。一九五〇年秋天，他首次競選公職，採取的立場是牽制中國。當時他主張落難的政府與臺灣是矗立在共產中國與「加州海岸」之間的堡壘。[10] 擔任艾森豪副手時，他兩度訪問這座嚴陣以待的島嶼。一九七一至七二年間，中華民國的宣傳機器一再提醒尼克森的兩次訪問與多年來的口頭支持。到了一九七一年，蔣介石已將實質的權力鞏固在兒子蔣經國身上，但自己仍擔任總統與黨主席。必須與蔣介石打交道的外國官員依然討厭他，而且每當事不如己意、不符當下目標時，他動不動就會拿一九五〇年說過的話責備英國——「企圖滅絕我東方民族之靈魂」。[11]

憑著美國人的同情，中華民國在美國維持廣泛又有效的遊說網絡。這個網絡已被宣告為不祥、暗黑的組織，伸進臺灣的口袋深處。但是這個組織又是無以著手，因為支持中華民國的人動機眾多，而且多半深深根基於一九一七年以來中國與外國長達數十年的密切互動。意識型態反共的人、曾經待過通商口岸而為了金錢或情感利益的人、被宗教壓迫嚇壞的基督宗教團體與教會、華裔美國人等等。也有政治運動人士、商人、前傳教士與國民政府的顧問。當然另有組織化的遊說團體，例如孜孜不倦的前傳教士，時任眾議院議員周以德（Walter H. Judd）領導的「百萬人委員會」（Committee of One Million）。但一九三〇年代的文化外交，諸如賽珍珠與林語堂的著作、戰時美國援華聯合會的宣傳活動，仍然持續獲得成果，他們認為中國與中國人就是國民政府，而且就是蔣介石——即使不幸落敗。[12] 而且怎麼能把真實世界的王龍和他的家人（賽珍珠筆下的人物）留在史達林的高壓統治之中呢？這些關係和同情在一九五〇年後持續演化並增強，尤其因為上萬名臺灣學生到美國追求學術研究，以及「紅色中國」暗黑扭曲的血腥政治行動。

一九七一年，聯合國儀式性地舉行投票，承認中華人民共和國的會員資格、使之取代中華民國，總算實現等待已久的推翻。事實上，根據周恩來事後對英國首相愛德華．希斯（Edward Heath）表示，此舉「嚇到」中國人。他們以為還要再等上一年，因此毫無心理準備。[13]一九七〇年，他們與四十五個國家建立外交關係；一九七二年十月是七十六個國家。法國、加拿大、日本、西德與英國的外交部長在尼克森之後，接連訪問中國。中華民國的國際地位迅速降格，令臺灣大感震驚沮喪。但國民政府的外交大使不卑不亢地收拾聯合國紐約辦公室的行李，這個國家將要尋求其他方式維持自己的格調。某些國民政府的盟友希望維持事實上的「兩個中國」——或者「一個中國，但不是現在」——如此他們可以繼續支持蔣介石的政府，但是來自北京的壓力會強迫他們轉而正式承認中華人民共和國。

雖然遲了，但外交上的承認意謂了接受政治現實。但這樣當然不會解決所有既存問題，尤其是那三隻還在新天地糾纏的鬼魂：過去的領土、殖民主義與戰爭，也就是臺灣、港澳及日本入侵，三隻鬼魂仍舊在每個角落現身。報導乒乓球隊訪問的記者發現了這一點。一九七一年，一位七十八歲的男子在頤和園外與他搭話。這名男子的故事就是過去中國國際化的歷史概要。他的名字是T．S．蔡，操著一口流利的英文，並於一戰期間在歐陸把這項語言能力越磨越亮，應該與中國勞工旅的工作有關；他還說他為中國的美國公司工作，直到一九四八年。蔡先生說：「毛主席拿回我們的驕傲。」這句話曾在《生活》雜誌裡被強調。「現在這裡沒有乞丐了。」[14]我們大概可以想像一九四九年後他遭受的苦難：身為一位曾在國外求學工作的資本家，一九五〇與六〇年代那些林林總總的行動，蔡先生會是首要目標。一九六六年那仇視外國人的夏天，他會遭到攻擊與羞辱。然而，他人還在那裡，戴著毛澤東的徽章，開口說的都是該說的話，然而，卻仍掩飾不了他所代表的曾經國際化且開放的中國。

此刻，過去的鬼魂之一也現身了。一九七二年九月二十五日，曾任關東軍發薪專員，現任日本內閣總理的田中角榮，搭乘日本航空由東京直飛的飛機，走出北京機場；這是二十多年來首架直飛班機。電視實況轉播周恩來接待田中，日本國旗在航廈翻騰，三百六十名人民解放軍組成護衛，軍樂隊演奏日本國歌。[15]田中上次在中國聽到日本國歌是一九四〇年，他在滿洲被解除軍職；之後他便逐步拓展商業與政治事業。「尼克森震撼」發生，美國與中國和解的餘波蕩漾，田中上任兩個月後就飛往中國，展開中日關係正常化。

舊時的戰爭鬼魂也在機場迎接田中。在北京的軍樂隊演奏了中國國歌〈義勇軍進行曲〉，這首歌勾起一九三五年對日抗戰的回憶。其實，兩個國家此時依然處於交戰狀態，因為北京並不承認一九五二年日本與中華民國簽訂的和平條約。但是田中訪問中國之後，隨即發生重大改變。日本撤銷與中華民國的任何外交承認；中國聲明放棄武裝備戰，並且保證和平。但是，戰爭的陰影還是揮之不去，田中身上無法抹滅的記號和他一起來到北京：他曾在占領中國的軍隊中擔任不起眼的職位。田中內閣的外務大臣大平正芳（並繼任為內閣總理）也有汙點：一九三九至四〇年，他從大藏省被調到內蒙古張家口興亞院的辦公室。

一九七二年的對談中，中國並未要求經濟形式的戰爭損失賠償，周恩來告訴田中，因為他們知道這種要求帶來的「痛苦」。但道德上的損失賠償成為中日關係的試金石，而在中國眼中，未來繼任的日本政府並未在道德方面給予適當且真誠的賠償。不斷擴大的「歷史問題」一開始就蒙上陰影，一九七二年訪問的第一天，人民大會堂的歡迎宴會裡，田中為近代「不愉快」的中日關係，以及帶給中國人民的「meiwaku」道歉。「meiwaku」直譯為「麻煩」，完全不足以形容日本侵略中國造成的影響。隔日，周恩來私下告訴田中，他接受道歉的「誠意」，但不接受道歉的用語。他說：「在中國，這個詞只會用在非常小的事上。」[16]從那之後，因用語而起的衝突不斷增加，而且自一九八二年起，日本文部科學省通過的歷史課本所使用的用語再度引起衝突，彼此爭論那些用語是否刻意淡化侵略，或甚至根本連提不提。

英國與中國重修舊好的排場就沒那麼盛大了，雖然一九七一年四月英國乒乓球隊也收到北京的邀請。[17]兩國都相當努力試著對一九六七年的危機（譯注：火燒英國代辦處與香港左派暴動等）以及遭到監禁的英國人民做出回應，而且逐漸有所進展，讓緩慢的復合過程並無太大波瀾。一九七二年三月十三日，駐中代表終於提升到大使層級，而英國也關閉在臺灣剩下的領事館。時任英國外相的前首相道格拉斯–休姆爵士（Sir Alec Douglas-Home）在該年十月訪問北京。愛德華．希斯（反對黨黨魁）則在一九七四年五月訪問。格拉斯–休姆的飛機塞了一大群記者，還有給大使館的即溶咖啡、果汁、玉米穀片與烤豆等緊急補給。相較過去，英國駐中國的大使館已經不見富麗堂皇。[18]中國外交部的禮賓官建議在正式歡迎道格拉斯–休姆的宴會上，由人民解放軍樂隊彈奏「具代表性的合宜英國民謠」，雖然英國外交官成功婉拒這個建議，結果竟然變成在宴會上表演一九三〇年代的飲酒歌「我們又來到這裡／內心無比歡喜／所有的好友和快樂的伴侶」。[19]不過，英國人仍然私下請香港皇家警察的樂隊找來道格拉斯–休姆母校伊頓公學的〈伊頓公學划船歌〉（Eton Boating Song），並成功在宴會上演奏；對人民大會堂來說，這又是另一個第一次（英國人心想，大好機會，錯過可惜）。

中國的策略是鼓勵強大的西方國家集團對抗蘇聯，希望從中坐收利益，一同對付道格拉斯—休姆口中的「惡意的仇恨」；周恩來還與田中談了約七十五分鐘的俄國人。[20]然而，雙方對談之前，該怎麼處理歷史是英國人的當務之急。道格拉斯—休姆在正式歡迎宴會的最終版致詞稿的結尾提到：「中國與英國的關係，一直以來崎嶇不平」。但他提醒他的聽眾，在一九五〇年，英國是第一個承認新中國的西方國家。找到對的用詞永遠都是挑戰，看看下方費盡苦心修改的草稿便可見一斑：

> 歷史上，中國與英國的關係一直以來~~興衰多變~~崎嶇不平。~~我不想~~我不會在此刻探討原因。~~（我想——我現在已經能說十九世紀是我國歷史很遙遠的時期——當時我國面對世界其他國家的態度和現在普遍不同）我想要~~甚者，我希望能代表現在和未來~~而非過去~~。[21]

這個希望聽起來相當不錯，但事實上要讓中國領導人遠離「崎嶇不平」的過去非常困難，周恩來在對話中也一再對英國「重提」過去（尤其是日內瓦會議）。過去一點也不「遙遠」。一度在對話被激怒的道格拉斯—休姆問道：「把歷史的問題放在一邊，我們談談如何處理現況好嗎？」[22]

一九七二年與一九七四年，英國的談話焦點都不在香港方面。周恩來說，那是「歷史留下的事」。但他對道格拉斯—休姆保證，中國不會採取「突如其來的行動」。他們不會「以武力拿下殖民地。」幸虧如此：一九六七年，衝突之後，英國想過所有保衛殖民地的可能，並得到如同一九四一年的結論——保衛殖民地是不可能的。[23]一八九八年的條約規定新界租期為九十九年，期限將近時會展開談判，但短期之內不會。一九七四年，毛澤東告訴希斯：「那是年輕一代的問題。」並指向書房裡的其他高層領導，雖然同為高層只有一個人會在接下來兩年的政治扭轉與變化生存下來，那人便是強硬、精實的鄧小平。「我永遠記得條約的日期。」周恩來在會議上說：「因為我就在那一年出生。」[24]個人與政治總是鮮明地互相牽連。

如此尖銳的問題並非用來測試雙方的新關係，而是確保「友誼」勝出，並且重建中國的海外形象。各地高度渴望來自中國的新聞。記者跟著乒乓球隊一起來到中國，人數遠遠勝過外國的外交官員和政客。中國的政治宣傳和新聞機器依舊盛產雜誌與書籍，緊鑼密鼓地讚頌中國的偉大成就；北京廣播電臺也依舊在國際無線電波頻率堅守崗位。尼克森代表團第二次前來時，帶了超過一百名記者和廣播技師；他們特別在北京機場設置了進口的衛星電臺，全程報導此行。尼克森這次是輕裝訪問——一九六九年他的羅馬尼亞之旅帶了四百五十人。[25]道格拉斯—休姆搭乘維克斯VC一〇客機，上頭載滿記者；田中的訪問受到大幅報導。但這只是開端。

記者、展覽、交換動物、語言教學，以及電影、音樂、舞蹈與藝術的製作等簽約，都是文化外交新階段的目標。而且，人人都想要貓熊。尼克森以麝牛作為回禮；道格拉斯—休姆贈送麋鹿（中國原生種，但是到了一九七二年只能在英國捕獲）；田中帶來丹頂鶴。動物外交在中華人民共和國擁有豐富歷史，一位英國外交官在一九五九年開玩笑地說，如果北京動物園的籠子裡裝著帝國主義者、有產階級和外國傳教士，中國人可能真的會「非常高興」。當時的英國皇家莎士比亞劇團還想把彼得・布魯克（Peter Brook，譯注：英國戲劇和電影導演，二十世紀重要國際劇場導演）的《暴風雨》（*The Tempest*）送到中國，希望交換中國國家京劇院的演出，但是倫敦的中國大使館一再忽視他們的來信。也許倫敦愛樂交響樂團可能會來中國？畢竟英國的音樂劇可不只有〈伊頓公學划船歌〉。皇家莎士比亞劇團真的來了，倫敦愛樂交響樂團也來了，但除了非常少數的特殊人士，幾乎沒人聽到他們演出。這波放寬的文化政策帶給中國音樂家的希望，卻在一九七四年禁止歐洲音樂的新行動中，又被澆熄了。[26]

然而，最重大的行動看起來與共產主義世紀毫無關係：在全球巡迴展覽的驚人考古新發現。一九七二年受命擔任中國大使的艾惕思爵士（Sir John Addis），本身也是收藏家與鑑識家。他找上故宮博物院，希望舉辦展覽，強調一九三五至三六年柏林頓府的「絕佳成果」。[27]艾惕思針對的是一九七二年五月在北京展出的一九四九年後的考古發現。此展覽最後花了兩年的時間巡迴全球：一九七三年夏天在巴黎，然後到了倫敦的皇家藝術學院、維也納、斯德哥爾摩，接著又前往多倫多、華盛頓州、華盛頓特區、堪薩斯市與舊金山。展出物品接著又送到澳洲、菲律賓及香港。展覽首次揭開中國第一位皇帝——秦始皇——陵寢挖出的兵馬俑神祕面紗。倫敦的展覽觀賞人次遠超越其知名的前身，高達七十七萬人。中國和英國的國旗一同在展覽租借的皇家藝術學院飛揚。圖書和電視紀錄片帶動另一波中國熱潮。漢代的銅奔馬和王后竇綰的金縷玉衣，在這個揭開中國深遠歷史的展覽中，更是脫穎而出成為代表。這場展覽符合雙方的期望：對英國來說，它為全新的中英關係注入實質元素；對中國來說，它代表北京就是中國遺產悉心的守護者。

這是一場激烈的政治行動。中國和英國簽訂雙邊條約支持這場展覽。然而展覽率先在巴黎登場，強調首先建立完整外交關係的國家是法國，而非英國。法國的展覽名稱是「Tresors d'art chinois」（中國藝術珍寶），而英國則叫做「中國的天才」（The Genius of China）。從名稱就可以看出兩場展覽都沒有政治階級相關的形容詞。雖然名義上是由「中國展覽協會」主辦，但在皇家藝術學院的展覽是由贊助商《泰晤士報》主導。魔鬼就在條約的細節，條約規定展覽品項必須依照馬克斯主義的編年模式排列，這是中國隨後要求的展示與編目模式。他們希望呈現原始、奴隸和封建的社會。結果展覽卻用一般的編年方法，和馬克斯無關，而且文字還經過《泰晤士報》記者的潤飾。開幕前一刻，中國大使館威脅，除非撤掉無政治意義的標題，否則就要停止展覽。報社的董事長回答：「我不需要聽你的命令。」[28]標題、評論、時期編排的政治意涵、展覽本身與館內其他中國物品之間的關係，以及記者接待會的賓客名單，都如影隨形地跟在展覽身後；例如堪薩斯市的納爾遜－阿特金斯博物館（Nelson-Atkins）擁有一九三〇年代入侵河南龍門石窟取得的唐代佛教浮雕。展覽抵達華盛頓特區時，中國已經自己編目，並獲得否決權，就連博物館販售的紀念品都可以加以干涉。展覽中沒有「珍寶」，也沒有「天才」。柏林頓府展覽的影響延續至今：中國重要的考古學家夏鼐在倫敦攻讀博士時曾經參觀一九三五至三六年的展覽。他還留著門票，也記得當時展示和詮釋引起的爭議。這並非只是文化大革命的政治，還牽涉到更久遠的歷史爭議：「誰來解釋中國」。[29]

當然，現代戲劇與藝術的文化政治也不能輕易放過。就連看似不重要的細節，例如一九七一年季辛吉第二次訪中時，中國愛樂交響樂團是否應該演奏貝多芬的某一首交響樂，都讓毛澤東的妻子江青與周恩來討論一番。再者，若是讓步，演出曾經受到譴責的音樂，那麼可不可以挑一首革命歌劇？又該演奏哪一首？中國愛樂樂團已經超過五年沒有演奏貝多芬；季辛吉則覺得革命歌劇「實在無聊透頂」。[30]無論如何，這是革命中國的文化。一九七一年秋天，親中共的英中瞭解協會（Society for Anglo-Chinese Understanding）在倫敦舉辦當代電影節，首次吸引英國人出門觀賞《智取威虎山》、《紅色娘子軍》（隔年三月尼克森也在北京被招待觀賞這部片）及紀錄片。投身政治的人也許會欣賞這些電影，但某位影評表示，這些電影「與其說是美學震撼，不如說是異國風情」，而且「一點點就夠了」。[31]沒什麼人去看。後來展出的戶縣農民畫反而比較成功，因為那種展覽的說教成分較不濃烈，但畫像的重點還是限制在曳引機、豬和一堆堆的白菜。

沒有哪部電影引起的爭議比米開朗基羅・安東尼奧尼（Michelangelo Antonioni）的《中國》（*Cina*）更大。這部電影在一九七四年一月三十日起禁演，同時引發聲勢浩大的政治批評。一九七〇年十一月，中國與義大利建立外交關係。義大利國家廣播電臺提議拍攝紀錄片，他們派出以反法西斯主義著名的安東尼奧尼，似乎是個安全的賭注。一九七二年春天，紀錄片在中國開拍，該年十二月在美國上映其中一版，而最後的三小時版本於一九七三年二月上映。一連串的場景與即興的情節，加上偶爾出現的簡短評論，組成這個國家與人民給人的神祕視覺印象。安東尼奧尼不能選擇拍攝行程。而在中國人眼中，安東尼奧尼也沒有達成他的任務：他的色調太平淡，沒有刺眼的革命紅；電影的視角太冒失；評論似乎漫不經心，而且負面；攝影機的角度沒有呈現革命建築的偉大；拍攝團隊未經許可剪掉了幾幕，有幾幕又是隱藏攝影機拍的。批評聲浪來自四面八方。那部電影根本就是「嚴重反中的挑釁」。安東尼奧尼沒有拍出轟轟烈烈、色彩鮮豔的農民成就，反而拍了豬在骯髒的鄉間小路尿尿、纏足的女人、晒衣服的人民、排隊拍照的女孩。一段木偶戲似乎刻意暗指學校兒童表演的是革命鬧劇。這是「極大的蔑視」，毫無「尊重」可言。《人民日報》寫道：「任何心懷國家尊嚴的中國人看了這部電影絕對會生氣。」[32]中國的外交官員發起實際行動，威脅斷絕文化關係，阻止這部電影在西歐上演。而安東尼奧尼嘲諷地表示，唯一照做的政府是希臘的軍事派系——毛澤東中國奇怪的盟友。

心中滿是莫名其妙的義大利人其實是江青與文化大革命左派的棋子，目的是攻擊周恩來，以確保能繼承病榻中的毛澤東死後的大權。一九七〇年代初期陸續來到中國的外國學生，若拍攝可能造成中國負面形象的照片，便會被攔阻，並強迫銷毀底片。[33]但是，塑造形象的政治活動與控制主要形象的決心，可以一路回溯至杜庭修為了電影《大地》而旅居好萊塢，以及中國學生在歐美抗議電影與戲劇的行動。而長久以來，賽珍珠的事業都聚焦在令美國人真正理解中國與中國人民。一九七二年，中美和解有望時，她申請再度造訪她的誕生地，但在周恩來的指示之下，她不敢相信自己申請居然遭到駁回。拒絕原因是「扭曲的態度，以及抹黑、誹謗新中國的人民與領導」。[34]

儘管如此，周恩來確實授權一位老朋友，荷蘭籍的電影導演伊文思（Joris Ivens）拍攝長達十二小時的紀錄片《愚公移山》（*How Yukong Moved the Mountains*，一九七六年）。伊文思最早於一九三六年為中國共產黨工作，中國人在這部紀錄片得到了他們心中能代表文化大革命和中國人民的電影，無須調解也沒有批評（但卓越程度不減）。一九七六年三月，《愚公移山》在巴黎上映時，有十三萬人耐心地從頭坐到尾，但這部電影的政治生命還是很短。該年九月，毛澤東去世，江青與其他人被捕，貼上「四人幫」的名號，伊文思描繪的文化正要開始崩潰。

看來一九七〇年早期建交的新關係仍彌漫著過去歷史的情緒，這樣的情緒也一直逗留在一個地方。所有中外會晤都圍繞一個問題，就是臺灣的國民政府。一九四九年十月一日被取代的國家組織仍然完整存在。一九四八年立法院選出的立法委員半數都跟著國民政府搬到那座堡壘島嶼，而七百五十名國民大會代表也在那裡，代表全中國的選區直到一九九一年，或者在那之前就先死亡、老邁、疲倦。這聽起來很超現實，邏輯上卻成立。憲法依然實行；就連月曆也是從一九一二年中華民國建國那年開始。[35]國民政府的權力人脈當中，唯一沒帶走的重要人物是幫助他們的幫派杜月笙，他於一九五一年在香港去世。（青幫頭頭黃金榮最後一次被人認出，是一九五一年一張刻意羞辱的照片，刊登在上海報紙：他在打掃上海大世界外的街道，那裡曾是他名下的遊樂場。）[36]落難到臺灣的這個國家正是與中華人民共和國一同競爭國際認同的對手，也是位居中國東南方的軍事威脅（十萬大軍在離岸的島嶼），並強烈譴責中國的貧窮與落後。臺灣提供了另一個現代的中國——中國文化與傳統、文學、藝術、語言的安全天堂。臺灣大打宣傳，要世界知道這一點。所以中華民國是確實存在的威脅，同時代表活生生、騷動的過去，而且早期臺灣一直渴望中國發生危機，尋找時機重建中華民國。

一九五〇年代，臺灣和澎湖群島，連同有些就在大陸砲彈射程內的二十五座小島，暫時確定屬於國民黨的控制範圍。中華民國重整軍力，血洗共產黨員與嫌疑人士，儲備實力保衛臺灣，準備反攻大陸。國民黨已經徹底重組並改編為效率高超、紀律嚴格的列寧主義政黨組織，創造全新的社會動員單位，並在軍隊安置政治委員。事實上，國民黨刻意依照勝利的對手改造自己，儘管說來諷刺，卻也提醒了我們，兩個政黨在歷史上來自相同的祖先，手握相同的民族主義時程表。但在一九五〇年一月，委靡不振的政黨改革活化進行到一半，杜魯門總統就明確表示，美國不會協助臺灣防禦入侵，而他的分析師也做出結論——國民政府軍隊在這個階段無法憑自己防禦。中國共產黨整備軍隊，憑著蘇聯的支援與協助，快速建立空軍。一九五〇年四月，他們輕鬆從國民政府手中拿下海南島。

韓戰的揭幕完全改變了這個策略：這大概是蔣介石有生以來最大的好運，而且帶來的好處比任何遊說還多。蔣介石表示願意派遣軍隊，雖然麥克阿瑟將軍想要越過杜魯門、自行批准，但還是遭到拒絕。儘管如此，人民解放軍干預韓戰之後，國民政府的人力還是介入韓戰，尤其是心理戰術與處置人民解放軍的戰俘。於是美國的右翼，如同過去的尼克森，得以強調中華民國能夠加入美國從日本南部往下延伸（並保護「加州海岸」）的防禦計畫。美國於一九五四年與中華民國簽訂《中美共同防禦條約》，並派遣美國最大的海外軍事協助顧問團，連同軍機、武器、訓練等軍事奧援，幫助臺灣建立自己的防禦系統。從此美國海軍在動盪的臺灣海峽巡邏了三十年。[37] 國民政府從臺灣徵召的人力越來越多，徹底改造他們的軍隊。一九五八年之前，美國兩度考慮使用核武對抗中國，保衛臺灣。同時，臺灣也是美國U2偵察機在東亞進行間諜活動的基地，任務範圍包括西藏。一九六〇年代中期，常有游擊隊從中華民國控制的島嶼攻擊中國沿岸。中央情報局和其他美國機構支持這些行動，也支持國民政府在大陸的軍事任務，並在緬甸北部發動攻擊，直到當地由國民政府控制的海洛因交易爆發國際醜聞，他們才撤退到臺灣。中華民國的探員也在澳門與香港行動，一九五五年幾乎真要殺了周恩來。當時周恩來正值「和平攻勢」的高峰，中國外交表現搶眼，甚至可能推著美國考慮承認中華人民共和國。[38]

雖然中華民國的行政機構搬到臺灣，卻停止了運作，因為當時實施長達三十八年的戒嚴，直到一九八七年才解除。中共派出一千五百名探員進入臺灣，其中一千一百名遭到逮捕處決。面對中共頻繁的滲透與間諜等威脅，臺灣警備總司令部執行戒嚴法令，大張旗鼓實施審查，鎮壓政治活動，尤其遏阻臺灣本地人的言論。[39] 整座島嶼就像軍營，而且是刻意的。國民黨發起「總動員」計畫備戰。[40]公路、街道、建築到處可見憲兵看守。到了一九八〇年代中期，臺灣的建築（學校、軍營與政府機關）都貼滿口號，宣傳收復失地的志向：臺灣省是中華民國的「堡壘島嶼」，是從「共匪」手中光復大陸的跳板。社會軍事化鋪天蓋地進行：學生與大學生必須接受軍事訓練，軍隊成立廣大的媒體網絡。中國悠久的歷史中，國家多次慘遭擊敗又得到救贖——這類故事充斥軍隊意識型態養成與高度政治化的教育系統。例如效忠明朝的國姓爺鄭成功的故事，他是抵抗滿族入侵臺灣的將軍，一六六一年從荷蘭手中奪回臺灣，而且根據歷史故事，鄭成功的目標是在大陸光復明朝。[41]一九八〇年代初期，國家編訂的小學課本告訴學童大陸是「不見天日的地方」，九百萬名學生沒有自由、食物和居所。解救同胞「人人有責」。[42]蔣介石不時提出新的反攻計畫，不斷詢問總是不接受、有時更不相信自己的美國盟友。儘管如此，持同情立場的報紙還是予以吹捧。[43]

經過日本殖民統治，臺灣經濟已經轉型，並留下國家發展的基礎建設，包括高度識字與接受教育的人口。這些建設捱過戰爭期間美國大肆的轟炸，撐過一九四五年國民黨接收臺灣之後的掠奪。[44]成功的土地改革（在日本軍官與私人公司徵收大批土地的幫助下）與教育投資，加上美國長達十五年的經濟援助計畫，一九五〇年代末期經濟開始以出口為導向，小島因而繁榮茁壯。國民黨在大陸鼓吹的，也是國民黨留學美國的統治菁英追求的：激進的土地改革、穩定、經濟發展，終於有機會在臺灣實現。但這個國家誕生於恐怖中：估計一萬名臺灣人於一九四七年二月的抗爭被殺，一九四九年又有一千人罹難。官方統計，戒嚴時期約有三萬人由於政治犯罪被捕，一千五百至五千人遭到處決。那是警察國家。就連普林斯頓大學畢業、曾任上海市長的臺灣省長吳國楨也因恐懼而在一九五三年逃亡。[45]雖然國民黨仍保留軍事和恐怖主義的武器，但是一九五〇年代初期的危機之後，這些武器的部署終究成為例外，而非規則。儘管實施戒嚴，又禁止成立政黨，國民黨很早就允許地方選舉，讓在中國人統治之下被毒打、恐嚇、虐待的臺灣人融入這個國家。

在臺灣的中華民國逐漸成為專制國家發展的成功範例。曾經在非洲與美洲國家用來競爭影響力的海外技術支援，此時成為宣傳中華民國的管道。中華民國也投資許多計畫，以堡壘之姿護衛中國文化遺產。一九四九年，載著八十萬名垂頭喪氣的士兵及中國銀行儲備金條的船隊，也載著知識分子、藝術家與學者，還有三千箱曾經周遊列國的故宮博物院收藏、明清檔案、國家圖書館的稀有書籍與手稿等珍寶。故宮博物院的收藏就在臺北的故宮博物院展示，中央研究院也在臺北東邊重建。儘管高壓的政治監視，在「自由的中國」還是能追求文化習俗與宗教傳統，並參與學術活動。研究方面並不受到農民革命的歷史妨礙。許多學習語言的學生與海外華人因為文化外交計畫來到臺灣。中國的書寫文字在臺灣安然地保存下來；一九五〇至六〇年代為促進識字率，大陸實施簡體字。加上一九五〇與六〇年代，中國共產黨改革、改建、蹂躪中國的社會與文化，這場刻意的政治計畫宣傳越來越像真的。但是執行計畫也付出代價：臺灣觀點與非中國的研究，也就是這個島嶼的語言、歷史與文化，遭到全面打壓。

中華民國保衛中國國土的義務也毫不馬虎。雖然南韓身為反共盟友，中華民國卻一點也不害怕測試南韓的耐心，要求現今位於北韓邊界境內的領土權利。一九七二年，美國結束占領沖繩，將釣魚臺歸屬日本，中華民國也主張擁有釣魚臺群島，甚至為此發生激烈抗爭；另外還有中國南海的暗礁和島嶼。直到一九八〇年代，國民黨一直在臺灣蠻橫地鎮壓臺獨運動，到了一九九二年，臺獨人士仍背負叛亂罪名。語言政策歧視島上主要的閩南話（福建話）；許多島民成長於殖民統治，他們使用的日語更是嚴格禁止。國民政府除了一中政策別無所求，把反攻勝利的希望建立在大陸政權崩塌。在大躍進的饑荒災難時期，此策略似乎露出曙光，因此中華民國的軍隊在沿岸地區動作頻繁。蔣介石與周恩來似乎以香港為中介保持聯絡，他們共同協調，確保美國操作的「一中一臺」不會發生。[46]

同時，伸張主權與要求尊嚴，兩者都突顯國民政府與美國的緊張關係。一九四九年，透過《中美關係白皮書》與相關宣言，美國將國民政府的失敗歸咎於蔣介石的領導。國民政府對此始終耿耿於懷。大元帥的日記記錄，「杜魯門無視我國主權」，對待共和國「比殖民國家還不如」。但蔣介石也會自我安慰，說自己對美國的失望皆由於英國從背後施壓。[47]然而，如同蘇維埃在中華人民共和國的顧問，美國駐臺人員擁有完全的外交豁免權（一九六〇年代末期達到近一萬人的尖峰）：他們實際上擁有治外法權，令許多觀察者想起從前的年代和處境。美國人的薪資和住宿遠優於中華民國同事：他們住在寬敞的洋房、在自己商店消費、開進口車，而且通常不與本地人同行。「性」經常是導火線。單身男性擁有充裕的資源勝過華人同事，亦同時創造了酒吧與性服務產業。一本直譯「美國話」的中文手冊就有一些直截了當的語句：「讓我看看你的錢包」、「我們同居」、「你要付我多少？」、「不要傷我的心」。[48]這是全球五十萬美國駐外人員與眷屬帶來的典型影響，然而，美國過去的治外法權，加上國民政府欲剷除殖民主義，這種現象也因此特別醒目。臺北一名美國顧問被控開槍殺人，但軍事法庭宣判無罪。此案引發一九七五年五月二十四日的暴動，美國大使館與其他機構總部遭到洗劫。臺北的衛戍司令黃珍吾當天並未立刻採取行動；而且他就是在一九三一年殺死托爾布恩之人。美國大使館的外牆被漆上「趕走美國鬼子」、「殺中國人就無罪」以及「勿學俄國人」。[49]

實際上為「兩個中國」的政策，在進入一九七〇代後，受到來自中華人民共和國的壓力越來越大。一九七八年十二月十五日，蔣介石死後三年，毛澤東死後兩年，美國總統卡特提前兩週通知中華民國，美國即將承認中華人民共和國。[50]之後鄧小平隨即訪美，成果不凡，美國為此舉辦的國宴比乒乓球隊或尼克森訪中的都盛大許多。在德州西蒙頓的馬術競技會上，嬌小的鄧小平戴著高挑牛仔帽，這幅景象就算不是看待世界的新方式，至少也是全新的政治關係。美國人口中的「中共」、「紅軍」似乎永遠消失了。但是，美國與中華民國斷交之後，美國國會又執行《臺灣關係法》，大幅改善斷交之後的實際後果；許多人視斷交為背叛，包括卡特的後任總統雷根。（譯注：美國總統卡特於一九七九年四月十日簽署《臺灣關係法》表示美國對臺政策的目標，主要功能包括維持臺海和平穩定與現狀，維持美臺商業及文化關係、保障人權與臺灣安全）

舊的政治關係留在原地。美國持續提供盟友武器與科技，雖然剩下的美國官員都撤退了。雷根直到一九八四年才放棄與國民政府恢復關係。儘管震驚，中華民國的經濟仍持續成長。在務實的蔣經國總統任內，中華民國也解除戒嚴，並立法允許政黨成立；蔣經國在國民黨的繼承人（臺灣人李登輝）監督了盛大成功的民主轉銜過程。二〇〇〇年，國民黨輸掉總統選舉，但二〇〇八年又重新執政。基於過去鎮壓與暴力的紀錄，對國民黨而言，這是重大的一刻。臺灣帶給中華人民共和國持續的挑戰並非只是長期的分裂，而是臺灣轉型為真正的中國民主模範，在中國邊界發展多元社會。不過，這樣的社會在從前的國民政府陣營中，沒有人認為那是好事。蔣介石的養子蔣緯國就說，那是暴民統治。而蔣夫人因厭惡而遠走美國長島，並沒有太多人想念她。

蔣介石的遺體在流亡期間歸土，家族期望的安葬地點是他的故鄉浙江溪口，兩處相距遙遠。若能埋葬在溪口，將象徵中國不可分裂，但是大元帥最終的策略目標依然清楚，至少也算是安慰。從日本手中拿回臺灣後，無論在美國操作或獨立運動之下，臺灣未曾再次脫離中國，儘管許多深層的策略或民族主義訴求都希望臺灣脫離。的確，臺灣也非正式地加入中國，臺灣的狀態實際來說是擱置。長久以來中國維持清朝邊界領土完整的計畫維持不變。一九八一年，中華人民共和國轉變政策，提出統一的「九點方案」，其中包括「一國兩制」政策。在這樣的政策下，臺灣可以維持政治與經濟系統，甚至軍力，但臺灣需要承認兩岸統一為必要且不可避免，並認同中華人民共和國為中國中央政府：中華人民共和國的旗幟會在臺北飛揚。這就是共產黨領導對國民黨領導這位老朋友與老同學，做出的重大讓步（鄧小平和蔣經國還真在一九二六年曾一起在莫斯科留學）。儘管如此，北京保留使用武力的權利，之後又聲明若臺灣宣布獨立，或其他國家介入，將會考慮使用武力。但臺灣並不買單。

到了一九四九年，喪失的殖民地領土只剩兩個：澳門與香港。[51] 沒有人喜歡「殖民地」這個詞，就連英國也不喜歡，而且到了一九八四年，英國官方也不再使用這個詞，但無論如何香港仍然是英國的殖民地。「殖民地」是英國法律與國際法中，對於香港正式法律地位的技術性描述，雖然中國並不認同，僅認為此地為受非法侵占的領土。北京很快就利用聯合國新會員的身分，要求組織名單的「殖民地」除去香港與澳門。英國逃避此問題，維持所有權利，僅僅停止每年都該送交聯合國的殖民地報告。此後就沒有討論殖民地狀態的事由。[52] 隨著英國政府部門逐漸受到認同、較不被當成殖民的帝國，管理香港的機構歷經殖民地部、外交與殖民地部（Foreign & Colonial Office），後來的外交與聯邦事務部（Foreign & Commonwealth Office）。總督與官員都是英國人，往往任職於英國諸多殖民地，獲得晉升之後輪替。一九六四年至七一年的香港總督戴麟趾爵士從索羅門群島調來，實在很難想像那裡的經歷能讓他有足夠資格管理香港：但是當然可以，因為殖民地之間其實大同小異。總督主要負責他們的領土，而且擁有極大的自主性。他們不是倫敦政府的傀儡。他們不受倫敦政府的經費恩惠（雖然英國財庫最終承諾支付行政機構經費），他們也不需要貢獻財庫，而且他們都會逐漸與當地輿論同調。

總督抵達領土的盛大表演，最能表達殖民的風格與精髓。衛奕信爵士（Sir David Wilson）是最後一位治理香港的職業公僕（雖然他和之前多數總督不同，他和過去的殖民地業務毫無關連）。一九八七年四月九日，他搭機抵港的就任典禮絲毫不向現代妥協。典禮是帝國顛峰時期的產物：衛奕信穿著全套制服，配戴長劍，站上總督的舢舨位置，穿過交通管制的碼頭，皇家海軍與警艦隨同在側。他頭上戴著三角帽，帽子上的鴕鳥毛挺立，和之前二十六任的多數港督一樣登上了香港皇后碼頭。尼泊爾的廓爾喀部隊（英國自一八四一年起在殖民地駐守南亞的軍隊）為新指揮官組成儀仗隊。飛機組織隊形飛過天空，十七發禮砲發射祝賀。典禮上，衛亦信宣誓：

> 定當為女皇伊利莎白陛下效力，盡忠職守，努力服務，並遵行香港法律與習俗，以不懼、不偏、不私、無私、無欺之精神，為全體民眾主持正義。此誓。

這段文字可追溯至至一八六九年，如同就職典禮，全程以英文演說。誓詞不僅是責任的承諾，也是鮮少英國人真正認真看待的表演，但同樣也是鮮少英國人真正認真質疑的。基於一八四二年的《南京條約》，典禮在香港舉行，在中國的舞臺。[53]

依據憲法，總督的權力受到擔任顧問角色的行政局與立法局平衡，兩局皆有職員，並委託外界人士擔任議員。總督可斟酌採用議員的建議，但在一九八〇年代之前，總督多半會接受商界與其他利益團體的意見。和其他殖民地一樣，香港擁有自己的幹部官員和特殊的法律傳統。[54]一九四六年之前，不准華人擔任幹部官員。但也和所有殖民地一樣，絕大多數員工來自當地。他們必須表現英語能力，那也是工作需要的技能，即使與其他說粵語的同事溝通，也要使用官方語言英語。學校裡，也教歷史，但不教香港歷史，中國現代歷史也很少。一九六七年的暴動之後，由於增派軍隊儲備維安，英國官員隨之增加，當時估計約有六萬一千名英國官員與眷屬。[55]一九五〇年，多數公家機關裡，「本地」的華人員工只有少數，而且非常少。到了一九七七年卻完全相反，儘管如此，主管級的職務還是只有百分之三十二指派當地人，高階警察則不到一半，其餘都是英國外派，而且同年又從英國招募五百五十名新人。[56]一九八二年，還是有三千兩百名英國公僕（與一千六百名軍職人員）。儘管實施了職員招募「在地化」的政策，仍有來自倫敦的職員，直到一九九四年，最後五名英國人飛到香港加入皇家香港警察。[57]

階級較低的官員抵達香港的排場雖然遜於總督，但也很快就學會英國殖民地的必經之事、心理適應與表面的裝飾（若是描述詳盡，又更是實用），那便是影響社會與文化互動（更精確地說，多數情況是根本沒有互動）的種族歧視。[58]例如，軍隊的士官通常享有補助住所，可以負擔住在家裡的幫傭，生活方式和地位往往比在英國更好，更不用說比起香港居民。而且，這樣的生活還不包括公僕享有的外派津貼。然而，對某些人來說，這樣還是不夠。一九七〇年代末期，香港公家機關各階級都被貪汙滲透，威脅到了英國政府控制的正當性。英國警官彼得．葛柏（Peter Godber）沸騰一時的案件後，香港廉政公署與警察發生衝突，以致港督同意特赦過去的貪汙案件。[59]

殖民地早期就有高調的貪汙案件，又因二次大戰之後香港人口演變而惡化。一九四〇年代末期，難民移入導致人口爆炸，在一九五〇與六〇年代持續增長。語言也是幫兇。一九七四年之前，英語是唯一官方語言，然而只有不到四分之一的人口能說或讀英語。就連政府採用雙語時，公家事業公司還是寄給客戶英語帳單。直至英國統治結束之前，陪審員都必須懂英語。[60]雖然一九四六年廢除了山頂和長州居民的種族區域限制法令，但是殖民地從早期就有各種歧視多數人口的形式，到了一九六〇年代還有市中心的板球俱樂部作為代表。有多少中國人打板球？而且場地並不對外開放，即使場地就是向政府承租的。一份地方報紙表示：「令人想起上海公園入口禁止『華人與狗』那段不愉快的記憶。」[61]一九七八年，板球場改為公園。

一九六〇年代開始，獨特的地方認同開始進入香港——向外拓展的、都會的、廣東話的。雖然殖民地的邊界依然有漏洞，許多殖民地的人和出生地保持聯絡，但是教育水準提升、相對繁榮、成功的地方電影工業與後來的廣東流行音樂等種種因素，逐漸促進這股認同。一九五〇年代末期與一九六〇年代初期的嬰兒潮意味了在一九六一年與七一年的人口普查中，有超過半數人口小於二十歲。[62]香港很年輕，說著廣東話。電視、收音機和大批活躍的媒體，滋養信心滿滿的新式流行文化和地方特色，並融入多元的世界元素：多國居民、快速發展的觀光產業、廣納全球的流行時尚與文化潮流。殖民地政府致力促進這股認同（對經濟與政治穩定極為重要），但這股認同也有自己的動力。香港的時尚、電影、音樂伸及並影響全球華人社群，包括中國本身。如此分明的身分將香港居民與他們在大陸的根源越推越遠。一九六四年披頭四訪問香港時，有人問保羅麥卡尼：「你想去中國嗎？」他回答：「我以為這裡就是中國。」但那裡逐漸益發不是。一九六七年的暴動非常戲劇性地展示絕大多數的香港人認同的價值體系和他們的根源不同——殖民地大部分的人口此時是由移入者與他們在當地出生的孩子組成。

和多數的殖民地不同，香港是經濟成功的伸展臺。其外向的性格對出口導向經濟十分重要。到了一九六七年，香港的港口業務是世界第十五大，而且如果香港是個國家，全球貿易經濟就會排名第二十五。英國從中獲益甚大：例如，香港政府或擁有英國供應商的地方企業下訂單，但獲利並不會轉到倫敦（中國的談判員無法理解，因為這不符合帝國主義的政治模式，也不符合他們對英國的懷疑）。結算之下，一九八二年英國得到的總體經濟效應和英國本土「幾乎相當」。一九六〇年代起，香港開始吸引非英國的外僑居留，這樣的現象在一九八〇年代也持續成長，因為英國已經是快速成長的國際金融中心，而並非僅是地區性。但論形式與法律事實，香港仍是殖民地的社會。[63]殖民地本身也逐漸增值，如同一九七九年英國駐中大使柯利達（Percy Cradock）所言，鄧小平在一九七八年之後開始發展改革政策，將香港作為一塊跳板，放眼中國，英國也許能夠「進入現代化的一樓。」[64]

一九七九年當上英國首相的柴契爾瞬間愛上香港。兩年前她首次訪問，而且香港明顯就是她希望英國成為的模樣。柴契爾看見香港規定少、稅收少、成功的經濟模型，而且由清廉（遲來的）有效的英國政府法律治理。[65]香港寡頭政治的成員急切敲著唐寧街十號的門：嘉道理勛爵（Lord Kadoorie，譯注：一八九九—一九九三年，英籍香港猶太人，曾是香港首富，嘉道理家族事業包括能源工業、地產、船務、工程、建築與酒店等）、包玉剛（Sir Y. K. Pao，譯注：一九一八—一九九一年，環球航運集團創始人，世界八大船王之一）、何鴻章（Eric Hotung，譯注：一九二六—二〇一七年，富商何東之孫，祖父與父親相繼去世後返港管理家族產業）、亨利．凱瑟克（Henry Keswick，怡和洋行）紛紛提供方案與建議，並表示願意協助與中國對話。柴契爾會說，她不總是聽得懂「Y．K」的提議，但她幫他主持輪船下水儀式，而且檔案夾裡都是他的信。香港的現實遠比吸引首相的那幅景象更深更複雜：但願景更加重要。不過，若從社會的角度來看，這種治理形式會令香港的優點與成功大打折扣。香港的收入差距是亞洲最大，從全球標準來看也是高的。[66] 一九八二年，英國與阿根廷在福克蘭群島發生衝突，柴契爾受到勝利的鼓舞，同年九月訪問北京時，完全沒有將殖民地與其中人民交還給馬克斯政權的心情。

但是，鐵娘子失足了。誠如毛澤東所言，中國領導「年輕一代」的歷史角色就是處理這個未決問題，而那個人就是偉大的存活者鄧小平。鄧小平是實用主義者，但對於香港問題，最重要的是他也是反帝國主義者與民族主義者，而且對他而言，內戰的歷史任務尚未結束。英國已經收到警告：眼見一八九八年開始且為期九十九年的新界租約將滿，除非採取某些措施，否則英國只能治理到一九九七年。租約結束之後可能造成的衝擊逐漸迫切，香港政府非常憂心，年復一年，問題會越來越嚴重，動搖香港商業信心，促使投資者轉向新加坡或日本。於是，英國在一九七九年試圖提出技術性的合法手段解決。一九七九年三月，時任總督的麥理浩爵士（Sir Murray MacLehose）首次訪問北京，向鄧小平提出這個問題與可能的解決方法，卻被「斷然拒絕」（他的說法）。之後，英國多次希望釐清情況，又因「不必要且不適當」遭到阻撓。一九七九年十一月，中國總理華國鋒訪英，對此問題幾乎隻字未提，只簡短地表示香港是「中國的領土」。然而，中國和香港都在盤算未來。[67]

因此柴契爾在一九八二年出發到中國，開導中國領導人香港為何會這麼繁榮，而且最重要的原因，在她眼中就是出於英國的治理。這段期間，中國發展「一國兩制」政策，雖然政策目標是臺灣這個更大的獎品，但是同時也可運用在香港，成立「特別行政區」，作為廣大統一計畫的試驗。但是，九月二十三日上午在人民大會堂，英國首相告訴總理趙紫陽，這個提議將會「損失慘重」：經濟會「崩盤」，會使英國與中國「喪失名譽」。此外，英國「對香港人民負有道德義務，我們必須遵守」。她「深深相信」這點，備忘錄的這幾個字更被劃上了好幾條強調的底線。[68]對聽者而言，那是刺耳又羞辱的言論：來了維多利亞的幽靈砲艦，載著好戰的巴夏禮爵士，或是粗魯的藍浦生又在罵人，教訓清朝和軍閥。

所以，趙紫陽同樣清楚表明自己的立場：「中國不會在不收回主權的情況下維持發展香港的繁榮」，這個原則優先於「繁榮與安定」。[69]隔天，鄧小平的態度同樣堅決。英國表面提議所謂的「經營合約」，希望藉此主導行政，延長對於香港的控制。[70]但是，鄧小平回答：「如果無法收復主權，意思就是新中國就像清朝的中國，現在的領導人就像李鴻章。」李鴻章是清朝的高官，一八九五年與日本簽定《馬關條約》，又於一八九八年與英國簽訂《南京條約》，因而被民族主義者指控出賣中國給外強。鄧小平就和趙紫陽一樣，表示國家名譽處於成敗關頭，大眾民族主義期待香港回歸，而他們對於人民負有義務。他也揶揄英國首相，這對妳也好，「表示英國的殖民年代結束。這會恢復英國的名聲」。

鄧小平主張歷史之必要。柴契爾幾乎不懂，幕僚也沒善盡簡報之責。首相手中外交與聯邦事務部給的〈中國歷史快覽〉，噤聲略過英國如何攻擊中國：裡頭沒有兩次鴉片戰爭、拳民事件、五卅事件與沙基慘案；安格聯沒有控制共和時期的財政；一九三〇年代之前，英國對中國的各種支配都從未發生；萬縣沒有船艦駛來（譯注：指一九二六年發生於四川萬縣，英國艦隊砲轟萬縣，造成近千人死傷的「萬縣慘案」）；紫石英號未曾對人民解放軍開槍。一九七二年，道格拉斯－休姆形容中英關係「崎嶇不平」；在人民大會堂的歡迎宴會上，柴契爾匆忙看過兩國歷史關係的報告，慎重強調中國與英國過去的文化互動豐富，而談到英國與中國的政治關係，她委婉地評論「更多變」。但是，若英國沒有幫助孫逸仙躲避一八九六年清朝在倫敦公使館的追捕，若一九四〇至四一年兩國沒有站在同一陣線對抗法西斯主義十二個月，現在又是什麼光景？英國飛快地忘了他們在中國的歷史。同一段黑暗時期，因為邱吉爾政府關閉蔣介石政權唯一的補給通路——滇緬公路，導致重慶情勢急速惡化；同一段黑暗時期，面對日本侵略，英國帝國軍隊潰散。[71] 對許多人而言，這就是英國對中國最大的背叛，而非處境艱難時的團結。柴契爾向趙紫陽要求歸還過去在外灘的上海領事館，正好表示她對「過去」代表的意義與強大力道，沒有絲毫審慎的認知。

極度懷疑英國意圖的情況下，中國表示，除非英國首先讓步，承認對於香港任何地區沒有主權，否則中國拒絕公開談判。而且，保衛香港人民的不是你們，是我們——中國如是說。他們是中國人；他們知道他們的歷史。對此僵局，英國外交與聯邦事務部最初提出的解決辦法是：「我們……有條約」，但被柴契爾痛斥「可悲」。中國展開砲火猛烈的政治宣傳，尤其強調過去英國以種種不公平的手段取得香港；殖民地的股市與貨幣暴跌，恐慌的居民將超市的貨物掃空。[72] 此時，香港的觀眾正在觀賞當地導演李翰祥斥資拍攝的史詩電影《火燒圓明園》。這部電影以民族主義觀點痛苦地描寫一八六〇年華北的動亂，以及英法聯軍破壞古物的暴行——就怕不是所有香港人都非常「瞭解他們的歷史」。

儘管如此，英國緊抓不放，希望找到一個方法「給他們想要的表象，但內容符合我們的要求」——又是那句老話，「有名無實」。[73] 一九八三年七月起，正式談判展開，依中國看來，英國承認他們贏不了了。一九八四年九月二十六日的《中英聯合宣言》中，英國放棄取得任何正式治理的管道，而且明顯可見這並非「條約」：一位主要中國談判員巧妙引用莎士比亞的名句：「玫瑰不稱玫瑰，甜香如故」。他「討厭『條約』一詞，而且認為不須解釋原因」。[74] 但他必須這麼做，因為英國與中國依然說著不同的政治語言，對於過去的影響，甚至過去的事實，也抱持不同的理解。但針對這個主題，英國幾乎不聽中國「呆板的覆述」、「不變的冗長覆述」以及「自言自語」。駐中大使柯利達抱怨，中國人愛用「情緒性字眼」，例如「帝國主義」，但是那樣的字眼是有意義的專有名詞，而且在北京政府眼中，更是「歷史的創傷」、活生生的威脅。[75] 柯利達後來這麼說，我們不是在「打牌」，我們也不覺得你們在「打牌或打乒乓球」。中國官員回答，你們在「做白日夢，想拿新的不平等條約取代舊的」。[76]

結果聯合宣言只是爭議的開頭，不是結尾。在中國眼中，宣言象徵英國即刻終止在殖民地的任何自由操作。英國措手不及。英國在中國根深柢固的形象就是乖張荒謬的「殖民主義」，殖民主義本身已是重大阻礙，對於接下來的談判更是有害無益。談判過程危機四伏、磕磕絆絆：基礎建設專案、標案涉嫌偏袒英國公司（怡和洋行又是特別被挑出來痛罵的對象，佐以鴉片戰爭的歷史）、香港政府的財務政策，以及最後一任總督保守黨的彭定康（Chris Patten）主導的民主改革。[77] 雖然香港標榜的價值建立在「中國大陸內部的自由飛地」，但其人民雖然擁有經濟自由，也生活在安定公平的法律系統，卻沒有政治權利。雖然早在一九四一年十二月日軍攻陷的黑暗時期，在倫敦與被俘虜的殖民地官員就曾提出發展香港真正的憲政制度，但到了一九五二年又不了了之。[78] 一九八〇年代，行政機構已經進化，能夠有效回應輿論，又不須於民主代議做出任何讓步。總督多半諮詢香港的寡頭政治家，雖然他們對媒體也越來越敏感。儘管如此，香港新世代的居民仍然爭取民主尊嚴，期待香港自由的媒體與社會因此臻於完善。只是，一切不會實現。

彭定康和怡和洋行越來越認命，任中國人在他們身上發洩對香港的憤怒。澳門的日子則好過一些。一九七四年四月，葡萄牙康乃馨革命（譯注：一九七四年四月二十五日，葡萄牙里斯本的中下級軍官發動「以康乃馨代替步槍」的和平政變，獲得民眾響應，逐漸推翻該國獨裁政權，放棄海外殖民地）的消息傳到澳門，這片土地卻「依舊昏昏欲睡」。逸園的狗兒繼續跑，賭場不分日夜營業。[79] 和英國不同，葡萄牙的新政府決心擺脫殖民帝國這個身分；技術上來說，透過一九五一年的修憲，他其實是擺脫海外的省分，正式否認持有殖民地。儘管對於澳門的治理，葡萄牙長期對中共妥協，他們也有意正式承認北京政府，因為當時他們還承認在臺灣的中華民國。一九七四年五月，殖民地準備舉行偉大的中國沿岸畫家錢納利（George Chinnery）兩百周年誕生紀念——重新命名街道、發行郵票、舉行教會禮拜，並在墳前立碑——然而，葡萄牙政府現在卻希望，而且反常地尋求解決澳門問題的方法。一九七五年，承認協議的一項祕密條款表示葡萄牙放棄任何對澳門的主權，並保證歸還，但磋商還要花上很長的時間，也沒有終止日期催促（雖然他們後來覺得，也許可以在四百五十周年時歸還）。根據澳督一九八一年的聲明，歸還的殖民地事實上不是殖民地，而是葡萄牙管理的中國領土，相較香港這塊更大的餅只是次要。一九八六年正式的對談展開，而中國直接拿出《中英聯合宣言》的內容。[80] 一九八七年香港問題達成協議後，澳門政府還在思索。澳門的公家機關並沒有在地化，澳門政府也無法有效處理幫派暴力——或說，儘管發展憲政制度，澳門政府仍然臣服於親北京的勢力，也臣服於依賴觀光業的經濟所帶動的賭場利益。

處理葡萄牙在中國四個世紀及英國兩個世紀的後遺症，偶爾會令北京暴躁尖叫，但是中華人民共和國與日本新建立的關係，其憂煩不安與口誅筆伐的程度，又是不同的類型。一九七一與七二年，季辛吉與尼克森強烈懷疑日本的企圖。周恩來不僅明確表達害怕日本將臺灣轉為附庸國，他還主張日本的目標是重回中國，並且擴大在中國的權利。中國人不會放棄戰爭；他們發現自己一九七二年面對的日本領導人曾經參與大戰，而且就在中國境內。他們有理由這麼遲疑，即使一開始只是情緒使然。

投降之後，日本國內局勢混亂，同時開始由美國主導的占領。這段期間，超過五百萬名軍人與移居者帶著暴行、殘忍與貪汙的故事回到家鄉。東京國際戰犯審判又再次強調這些故事。各級軍官批准的，或殖民主義戰爭機器的士兵任意犯下的軍事暴行有了充足證據。歷史學家、社運人士，以及被日本軍方殺害的沖繩人遺族從此積極介入，確保這個國家文部科學省核准的學校課本可以適當地記錄。一九五三年起，日本歷史學家家永三郎多次在法庭要求日本文部科學省承認日本戰爭的作為。[81]但是，日本的經濟逐漸強盛，記憶也隨之褪色，保守圈內再度出現戰爭有理的聲浪。新民族主義者再度主張，日本過去的戰爭是為了從歐洲殖民主義與美國霸權中解放亞洲，並抵擋共產主義入侵。其他人認為，還有廣島、長崎，以及所有被美國空軍轟炸的城市，日本也是受害者，而且美國並未考慮這些巨大災難造成的嚴重後果。

接著，一九七一年，一位知名的改革記者本多勝一開始書寫來自中國的報導，刊登在大量流通的《朝日新聞》，詳細描述日本暴行底下的生還者。大眾紛紛為之吸引。本多勝一訪問落入日本人手中的男人與女人，從人性的角度記錄個人經驗。匿名者不讓日本的殘暴遭人遺忘，激烈地控訴日本帝國陸軍的戰爭罪行，並在首相田中訪問中國的前幾個月集結成冊出版。其他陪同訪問的記者正視歷史，從戰爭的象徵地點傳回報導，例如北京城外的馬可波羅橋。首相田中反而在國宴上笨拙地發表談話。一九七二年最終的《日中聯合宣言》，承認日本「非常清楚過去日本對中國人民在戰爭時期造成的嚴重傷害，並深深自責」。[82]不過，這僅僅是兩國針對近代歷史問題交流的開端。

一九四九年之後，中國批准的歷史研究領域與主題，普遍來說並未強調一九三一年後日本入侵。毛澤東經常跟訪客說笑，他感謝日本侵略中國，讓他的黨從蔣介石手中起死回生，鼓勵全國抗日。中國不畏強權，脫穎而出，獲得勝利。人民當然從課本裡學習戰爭，全國不分上下也都記得並紀念戰爭，包括老兵、受害者與眷屬。[83]戰爭經驗也是電影、小說及回憶錄的題材。「人民外交」行動當中也有日本的代表團，正好提供機會操作大眾對於昔日的侵略者再度現身的反應，鼓吹蠢蠢欲動的抗議（而且，日本人一直都是文化大革命之前最大批的訪客）。憤怒的情緒持續高漲。一九八二年夏天，日本歷史課本對於戰爭侵略的描述出現爭議，然而，日本政府的處理方式引發鄰國激烈抗議。[84]日本保守派認為國家通過的教科書深植左派偏見，因此在國內發動持續的政治抗爭。抗爭演變為大規模的外交事件，影響日本與諸多國家的關係。直到日本政府表現足夠的誠意，承諾修改教科書有問題的詞語，事件才見平息（例如關於「日本侵略」中國一度稱為「日本進軍」中國）。雖然早在一九八二年之前就有修正，修正的教科書也在少數學校使用，但日本國內及亞洲其他地方，都在擔心日本過分自信的國際形象會催化危機。

所以，戰爭根本沒有結束，而是一打再打。戰爭的爆點舉凡教科書、日本政府的官方聲明、日本首長與主要政客公開或私人參訪東京靖國神社。特定事件造成的傷害程度，甚至事件的真實性，都會引發爭議，例如一九三七至三八年冬季的暴行，很快就成為著名的「南京大屠殺」。關於日本在中國發動生化攻擊、對中國人進行殘忍的醫學實驗，或被迫做為帝國軍隊性奴隸的亞洲「慰安婦」，這些議題眾說紛紜。南京大屠殺的「否認主義者」，提出「證明」，主張「只有」六千或四萬軍人在南京被殺。（東京大審的結論是二十六萬男女被殺，不分百姓或軍人。）本多勝一與南京和周邊城市倖存者的訪談便是明明白白的證詞；華裔美國人張純如（Iris Chang）慷慨激昂的暢銷著作「證明」「大屠殺」確實發生。學界、退伍軍人、記者與政客都加入辯論。這些爭議也激怒了在一九八二年鄧小平認為自己負有責任的大眾民族主義。[85]如同日本軍隊在許多戰爭與戰場，他們在戰爭期間對中國犯下的獸行，以及廣大占領造成進一步的戰爭犯罪，這兩件事情從來就沒有任何合理的懷疑，文字證據不容置疑。但是，想在數十年來的中日衝突，找到共同的語言描述發生了什麼、為何與何時，終究難以駕馭：即使中國與日本政府成立「共同歷史調查委員會」，試圖建構共同的敘述，還是無法銜接鴻溝。

對於日本新民族主義者改寫戰爭歷史感到失望的不只是中國，否認戰爭深遠的恐怖也不純為日本才有的現象。[86]但是，一九八二年教科書風波之後，在中國政府鼓勵下，歷史博物館與紀念館紛紛展開全面升級，或建立新館。一九八五年，南京大屠殺紀念館在被發現不久的集體墳場開幕。為了記錄日軍七三一部隊犯下的人體試驗暴行，也為了紀念一九三一年戰爭爆發，一九八五年與一九九一年分別成立博物館。一九八七年，中國人民抗日戰爭紀念館成立。[87]中國的學者在世界各地爬梳檔案，尋找被忽略的歷史證據，研究成果卷帙浩繁。這波研究的特徵是將國民政府於戰爭時期的角色融入敘述，並且重新評價國民政府官員與蔣介石的地位。共產黨的敘述以及海外學者的分析，總是把焦點放在戰爭時期的紅軍，隻字未提國民黨，或者就把他們說成叛賊或懦夫，被白修德和其他戰爭時期的評論譴責。為了打開通往臺灣的大門，國民政府又被放回中國的奮鬥故事。

隨著外國訪客越來越容易進入中國，中國的奇異感不僅逐漸消失，更出現深層的參與。越來越多語言交換的學生，以及一些古怪的活動：一九七九年美國喜劇演員鮑伯．霍伯（Bob Hope）來到中國並拍攝電視特集；一九八一年法國電子音樂家讓—米歇爾．雅爾（Jean-Michel Jarre）在中國演出（至少雷射秀進行順利）；《芝麻街》的大鳥在一九八三年拜訪中國；英國流行搖滾樂團「轟！」（Wham!）於一九八五年舉行兩場演唱會。「轟！」的演出耗費鉅資，但成功達成宣傳目標，打響了樂團在美國的知名度。此時，音樂審查的標準已經動搖，資深領導人不再一字一句審查節目。有人聽過外交部長周南引用莎士比亞的名句、舉辦宴會，而且參加「轟！」的演唱會。文化部副部長周巍峙以著作韓戰時期愛國歌曲聞名，他接待樂團兩名成員到文化部訪問，並懷舊地提到曾在布拉格聽過保羅．羅伯遜唱歌。羅伯遜自有在中國出名的理由：他曾翻唱後來成為中國國歌的〈義勇軍進行曲〉。兩名樂團歌手回答：「很抱歉……我們……不太清楚。其實我們不清楚羅伯遜是誰。」「轟！」在廣州的演唱會由〈愛的機器〉（Love Machine）一曲開場。樂團的經理一直夢想進入中國。他和許多英國人一樣，與從前通商口岸的世界有所關連：他的父親曾任亞細亞標準石油公司的業務，一九二九年之後在廣州和香港住過兩年。一位英國外交官演唱會之後聊到，認為「少了一些互相理解」。比較像中蘇互動年代的交流方式是美國劇作家亞瑟．米勒（Arthur Miller），他於一九八三年來到中國，任用中國演員，執導《推銷員之死》（*Death of a Salesman*），在北京人民藝術劇院演出。英若誠與米勒共同合作這齣戲，同時也當過文化部副部長。他做過許多工作，其中之一是「對抗」英國外交官員的間諜。[88]此時，關係正常化了，進入了另一個階段。

一九八四年，英國製作電視紀錄片《龍的心》（*Heart of the Dragon*），一共十二集，每集一小時，在國際間播放；中國就不能抱怨他們出現在電視上的時間不夠。該節目幾乎不見明顯的政治意味；節目的目標是呈現「中國文化的『真相』」，以及中國文化「永恆」的精華——不是「革命的」，也不是「新中國的」，而是捱過風暴的文化。[89]當然，政治永遠不可能缺席。拍攝哈爾濱療養院的期間，其中一位病人雖不知該不該住院，但當他說起中國改革時代的變化，正巧被攝影機拍到。他玩起文字遊戲，改編當時的口號，喊出自己發明的「四個現代化」：「國宴」等級的餐點、西化的衣服、高樓聳立的國家、豪華的交通工具。其實，他也不算錯得離譜。

如果正確理解過去，需要重建南京大屠殺與七三一部隊的往事，需要闔上香港與澳門等過去暴露的創傷，那麼中國「改革開放」乘載的風險反而更加深層。政治走上回頭路，可能會導致茫然與貪腐；躲藏在歷史恥辱中的資本主義和帝國主義鬼魂可能會立刻回來。隨著中國一九七八年之後啟動改革政策，每項發展都伴隨這種危險。改革建設的手段之一便是成立「經濟特區」，一九七九年起，在廣東省開設四個。[90]這些製造業特區以出口為導向，吸引外國貨幣、資本、專業與技術，協助中國在後毛澤東時期發展現代化經濟。外資同時提供就業，以及學習外國作法、接觸外國想法的機會。第一家這類企業是在香港註冊的拆船公司，在一九七九年獲准進駐。公司的原料是中國廢棄的船運存貨，而破銅爛鐵的銷售市場則是香港。中國社會主義國家企業的產品到了新的時代，其實會被拆成碎片。短短八個月之後，四個經濟特區成立：香港北邊的深圳，澳門北邊的珠海，以及汕頭與福建。這些地區過去都太不安全，無法擔保國家投資。而經濟特區最佳選項——上海，此時還是無法信任，因為洋行買辦的歷史太過深刻（譯注：買辦是清代通商口岸時期，受到外商雇用參與經營的中國人，擔任外商與中國商人，甚至與中國官員的橋梁）。

批評經濟特區的人認為設立特區形同重新引進資本主義，金錢本身就是貪汙與犯罪的誘因，即使不會毀了廣東省的共產黨，也極可能產生敗壞。支持經濟特區的人見到了深刻的轉型誕生。小鎮深圳旋即高樓林立；新工廠建造的速度之快，香港和海外投資人完全不顧阻礙與困難，全都受到召喚。一九八四年，另外十四個經濟特區開幕，而且全部都是之前的通商口岸。上海也是其一，但租約束縛直到一九九二年才解開。改革深深影響中國經濟與社會，但改革結果令人質疑之處倒也不少。為求意識型態正統並平衡改革、打倒犯罪貪汙與「精神汙染」（非常廣義的色情書刊，以及「資產階級自由主義」）的運動於是興起。依照慣例，公開批鬥，遊街示眾，之後立刻處決的戲碼再度上演。一九八三年，總計奪走超過五千條人命。但在相對短暫的時期內，打擊運動就止息了。畢竟，就像四川鄉下看見的一句口號：「時間就是金錢。」

歷史不僅號召改革，也成為改革工具。一九八六至九〇年，中國進行第七個五年計畫，學者於這段時間的貢獻，就是全面研究中國的通商口岸。城市歷史學家忽然受到重用。政府官員想要知道這些經濟特區的雛形過去如何發展？什麼做對了？什麼做錯了？理解過去的成就如何幫助當今的經濟發展？規畫者與管理者要注意什麼？上海的資本家被放出牢籠。但是，大量發行的叢書，敘述並條列中國國恥，這也是部分問題的答案。這些研究計畫並非為了再次批評過去，而是支持鄧小平所謂的中國「第二次革命」。[91]歷史依舊要緊，但此時歷史中更重要的部分是，曾被輕視的自由運作且開放的通商口岸。

一九八九年，這樣的轉向受到嚴峻的考驗。那一年四月十五日起，接連的兩個月，北京天安門成為全國各地暴動的象徵地點。抗議的人民不滿貪汙、廢除價格控制之後的嚴重通貨膨脹、新聞與結社自由受到打壓。北京多所大學的學生領頭，他們相當清楚學生於政治抗議運動歷史扮演的角色。全中國各行各業都加入他們，衝撞當下的體制，引發六月四日的暴力鎮壓，以及之後被官方正式命名的「反革命暴亂」。事件喧騰的同時，外國電視與廣播史無前例地實況轉播。中國從來沒有如此暴露在外國觀眾面前，而且模樣糟糕透頂。這一次，中國根本毫不在乎。反正，「西方人會忘記」，鄧小平在暴力鎮壓之前如是說。[92]五月，戈巴契夫訪問北京，為中蘇歷史和解揭開序幕，此事卻因抗議相形失色，領導高層為此惱怒，顏面盡失。

鎮壓過後，中國開始懲處他們鎖定的事件領導人物。同時，一九九一年中國亦啟動新計畫：「愛國主義教育」。[93]天安門事件的事後檢討指出，更大的問題其實是急於奔向改革，反而模糊過去的恐怖。正是中國共產黨救了中國，中國才沒被肢解、閹割、降格，但人民卻忘了。所以全中國都要上這一堂歷史課，無論在學校、工作場合或休閒活動。電視頻道充斥著歷史戲劇與紀錄片、新書發行、新博物館與官方核定的歷史文物地點紛紛設立，以利推動愛國主義教育。[94]

歷史的核心一直都是「新中國」的創建根基，但是一九八〇年之後的世代並沒有直接從中擷取精華的經驗，沒有去比較「舊中國」，也不懂衰弱不振的中國在強敵手中遭受的苦難。他們需要教導。中國斥資投資在黨代會、條約簽訂與大屠殺等歷史文物地點，建造新的紀念場館，記錄重要罷工。監獄與紅軍總部也不能遺漏，紀念種種抗戰事蹟。墓園的紀念館、老共產黨員的「基地」、前領導的故居、敵軍投降與慘案的地點等，不是重新建立，就是翻修美化。國民黨的領導與對日抗戰當然也沒有遺漏（甚至有林語堂紀念館），但它們被擺設在意識型態裡，是與共產黨一起的「統一戰線」。此外，另有國民政府監獄紀念碑來平衡他們的地位。這些都是朝聖與紀念的場所，學校團體、共產黨小隊與國家機構都會前來參訪，也迅速吸引快速成長的中國觀光客。參訪的價格訂得低廉；各地鋪上新道路，興建新旅館，也準備了導覽書籍。愛國教育場址在電視和商展宣傳，並有「紅色旅遊」行程。旅遊商品與服務的收入則幫助抵銷成本。

在愛國主義教育推波助瀾之下，一點一滴的苦難，在必要時似乎能翻漲成千上萬倍。毛澤東的出生地韶山，到了二〇一〇年雇用一百一十人，守護四萬個文化遺物，包括毛主席晚年六千件「個人物品」。此時，全國至少有十四個紀念毛澤東的遺址，包括至少三個故居，而且經過防腐技術處理的主席，仍在天安門廣場中央的毛主席紀念堂供人瞻仰。他曾躺過的床在前青島德國總督官邸展示。一九九六年，被指定為「愛國教育基地」的場所有一百處，還會再與之後的一百處官方指定的「紅色旅遊經典景區」重疊。教科書和課堂再度公然實施民族主義的課綱，不僅強調中國曾是受難者，也強調中國最終是勝利者。典型的毛澤東主義命令是「千萬不要忘記階級鬥爭」；正在改革的中國「千萬不要忘記國家恥辱」，也千萬不要忘記中國共產黨在歷史中，擔任的領頭與撥亂反正之角色。經歷一九七〇年代的正常化，以及一九八〇年代的改革後，中國過去的傷口似乎開始癒合。然而到了一九九〇年代，傷口又赤裸裸地打開，讓現代政治這臺觸手無遠弗屆的機器，悉心照料宣傳國家的任務。

第十二章

—— Chapter 12 ——

歷史的夢魘

一九九七年意味著什麼？那一年七月一日，中華人民共和國重新在香港行使主權。中國領導高層與英國政府部長皆一同出席這場編排得一絲不苟的午夜典禮，也一起擔任主禮嘉賓。大雨傾洩，眼淚也因各種可能的理由流下：悲傷、喜悅、害怕、疑惑或安心。午夜一過，一行人準備離開的港督登上英國皇家不列顛尼亞號（Britannia）揚帆遠航。英國國旗於午夜時分降下，中國五星旗冉冉升起，與此同時，原本的殖民地制度由新的特別行政區取代。其他殖民統治的象徵，午夜過後便一一移除（許多在一九九七年之前就被取代）。在北京，天安門廣場施放煙火。革命史展覽館前放置的電子時鐘自從一九九四年便開始倒數，此時化為零。最後幾秒民眾一同跟著倒數。大雨落在香港，「洗刷」一個世紀以來的羞辱。

除了盯著時鐘，還有很多種期待這一刻的方式（中國各地也有其他倒數時鐘，在香港與深圳的邊界，以及北京圓明園的遺跡裡也有一座，那就是一八六〇年英法聯軍洗劫並燒毀的夏宮）。特別觸動我的是一支音樂錄影帶，這首歌在一九九四年在衛星音樂頻道似乎無止盡地重播（音樂錄影帶本身對於到中國的旅客而言，已經是件矛盾的奇事）。我在上海的旅館看到這支音樂錄影帶。一個年輕女人對著鏡頭彈吉他。她的名字是艾敬，二十四歲就以一首琅琅上口的歌曲〈我的一九九七〉紅遍華語世界。歌曲本身是首輕快的民謠，偶爾穿插中國歌劇的片段。歌詞描述她如何從遙遠的東北瀋陽出發，經過北京抵達上海外灘，往南走到香港。音樂錄影帶也快速切換過去到現在的種種畫面。

但是這首歌是關於未來：「什麼時候我才能去香港？」她在廣州的時候如是問。這是首有點大膽的歌曲，想念在香港的愛人，而香港本身也許也是愛人。但對中國而言，香港絕對是未來。這首歌和音樂錄影帶歡慶的氛圍，呈現對於都會自由與現代享受的渴望。CD封面的艾敬站在香港酒吧林立的蘭桂坊。「香港是什麼樣？香港人又是怎麼樣？」艾敬問。在英國最後一塊大面積殖民地回歸前幾年，中國政府著手贊助學術研究與電影拍攝。這些努力是為了將焦點放在香港，慶祝中國新進的勢力，並且提醒過去的積弱與羞辱。文化還是重要的；不論是急促的毛澤東主義年代，甚至國際化的共和體制，文化與政治場域的關連並無減少。[1]所以艾敬的歌曲巧妙地擊中政治論述，並且將之顛覆。她的一九九七與國家恥辱無關，而是個人解放。

過去英國殖民的香港已經轉變為全球資本主義中心。英國與中國的外交官員幾乎爭執到最後一刻。象徵英國權力的正式符號拆除後，舊時通商口岸的標誌依然無所不在，但是許多九〇年代之後移居香港的人都往北觀望，等待中國。無論何時，一旦機會開放就要投身尋找合作對象，追求中國無限市場的古老幻想。[2]對中國政府而言，問題是如何管理，如何找回外國人，同時不重蹈覆轍，不喪失主權與尊嚴。重新取回香港是中國歷史洪流中的重大勝利。回歸政治舞臺便是齣大戲，也是中國人享受經濟成長自由的里程碑。一九四九年後，這座城市繼承了上海的現代性。高樓林立的香港此時是另一個版本的中國，也是馬上就要實現的未來。一九九九年的澳門回歸也有一樣盛大的排場，但是一九九七年香港回歸的象徵地位更為重要，因為香港殖民不是始於明朝，而是始於十九世紀，那是英國打擊中國主權的時代。

艾敬的音樂錄影帶令人難忘，但其實一九九七年之前，已有正統的文化計畫，而且目的也是引起廣大迴響。當中最主流的是預算驚人的電影《鴉片戰爭》，一九九七年六月九日在人民大會堂為政府高層舉辦首映。這部電影的導演，即電影製作資歷深厚的謝晉，描述這部片是「獻給祖國和人民特別的禮物，確保我們和後代永遠記得國家曾經蒙受的恥辱」。兩位上海出生的香港高層：即將上任的行政首長董建華與立法局主席范徐麗泰，三天之後出席香港首映。該片已經受到許多大人物背書，例如鄧小平的中共領導繼承人江澤民；愛國者也不斷挹注資金。政府、官員與黨單位購買團體票，票根數量難以計算。重塑這個故事，重點圍繞在香港這片土地引發的鴉片貿易戰爭，以及英國企圖「稱霸整個東方，稱霸整個十九世紀」的野心（而且英國的野心由維多利亞女王親口說出）。某個程度來說，這部電影是中國當時斥資最高的電影。英國在劇本裡的角色和原先期待有些不同；然而，重要的是，這部電影最終不是以現代香港為根基，而是過去的中國。香港不是香港人在一九九七年之前締造的，也不是他們之後可能成就的，這反而是歷史上的偷竊，源頭是骯髒的犯罪事業和清朝的衰弱與沙文主義。[3]

其實，現代中國史上不只一次以電影紀念鴉片戰爭和回歸。更早之前還有一九四三年日本贊助的中國電影《萬世流芳》，當時為了扶植叛國的總統汪精衛，而在南京上演。那也是官方主導的拍攝計畫，紀念一九四三年八月一日，上海租界歸還給賣國的上海特別市。這種紀念方式的巧合，表示二十世紀中國的政治計畫都以民族主義與反帝國主義為中心。中國共產黨與汪精衛一度是盟友，後來翻臉為仇敵，能搬出的戲碼一樣有限。[4]這並不表示中國共產黨等於汪精衛政權，而是民族主義在現代中國各種競爭中，始終脫離不了恥辱問題。

艾敬在歌曲裡說的，接下來三十年在中國都發生了。她的歌詞提到父親工作的國營事業關閉，就像那些引進首波外商、被拆除的報廢船隻。從一九七九年廣東省的激烈改革開始，國營事業都被巨大的革新與經濟發展掃到一旁。經濟成長帶來社會與文化深刻的轉型，到現在還在進行，而且全中國遍布類似蘭桂坊的酒吧區。[5]香港仍然非常不同，擁有獨樹一格的中國文化與價值觀；但就像澳門一樣，香港和中國本身經歷的改變，部分是無關的。例如，上海現正野心勃勃準備晉升為世界一流的都市，二十五萬外國人急忙奔向其中的甜頭，當然還有裡頭的黑暗和髒汙。再也不見的只有街上的人力車。[6]

然而，博物館裡有很多人力車，因為過去的中國成為現在前所未見的生意熱潮。據估計，二〇一一年約有一萬個「紅色旅遊」地點、五億次參訪，占全中國國內旅遊五分之一。[7]不帶政治味的保護遺產行動，在對抗推土機與炒樓這場普遍不公的戰鬥也有所進展。某些明顯的政治消音甚為驚人：天津的前義大利領事館二〇〇四年後改裝為「義大利風景區」；這裡的義大利的殖民事業轉型成為國際遺產的風格。[8]將殖民的過去重新包裝為國際化的方式，現在相當普遍。儘管毛澤東時期門戶關閉，此舉可以強調中國的延續。中國現代化的城市天際線代表，仍是上海。一九三〇與四〇年代，全中國都能在電影裡看到高樓林立的上海。那幅景象如今依舊，但現在北京人民大會堂代表上海全景的是穿越外灘的浦東天際線。為了看到這一景，每日來自全中國的上千名遊客，都必須轉身背對舊外灘，背對英國領事館、怡和洋行總部、滙豐銀行、沙遜爵士的華泰飯店、《字林西報》大樓、橫濱正金銀行和上海總會。

但就算轉過身，記憶仍舊栩栩如生。每年十月一日的中國國慶，上海市的官員會齊聚在外灘北端現在還稱公園的地方，雖然那裡完全看不出任何公園的遺跡。現在這裡是一九九三年揭幕的「人民英雄紀念塔」。[9]三根花崗石塔體頂端併靠，形成拔地參天的三面六十公尺高石碑，不僅代表解放戰爭中犧牲的「人民英雄之永恆榮耀」，也紀念一九一九年五四運動，甚至是鴉片戰爭等廣大的革命先驅。紀念塔的周圍是浮雕，描述一九四九年之前發生在上海的重要革命歷史事件，一九四九年五月學生在上海街道大跳〈秧歌〉是其高峰。一九四三年之前，離這個地點不遠，另有一座較不壯觀的石碑矗立數十年，那是一八六六年豎起的「常勝軍紀念碑」，紀念戈登將軍領導的洋槍隊，協助清朝在上海鎮壓太平軍。這座城市的歷史就和全中國的城市一樣，互相堆疊、彼此呼應。從附近英商帝國化工前的中國總部就可窺見變化。一九二三年揭幕時，建築外觀以寓言故事的浮雕裝飾，如今已經破損。帝國化工的名字還可見，大樓上的文化大革命口號也是，祝福偉大的舵手毛主席萬壽無疆。現在裡頭是間保全公司。

每年在外灘舉辦的紀念典禮是新鮮的陳釀。近年來典禮先從早上軍樂隊演奏國歌開始，參加者站立沉思。接著，無須言語，共產黨上海市委書記、上海市長與其他官方機構代表會向前一步，將花環放在浮雕前。這個典禮本身呼應另一個一九二四至四一年，以及一九四五至四八年再次舉行的典禮——十一月十一日，世界大戰同盟國犧牲紀念。那個典禮位在前上海公共租界另一端的歐戰紀念碑，正好是外來習俗與文化移入的強力見證，舉凡典禮的沉默、彈奏歐洲樂器的軍樂隊、以歐洲音樂創作的國歌，就連「國歌」的概念本身也是。現代化具體的形式（那些浮雕）都以相似的方式關連。但這些都不是現代中國與現代中國文化真實的面向。多數的上海觀光客對典禮絲毫不懷敬意，儘管那裡就是「愛國教育基地」。多數人沒有真正參加遊行：霓虹燈點亮的浦東天際線才是名勝。儘管人們不太在乎，恥辱仍然遍布，因為恥辱的故事仍然位居全國的愛國教育系統核心。

對於當今演變出或爆發的雙邊衝突等，幾乎總是透過歷史的稜鏡回應，或者這些衝突本身就與歷史有關。二〇一二年，中日的釣魚臺爭議碰巧正值九月十八日日本關東軍攻擊滿洲週年（即九一八事變），於是爆發街頭衝突與網路論戰。釣魚臺本身又是另一個十九世紀喪失領土的歷史後遺症。南昌的示威者吶喊「不要再學李鴻章」，呼應鄧小平針對香港問題給柴契爾夫人的簡短回答。[10] 另一個口號是「勿忘國恥，牢記九一八，收復釣魚臺」。二〇〇〇年起，一波要求歸還一八六〇年從圓明園搜刮的寶物之爭議。日本首相田中的道歉，並不能完全算是第一次；一九七二年《日中聯合宣言》之後的四十年，日本首相安倍晉三在二〇一五年為中日戰爭七十周年發表的聲明被放大檢視，中國與其他評論猛烈抨擊聲明。宣言中陰沉且怨恨的語言，不僅代表安倍自己保守與修正主義的政治傾向，也代表永不止息的戰爭在日本境內引發廣大惱怒。對中國而言，過去越來越重要。最鮮明的是，如今中國常苦苦地追趕過去，但趕不上自己孕育與鼓勵的大眾民族主義，大眾民族主義在社群媒體、外國大學校園，有時也在中國街上引起暴動。中國也必須更加機敏，他們捍衛中國名譽的不當方式，將眾怒轉向自己，而非日本。

整體而言，本書勾勒的世界為世人所知不足。這個世界當然在英雄傳奇、愛情故事與驚險小說中繼續存在，或是被好萊塢改編成電影，例如巴拉德的自傳小說《太陽的帝國》。如我們所見，電影中的世界是浪漫的，追溯至一九二〇年代，主要在一九三〇年代，至今仍是。但電影仍然容易被想成餘興節目，距離遙遠，故事人物和觀眾沒有太大關係。電影中多數情況總有顯著的不對稱：在中國，西方總是遠比身在自家的顯得重要。雖然我們無法反駁，但我們也知道當中並非全是真的。這樣的狀態真正的含義是，知識與理解之間不斷具有重大的不平衡。二〇一一年，我受邀在倫敦的英國外交部演講《瓜分中國》。我事先聲明，我無法對當代政策提供太多啟發，我這個舉動似乎算明智。我並不知道時任的中共主席胡錦濤在想什麼，也不知道氣候變遷和健康照護的行動。我的回應是，我不擔心那些政策，但我們真的必須多多瞭解歷史。英國外交部成員在進入外交部之前對中國歷史一無所知，但是中國人無時無刻都在談中國歷史。想要知道中英關係如何影響現代的中國，必須坦白承認這一點。

在中國，他們當然非常清楚。而且有哪一個國家，每逢新的領導上任消息公開當天，就換上陰沉的服裝，謹慎地前往歷史博物館？[11] 又有哪個國家有那麼多歷史博物館？這就是習近平和中國共產黨中央政治局常委在二〇一二年十一月二十九日的措施。這片土地權力最大的領袖藉著參觀國家博物館，以及其中常設的「復興之路展覽」向過去致敬。第一間展覽室以陰暗的光線為美學基調，藝術作品與文物沉痛地描繪一八四〇年以降中國屈辱與衰弱的故事。但是光明緊接而來；第二間展覽館全然不同，記錄一九四九年之後多起事件與勝利（並且以謹慎的手法挑選一些慘案陳列）。展覽最末向中國的航空事業致敬，接著展示行動電話（至少我最近去時是如此，而且博物館擠滿認真筆記的學生）。中國胸有成竹的航空計畫，充滿強烈的國家驕傲；中國的經濟成長和個人繁榮從歷史羞辱的框架突破重圍。黑暗的歷史隧道終端，承諾的是智慧型手機。

二十世紀外國人在中國的故事，和十九世紀或任何現代中國歷史一樣，重要程度之大，不能僅留給以黨治國的中國，以及他們審核過的劇本。中國批准的故事是片面且自私的，而且最終會擦槍走火。新的民族主義經常聽見氣憤的示威者大聲要求戰爭，要求殺了日本人，這樣的民族主義蘊含了災難。但這不只牽涉日本。一八三〇年代之後，共謀羞辱中國的國家（包括多數的歐洲國家與美國），最終沒有任何一個是安全的。確實地認識事實也許能幫助我們瞭解憤怒的根源。我的目的就是在本書呈現那個世界，爬梳所有複雜關係與背景；這樣的「複雜關係」並非掩飾懷舊之情或護教的說詞。二十世紀外國人在中國的歷史，並非只有頑固、種族歧視、暴力、貪婪或單純的無情與漠然。中國國家歷史博物館卻如此大量展示。在那個世界，你也會發現合作、同夥、聯合與結盟。還有許多聲音為中國辯護，捍衛中國對抗敵人，對抗海外及中國街頭的無知和偏見。這些明明就存在，但偏偏不在北京的展覽裡。另外，那時也少不了自欺與自滿，以及真誠的人道關懷與無私的技術貢獻。那個世界曾是命令和規範的世界，殖民勢力在其中行使，新興的全球化、人、貨物與思想也在裡頭流動，與殖民勢力交疊（並影響那個世界）。在中國的人曾在那個世界將來自海外的各式各樣創新概念融入生活，同時揉合所有外國與本地的元素，創造自己全新的文化。中國各種政治色彩或沒有政治色彩的人，都會在國際會議與組織解決或對抗不平等與不正義的外國政治勢力。中國共產黨並不獨占民族主義的美德，而且一九五〇年代中國主權持續降格，中共本身就是共犯。

「中華民族遭受的苦難之重、付出的犧牲之大，在世界各段歷史均屬罕見。」習近平在二〇一二年十一月的博物館之行最後如此表示。中國人民「從不屈服，不斷奮起抗爭，終於掌握了自己的命運」。當時，習近平的這番話許了一個「中國夢」，也承諾「中國民族偉大復興」、個人的理想追求和艾敬的〈我的一九九七〉，一切期盼終將同歸於一。中國夢的基礎就是這個永不停止的中國夢魘。我們必須承認與理解，但我們不需要深信不移。

OUT OF CHINA

延伸閱讀與影音資料

一九九七年，我在面試布里斯托大學教職時被問到：我要怎麼教不懂中文的學生中國歷史。他們能讀什麼？我一時啞口無言，因為即使在當時，現代中國研究可得的英語材料其實難以想像地大量。只要尋找，就能找到數不盡的入門資料、書籍、回憶錄、遊記、報告、小說、電影、漫畫與雜誌等等。平心而論，當時與我面試之人的研究領域資料多得是，他從不覺得尋找是必要的。但是，本書主張我們必須尋找。從那時起，大眾能輕易取得大筆資料，而且更進步的研究工具也產出許多新的收藏與資訊。一九九七年起，海外也有越來越多大學學者研究中國，特別是以現代中國為題的歷史學家。我從他們的工作成果學習良多。

我認為特別具有啟發且容易獲取的書籍，包括（依照本書章節順序排列，書中也有完整的資料來源）：Erez Manela, *The Wilsonian Moment* (2007)、Frederick Wakeman Jr, *Policing Shanghai* (1995)、

The Shanghai Badlands (1996)、James Farrer and Andrew David Field, *Shanghai Nightscapes* (2015)、Rana Mitter, *China's War with Japan*, 1937–1945 (2013)、Philip Snow, *The Fall of Hong Kong* (2003)、Sergey Radchenko, *Two Suns in the Heavens* (2009)、Austin Jersild, *The Sino-Soviet Alliance* (2014)、Nancy Bernkopf Tucker, *The China Threat* (2012)、Roderick MacFarquhar and Michael Schoenhals, *Mao's Last Revolution* (2006)、William A. Callahan, *China: The Pessoptimist Nation* (2010), *China Dreams* (2013)。Frank Dikötter易讀且具啟發的文章，令人腦力激盪，引起激烈的辯論，如'People's Trilogy' (*Mao's Great Famine, 2010, The Tragedy of Liberation*, 2013, *The Cultural Revolution*, 2016)。Peter Hessler的*River Town* (2001)、*Oracle Bones* (2006)和*Country Driving* (2010)報導近幾十年中國的文章也相當優秀。另外，Jeffrey N. Wasserstrom編輯的*The Oxford Illustrated History of Modern China* (2016)是學界近期可以取得背景介紹的優質書籍。

以下是幾本我覺得非常有趣的回憶錄：Graham Peck的著作（尤其是*Two Kinds of Time*, 1950）、Robert Payne的*Chungking Diary* (1945)與*China Awake* (1947)、Esther Cheo Ying的*Black Country Girl in Red China* (1980)、Ying Ruocheng與Claire Conceison的*Voices Carry* (2009)。我也非常推薦J. G. Ballard角度完全不同的*Miracles of Life* (2008)、Joshua A. Fogel翻譯的*Life Along the South Manchurian Railway: The Memoirs of Ito Takeo* (1988)、Colin Day與Richard Garrett所編輯，作者為戰爭時期英國駐澳門領事John Reeves的*The Lone Flag* (2014)，以及Arthur Miller的*Salesman in Beijing* (1984)。Jean-Luc Godard的電影*La Chinoise* (1967) 非常迷人，而Michelangelo Antonioni的*Chung Kuo, Cina* (1972)、Joris Ivens的史詩紀錄片*How Yukong Moved the Mountains* (1976)，以及同樣很長的一九八四

年電視節目*Heart of the Dragon*，都值得一看。一九八五年，「轟！」的中國巡迴演出電影（*Foreign Skies*，一九八六年）呈現中國改革時期超現實的複雜感覺。William A. Callahan的民族誌短片，包括*Toilet Adventures* (2015)，都值得一看。Cecil Beaton、Henri Cartier-Bresson、Jack Birns與Marc Riboud拍攝的照片都非常驚人，可以在他們的作品收藏裡找到。Birns拍攝的上海、澳門和香港都能在LIFE Photo Archive線上觀看。

我也建議各位找公開的網路資源：一九三〇年代的中國插畫雜誌（在MIT Visualizing Cultures platform）、美國國務院、總統與中央情報局的資料（https://history.state.gov/、中央情報局的Electronic Reading Room、DR Presidential Library的電子收藏）。Wilson Center的Cold War International History Project把非常多從蘇維埃集團取得的資料刊上網（附上翻譯）。一九四〇年代起第一手的尖銳資料取得容易（在Internet Archive或CADAL Digital Library）；文化大革命的海報（chineseposters.net）；香港政府報告（香港大學圖書館的Digital Initiatives）或報紙（香港公共圖書館的MMIS system）；上海的第一份法語報紙（*Le Journal de Shanghai*，在Gallica.fr）；或YouTube服部良一的音樂、山口淑子（李香蘭）的歌曲和電影，就會明白為何〈賣糖歌〉在一九四三年大受歡迎。在Marxists.org或Bannedthought.net，可以盡情瀏覽*People's China*、*China Reconstructs*，以及很多很多雜誌的電子檔。Christian Henriot的Virtual Cities Project擁有許多來自中國的電影、照片、書籍與資料；而我自己的計畫Historical Photographs of China則有超過一萬張歷史照片。所以真是如此，如我一九九七年說的，可以讀、看、聽的資料很多。

OUT OF CHINA

注釋

前言

1. 精采的研究參見Peter Hays Gries, *China's New Nationalism: Pride, Politics, and Diplomacy* (Berkeley, CA: University of California Press, 2004); William A. Callahan, *China: The Pessoptimist Nation* (Oxford: Oxford University Press, 2010).
2. 這一節我取材自Robert Bickers and Jeffrey N. Wasserstrom, 'Shanghai's "Chinese and Dogs Not Admitted" Sign: History, Legend and Contemporary Symbol', *China Quarterly* 142 (1995), pp. 444–66. 雖然一九九四年之後針對此題有大量的文獻，並有許多人表示見過這個標示，但是都已證實為訛誤。
3. 《光明日報》，一九九四年六月十三日，頁三。這些報紙是《青年報》，大量流通的《新民晚報》、《文匯報》以及黨報

《解放日報》。《世紀》於一九九四年八月刊登，在其他地方也被刊出。首篇駁斥的文章出現在一九九四年六月一日《黨史信息報》，對此爭議有許多文章投稿。值得注意的是，薛理勇原本更長的文章完整說明公園種族排外的歷史，突顯造假標示的故事：是流行雜誌中的優秀文章。

4. *The Times*, 4 January 1907, p. 3.

5. *North China Herald*, 15 November 1907, p. 428; 大批媒體資料可在上海市政資料庫的上海工部局祕書處檔案中查到：U1-3-1908, 'Notice Board of Municipal Parks: "No Dogs or Chinese Admitted" (1925–1931)'. 香港的部分：我曾分別在一九五九年、一九六七年、一九七八年、一九八六年與一九八七年《南華早報》讀到相關爭論。

6. 就在公園，根據二〇一〇年我在外灘歷史紀念館看到的文字陳列，以及一九九九年紀念館半官方的導覽，標示的故事是受歡迎的簡化版本與不同規定的混合。然而，陳列也包括一些近期的舊漫畫，其中清楚呈現這個冒犯的傳言：個人觀察，二〇一〇年十月八日；高達，《黃浦公園今昔》（上海：上海人民美術出版社，一九九九年），頁八－十一。

第一章　停戰

1. *North China Herald* (hereafter *NCH*), 30 November 1918, pp. 532–9; *Shenbao*, 24 November 1918.

2. *NCH*, 7 December 1918, pp. 588–9; *Peking and Tientsin Times*, 29 November 1918, pp. 6–7; 傳教士Sidney Gamble在首都拍攝的祝勝照片：rolls 212, 213, 217–19, in Sidney D. Gamble Photographs, David M. Rubenstein Rare Book & Manuscript Library, Duke University, Durham, North Carolina.

3. *Peking and Tientsin Times*, 22 November 1918, p. 7. 關於中國與大戰，Xu Guoqi, *China and the Great War* (Cambridge: Cambridge University Press, 2005).

4. Wilson to Xu, 10 October 1918, in *Papers Relating to the Foreign Relations of the United States, 1918* (U.S. Government Printing Office, 1918) (hereafter *FRUS*), p. 118.

5. *NCH*, 30 November 1918, pp. 542–3; Norman E. Saul, *The Life and Times of Charles R. Crane, 1858–1939: American Businessman, Philanthropist, and a Founder of Russian Studies in America* (Lanham, MD: Lexington Books, 2012).

6. 最近的歷史包括：John Fitzgerald, *Big White Lie: Chinese Australians in White Australia* (Sydney: University of New South Wales Press, 2007); Erika Lee, *At America's Gates: Chinese Immigration during the Exclusion Era, 1882–1943* (Chapel Hill, NC: University of North Carolina Press, 2003); Lisa Rose Mar, *Brokering Belonging: Chinese in Canada's Exclusion Era, 1885–1945* (Oxford: Oxford University Press, 2010); 另見James Belich, *Replenishing the Earth: The Settler Revolution and the Rise of the Anglo-World, 1783–1939* (Oxford: Oxford University Press, 2009); Elizabeth Sinn, *Pacific Crossing: California Gold, Chinese Migration, and the Making of Hong Kong* (Hong Kong: Hong Kong University Press, 2013); Stacey Bieler, *'Patriots' or 'Traitors'? A History of American-Educated Chinese Students* (London: Routledge, 2009). 關於中國勞工旅，Xu Guoqi, *Strangers on the Western Front: Chinese Workers in the Great War* (Cambridge, MA: Harvard University Press, 2011).

7. Robert Rene Le Fernbach, *A Child's Primer of Things Chinese* (Tianjin: Tientsin Press Ltd, 1923), pp. 2–3.

8. Hans van de Ven, *From Friend to Comrade: The Founding of the Chinese Communist Party, 1920–1927* (Berkeley, CA: University of California Press, 1991); 李大釗，〈Bolshevism的勝利〉，收錄於《新青年》五：五（一九一八年十月十五日），頁四一二一—八。

9. Translated by Yang Xianyi and Gladys Yang in Lu Xun, *Selected Works*, vol. 2 (Beijing: Foreign Languages Press,

1980), pp. 29–30.

10. *NCH*, 20 October 1917, p. 163; 7 September 1918, p. 586.

11. Henrietta Harrison, *The Making of the Republican Citizen: Political Ceremonies and Symbols in China 1911–1929* (Oxford: Oxford University Press, 2000); Antonia Finnane, *Changing Clothes in China: Fashion, History, Nation* (London: Hurst and Co., 2007); Frank Dikotter, *Things Modern: Material Culture and Everyday Life in China* (London: Hurst and Co., 2007).

12. 這一節取材自Wellington K. K. Chan, 'Selling Goods and Promoting a New Commercial Culture: The Four Premier Department Stores on Nanjing Road, 1917–1937'，以及Sherman Cochran, 'Transnational Origins of Advertising in Early Twentieth-Century China', 皆出自Sherman Cochran (ed.), *Inventing Nanjing Road: Commercial Culture in Shanghai, 1900–1949* (Ithaca, NY: Cornell East Asia Series, 1999), pp. 19–36, 37–58; Karl Gerth, *China Made: Consumer Culture and the Creation of the Nation* (Cambridge, MA: Harvard University Asia Center, 2003), chapter 1.

13. Dikotter, *Things Modern*, pp. 177–81.

14. Arthur H. Smith, *Village Life in China: A Study in Sociology* (New York: Fleming H. Revell, 1899), p. 310.

15. 這樣的勢力發展過程見Robert Bickers, *The Scramble for China: Foreign Devils in the Qing Empire, 1832–1914* (London: Allen Lane, 2011).

16. 見孫逸仙一九二三年的第一次演講，集結成*San Min Chu I: The Three Principles of the People*, trans. Frank W. Price (Taipei: China Publishing Co., undated), pp. 13–14. 相關分析，Marie-Claire Bergere, *Sun Yat-sen* (Stanford, CA: Stanford University Press, 1998), pp. 352–94.

17. Robert Bickers, 'British Concessions and Chinese Cities, 1910s–1930s', in Billy K. L. So and Madeleine Zelin (eds),

New Narratives of Urban Space in Republican Chinese Cities: Emerging Social, Legal and Governance Orders (Leiden: Brill, 2013), pp. 183–4.

18. *The China Year Book, 1919–20* (London: George Routledge and Sons, 1919), p. 624; Shanghai Municipal Council, *Annual Report 1920*, pp. 271a–75a; *North China Daily News*（以下簡稱NCDN）, 21 November 1918. 當代對這個世界的研究，Arnold Wright and H. A. Cartwright (eds), *Twentieth-Century Impressions of Hongkong, Shanghai and Other Treaty Ports of China* (London: Lloyd's Greater Britain Publishing Company, 1908).

19. Carl Crow, *The Travelers' Handbook for China* (Shanghai: Carl Crow, 1920), pp. 297–9. 關於澳門，Jonathan Porter, *Macau: The Imaginary City* (Boulder, CO: Westview, 2000); 關於澳門的認同，Joao De Pina-Cabral, *Between Europe and China: Person, Culture and Emotion in Macao* (London: Bloomsbury Continuum, 2002).

20. *South China Morning Post*（以下簡稱*SCMP*）, 31 January 1921, p. 3; *Hong Kong Hansard*, 3 October 1918, p. 73.

21. 統計來源'Report on the Census of the Colony for 1921', passim, 引言出處，p. 159, *Sessional Papers 1921, Papers Laid before the Legislative Council of Hongkong 1921*, 15/1921. 關於殖民地歷史，John M. Carroll, *A Concise History of Hong Kong* (Lanham, MD: Rowman and Littlefield, 2007).

22. *SCMP*, 14 November 1918, p. 1.

23. 估計出處，Albert Feuerwerker, *The Foreign Establishment in China in the Early Twentieth Century* (Ann Arbor, MI: University of Michigan Center for Chinese Studies, 1976), p. 39.

24. Jane Hunter, *The Gospel of Gentility: American Women Missionaries in Turn-of-the-Century China* (New Haven, CT: Yale University Press, 1984).

25. Henrietta Harrison, ' "A Penny for the Little Chinese": The French Holy Childhood Association in China, 1843–

1951', *American Historical Review* 113:1 (2008), pp. 72–92; 亦見Henrietta Harrison, *The Missionary's Curse and Other Tales from a Chinese Catholic Village* (Berkeley, CA: University of California Press, 2013).

26. 'The Diocese of Anking' by the Right Reverend Daniel Trumbull Huntington, DD, Bishop of Anking (Hartford, CT: Church Missions Publishing, 1943).

27. 所有的數據出自*China Mission Year Book 1917* (Shanghai: Christian Literature Society for China, 1917), pp. 73–84.

28. Ryan Dunch, *Fuzhou Protestants and the Making of a Modern China, 1857–1927* (New Haven, CT: Yale University Press, 2001).

29. Robert Bickers, *Empire Made Me: An Englishman Adrift in Shanghai* (London: Allen Lane, 2003); Eileen P. Scully, *Bargaining with the State from Afar: American Citizenship in Treaty Port China, 1844–1942* New York: Columbia University Press, 2001).

30. 見Stephen Platt, *Autumn in the Heavenly Kingdom: China, the West, and the Epic Story of the Taiping Civil War* (London: Atlantic Books, 2012); Jonathan D. Spence, *God's Chinese Son: The Taiping Heavenly Kingdom of Hong Xiuquan* (London: Harper Collins, 1996).

31. 上海工部局（以下簡稱SMC）*Annual Report 1918*, pp. 58a–88a; SMC, *Annual Report 1919*, pp. 93a–95a.

32. Maritime Customs, *Decennial Reports on the Trade, Industries etc. of the Ports Open to Foreign Commerce... 1912–21, Volume 2: Southern and Frontier Ports* (Shanghai: Statistical Department of the Inspectorate General of Customs, 1924), pp. 2, 450–51; Feuerwerker, *Foreign Establishment in China*, p. 17. 上海日籍居民數量成長，Joshua A. Fogel, *Maiden Voyage: The Senzaimaru and the Creation of Modern Sino-Japanese Relations* (Berkeley, CA: University of California Press, 2014).

33. 'Hongkew Disturbances', report, SMC, *The Municipal Gazette*, 28 October 1918, pp. 330–44, 引言在p. 331.

34. 這一節取材自Erez Manela, *The Wilsonian Moment: Self-Determination and the International Origins of Anticolonial Nationalism* (New York: Oxford University Press, 2007); Bruce A. Elleman, *Wilson and China: A Revised History of the Shandong Question* (Armonk, NY: M. E. Sharpe, 2002); Naoko Shimazu, *Japan, Race and Equality: The Racial Equality Proposal of 1919* (London: Routledge, 1998).

35. Baker diary, 30 April 1919; House to Wilson, 29 April 1919, Grayson diary, 30 April 1919, in Arthur S. Link (ed.), *The Papers of Woodrow Wilson*, vol. 58 (Princeton, NJ: Princeton University Press, 1988), pp. 270, 228–9, 244.

36. *The Deliberations of the Council of Four (March 24–June 28, 1919): Notes of the Official Interpreter Paul Mantoux*, trans. and ed. Arthur S. Link, vol. 1 (Princeton, NJ: Princeton University Press, 1992), pp. 336, 404–5; Baker diary, 30 April 1919, in *The Papers of Woodrow Wilson*, vol. 58, p. 271.

37. 首次公開在*The Times*, 6 May 1919, p. 13.

38. Elleman, *Wilson and China*, pp. 160–62.

39. 收錄在Chengting T. Wang to Morrison, 4 March 1919, in Lo Hui-min (ed.), *The Correspondence of G. E. Morrison*, vol. 2 (Cambridge: Cambridge University Press, 1978), p. 728.

40. Chow Tse-Tsung, *The May Fourth Movement: Intellectual Revolution in Modern China* (Cambridge, MA: Harvard University Press, 1960), p. 166.

41. Pingyuan Chen, *Touches of History: An Entry into 'May Fourth' China*, trans. Michel Hockx (Leiden: Brill, 2011), p. 24.

42. Chow, *May Fourth Movement, pp. 99–116; Chen, Touches of History*, pp. 11–66.

43. SMC, *Annual Report 1915, p. 51a; Gerth, China Made*, pp. 133–46.

44. Joseph T. Chen, *The May Fourth Movement in Shanghai: The Making of a Social Movement in Modern China* (Leiden: Brill, 1971); Tiina Helena Airaksinen, *Love Your Country on Nanjing Road: The British and the May Fourth Movement in Shanghai* (Helsinki: Renvall Institute for Area and Cultural Studies, 2005).

45. Chow, *May Fourth Movement*, pp. 178–82.

46. Li Chien-nung, *The Political History of China, 1840–1928*, trans. Ssu-yu Teng and Jeremy Ingalls (Princeton, NJ: Van Nostrand, 1956), pp. 390–93.

47. SMC, *Annual Report 1919*, pp. 61a–63a. 大約七百人因年齡和健康因素暫時或永久留下。

第二章　搞革命

1. Marie-Claire Bergere, *Sun Yat-sen* (Stanford, CA: Stanford University Press, 1998), pp. 299–301.

2. Jack J. Gerson, *Horatio Nelson Lay and Sino-British Relations 1854–1864* (Cambridge, MA: Harvard East Asia Monographs, 1972).

3. Shubing Jia, 'The Dissemination of Western Music through Catholic Missions in High Qing China (1662–1795)', unpublished thesis, University of Bristol, 2012.

4. Jonathan D. Spence, *To Change China: Western Advisers in China, 1620–1960* (Boston, MA: Little, Brown, 1969).

5. 例如John King Fairbank, *Trade and Diplomacy on the China Coast: The Opening of the Treaty Ports, 1842–1854* (1953) (Stanford, CA: Stanford University Press, 1969), pp. 341–6.

6. 關於馬坤，Daniel S. Levy, *Two-Gun Cohen: A Biography* (New York: St Martin's Press, 1997); 關於鮑羅廷，Dan N. Jacobs, *Borodin: Stalin's Man in China* (Cambridge, MA: Harvard University Press, 1981).
7. Levy, *Two-Gun Cohen*, pp. 116–24; 關於陳友仁，Howard L. Boorman (ed.), *Biographical Dictionary of Republican China, Volume 1* (New York: Columbia University Press, 1967), pp. 180–83.
8. Stanley F. Wright, *China's Customs Revenue since the Revolution of 1911*, 3rd edition (Shanghai: Statistical Department of the Inspectorate General of Customs, 1935), pp. 295–9.
9. Leslie H. Dingyan Chen, *Chen Jiongming and the Federalist Movement* (Ann Arbor, MI: Center for Chinese Studies, University of Michigan, 1999).
10. *Hong Kong Telegraph*, 6 May 1921; Virgil K. Y. Ho, *Understanding Canton: Rethinking Popular Culture in the Republican Period* (Oxford: Oxford University Press, 2005), p. 345.
11. Bergere, *Sun Yat-sen*, pp. 304–14.
12. Sun Yat-sen, *The International Development of China* (New York: G. P. Putnam's Sons, 1922); Bergere, *Sun Yat-sen*, pp. 281–3.
13. C. Martin Wilbur, *Sun Yat-sen:Frustrated Patriot* (New York: Columbia University Press, 1976), pp. 105–8; J. Scott Matthews, 'Nippon Ford', in John C. Wood and Michael C. Wood (eds), *Henry Ford: Critical Evaluations in Business and Management* (Routledge: London, 2003), vol. 2, p. 83: 關於信件，https://archive.org/details/808353-letter-from-dr-sun-yat-sen-to-henry-ford-and, accessed 4 July 2014.
14. *NCH*, 27 January 1923, p. 243; 3 February 1923, pp. 310, 289.
15. S. A. Smith, *A Road is Made: Communism in Shanghai 1920–1927* (Richmond, Surrey: Curzon Press, 2000); Hans

van de Ven, *From Friend to Comrade: The Founding of the Chinese Communist Party, 1920–1927* (Berkeley, CA: University of California Press, 1992); 關於共產第三國際的策略 - Alexander Vatlin and Stephen A. Smith, 'The Comintern', in Stephen A. Smith (ed.), *The Oxford Handbook of the History of Communism* (Oxford: Oxford University Press, 2014), pp. 187–202.

16. *Hongkong Daily Press*, 31 February 1923; Bergere, *Sun Yat-sen*, pp. 299–300; F. Gilbert Chan, 'An Alternative to Kuomintang-Communist Collaboration: Sun Yat-sen and Hong Kong, January–June 1923', *Modern Asian Studies* 13:1 (1979), pp. 127–39; Ming K. Chan (ed.), *Precarious Balance: Hong Kong Between China and Britain, 1842–1992* (Armonk, NY: M. E. Sharpe, 1994); Jung-fang Tsai, *Hong Kong in Chinese History: Community and Social Unrest in the British Colony, 1842–1913* (New York: Columbia University Press, 1993).

17. Jacobs, *Borodin*, p. 116.

18. Bruce A. Elleman, *Diplomacy and Deception: The Secret History of Sino-Soviet Diplomatic Relations, 1917–1927* (Armonk, NY: M. E. Sharpe, 1997); Akira Iriye, *After Imperialism: The Search for a New Order in the Far East, 1921–1931* (Cambridge, MA: Harvard University Press, 1965).

19. Stephen G. Craft, *V. K. Wellington Koo and the Emergence of Modern China* (Lexington, KY: University Press of Kentucky, 2004), pp. 66–71.

20. T. G. Otte, ' "Wee-ah-wee"? Britain at Weihaiwei, 1898–1930', in Greg Kennedy (ed.), *British Naval Strategy East of Suez 1900–2000: Influences and Actions* (London: Routledge, 2004), pp. 4–34; Pamela Atwell, *British Mandarins and Chinese Reformers: The British Administration of Weihaiwei (1898–1930) and the Territory's Return to Chinese Rule* (Hong Kong: Oxford University Press, 1985), pp. 128–9.

21. Wesley R. Fishel, *The End of Extraterritoriality in China* (Berkeley, CA: University of California Press, 1952), pp. 109–26.
22. 關於廣州，Michael Tsin, *Nation, Governance, and Modernity in China: Canton, 1900–1927* (Stanford, CA: Stanford University Press, 1999); Ho, *Understanding Canton*.
23. 例如 John Fitzgerald, *Awakening China: Politics, Culture, and Class in the Nationalist Revolution* (Stanford, CA: Stanford University Press, 1996).
24. *The China Year Book 1921–1922* (London: George Routledge and Sons, 1922), p. 24 (based on Post Office statistics).
25. Kwok Mon Fong, *Modern Canton Illustrated* (Guangzhou: China Photo-Engraving, 1924).
26. H. Staples-Smith, *Diary of Events and the Progress on Shameen, 1859–1938* (Hong Kong: Ye Olde Printerie, 1938); Robert Bickers, 'British Concessions and Chinese Cities, 1910s–1930s', in Billy K. L. So and Madeleine Zelin (eds), *New Narratives of Urban Space in Republican Chinese Cities: Emerging Social, Legal and Governance Orders* (Leiden: Brill, 2013), pp. 157–96.
27. Nora Waln, *The House of Exile* (1933) (Harmondsworth: Penguin, 1938), pp. 120–23; 'Shameen Traffic Regulations', 21 August 1924, in Canton No. 203, 13 November 1924: TNA, FO 228/3193; Staples-Smith, *Diary of Events and the Progress on Shameen*, p. 26.
28. Hallett Abend, *My Years in China, 1926–1941* (London: John Lane, The Bodley Head, 1944), p. 14; Victor Purcell, *Memoirs of a Malayan Official* (London: Cassel and Co., 1965), pp. 108–38; Staples-Smith, *Diary of Events and the Progress on Shameen*, p. 36; Carl Crow, *The Travellers Handbook for China* (Shanghai: Carl Crow, 1920), p. 294.
29. Liao Chengzhi, in 1938, 引言出自Nym Wales, *Red Dust: Autobiographies of Chinese Communists* (Stanford, CA:

Stanford University Press, 1952), p. 28.

30. Edward J. M. Rhoads, 'Lingnan's Response to Chinese Nationalism: The Shakee Incident (1925)', in Kwang-Ching Liu (ed.), *American Missionaries in China: Papers from Harvard Seminars* (Cambridge, MA: East Asian Research Center, Harvard University, 1966), pp. 183–214; Dong Wang, *Managing God's Higher Learning: U.S.–China Cultural Encounter and Canton Christian College (Lingnan University), 1888–1952* (Lanham, MD: Lexington Books, 2007); Kenneth W. Rhea (ed.), *Canton in Revolution: The Collected Papers of Earl Swisher, 1925–1928* (Boulder, CO: Westview Press, 1977), p. 42; *NCH*, 24 June 1922, p. 869.

31. A. I. Cherepanov, *As Military Adviser in China*, trans. Sergei Sosinsky (Moscow: Progress Publishers, 1982).

32. Sergei Dalin, 出自Smith, *A Road is Made*, pp. 59–60.

33. 'Memorandum of Interview Dr James M. Henry, President, Canton Christian College, had with M. M. Borodin, Advisor to Nationalist Government in Canton, December 31, 1925', *British Documents on Foreign Affairs* (hereafter *BDFA*), vol. 30 (Frederick, CO: University Publications of America, 1992), pp. 201–3.

34. C. Martin Wilbur and Julie Lien-ying How, *Missionaries of Revolution: Soviet Advisers and Nationalist China 1920–1927* (Cambridge, MA: Harvard University Press, 1989), pp. 8–13, 425; Jacobs, *Borodin*, pp. 155–6. 這一節取材自這些書籍和回憶錄，尤其是Cherepanov, *As Military Adviser in China*, and Vera Vladimirovna Vishnyakova-Akimova, *Two Years in Revolutionary China 1925–1927* (Cambridge, MA: Harvard University Press, 1971).

35. 'Minutes of a Special Meeting of Ratepayers', 3 November 1924, in Canton No. 203, 13 November 1924: TNA, FO 228/3193.

36. Tsin, *Nation, Governance, and Modernity in China*, pp. 78–82; John M. Carroll, *A Concise History of Hong Kong*

(Lanham, MD: Rowman and Littlefield, 2007), pp. 97–9. 抗議的方式 - Jeffrey Wasserstrom, *Student Protests in Twentieth-Century China: The View from Shanghai* (Stanford, CA: Stanford University Press, 1991).

37. 'A. Hilton-Johnson to Secretary and Commissioner General', 26 March 1922, in Shanghai Municipal Archives（以下簡稱SMA）, U1-3-1718, 'Strikes in Settlement'.

38. Robert Bickers, *Empire Made Me: An Englishman Adrift in Shanghai* (London: Allen Lane, 2003), pp. 163–74; Richard W. Rigby, *The May 30 Movement: Events and Themes* (London: Wm Dawson and Sons, 1980); Nicholas Clifford, *Spoilt Children of Empire: Westerners in Shanghai and the Chinese Revolution of the 1920s* (Hanover, NH: Middlebury College Press, 1991).

39. Cherepanov, *As Military Adviser in China*, p. 178.

40. Wilbur and How, *Missionaries of Revolution*, p. 348, n. 18.

41. Nathaniel Peffer, *China: The Collapse of a Civilization* (London: George Routledge, 1931), p. 159.

42. 這趟令人費解的北上之旅 - Bergere, *Sun Yat-sen*, pp. 397–404.

43. David Strand, *An Unfinished Republic: Leading by Word and Deed in Modern China* (Berkeley, CA: University of California Press, 2011), pp. 236–82.

44. Wang Fan-hsi, *Chinese Revolutionary: Memoirs, 1919–49* (Oxford: Oxford University Press, 1980), pp. 22–7; Gregor Benton (ed. And trans.), *An Oppositionist for Life: Memoirs of the Chinese Revolutionary Zheng Chaolin* (Atlantic Highlands, NJ: Humanities Press, 1997), pp. 91, 137–56; Smith, *A Road is Made*, pp. 122–6; Vishnyakova-Akimova, *Two Years in Revolutionary China*, p. 208.

45. J. W. Jamieson to C. C. Wu, 22 June 1926, in 1926 (Cmd. 2636) China No. 1 (1926), *Papers Respecting the First*

Firing in the Shameen Affair of June 23, 1925；P. D. Coates, *The China Consuls: British Consular Officers, 1843–1943* (Hong Kong: Oxford University Press, 1988), pp. 461–2; Putnam Weale, *The Port of Fragrance* (London: Noel Douglas, 1930), p. 253.

46. E. T. Schjoth, 'An account of what happened and my experiences during the first week of the Shameen struggle...', 27 March 1929, in SOAS, Papers of Sir Frederick Maze, PPMS2, 'Confidential Letters and Reports', vol. 18;《廣州沙基慘案調查委員會報告書》（廣州，一九二五年）；Wilbur and How, *Missionaries of Revolution*, pp. 155–9.

47. 例如，Andre Malraux, *The Conquerors* (London: Jonathan Cape, 1929), 法文原文版*Les Conquerants* (Paris: Grasset, 1928); James W. Bennett, *The Yellow Corsair* (London: John Hamilton, 1928).

48. 出自Yang Tianshi, 'Perspectives on Chiang Kaishek's Early Thought from His Unpublished Diary', in Roland Felber et al. (eds), *The Chinese Revolution in the 1920s: Between Triumph and Disaster* (London: RoutledgeCurzon, 2002).

49. 一九二五年十一月十二日在山東的演講，演講文字稿*BDFA*, vol. 30, p. 96. F110/1/10, 'Communicated by Mr Leefe', P&O, China Association.

50. Smith, *A Road is Made*, pp. 51–8.

51. 在香港的英國殖民政府不時想在中國南方實施獨立自治，但是這次他們向倫敦要求資金鎮壓廣州的共產黨員，卻遭到斷然拒絕：Wilbur and How, *Missionaries of Revolution*, pp. 167–71.

52. 'Characteristics of Prominent Men of the Kuomintang', May 1926, document no. 49, and 'Stepanov's Report on the March Twentieth Incident', document no. 50, in Wilbur and How, *Missionaries of Revolution*, pp. 697–707.

53. Rhoads, 'Lingnan's Response to Chinese Nationalism'.

54. 這一節取材自C. Martin Wilbur, *The Nationalist Revolution in China, 1923–1928* (Cambridge: Cambridge University Press, 1983).

55. 這是Arthur Waldron的觀點，*From War to Nationalism: China's Turning Point, 1924–1925* (Cambridge: Cambridge University Press, 1995).

56. Edmund S. K. Fung, *The Diplomacy of Imperial Retreat: Britain's South China Policy, 1924–1931* (Hong Kong: Oxford University Press, 1991), pp. 101–13.

57. H. Owen Chapman, *The Chinese Revolution, 1926–27: A Record of the Period under Communist Control* (London: Constable, 1928), pp. 35–6, 158–62.

58. Churchill to Baldwin, 22 January 1927, Baldwin Papers, Cambridge University Library, vol. 115, ff. 205–8, 引言出自Peter G. Clark, 'Britain and the Chinese Revolution, 1925–1927', unpublished thesis, University of London, 1973, p. 492; *Shanghai Defence Forces Souvenir*, vol. 1 (Shanghai: North-China Daily News and Herald, 1927).

59. United States National Archives and Records Administration（以下簡稱NARA），RG263, Shanghai Municipal Police Special Branch Files, IO 7563, T. P. Givens, 'Report on Anti-Southern Propaganda', 27 January 1927. 接下來的一節取材自Smith, *A Road is Made*, pp. 168–208, and Harold R. Isaacs, *The Tragedy of the Chinese Revolution* (1938) (New York: Atheneum, 1966), pp. 175–85. 關於杜月笙，Brian G. Martin, *The Shanghai Green Gang: Politics and Organized Crime, 1919–1937* (Berkeley, CA: University of California Press, 1996).

60. Zhang Guotao, *The Rise of the Chinese Communist Party*, vol. 1 (Lawrence, KS: University Press of Kansas, 1971), pp. 617–18, 622–4, 639.

61. Robert C. North and Xenia J. Eudin, *M. N. Roy's Mission to China: The Communist-Kuomintang Split of 1927*

(Berkeley, CA: University of California Press, 1963).

62. 陳丕士（Percy Chen）在他的回憶路中描述這段旅程，*China Called Me: My Life inside the Chinese Revolution* (Boston, MA: Little, Brown, 1979), pp. 125–77.

63. 顧問之後悲傷的處境，詳細內容Wilbur, *Missionaries of Revolution*, pp. 425–32.

64. Rhea (ed.), *Canton in Revolution*, p. 97.

第三章　大地

1. Leslie H. Dingyan Chen, *Chen Jiongming and the Federalist Movement* (Ann Arbor, MI: Center for Chinese Studies, University of Michigan, 1999); *NCH*, 24 June 1922, p. 387.

2. 本章所有的引言都來自P'eng P'ai, *Seeds of Peasant Revolution: Report on the Haifeng Peasant Movement*, trans. David Holoch (Ithaca, NY: Cornell East Asia Papers, 1973). 我也參考Fernando Galbiati, *P'eng P'ai and the Hai-Lu-Feng Soviet* (Stanford, CA: Stanford University Press, 1985). 海豐和鄰近地區的運動Robert Marks, *Rural Revolution in South China: Peasants and the Making of History in Haifeng County, 1570–1930* (Madison, WI: University of Wisconsin Press, 1984); 另見Roy Hofheinz Jr., *The Broken Wave: The Chinese Communist Peasant Movement, 1922–1928* (Cambridge, MA: Harvard University Press, 1977).

3. 一九五三年之前，中國欠缺有效或正確的人口普查。一九二〇年代的人口數據，大約在四億兩千五百萬至四億七千五百萬。較高的總數可能比較正確。Ping-ti Ho, *Studies on the Population of China, 1368–1953* (Cambridge, MA: Harvard University Press, 1959); Lloyd Eastman, *Family, Fields, and Ancestors: Constancy and Change in China's

Social and Economic History, 1550–1949 (New York: Oxford University Press, 1988).

4. Maurice Meisner, *Li Ta-chao and the Origins of Chinese Marxism* (Cambridge, MA: Harvard University Press, 1967), p. 56; Christopher T. Keaveney, *Beyond Brushtalk: Sino-Japanese Literary Exchange in the Interwar Period* (Hong Kong: Hong Kong University Press, 2008), pp. 85–96.

5. Galbiati, *P'eng P'ai and the Hai-Lu-Feng Soviet* ; Marks, *Rural Revolution in South China*; Rolf G. Tiedemann, 'Rural Unrest in North China, 1868–1900: With Particular Reference to South Shandong', unpublished PhD thesis, University of London, 1992.

6. R. H. Tawney, *Land and Labour in China* (London: George Allen and Unwin, 1932), p. 77. 關於饑荒描述，Walter H. Mallory, *China: Land of Famine* (New York: American Geographical Society, 1926).

7. 有關中國「農民」的歷史印象，Charles W. Hayford, 'The Storm over the Peasant: Orientalism and Rhetoric in Construing China', in Jeffrey Cox and Shelton Stromquist (eds), *Contesting the Master Narrative: Essays in Social History* (Iowa City, IA: University of Iowa Press, 1998), pp. 150–72; Myron L. Cohen, 'Cultural and Political Inventions in Modern China: The Case of the Chinese "Peasant" ', *Daedalus* 122:2 (1993), pp. 151–70.

8. Tawney, *Land and Labour in China*, p. 25; Maxine Berg, *A Woman in History: Eileen Power, 1889* (Cambridge: Cambridge University Press, 1996), pp. 86–7, 105.

9. 現代歷史中鄉村經濟的情況，相關的辯論R. Bin Wong, 'Chinese Economic History and Development: A Note on the Myers-Huang Exchange', *Journal of Asian Studies* 51:3 (1992), pp. 600–611; Thomas G. Rawski and Lillian M. Li (eds), *Chinese History in Economic Perspective* (Berkeley, CA: University of California Press, 1992).

10. C. Martin Wilbur, *The Nationalist Revolution in China, 1923–1928* (Cambridge: Cambridge University Press, 1983),

pp. 117–24; Robert C. North and Xenia J. Eudin, *M. N. Roy's Mission to China: The Communist-Kuomintang Split of 1927* (Berkeley, CA: University of California Press, 1963).

11. Joseph W. Esherick, *The Origins of the Boxer Uprising* (Berkeley, CA: University of California Press, 1987); Robert Hart, *These from the Land of Sinim: Essays on the Chinese Question* (London: Chapman and Hall, 1901), pp. 54–5.
12. Galbiati, *P'eng P'ai and the Hai-Lu-Feng Soviet*, p. 129.
13. Charles W. Hayford, *To the People: James Yen and Village China* (New York: Columbia University Press, 1990), pp. 53–9.
14. Gerald W. Berkley, 'The Canton Peasant Movement Training Institute', *Modern China* 1:2 (1975), pp. 161–79.
15. C. Martin Wilbur and Julie Lien-ying How, *Missionaries of Revolution: Soviet Advisers and Nationalist China 1920–1927* (Cambridge, MA: Harvard University Press, 1989).
16. Galbiati, *P'eng P'ai and the Hai-Lu-Feng Soviet*, pp. 278–83. 亦見Hofheinz, *Broken Wave*, pp. 234–62.
17. Galbiati, *P'eng P'ai and the Hai-Lu-Feng Soviet*, p. 294.
18. 例如，可見James Ryan, *Lenin's Terror: The Ideological Origins of Early Soviet State Violence* (London: Routledge, 2012); Arno Mayer, *The Furies: Violence and Terror in the French and Russian Revolutions* (Princeton, NJ: Princeton University Press, 2000).
19. 例如，可見王奇生，〈黨員、黨組織與鄉村社會：廣東的中共地下黨（一九二七—一九三二年）〉，《近代史研究》五，（二〇〇一年），頁一至四四；Gordon Y. M. Chan, 'The Communists in Rural Guangdong, 1928–1936', *Journal of the Royal Asiatic Society* 13:1 (2003), pp. 77–97.
20. Gregor Benton, *Mountain Fires: The Red Army's Three-Year War in South China, 1934–1938* (Berkeley, CA:

University of California Press, 1992).

21. Wilbur, *Nationalist Revolution in China*, pp. 65–8; Wilbur and How, *Missionaries of Revolution*, pp. 263–6.

22. 這裡所有的引言皆出自'Report on the Peasant Movement in Hunan', in Stuart R. Schram (ed.), *Mao's Road to Power: Revolutionary Writings, 1912–1949, Volume 2: National Revolution to Social Revolution, December 1920–June 1927* (Armonk, NY: M. E. Sharpe, 1997), pp. 429–64.

23. Stuart Schram, *The Thought of Mao Tse-tung* (Cambridge: Cambridge University Press, 1989), pp. 35–6; Dan N. Jacobs, *Borodin: Stalin's Man in China* (Cambridge, MA: Harvard University Press, 1981), pp. 253–4.

24. Randall E. Stross, *The Stubborn Earth: American Agriculturalists on Chinese Soil, 1898–1937* (Berkeley, CA: University of California Press, 1988), p. 171; Hilary Spurling, *Pearl Buck in China: Journey to the Good Earth* (New York: Simon and Schuster, 2010), pp. 157–61.

25. Henrietta Harrison, *The Making of the Republican Citizen: Political Ceremonies and Symbols in China, 1911–1929* (Oxford: Oxford University Press, 2000).

26. Tong Lam, *A Passion for Facts: Social Surveys and the Construction of the Chinese Nation-State, 1900–1949* (Berkeley, CA: University of California Press, 2011). 引言出自Arthur H. Smith, *Village Life in China: A Study in Sociology* (New York: Fleming H. Revell Co., 1899), p. 17.

27. Stross, *Stubborn Earth*, pp. 110–15, 161–88; Spurling, *Pearl Buck in China*.

28. John Lossing Buck, *Chinese Farm Economy* (Chicago, IL: University of Chicago Press, 1930), pp. 426–7; Stross, *Stubborn Earth*, p. 166.

29. Peter Conn, *Pearl S. Buck: A Cultural Biography* (Cambridge: Cambridge University Press, 1996), pp. 64–6.

30. SOAS Library, Council for World Mission, London Missionary Society Archives, China personal, Box 13, Marjorie Clements letters, passim;可信出自letter to Mrs May, 15 December 1932.

31. Jane Hunter, *The Gospel of Gentility: American Women Missionaries in Turn-of-the-Century China* (New Haven, CT: Yale University Press, 1984).

32. Spurling, *Pearl Buck in China*, pp. 167–8. Robertson Scott的散文收錄在*England's Green and Pleasant Land* (London: Jonathan Cape, 1925).

33. George Orwell, *The Road to Wigan Pier* (London: Victor Gollancz, 1937), pp. 159–60; W. Somerset Maugham, *On a Chinese Screen* (London: William Heinemann, 1922), p. 142.

34. Arthur Henderson Smith, *Village Life in China: A Study in Sociology* (London: Oliphant, Anderson and Ferrier, 1899), pp. 5, 352. 關於史密斯，Charles W. Hayford, 'Chinese and American Characteristics: Arthur H. Smith and His China Book', in Suzanne Wilson Barnett and John King Fairbank (eds), *Christianity in China: Early Protestant Missionary Writings* (Cambridge, MA: Harvard University Press, 1985), pp. 155–74.

35. J. Lossing Buck, 'The Building of a Rural Church: Organization and Program in China', *The Chinese Recorder* (July 1927), pp. 403–16.

36. See James C. Thomson Jr, *While China Faced West: American Reformers in Nationalist China, 1928–1937* (Cambridge, MA: Harvard University Press, 1969).

37. Tomoko Akami, *Internationalizing the Pacific: The United States, Japan and the Institute of Pacific Relations in War and Peace, 1919–1945* (London: Routledge, 2003).

38. John Lossing Buck, *Land Utilization in China* (Nanjing: University of Nanking, 1937). 研究方法與結果都有諸多爭

議，但儘管如此還是經常使用，例如Dwight Perkins, *Agricultural Development in China, 1368–1968* (Edinburgh: Edinburgh University Press, 1969).

39. 本節取材自Hayford, *To the People*.
40. 引言取自Hayford, *To the People*, p. 81.
41. Sidney D. Gamble, *Ting Hsien: A North China Rural Community* (New York: Institute of Pacific Relations, 1954), p. 73.
42. Hayford, *To the People*, p. 142. 關於路思義，T. Christopher Jespersen, *American Images of China, 1931–1949* (Stanford, CA: Stanford University Press, 1996).
43. Thomson, *While China Faced West*, pp. 50–51.
44. Guy Alitto, *The Last Confucian: Liang Shu-ming and the Chinese Dilemma of Modernity* (Berkeley, CA: University of California Press, 1986), pp. 64–9.
45. Alitto, *Last Confucian*, pp. 156–8.
46. Hayford, *To the People*, pp. 111–15.
47. 亦見Ryan Dunch, *Fuzhou Protestants and the Making of a Modern China, 1857–1927* (New Haven, CT: Yale University Press, 2001).
48. 詳細的評價，Conn, *Pearl S. Buck*, and Charles W. Hayford, 'What's so Bad about *The Good Earth*?' *Education about Asia* 3:3 (1998), pp. 4–7.
49. Martin C. Yang, *A Chinese Village: Taitou, Shantung Province* (New York: Columbia University Press, 1945), pp. 73, 139, 203–28.

第四章　協商

1. Robert Bickers, *Britain in China: Community, Culture, and Colonialism* (Manchester: Manchester University Press, 1999), pp. 203–4.
2. 其中重要的例外是Lloyd E. Eastman 開創的研究*The Abortive Revolution: China under Nationalist Rule, 1927–1937* (Cambridge, MA: Harvard University Press, 1974), and *Seeds of Destruction: Nationalist China in War and Revolution, 1937–1949* (Stanford, CA: Stanford University Press, 1984).
3. 兩份主要的文獻是Chalmers Johnson, *Peasant Nationalism and Communist Power: The Emergence of Revolutionary China, 1937–1945* (Stanford, CA: Stanford University Press, 1962), and Mark Selden, *The Yenan Way in Revolutionary China* (Cambridge, MA: Harvard University Press, 1971).
4. C. Martin Wilbur, transcript, 'Talk with Sir Owen O'Malley, 20 July 1962'; 關於陳友仁，file 1398/10/1927 in TNA, FO 371/12473. 本段參考Edmund S. F. Fung, *The Diplomacy of Imperial Retreat: Britain's South China Policy, 1924–1931* (Hong Kong: Oxford University Press, 1991), pp. 127–9.
5. 例如一九二八年二月與三月關於孫逸仙之子孫科訪問印度、伊拉克、敘利亞、巴勒斯坦的通訊，收錄於TNA, FO 228/3705.
6. 另見Lionel Curtis, *The Capital Question of China* (London: Macmillan, 1932), p. 261.
7. 這個事件最完整的說明見Dorothy Borg, *American Policy and the Chinese Revolution, 1925–1928* (New York: American Institute of Pacific Relations, 1947), pp. 290–317; 'The Horrors of Nanking', *NCH*, 9 April 1927, p. 62.
8. Miles Lampson, Lord Killearn的文件，St Anthony's College, University of Oxford, GB 165-0176, Box 1, Diary, 7

December 1928.

9. Sir Miles Lampson, 'Annual Report 1928', p. 96, in *BDFA*, vol. 20; Jay Taylor, *The Generalissimo: Chiang Kai-shek and the Struggle for Modern China* (Cambridge, MA: Belknap Press, 2011), pp. 74–6.

10. Peking No. 1620, 20 December 1928: TNA, FO 228/3735; *NCH*, 29 December 1928, pp. 513–14.

11. 見Felix Boecking, *No Great Wall: Trade, Tariffs and Nationalism in Republican China, 1927–1945* (Cambridge, MA: Harvard University Asia Center, forthcoming 2017).

12. 這個爭議記錄在*FRUS*, 1928, vol. 2, pp. 337–69, 引言出自Acting Secretary of State to Charge (d'affaires) in China, 17 August 1928, proposed format in Perkins to Secretary of State, 29 August 1928.

13. MacMurray to Secretary of State, 3 November 1928, *FRUS*, 1928, vol. 2, pp. 362–3.

14. *FRUS*, 1928, vol. 2, p. 369.

15. 他的攝影收藏在Princeton University Library. 可在以下看到部分展出 'The Reel Mudd: Films and other Audiovisual Materials from the Mudd Manuscript Library', at https://blogs.princeton.edu/reelmudd/category/john-van-antwerp-macmurray/, accessed 18 August 2015.

16. Minute on Mukden despatch, 23 June 1928: TNA, FO 228/3712.

17. Gavan McCormack, *Chang Tso-lin in Northeast China, 1911–1928: China, Japan, and the Manchurian Idea* (Folkestone: Dawson, 1977), pp. 222–49.

18. Tong Lam, *A Passion for Facts: Social Surveys and the Construction of the Chinese Nation-State, 1900–1949* (Berkeley, CA: University of California Press, 2011).

19. Bickers, *Britain in China*, pp. 131–9.

20. Barbara J. Brooks, *Japan's Imperial Diplomacy: Consuls, Treaty Ports, and War in China, 1895–1938* (Honolulu: University of Hawai'I Press, 2000); Erik Esselstrom, *Crossing Empire's Edge: Foreign Ministry Police and Japanese Expansionism in Northeast Asia* (Honolulu: University of Hawai'i Press, 2008).
21. Isabella Jackson, 'Managing Shanghai: The International Settlement Administration and the Development of the City, 1900–1943', unpublished PhD thesis, University of Bristol, 2012.
22. 技術問題是文字誹謗。Bickers, *Britain in China*, pp. 151–2.
23. 這本書為作者收藏。
24. 主要的中國商人採取的策略，例如劉鴻生把兒子分別送到美國、英國、日本求學以建立關係。Sherman Cochran and Andrew Hsieh, *The Lius of Shanghai* (Cambridge, MA: Harvard University Press, 2013).
25. SOAS Library, John Swire and Sons Papers, ADD 15, H. W. Robertson to G. W. Swire, 11 January 1929.
26. NARA, RG 263, Papers of the Shanghai Municipal Police Special Branch, file D5265.
27. Ian Nish, *Japanese Foreign Policy in the Interwar Period* (Westport, CT: Praeger, 2002), pp. 70–71.
28. Deborah Lavin, *From Empire to International Commonwealth: A Biography of Lionel Curtis* (Oxford: Clarendon Press, 1995), pp. 158–79.
29. Lavin, *From Empire to International Commonwealth*, pp. 228–52; Tomoko Akami, *Internationalizing the Pacific: The United States, Japan and the Institute of Pacific Relations in War and Peace, 1919–45* (London: Routledge, 2002).
30. *NCH*, 18 February 1930, pp. 236–7.
31. *Manchester Guardian*, 2 May 1927, p. 9; 那年蘭桑姆的文章被修改並刊登在*The Chinese Puzzle*。

32. Foreign Office to Legation no. 524, 15 May 1929, Confidential Print F2183/1374/10: TNA, FO 228/4045; Fung, *Diplomacy of Imperial Retreat*, p. 231. 這不是最後一次見到這類的提議，例如：*The Limits of Foreign Policy: The West, the League and the Far Eastern Crisis of 1931–1933* (London: Macmillan, 1973), p. 288, and *A Plan for the Administration of the Shanghai Area* (Shanghai, 1932), prepared by 'An International Group of Shanghai Residents'.

33. Tour Series no. 42, 3 February 1930, E. Teichmann memorandum, Interview with Mr Feetham, 30 January 1930: TNA, FO 228/4283.

34. 以下檔案的討論file F3873/220/10, and Peking no. 1041, 18 July 1931: TNA, FO 371/15488; see also SMA, U1-3-3802 and U1-3-3803, 'Feetham Report'.

35. Chao-hsin Chu (Zhu Zhaoxin), *Revision of Unequal Treaties: China Appeals to the League of Nations* (London: Compiled and Published by the Permanent Office of the Chinese Delegation to the League of Nations, 1925). 本段與下一段取自Alison Adcock Kaufman, 'In Pursuit of Equality and Respect: China's Diplomacy and the League of Nations', *Modern China* 40:4 (2014), pp. 1–34; Jurgen Osterhammel, ' "Technical Co-operation" between the League of Nations and China', *Modern Asian Studies* 13:4 (1979), pp. 661–80; Margherita Zanasi, 'Exporting Development: The League of Nations and Republican China', *Comparative Studies in Society and History* 49:1 (2007), pp. 143–69.

36. Circular no. 4304, 9 September 1931, *Documents Illustrative of the Origin, Development, and Activities of the Chinese Customs Service*, vol. 4 (Shanghai: Statistical Department of the Inspectorate General of Customs, 1939), pp. 52–97.

37. Bridie Andrews, *The Making of Modern Chinese Medicine, 1850–1960* (Vancouver: University of British Columbia Press, 2014); *NCH*, 16 December 1930, p. 375.

38. Fung, *Diplomacy of Imperial Retreat*, pp. 201–14.

39. Killearn Diary, 1 October 1930; Pamela Atwell, *British Mandarins and Chinese Reformers: The British Administration of Weihaiwei (1898–1930) and the Territory's Return to Chinese Rule* (Hong Kong: Oxford University Press, 1985).

40. *NCH*, 11 November 1930, p. 188.

41. Robert Bickers, 'British Concessions and Chinese Cities, 1910s–1930s', in Billy K. L. So and Madeleine Zelin (eds), *New Narratives of Urban Space in Republican Chinese Cities: Emerging Social, Legal and Governance Orders* (Leiden: Brill, 2013), pp. 157–95.

42. 見T. R. Jernigan, *Shooting in China* (Shanghai: Methodist Publishing House, 1908), and Henling Thomas Wade, *With Boat and Gun in the Yangtze Valley*, 2nd edition (Shanghai: Shanghai Mercury, 1910), 以及一九二三—四一年間在上海出版的*The China Journal of Science and Arts*。一九一〇年有一百五十艘船屋在上海註冊。Wade, *With Boat and Gun*, pp. 100–101, on the idylls of which see J. O. P. Bland, *Houseboat Days in China* (London: Edward Arnold, 1909).

43. Wade, *With Boat and Gun*, p. 116.

44. SOAS, MS 186361, Royal Institute of International Affairs archives, Far East Department, China: Political, Box 9, Minutes of a Meeting held at Chatham House, 12 July 1929.

45. Memorandum of 27 May 1931: TNA, FO 371/15460, F2899; Akira Iriye, *After Imperialism: The Search for a New*

Order in the Far East, 1921–1931 (Cambridge, MA: Harvard University Press, 1965), pp.286–9.

46. Robert Bickers, 'Death of a Young Shanghailander: The Thorburn Case and the Defence of the British Treaty Ports in China in 1931', *Modern Asian Studies* 30:2 (1996), pp. 271–300.

47. Patricia Allan, *Shanghai Picture-Verse*, with illustrations by Sapajou (Shanghai: Kelly and Walsh, 1939); Sir Frederick Bourne, *Gardening in Shanghai for Amateurs* (Shanghai: Kelly and Walsh, 1915); Arthur de Carle Sowerby, *A Guide to the Fauna and Flora of a Shanghai Garden* (Shanghai: The China Journal Publishing Co., 1939).

48. *NCH*, 2 June 1931, pp. 298, 305. By May 1932, 他們往北到了瀋陽，之後往南到了廣州，後來就沒有報導。*NCH*, 3 May 1932, p. 338. 兩人其中一人可能於戰爭期間在昆明開酒吧。

49. 'Probe Reveals Britisher Took to Opium Pipe', *The China Press*, 20 March 1936, p. 1.

50. Taylor, *Generalissimo*, pp. 78–83; C. Martin Wilbur, *The Nationalist Revolution in China, 1923–1928* (Cambridge: Cambridge University Press, 1983), pp. 78–80; Shuge Wei, 'Beyond the Front Line: China's Rivalry with Japan in the English-Language Press over the Ji'nan Incident, 1928', *Modern Asian Studies* 48:1 (2014), pp. 188–224.

51. Report by Flt. Lt. O'Gowan, 7 May 1928: TNA, FO 228/3807.

52. Taylor, *Generalissimo*, pp. 79–82.

53. 關於日本社群Peter Duus, Ramon H. Myers and Mark R. Peattie (eds), *The Japanese Informal Empire in China, 1895–1937* (Princeton, NJ: Princeton University Press, 2014); Christian Henriot, ' "Little Japan" in Shanghai: An Insulated Community, 1875–1945', in Robert Bickers and Christian Henriot (eds), *New Frontiers: Imperialism's New Communities in East Asia, 1842–1953* (Manchester: Manchester University Press, 2000), 146–69; Joshua A.

Fogel, ' "Shanghai-Japan": The Japanese Residents' Association of Shanghai', *Journal of Asian Studies* 59:4 (2000), pp. 927–50. 職業分別的資料出自1935 SMC census: SMA, U1-4-1227.

54. Peter Fleming, *One's Company* (London: Jonathan Cape, 1934), p. 175; Arnold J. Toynbee, *A Journey to China, or Things which are Seen* (London: Constable & Co., 1931), p. 202. 關於大連的發展，Robert John Perrins, ' "Great Connections": The Creation of a City, Dalian, 1905–1931: China and Japan on the Liaodong Peninsula', unpublished PhD thesis, University of York, 1997; and Christian A. Hess, 'From Colonial Jewel to Socialist Metropolis: Dalian, 1895–1955', unpublished PhD thesis, University of California San Diego, 2006.

55. Fogel, ' "Shanghai-Japan" ', pp. 930–31.

56. Toynbee, *Journey to China*, pp. 204–6; see also Louise Young, *Japan's Total Empire: Manchuria and the Culture of Wartime Imperialism* (Berkeley, CA: University of California Press, 1998), pp. 89–93.

57. 為求公允，其他地方也有外國義勇團，最著名的在上海，一九二七年起，上海市政廳也監督俄國軍團值勤，俄國軍團與前沙皇軍隊密切相關，而且給薪：I. I. Kounin, *Eighty-Five Years of the SVC* (Shanghai: Cosmopolitan Press, 1938). 這些軍團和一萬人的關東軍完全不同。一萬人是一九三一年的實際數量，而且之後戲劇性地成長：Alvin D. Coox, 'The Kwantung Army Dimension', in Duus, Myers and Peattie (eds), *Japanese Informal Empire in China*, pp. 395–428.

58. 關於一九二九年的鐵路爭議，Bruce A. Elleman and Stephen Kotkin (eds), *Manchurian Railways and the Opening of China: An International History* (Armonk, NY: M. E. Sharpe, 2010). 中東鐵路當代的研究，*North Manchuria and the Chinese Eastern Railway* (Harbin: C. E. R. Printing Office, 1924).

59. Karl Gerth, *China Made: Consumer Culture and the Creation of the Nation* (Cambridge, MA: Harvard University

Asia Center, 2003).

60. Donald A. Jordan, *Chinese Boycotts versus Japanese Bombs: The Failure of China's 'Revolutionary Diplomacy', 1931–32* (Ann Arbor, MI: University of Michigan Press, 1991).

61. 本節取自Mark R. Peattie, *Ishiwara Kanji and Japan's Confrontation with the West* (Princeton, NJ: Princeton University Press, 1975); Rana Mitter, *The Manchurian Myth: Nationalism, Resistance, and Collaboration in Modern China* (Berkeley, CA: University of California Press, 2000); Yoshihisa Tak Matsusaka, *The Making of Japanese Manchuria, 1904–1932* (Cambridge, MA: Harvard University Asia Center, 2001).

62. Mitter, *Manchurian Myth*, pp. 20–71.

63. Mitter, *Manchurian Myth*, p. 75. 關於日軍對自己上級的軍事威脅，亦見Brooks, *Japan's Imperial Diplomacy*, pp. 140–42.

64. 滿洲國終於獲得中立的研究，Prasenjit Duara, *Sovereignty and Authenticity: Manchukuo and the East Asian Modern* (Lanham, MD: Rowman and Littlefield, 2003).

65. Donald A. Jordan, *China's Trial by Fire: The Shanghai War of 1932* (Ann Arbor, MI: University of Michigan Press, 2001).

66. Thorne, *Limits of Foreign Policy*, pp. 276–83.

67. Duara, *Sovereignty and Authenticity* ; Young, *Japan's Total Empire*.

68. *From Emperor to Citizen: The Autobiography of Aisin-Gioro Pu Yi*, trans. W. J. F. Jenner (Oxford: Oxford University Press, 1987), pp. 275–9; *NCH*, 7 March 1932, p. 362.

69. Albert Feuerwerker, *The Foreign Establishment in China in the Early Twentieth Century* (Ann Arbor, MI: Center for Chinese Studies, University of Michigan, 1976), p. 101.

第五章　心目中的中國

1. Dowdy: *Manchester Guardian*, 28 November 1935, p. 9; Bell: *New Statesman*, 11 January 1936, p. 49; Watson: *New Statesman*, 25 April 1936, p. 630.

2. F. T. Cheng, *East and West: Episodes in a Sixty Years' Journey* (London: Hutchinson, 1951), p. 161; Jason Steuber, 'The Exhibition of Chinese Art at Burlington House, London, 1935–36', *The Burlington Magazine* 148 (August 2006), pp. 528–36.

3. 關於「亡國」，Rebecca E. Karl, *Staging the World: Chinese Nationalism at the Turn of the Twentieth Century* (Durham, NC: Duke University Press, 2002); 關於戰略邏輯，T. G. Otte, *The China Question: Great Power Rivalry and British Isolation, 1894–1905* (Oxford: Oxford University Press, 2007); 更廣泛的說明，Robert Bickers, *The Scramble for China: Foreign Devils in the Qing Empire, 1832–1914* (London: Allen Lane, 2011), pp. 344–5.

4. Gray Tuttle, *Tibetan Buddhists in the Making of Modern China* (New York: Columbia University Press, 2005); and Andrew D. W. Forbes, *Warlords and Muslims in Chinese Central Asia: A Political History of Republican Sinkiang, 1911–1949* (Cambridge: Cambridge University Press, 1986).

5. James Reardon-Anderson, *Reluctant Pioneers: China's Expansion Northward, 1644–1937* (Stanford, CA: Stanford University Press, 2005), pp. 255–61; Prasenjit Duara, *Sovereignty and Authenticity: Manchukuo and the East Asian Modern* (Lanham, MD: Rowman and Littlefield, 2003), pp. 56–8; *Report of the Commission of Enquiry* (Geneva: League of Nations, 1932), pp. 29, 38, 127.

6. J. L. Cranmer-Byng (ed.), *An Embassy to China: Being the Journal Kept by Lord Macartney during his Embassy to*

the *Emperor Ch'ien-lung, 1793–1794* (London: Longmans, 1961), p. 212.

7. 關於這點，各式各樣而且持續增加的文獻包括：A. W. Appleton, *A Cycle of Cathay: The Chinese Vogue in England during the 17th and 18th Centuries* (New York: Columbia University Press, 1951); David Beevers (ed.), *Chinese Whispers: Chinoiserie in Britain, 1650–1930* (Brighton: Royal Pavilion and Museums, Brighton and Hove, 2008); David Porter, *The Chinese Taste in Eighteenth-Century England* (Cambridge: Cambridge University Press, 2010).

8. Edward A. Ross, 'Sociological Observations in Inner China', *The American Journal of Sociology*, 16:6 (1911), p. 721, 引言出自Charles W. Hayford, '*The Good Earth*, Revolution and the American Raj in China', in Elizabeth J. Lipscomb et al. (eds), *The Several Worlds of Pearl S. Buck: Essays Presented at a Centennial Symposium, Randolph-Macon Woman's College, March 26–28, 1992* (Westport, CT: Greenwood Press, 1994), p. 22.

9. T. H. Barrett, *Singular Listlessness: A Short History of Chinese Books and British Scholars* (London: Wellsweep, 1989).

10. J. O. P. Bland, *China: The Pity of It* (London: William Heinemann, 1932), p. 2.

11. Rodney Gilbert, *What's Wrong with China* (London: John Murray, 1926), pp. 41, 86.

12. 啟發的調查包括Nicholas Clifford, *'A Truthful Impression of the Country': British and American Travel Writing in China, 1880–1949* (Ann Arbor, MI: University of Michigan Press, 2001); Douglas Kerr and Julia Kuehn (eds), *A Century of Travels in China: Critical Essays on Travel Writing from the 1840s to the 1940s* (Hong Kong: Hong Kong University Press, 2007).

13. 例外，George Morrison, *The Times* correspondent from 1897 to 1912.

14. 本節取材自Emmanuel Cooper, *Bernard Leach: Life and Work* (New Haven, CT: Yale University Press, 2003), pp.

87–113, 引言出自pp. 90, 93.

15. 關於敦煌探勘在中國態度的轉變，Justin M. Jacobs, 'Confronting Indiana Jones: Chinese Nationalism, Historical Imperialism, and the Criminalization of Aurel Stein and the Raiders of Dunhuang, 1899–1944', in Sherman Cochran and Paul G. Pickowicz (eds), *China on the Margins* (Ithaca, NY: Cornell University Press, 2010), pp. 65–90. 關於斯坦因的職業概況，Susan Whitfield, *Aurel Stein on the Silk Road* (London: British Museum Press, 2004).

16. 引言出自Minna Torma, *Enchanted by Lohans: Osvald Siren's Journey into Chinese Art* (Hong Kong: Hong Kong University Press, 2013), p. 58.

17. Charles W. Hayford, 'Chinese and American Characteristics: Arthur H. Smith and His China Book', in Suzanne Wilson Barnett and John King Fairbank (eds), *Christianity in China: Early Protestant Missionary Writings* (Cambridge, MA: Harvard University Press, 1985), pp. 155–74.

18. Krystyn R. Moon, *Yellowface: Creating the Chinese in American Popular Music and Performance, 1850s–1920s* New Brunswick, NJ: Rutgers University Press, 2005); Anne Veronica Witchard, *Thomas Burke's Dark Chinoiserie: Limehouse Nights and the Queer Spell of Chinatown* (Farnham: Ashgate, 2009).

19. 關於柏克的小説集，Witchard, *Thomas Burke's Dark Chinoiserie*.

20. 見Marek Kohn, *Dope Girls: The Birth of the British Drug Underground* (London: Lawrence and Wishart, 1992).

21. *The Play Pictorial* 248 (November 1922), p. 93.

22. J. Dyer Ball, *Things Chinese: or, Notes Connected with China* (1892) (Shanghai: Kelly and Walsh, 1925), 5th edition, revised by E. T. C. Werner. 本節取材自Robert Bickers, *Britain in China: Community, Culture, and Colonialism* (Manchester: Manchester University Press, 1999), chapter 2, pp. 22–66.

23. 見Moon, *Yellowface*.

24. 有關這個主題，Akira Iriye, *Cultural Internationalism and World Order* (Baltimore, MD: Johns Hopkins University Press, 1997)，以及他的著作*Global Community: The Role of International Organizations in the Making of the Contemporary World* (Berkeley, CA: University of California Press, 2002).

25. C. C. Wang (Wang Jiazhen)，引言出自Alison Adcock Kaufman, 'In Pursuit of Equality and Respect: China's Diplomacy and the League of Nations', *Modern China* 40:4 (2014), p. 22.

26. L. T. Chen (Chen Liting), 'Preface', in *Symposium on Chinese Culture: Prepared for the Fourth Biennial Conference of the Institute of Pacific Relations* (Shanghai: China Institute of Pacific Relations, 1931).

27. *NCH*, 27 October 1931, pp. 125–6.

28. 蔡元培的話引用自Danian Hu, *China and Albert Einstein: The Reception of the Physicist and His Theory in China, 1917–1979* (Cambridge, MA: Harvard University Press, 2005), pp. 138–9.

29. *Report of the Commission of Enquiry*, p. 138.

30. Steuber, 'The Exhibition of Chinese Art at Burlington House, London, 1935–36', pp. 528–36.

31. Yiyou Wang, 'The Louvre from China: A Critical Study of C. T. Loo and the Framing of Chinese Art in the United States, 1915–1950', unpublished PhD thesis, Ohio University, 2007, pp. 46–9; Di Yin Lu, 'Collecting China: Buying a Civilization in the Chinese Art Market, 1911– 1945', unpublished paper, 2008. 關於這段時間的歷史，除了本章其他的參考書目外，見Warren I. Cohen, *East Asian Art and American Culture: A Study in International Relations* (New York: Columbia University Press, 1992); Judith Tybil Green, 'Britain's Chinese Collections: Private Collecting and the Invention of Chinese Art', unpublished DPhil thesis, University of Sussex, 2002; Valerie A. M. Jurgens, 'The

Karlbeck Syndicate 1930–1934: Collecting and Scholarship on Chinese Art in Sweden and Britain', unpublished PhD thesis, School of Oriental and African Studies, 2010; Lara Jaishree Netting, *A Perpetual Fire: John C. Ferguson and His Quest for Chinese Art and Culture* (Hong Kong: Hong Kong University Press, 2013).

32. 合作備忘錄的日期是一九三四年一月三日，引言出自Stacey Pierson, *Collectors, Collections and Museums: The Field of Chinese Ceramics in Britain, 1560–1960* (Bern: Peter Lang, 2007), p. 156. 關於展覽的討論，Pierson's chapter 3, pp. 154–66, and in Ellen Huang, 'China's China: Jingdezhen Porcelain and the Production of Art in the Nineteenth Century', unpublished PhD thesis, University of California San Diego, 2008, pp. 14–79.

33. *The New Yorker*, 28 December 1935, p. 53.

34. Jeannette Shambaugh Elliott, with David Shambaugh, *The Odyssey of China's Imperial Art Treasures* (Seattle, WA: University of Washington Press, 2005), pp. 73–81.

35. *NCH*, 10 April 1935, p. 57. 上海的展覽近日也開始有人分析，Guo Hui, 'Writing Chinese Art History in Early Twentieth-Century China', unpublished PhD thesis, Leiden University, 2010, pp. 138–69. 關於國民黨與杜月笙的關係，見Brian G. Martin, *The Shanghai Green Gang: Politics and Organized Crime* (Berkeley, CA: University of California Press, 1996).

36. *NCH*, 30 January 1935, p. 172; Frances Wood, 'Paul Pelliot, Aurel Stein and Chinese Opposition to the Royal Academy's International Exhibition of Chinese Art 1935–36', in Helen Wang (ed.), *Sir Aurel Stein: Colleagues and Collections* (London: British Museum Press, 2012); 北京抗議的回應翻譯，以及銷售傳聞，TNA, FO 370/477, file 198.

37. R. C. Clive to S. Gaselee, 8 April 1935, and file: TNA, FO 370/477.

38. Cohen, *East Asian Art and American Culture*, p. 122.

39. 信件日期為一九三五年十一月三日。Catherine Speck (ed.), *Heysen to Heysen: Selected Letters of Hans Heysen and Nora Heysen* (Canberra: National Library of Australia, 2011), pp. 49– 50.

40. *Vogue*, 1 December 1935, p. 73.

41. Summaries in *NCH*, 28 December 1935, p. 537, and 4 December 1935, p. 414; *Manchester Guardian*, 16 October 1935, p. 10, and 31 January 1936, p. 8; *Daily Mail*, 18 May 1936, p. 25, and 23 July 1936, p. 9; *Times of India*, 11 August 1936, p. 12; *Western Daily News*, 8 April 1936, p. 13. 關於中國物品在英國商店的研究，Sarah Cheang, 'Selling China: Class, Gender and Orientalism at the Department Store', *Journal of Design History* 20:1 (2007), pp. 1–16.

42. *NCH*, 17 April 1935, p. 100, and 4 December 1935, p. 414.

43. Osbert Sitwell, *Escape with Me! An Oriental Sketchbook* (London: Macmillan, 1940), p. vii; George Kates, *The Years that were Fat: Peking, 1933–1940* (New York: Harper and Brothers, 1952), p. 8; John Blofeld, *City of Lingering Splendour: A Frank Account of Old Peking's Exotic Pleasures* (London: Hutchinson, 1961); Harold Acton, *Memoirs of an Aesthete* (London: Methuen, 1948); D. E. Mungello, *Western Queers in China: Flight to the Land of Oz* (Lanham, MD: Rowman and Littlefield, 2012); John King Fairbank, *Chinabound: A Fifty-Year Memoir* (New York: Harper and Row, 1982). 亦見Patricia Laurence, *Lily Briscoe's Chinese Eyes: Bloomsbury, Modernism, and China* (Columbia, SC: University of South Carolina Press, 2003).

44. Cheng, *East and West*, p. 157.

45. 這趟旅行有點波折，運送收藏品的船在直布羅陀海峽擱淺，證實許多在中國基於安全立場而反對展覽的論點。最後在英國皇家巡艦的護衛下，一九三六年五月平安返回上海。*NCH*, 20 May 1936, p. 332.

46. *Manchester Guardian*, 4 April 1936, p. 15; *The Observer*, 5 April 1936, p. 10.

47. *The China Critic* 1:1, 31 May 1928, p. 1. 關於這個期刊的研究，Shuang Shen, *Cosmopolitan Publics: Anglophone Print Culture in Semi-Colonial Shanghai* (New Brunswick, NJ: Rutgers University Press, 2009), and the special issue of *China Heritage Quarterly* 30/31 (2012), http://www.chinaheritagequarterly.org/ (accessed September 2015).

48. 關於《天下月刊》，Shen, *Cosmopolitan Publics*, and *China Heritage Quarterly* 19 (2009), http://www.chinaheritagequarterly.org/editorial.php?issue=019 (accessed September 2015).

49. 'Lin Yu-t'ang', in Howard L. Boorman, *Biographical Dictionary of Republican China*, vol. 2 (New York: Columbia University Press, 1968), pp. 387–9; *NCH*, 26 July 1919, p. 230, 23 August 1919, p. 494; 中國留學生受到的待遇來自同行的Chih Meng (Meng Zhi)，引言出自Madeline Y. Hsu, *The Good Immigrants: How the Yellow Peril Became the Model Minority* (Princeton, NJ: Princeton University Press, 2015), p. 72; 更多資料，見Stacey Bieler, *'Patriots' or 'Traitors'? A History of American-Educated Chinese Students* (2004) (Abingdon: Routledge, 2015).

50. Harold R. Isaacs, *Scratches on Our Minds: American Images of China and India* (New York: John Day, 1958), p. 156.

51. Diran John Sohigian, 'Contagion of Laughter: The Rise of the Humor Phenomenon in Shanghai in the 1930s', *positions* 15:1 (2007), pp.137–63.

52. Lin Yutang, *My Country and My People* (New York: John Day, 1935), pp. 5–15.

53. *NCH*, 26 December 1934, p. 513; Diana Yeh, *The Happy Hsiungs: Performing China and the Struggle for Modernity* (Hong Kong: Hong Kong University Press, 2014).

54. Chiang Yee, *The Chinese Eye: An Interpretation of Chinese Painting* (London: Methuen, 1935), p. 4；關於蔣彝，Da Zheng, *Chiang Yee, the Silent Traveller from the East: A Cultural Biography* (New Brunswick, NJ: Rutgers University Press, 2010), pp. 44–82.

55. Chiang Yee, The Story of Ming (London: Puffin, 1945); Chiang Yee, *Lo Cheng: The Boy who Wouldn't Keep Still* (London: Puffin, 1945).

56. 由於共產黨內鬥造成這次事件，導致聯盟內反叛者被捕：Frederic Wakeman Jr, *Policing Shanghai, 1927–1937* (Berkeley, CA: University of California Press, 1995), p. 174; Wang-chi Wong, *Politics and Literature in Shanghai: The Chinese League of Left-Wing Writers, 1930–1936* (Manchester: Manchester University Press, 1991), pp. 100–106; *Living China: Modern Chinese Short Stories*, compiled and edited by Edgar Snow (London: George G. Harrap, 1936).

57. John Sedgwick and Michael Pokorny, 'The Film Business in the United States and Britain during the 1930s', *Economic History Review* 58:1 (2005), p. 82.

58. 數據來源，R. C. North, 'The Chinese Motion Picture Market', in US Department of Commerce (ed.), *Trade Information Bulletin 467* (1927). 相關調查，Zhiwei Xiao, 'Hollywood in China, 1897–1950: A Preliminary Survey', *The Chinese Historical Review* 12:1 (2005), pp. 71–95.

59. Zhiwei Xiao, 'Anti-Imperialism and Film Censorship during the Nanjing Decade, 1927–1937', in Sheldon Hsiao-peng Lu (ed.), *Transnational Chinese Cinemas: Identity, Nationhood, Gender* (Hono-lulu: University of Hawai'i Press, 1997), pp. 35–57, 引言出自p. 41.

60. 見TNA: FO 228/3801, Dossier 23J 1928的通訊紀錄；關於老舍，Robert A. Bickers, 'New Light on Lao She, London,

and the London Missionary Society, 1921–1929', *Modern Chinese Literature* 8:1/2 (1994), pp. 21–39.

61. Marie Cambon, 'The Dream Palaces of Shanghai: American Films in China's Largest Metropolis', unpublished MA thesis, Simon Fraser University, 1986, pp. 88–9; Xiao, 'Anti-Imperialism and Film Censorship during the Nanjing Decade, 1927–1937', pp. 41–2; 關於審查制度的發展，Zhiwei Xiao, 'Prohibition, Politics and Nation-Building: A History of Film Censorship in China', in Daniel Biltereyst and Roel Vande Winkel (eds), *Silencing Cinema: Film Censorship around the World* (New York: Palgrave Macmillan, 2013), pp. 109–30.

62. Eric Smoodin, *Regarding Frank Capra: Audience, Celebrity, and American Film Studies, 1930– 1960* (Durham, NC: Duke University Press, 2004), pp. 51–75, 引言出自p. 72.

63. 引言出自Hye Seung Chung, *Hollywood Asian: Philip Ahn and the Politics of Cross-Ethnic Performance* (Philadelphia, PA: Temple University Press, 2006), pp. 100–101; 關於派拉蒙公司於中國的業務，Xiao, 'Hollywood in China', p. 81.

64. *Film Daily*, 9 November 1932, p. 8, and 2 December 1932, p. 10.江易生的各種活動可在以下資料找到：*Bradford Era*, 22 January 1934; *San Antonio Light*, 12 November 1933; *Variety*, 6 January 1934, 9 January 1934, 29 August 1934, 14 September 1934.《中國獅吼》原本就要拍了，但沒有拍成。

65. Dorothy Jones, *The Portrayal of China and India on the American Screen, 1896–1955: The Evolution of Chinese and Indian Themes, Locales, and Characters as Portrayed on the American Screen* (Cambridge, MA: Center for International Studies, MIT, 1955), pp. 43–7; Zhiwei Xiao, 'Nationalism, Orientalism, and an Unequal Treatise of Ethnography: The Making of *The Good Earth*', in Susie Lan Cassel (ed.), *The Chinese in America: A History from Gold Mountain to the New Millennium* (Walnut Creek, CA: AltaMira Press, 2002), pp. 274–90; *FRUS*, 1929, vol. 2,

pp. 620–22.

66. 關於杜庭修，*NCH*, 10 November 1928, p. 245; 以及小傳，(San Bernadino) Sun, 15 December 1935.

67. Mark A. Vieira, *Irving Thalberg: Boy Wonder to Producer Prince* (Berkeley, CA: University of California Press, 2010), p. 326. 兩人一九三六年夏末都在加州。

68. *Chinese Digest*, 30 October 1936, p. 9.

69. Xiao, 'Nationalism, Orientalism and an Unequal Treatise of Ethnography', pp. 282–4; 伍德豪斯的評論刊登在多家報章，*Salt Lake Tribune*, 7 February 1937.

70. Jones, *Portrayal of China and India*, p. 47; Isaacs, *Scratches on Our Minds*, pp. 155–8.

71. 關於這一點的討論，Joshua A. Fogel, *The Literature of Travel in the Japanese Rediscovery of China, 1862–1945* (Stanford, CA: Stanford University Press, 1996), and Joshua A. Fogel, *Articulating the Sinosphere: Sino-Japanese Relations in Space and Time* (Cambridge, MA: Harvard University Press, 2009).

72. Lin, *My Country and My People*, p. 11.

73. Stephen R. MacKinnon and Oris Friesen, *China Reporting: An Oral History of American Journalism in the 1930s and 1940s* (Berkeley, CA: University of California Press, 1990)是優秀的調查。亦見Paul French, *Through the Looking Glass: China's Foreign Journalists from Opium Wars to Mao* (Hong Kong: Hong Kong University Press, 2009); Clifford, *'A Truthful Impression of the Country'*, pp. 143–80.

74. Rana Mitter, *China's War with Japan, 1937–1945: The Struggle for Survival* (London: Allen Lane, 2013), pp. 73–91.

第六章　猴子騎靈猩

1. 完整內容請見NARA, RG 263, D8298/45, 以及《申報》，一九三九年三月二日，頁九；傳單英譯刊登在*China Weekly Review*, 4 March 1939, p. 12; *Le Journal de Shanghai*, 2 March 1939, pp. 1 and 6.
2. 'Translation of a handbill, copies of which were distributed in the Louza district in the evening of March 1, 1939, when bombs were thrown': NARA, RG 263, D8298/45. 更多關於這個「特務」世界的資料，Frederic Wakeman Jr., *Spymaster: Dai Li and the Chinese Secret Service* (Berkeley, CA: University of California Press, 2003).
3. 本章關於日本侵略的部分取材自Rana Mitter, *China's War with Japan, 1937–1945: The Struggle for Survival* (London: Allen Lane, 2013).
4. Mitter, *China's War with Japan*, pp. 119–40, 157–63. 南京事件的見證敘述包括Erwin Wickert (ed.), *The Good German of Nanking: The Diaries of John Rabe* (New York: Knopf, 1998), and Timothy Brook (ed.), *Documents on the Rape of Nanking* (Ann Arbor, MI: University of Michigan Press, 1999). 關於南京持續的爭議，Joshua A. Fogel (ed.), *The Nanjing Massacre in History and Historiography* (Berkeley, CA: University of California Press, 2000).
5. Shuge Wei, 'News as a Weapon: Hollington Tong and the Formation of the Guomindang Centralized Foreign Propaganda System, 1937–1938', *Twentieth-Century China* 39:2 (2014), pp. 118–43; Stephen R. MacKinnon, *Wuhan, 1938: War, Refugees, and the Making of Modern China* (Berkeley, CA: University of California Press, 2008), p. 105; 'Here War is Simple', in W. H. Auden and Christopher Isherwood, *Journey to a War* (London: Faber and Faber, 1939), p. 274.
6. Patricia Stranahan, *Underground: The Shanghai Communist Party and the Politics of Survival, 1927–1937*

(Lanham, MD: Rowman and Littlefield, 1998), and Frederic Wakeman Jr, *Policing Shanghai, 1927–1937* (Berkeley, CA: University of California Press, 1995), pp. 132–61.

7. 研究上海戰爭時期的重要著作包括Christian Henriot and Wen-hsin Yeh (eds), *In the Shadow of the Rising Sun: Shanghai under Japanese Occupation* (Cambridge: Cambridge University Press, 2004); Frederic Wakeman Jr., *The Shanghai Badlands: Wartime Terrorism and Urban Crime, 1937–1941* (Cambridge: Cambridge University Press, 1996); Wen-hsin Yeh (ed.), *Wartime Shanghai* (London: Routledge, 1998).

8. F. C. Jones, *Shanghai and Tientsin* (London: Royal Institute of International Affairs, 1940); Robert W. Barnett, *Economic Shanghai: Hostage to Politics, 1937–1941* (New York: Institute of Pacific Relations, 1941).

9. Christian Henriot, *Shanghai, 1927–1937: Municipal Power, Locality and Modernization*, trans. Noel Castelino (Berkeley, CA: University of California Press, 1993); Wakeman, *Policing Shanghai*；亦見 Mark Elvin, 'The Administration of Shanghai, 1905–1914', in Mark Elvin and G. William Skinner (eds), *The Chinese City between Two Worlds* (Stanford, CA: Stanford University Press, 1974), pp. 239–62.

10. Kerrie MacPherson, 'Designing China's Urban Future: The Greater Shanghai Plan, 1927–1937', *Planning Perspectives* 5 (1990), pp. 39–62.

11. 歐洲難民的經驗，Gao Bei, *Shanghai Sanctuary: Chinese and Japanese Policy toward European Jewish Refugees during World War II* (New York: Oxford University Press, 2013); Antonia Finnane, *Far from Where? Jewish Journeys from Shanghai to Australia* (Carlton South: University of Melbourne Press, 1999); Marcia Reynders Ristaino, *Port of Last Resort: The Diaspora Communities of Shanghai* (Stanford, CA: Stanford University Press, 2001); James R. Ross, *Escape to Shanghai: A Jewish Community in China* (New York: Free Press, 1994).

12. Maurine Karns and Pat Patterson, *Shanghai: High Lights, Low Lights, Tael Lights* (Shanghai: Tridon Press, 1936), p. 40.

13. Edgar Snow, 'Americans in Shanghai', *The American Mercury* 20 (1930), p. 438.

14. Robert Bickers, *The Scramble for China: Foreign Devils in the Qing Empire, 1832–1914* (London: Allen Lane, 2011), p. 367.

15. Kathryn Meyer and Terry Parssinen, *Webs of Smoke: Smugglers, Warlords, Spies, and the History of the International Drug Trade* (Lanham, MD: Rowman and Littlefield, 1998), p. 164; *NCH*, 17 December 1921, p. 767.

16. *The Times*, 17 March 1928, p. 7.

17. Stirling Fessenden, 'Circular for Foreign Members: Hai Alai', 1 October 1930, enclosure in Shanghai no. 299, 5 November 1930, TNA: FO 371/15485. 這個爭議的詳細研究，Ning Jennifer Chang, 'Pure Sport or a Gambling Disgrace? Greyhound Racing and the Formation of Modern Shanghai', in Peter Zarrow (ed.), *Creating Chinese Modernity: Knowledge and Everyday Life, 1900–1940* (New York: Peter Lang, 2006), pp. 147–81; 亦見 Frederic Wakeman Jr., 'Licensing Leisure: The Chinese Nationalists' Attempt to Regulate Shanghai, 1927–49', *Journal of Asian Studies* 54:1 (1995), pp. 19–42. Finances: T. P. Yang, 'Three Nights at the Dog-Race Course', *China Weekly Review*, 18 October 1930, pp. 245–6.

18. 一九九六年九月十三日訪問湧泉路捕房前主管Frederick West; Commissioner of Police to Secretary, SMC, 8 April 1929, U1-3-660, SMA.

19. 本段取材自Brian G. Martin, *The Shanghai Green Gang: Politics and Organized Crime, 1919–1937* (Berkeley, CA: University of California Press, 1996), pp. 64–9, 73–4, 115–21; 費沃立的話出自Consul General J. F. Brenan to Sir

Miles Lampson, 21 February 1931: TNA, FO 371/15485.

20. 數據出自Norman Miners, *Hong Kong under Imperial Rule, 1912–1941* (Hong Kong: Oxford University Press, 1987), p. 212.

21. Martin, *Shanghai Green Gang*, p. 115.

22. Council minutes, 21 May 1929, in SMA, U1-3-2660. 阿樂滿戰爭時期的回憶錄提到他對墨西哥的責任又是不同說法，可想而知：Norwood F. Allman, *Shanghai Lawyer* (New York: Whittlesey House, 1943).

23. Eileen P. Scully, *Bargaining with the State from Afar: American Citizenship in Treaty Port China, 1844–1942* (New York: Columbia University Press, 2001), pp. 187–92; *NCH*, 5 February 1936, p. 209; *NCH*, 24 July 1935, p. 139.

24. *Shanghai Evening Post and Mercury*, 9 September 1941; *NCDN*, 11 and 13 September 1941.

25. Barnett, *Economic Shanghai;* Lloyd E. Eastman, 'Facets of an Ambivalent Relationship: Smuggling, Puppets and Atrocities during the War, 1937–45', in Akira Iriye (ed.), *The Chinese and the Japanese: Essays in Political and Cultural Interactions* (Princeton, NJ: Princeton University Press, 1980), pp. 275–303; 關於汪精衛：Gerald E. Bunker, *The Peace Conspiracy: Wang Ching-wei and the China War, 1937–1941* (Cambridge, MA: Harvard University Press, 1972), and John Hunter Boyle, *China and Japan at War, 1937–1945: The Politics of Collaboration* (Stanford, CA: Stanford University Press, 1972).

26. Carroll Alcott, *My War with Japan* (New York: Henry Holt, 1943).

27. Shanghai Municipal Council, *Report for the Year 1938 and Budget for the Year 1939* (Shanghai: North-China Daily News and Herald, 1939).

28. 這一節與整章取材自Andrew David Field, *Shanghai's Dancing World: Cabaret Culture and Urban Politics, 1919–*

1954 (Hong Kong: Chinese University Press, 2010), and James Farrer and Andrew David Field, *Shanghai Nightscapes: A Nocturnal Biography of a Global City* (Chicago, IL: University of Chicago Press, 2015).

29. Whitey Smith, with C. L. McDermott, *I Didn't Make a Million* (Manila: Philippine Education Co., 1956), p. 21.

30. Burnett Hershey, 'Jazz Latitude', *The New York Times Book Review and Magazine*, 25 June 1922, reprinted in Karl Koenig (ed.), *Jazz in Print, 1859–1929* (Hillsdale, New York: Pendragon Press, 2002), pp. 191–2.

31. Andrew F. Jones, 'Black Internationale: Notes on the Chinese Jazz Age', in E. Taylor Atkins (ed.), *Jazz Planet* (Jackson, MI: University Press of Mississippi, 2003), pp. 225–43; E. Taylor Atkins, 'Jammin' on the Jazz Frontier: The Japanese Jazz Community in Interwar Shanghai', *Japanese Studies* 19:1 (1999), pp. 5–16; Szu-wei Chen, 'The Music Industry and Popular Song in 1930s and 1940s Shanghai: A Historical and Stylistic Analysis', unpublished PhD thesis, University of Stirling, 2007, pp. 153–4.

32. Henry Champly, *The Road to Shanghai: White Slave Traffic in Asia* (London: John Long, 1934), pp. 209 and 210. 該書一九三三年在巴黎發行，再版三十八次，賣出十萬本：Michael B. Miller, *Shanghai on the Metro: Spies, Intrigue, and the French between the Wars* (Berkeley, CA: University of California Press, 1994), pp. 181 and 246.

33. 見 Anne Frederique Glaise, 'L'Evolution sanitaire et medicale de la Concession francaise de Shanghai entre 1850 et 1950', unpublished PhD thesis, Universite Lumiere Lyon 2, 2005, pp. 224–30; 官方干預的程度可從以下猜測：Conseil d'administration municipale de la Concession francaise, *Compte rendu de la gestion pour l'exercice 1929–Budget 1930* (Shanghai: Imprimerie municipal, 1929), p. 16. 關於逸園，亦見 Buck Clayton, assisted by Nancy Miller Elliott, *Buck Clayton's Jazz World* (Basingstoke: Macmillan, 1986), pp. 69–76.

34. *China Press*, 15 April 1934, p. 5, and 22 May 1938, p. 32.

35. John Pal, *Shanghai Saga* (London: Jarrolds, 1963), pp. 159–60.

36.「黃色」被反對者視為「色情」，是中文衍申的，Andrew F. Jones, *Yellow Music: Media Culture and Colonial Modernity in the Chinese Jazz Age* (Durham, NC: Duke University Press, 2001), p. 6; Szu-wei Chen, 'The Rise and Generic Features of Shanghai Popular Songs in the 1930s and 1940s', *Popular Music* 24:1 (2005), pp. 107–25; Carlton Benson, 'Back to Business as Usual: The Resurgence of Commercial Radio Broadcasting in *Gudao* Shanghai', in Henriot and Yeh (eds), *In the Shadow of the Rising Sun*, pp. 279–301.

37. Christian Henriot, *Prostitution and Sexuality in Shanghai: A Social History, 1849–1949* (Stanford, CA: Stanford University Press, 2001), p. 105.

38. Xiao Jianqing, *Manhua Shanghai* (*Shanghai in Cartoons*) (Shanghai: Shanghai jingwei shuju, 1936).

39. John A. Crespi (ed.), 'China's *Modern Sketch* : The Golden Era of Cartoon Art, 1934–1937', 該書呈現週刊絕大多數刊號的每一頁，以及三篇文章，收錄於MIT Visualizing Cultures platform, at http://ocw.mit.edu/ans7870/21f/21f.027/modern_sketch, accessed September 2015. 關於上海的漫畫更多資料參見A *Modern Miscellany: Shanghai Cartoon Artists, Shao Xunmei's Circle and the Travels of Jack Chen, 1926–1938* (Leiden: Brill, 2016).

40.《世代漫畫》二（一九三四年二月），頁二八。

41. 相關文章收錄於Jason C. Kuo (ed.), *Visual Culture in Shanghai, 1850s–1930s* (Washington, DC: New Academia Publishing, 2007).

42. 引言出自R. Keith Schoppa, *Twentieth-Century China: A History in Documents* (New York: Oxford University Press, 2011), p. 80.

43. Hanchao Lu, *Beyond the Neon Lights: Everyday Shanghai in the Early Twentieth Century* (Berkeley, CA: University

of California Press, 1999); Marcia R. Ristaino, *The Jacquinot Safe Zone: Wartime Refugees in Shanghai* (Stanford, CA: Stanford University Press, 2008); Christian Henriot, ' "Invisible Deaths, Silent Deaths": "Bodies Without Masters" in Republican Shanghai', *Journal of Social History* 43:2 (2009), pp. 407–37.

44. *NCH*, 8 December 1937, pp. 368–71; 這段時期最佳的說明是Wakeman, *Shanghai Badlands*.

45. G. G. Philips to Sir Archibald Clark-Kerr, 29 June 1940: TNA, FO 676/435.

46. 見TNA, FO 371/23454-5, FO 371/24684, FO 371/27631. 上海工部局與上海英人的政治軌跡，Robert Bickers, 'Settlers and Diplomats: The End of British Hegemony in the International Settlement, 1937–1945', in Henriot and Yeh (eds), *In the Shadow of the Rising Sun*, pp. 229–56.

47. Christian Henriot, 'Shanghai and the Experience of War', *European Journal of East Asian Studies* 5:2 (2006), pp. 215–45; Ristaino, *Jacquinot Safe Zone*.

48. Barnett, *Economic Shanghai*, pp. 131–9.

49. 《申報》，一九四一年三月十六日，頁七；*NCDN*, 19 March 1941, p. 445.

50. NARA, SMP D9454; 本節取材自Kenneth Bonner Papers, 私人收藏。

51. 本節取材自Bickers, 'Settlers and Diplomats', in Henriot and Yeh (eds), *In the Shadow of the Rising Sun*, pp. 229–56.

52. SMC, *Municipal Gazette*, 1942, passim.

53. *SCMP*, 21 August 1937, p. 9.

54. *Administrative Reports for the Year 1936* (Hong Kong: Government Printer, 1936), p. 4; 祁禮賓的評論，亦見 John Haffenden, *William Empson: Among the Mandarins* (Oxford: Oxford University Press, 2005), p. 483; Christopher

Isherwood, *Christopher and His Kind* (1977) (London: Village Books, 2012), p. 310; Frank H. H. King, *The Hongkong Bank between the Wars and the Bank Interned, 1919–1945* (Cambridge: Cambridge University Press, 1988), p. 567.

55. Philip Snow, *The Fall of Hong Kong: Britain, China and the Japanese Occupation* (New Haven, CT: Yale University Press, 2004), pp. 27–36.

56. Vivian Wai Yan Kong, ' "Clearing the Decks": The Evacuation of British Women and Children from Hong Kong to Australia in 1940', unpublished MPhil dissertation, University of Hong Kong, 2015.

57. Tim Luard, *Escape from Hong Kong: Admiral Chan Chak's Christmas Day Dash, 1941* (Hong Kong: Hong Kong University Press, 2012).

58. L. T. Ride, 'A Report on Conditions in Hong Kong Subsequent to the Surrender, and on the Events which Led up to my Escape from the Prisoner-of-War Camp in Sham-shui-po', February 1942, in War Office to A. L. Scott, Foreign Office, 25 May 1942, F4000/1193/10: TNA, FO 371/31679. 關於戰爭，Snow, *The Fall of Hong Kong*, and Kwong Chi Man and Tsoi Yiu Lun, *Eastern Fortress: A Military History of Hong Kong, 1840–1970* (Hong Kong: Hong Kong University Press, 2014), pp. 161–224.

59. *SCMP*, 15 December 1941, p. 3. 亦見Gwen Dew, *Prisoner of the Japs* (New York: Alfred A. Knopf, 1943), pp. 51–5.

60. 這番指控帶頭的是美國記者Cecil Brown: 'Malay Jungle War', *Life*, 12 January 1942, pp. 32–8; *Daily Express*, 14 January 1942, pp. 1 and 4; *Daily Mirror*, 15 January 1942, p. 3; David Low cartoon, *Evening Standard*, 22 January 1942.

61. Emily Hahn, *China to Me* (1944) (London: Virago Press, 1986), pp. 300– 305; 'The Hong-Kong Incident: Court-Martial Story of Film', *The Times*, 3 September 1946, p. 2.

62. 李度的日記，一九四一年十二月。

63. Howard Payne Diary, April 1942: Bristol Record Office, 2002/027, Payne Papers, 1939–45.

64. Hope Danby, *My Boy Chang* (London: Victor Gollancz, 1955), pp. 187–93; J. E. Hoare, *Embassies in the East: The Story of the British Embassies in Japan, China and Korea from 1859 to the Present* (Richmond, Surrey: Curzon Press, 1999), pp. 60–63; Hugh Trevor-Roper, *Hermit of Peking: The Hidden Life of Sir Edmund Backhouse* (Penguin: Harmondsworth, 1978); Derek Sandhaus (ed.), *Decadence Mandchoue: The China Memoirs of Sir Edmund Trelawny Backhouse* (Hong Kong: Earnshaw Books, 2011).

65. Judith and Arthur Hart Burling, 'Collecting in Wartime Shanghai', *Apollo* 40:1 (July 1944), pp. 49–50, iii; Di Yin Lu, 'On a Shoestring: Small-Time Entrepreneurs and the International Market for Chinese Curios, 1921–1949', *Archives of Asian Art* 63:1 (2013), pp. 87–102.

66. NARA, SMP N615; H. G. W. Woodhead, 'The Japanese Occupation of Shanghai: Some Personal Experiences', Chatham House lecture, 12 November 1942: TNA RIIA/8/875; 'Conditions in Shanghai', 5 May 1942: TNA, WO 208/378a; Intercept, 'Sandy' to Sir Victor Sassoon, 23 July 1942: TNA, WO 387b; *The Spectator*, 22 May 1942, p. 480.

67. 引言出自Imperial War Museum (hereafter IWM), Documents 2155, 'Private Papers of Miss J. Main'. 有關拘留或遣返，Greg Leck's encyclopedic *Captives of Empire: The Japanese Internment of Allied Civilians in China, 1941–1945* (Bangor, PA: Shandy Press, 2006). 亦見Hugh Collar, *Captive in Shanghai: A Story of Internment in World War II* (Hong Kong: Oxford University Press, 1980).

68. 英國軍隊在中國的指揮官Major General E. C. Hayes 一九四五年九月十三日向H. M. Ambassador and Lt. Gen. Carton

de Wiart報告：私人收藏。立法禁酒兩年的影響也應該包含在內，J. G. Ballard, *Miracles of Life: Shanghai to Shepperton. An Autobiography* (London: Fourth Estate, 2008), p. 74.

69. IWM, Documents 3454, 'Private Papers of W. C. Henry'. 這個人是在日本出生的英商之子Karoly M. Pate。

70. 本段取材自NARA, RG266, OSS files, E182, Box 141, folder 86, 'Summary Report on Indian Political Activities in Japanese- Occupied China', 1 March 1946; and Ristaino, *Port of Last Resort*, pp. 190–213.

71. K. C. Chan, 'The Abrogation of British Extraterritoriality in China 1942–43: A Study of Anglo-American-Chinese Relations', *Modern Asian Studies* 11:2 (1977), pp. 257–91.

72. SMA, U1-4-1828.

73. SMA, U1-4-966, 'Rendition of Settlement'. 岡崎勝男後來參加了一個非常不同的投降典禮，即一九四五年九月二日在東京灣美國軍艦密蘇里號戰艦上，對同盟國的投降典禮。

74. 'Greater Shanghai March Song': SMA, R22-2-723; *Shanghai Times*, 2 May 1943, 1 and 4 August 1943; on Li Xianglan: Norman Smith, *Intoxicating Manchuria: Alcohol, Opium and Culture in China's Northeast* (Vancouver: University of British Columbia Press, 2012), pp. 1–3; Shelley Stephenson, 'A Star by Any Other Name: The (After) Lives of Li Xianglan', *Quarterly Review of Film and Video* 19:1 (2002), pp. 1–13; Poshek Fu, *Between Shanghai and Hong Kong: The Politics of Chinese Cinemas* (Stanford, CA: Stanford University Press, 2003), pp. 108–18.

第七章　所謂盟友

1. Arthur N. Young, *China's Nation-Building Effort, 1927–1937* (Stanford, CA: Hoover Institution Press, 1971), p. 73;

Arthur N. Young, *China's Wartime Finance and Inflation, 1937–1945* (Cambridge, MA: Harvard University Press, 1965), table 40, p. 332.

2. P. D. Coates, *The China Consuls: British Consular Officers, 1843–1943* (Hong Kong: Oxford University Press, 1988), p. 300.

3. 根據中國海關的統計，*Service List, Sixty-Seventh Issue (corrected to 1st June 1941)* (Shanghai: Statistical Department of the Inspectorate General of Customs, 1941).

4. Stanley Wright to Basil (Dick) Foster Hall, 23 January 1944, S. F. Wright Papers, Special Collections, Library, Queen's University Belfast; Circulars nos 5769, 5771, in 679 (1) 26920, *Inspector General's Circulars*, vol. 28, Second Series, nos 5701–5868, 1938–42. 本節取材自Robert Bickers, 'Purloined Letters: History and the Chinese Maritime Customs Service', *Modern Asian Studies* 40:3 (2006), pp. 691–723, and 'The Chinese Maritime Customs at War, 1941–45', *Journal of Imperial and Commonwealth History* 36:2 (2008), pp. 295–311.

5. Owen Gander Diary, p. 16, O. D. Gander Papers, 86/44/1, IWM.

6. Maze to A. Feragen, 13 December 1941, copy attached to Mrs E. Krogseth to Tso Chang-chin, 3 December 1945, in Second Historical Archives of China, Chinese Customs Archive (hereafter SHAC) 679(9), 2152. 對於梅樂和實際說了什麼或其意圖，之後出現爭議，Benjamin Geoffrey White, ' "A Question of Principle with Political Implications": Investigating Collaboration in the Chinese Maritime Customs Service, 1945–1946', *Modern Asian Studies* 44:3 (2010), pp. 517–46.

7. Chungking no. 260, 27 August 1942, F6301/1689/10, TNA: FO 371/31679.

8. Chungking no. 202, 7 July 1942, F5218/1689/10, TNA: FO 371/31679.

9. B. E. F. Gage, 'Report on a Visit to Lanchow September 8 to October 1, 1942', in Chungking no. 416, 14 October 1942, F7657/1689/10, TNA: FO 371/31679.

10. 李度的日記：一九四三年八月十日。

11. Rolla Rouse to L. K. Little, 6 May 1943, LKL Correspondence, 1941–4.

12. 李度的日記：一九四三年八月七至九日與二十七日。

13. 李度的日記：一九四三年八月十日。

14. 本節取材自James J. Matthews, 'The Union Jack on the Upper Yangzi: The Treaty Port of Chongqing, 1891–1943', unpublished PhD thesis, York University, Toronto, Ontario, 1999, and Lee McIsaac, 'The City as Nation: Creating a Wartime Capital in Chongqing', in Joseph W. Esherick (ed.), *Remaking the Chinese City: Modernity and National Identity, 1900–1950* (Honolulu: University of Hawai'i Press, 2001), pp. 174–81; 'Special Chungking Number', *West China Missionary News* 40:5 (May 1939).

15. W. Somerset Maugham, *On a Chinese Screen* (London: William Heinemann, 1922), pp. 231–5.

16. *China Press*, 20 January 1936, p. 12; 10 November 1931, p. 11; H. G. W. Woodhead, *The Yangtze and its Problems* (Shanghai: Mercury Press, 1931), pp. 53–4; *NCH*, 23 December 1936, p. 490.

17. *NCH*, 16 January 1935, p. 91; 21 April 1937, p. 100.

18. Robert A. Kapp, *Szechwan and the Chinese Republic: Provincial Militarism and Central Power, 1911–1938* (New Haven, CT: Yale University Press, 1973); Anne Reinhardt, ' "Decolonisation" on the Periphery: Liu Xiang and Shipping Rights Recovery at Chongqing, 1926–38', *Journal of Imperial and Commonwealth History* 36:2 (2008), pp. 259–74; 'Confidential Memorandum for Inspector General', 10 February 1944, in Harvard University, Houghton

Library, Lester Knox Little Papers, Ms Am 1999.1, 'Letters, Memoranda etc Relating to Customs Affairs 1941 to 1944'.

19. Joshua H. Howard, *Workers at War: Labor in China's Arsenals, 1937–1953* (Stanford, CA: Stanford University Press, 2004), pp. 52–63; Randall Gould, 'My Impression of Chungking', *China Critic*, 18 May 1939, pp. 102–6; buses: Gerald Samson, *The Far East Ablaze* (London: Herbert Joseph, 1945), p. 160; Jeanette Shambaugh, with David Shambaugh, *The Odyssey of China's Imperial Art Treasures* (Seattle, WA: University of Washington Press, 2005), pp. 86–7.

20. *Life*, 12 June 1939, pp. 30 and 33.

21. Joy Homer, *Dawn Watch in China* (Boston, MA: Houghton Mifflin, 1941), p. 255.

22. Graham Peck, *Two Kinds of Time* (Boston, MA: Houghton Mifflin, 1950), pp. 385–8, 425; Homer, *Dawn Watch in China*, p. 71, and *China after Four Years of War* (Chungking: China Publishing Company, 1941), pp. 173–8.

23. Lin Yutang, *The Vigil of a Nation* (London: William Heinemann, 1946), p. 37.

24. Lin, *Vigil of a Nation*, pp. 50–51.

25. John D. Plating, *The Hump: America's Strategy for Keeping China in World War II* (College Station, TX: Texas A&M University Press, 2011).

26. Wilma Fairbank, *America's Cultural Experiment in China, 1942–1949* (Washington, DC: Bureau of Educational and Cultural Affairs, 1976), pp. 43–56.

27. Stephen R. MacKinnon and Oris Friesen, *China Reporting: An Oral History of American Journalism in the 1930s and 1940s* (Berkeley, CA: University of California Press, 1990), pp. 48–78; Peck, *Two Kinds of Time*, p. 428.

28. Emily Hahn, *China to Me* (1944) (London: Virago Press, 1986), pp. 113, 199–200; Robert Payne, *Chungking Diary* (London: William Heinemann, 1945), p. 86; D. F. Karaka, *Chungking Diary* (Bombay: Thacker and Co., 1942), p. 12.

29. Matthew D. Johnson, 'Propaganda and Sovereignty in Wartime China: Morale Operations and Psychological Warfare under the Office of War Information', *Modern Asian Studies* 45:2 (2011), pp. 303–44; Harrison Forman, 'The Voice of China', *Collier's*, 17 June 1944, p. 85; *SCMP*, 13 March 1940, p. 13; *China Weekly Review*, 6 May 1939, p. 292; Bill Lascher, 'Radio Free China', *Boom* 4:1 (2014), pp. 11–17

30. Harold R. Rattenbury, *Face to Face with China* (London: George G. Harrap and Co., 1945), p. 5; Cecil Beaton, *Far East*.(London: B. T. Batsford, 1945), *Chinese Album* (London: B. T. Batsford, 1945), and *The Years Between: Diary 1939–44* (London: Weidenfeld and Nicolson, 1965), p. 332; 'Prevailing China', *Vogue*, 15 November 1944, p. 104.

31. *FRUS*, 1943, *China*, p. 483; Saul Steinberg, 'Fourteenth Air Force: China Theater', *New Yorker*, 15 January 1944, pp. 18–19, and 5 February 1944, pp. 20–21; *China Theater: An Informal Notebook of Useful Information for Military Men in China* (Washington, DC: US Government Printing Office, 1943); Jane Kramer, 'Mission to China', *New Yorker*, 15 July 2000, pp. 58–65. 關於緊張，Wesley M. Bagby, *The Eagle-Dragon Alliance: America's Relations with China in World War II* (Newark, NJ: University of Delaware Press, 1992), pp. 101–3.

32. *Why We Fight: The Battle for China* (Dir. Frank Capra, 1944); Elizabeth Rawitsch, *Frank Capra's Eastern Horizons: American Identity and the Cinema of International Relations* (London: I. B. Tauris, 2014), pp. 115–34.

33. 關於海明威的引言出自Joyce Hoffmann, *Theodore H. White and Journalism as Illusion* (Columbia, MI: University of Missouri Press, 1995), p. 54; Martha Gellhorn, *Travels with Myself and Another: Five Journeys from Hell* (1978) (London: Eland, 2002), p. 53.

34. *The New York Times*, 27 December 1941, p. 21; *Life*, 12 January 1941, pp. 26–7; Chiang Yee, *Chin-Pao and the Giant Pandas* (London: Country Life, 1942); Chiang Yee, *The Story of Ming* (Harmondsworth: Puffin, 1945). 其死後《泰晤士報》刊出一篇社論：30 December 1944, p. 5.

35. T. Christopher Jespersen, *American Images of China, 1931–1949* (Stanford, CA: Stanford University Press, 1996), pp. 82–107.

36. Hastings and St Leonards Observer, 17 September 1938, p. 2; *The Canberra Times*, 16 December 1941, p. 2. 關於支持中國的行動，Arthur Clegg, *Aid China: Memoir of a Forgotten Campaign* (Beijing: New World Press, 1989), and Tom Buchanan, *East Wind: China and the British Left, 1925–1976* (Oxford: Oxford University Press, 2012).

37. Theodore H. White and Annalee Jacoby, *Thunder out of China* (New York: William Sloane Associates, 1946), p. 3.

38. Hsiao Ch'ien (Xiao Qian), *China but not Cathay* (London: Pilot Press, 1942), pp. 1 and 130; Hsiao Ch'ien, *Traveller without a Map* (Stanford, CA: Stanford University Press, 1990), pp. 84–8.

39. 李度的日記：一九四三年十月九日。

40. 'Visit to China', in *Selected Works of Jawaharlal Nehru, Volume 10* (New Delhi: Orient Longman, 1977), pp. 73–114; 'Detestable Policy', *SCMP*, 3 September 1939, p. 4; Chiang Kai-shek telegram to T. V. Soong, 24 February 1942, in Franklin D. Roosevelt Presidential Library and Museum, President's Secretary's File (PSF), Box 2; Guido Samarani, 'Shaping the Future of Asia: Chiang Kai-shek, Nehru and China–India Relations during the Second World War Period', *Working Papers in Contemporary Asian Studies* 11 (Centre for East and South-East Asian Studies, Lund University, 2005). 關於情報：Richard J. Aldrich, *Intelligence and the War against Japan: Britain, America and the Politics of Secret Service* (Cambridge: Cambridge University Press, 2000), pp. 150–55; 'The

Memoirs of Kenneth Morison Bourne', unpublished manuscript, 1971, 私人收藏, pp. 96–7.

41. 關於暴行的報導處理,'Situation in Hong Kong', TNA: FO 371/31671; on Harrop, 'No Woman was Safe in the Streets', *Daily Mail*, 13 March 1942; Phyllis Harrop, *Hong Kong Incident* (London: Eyre and Spottiswode, 1943),以及私人消息來源。

42. *Daily Express*, 12 March 1942, p. 1; *Punch*, 18 March 1942, p. 221.

43. John Pownall Reeves, *The Lone Flag: Memoir of the British Consul in Macao during World War II*, ed. Colin Day and Richard Garrett (Hong Kong: Hong Kong University Press, 2014), passim, 引言出自p. 107, 統計出自p. 14.

44. 本節取材自Edwin Ride, *BAAG: Hong Kong Resistance, 1942–1945* (Hong Kong: Oxford University Press, 1981); and Chan Sui-jeung, *East River Column: Hong Kong Guerrillas in the Second World War and After* (Hong Kong: Hong Kong University Press, 2009).

45. Philip Snow, *The Fall of Hong Kong: Britain, China and the Japanese Occupation* (New Haven, CT: Yale University Press, 2003), p. 155. 本節也取材自此書。

46. 銅像熬過大戰,一九四六年和其他銅像一起被發現並送回:*China Mail*, 17 September 1946, p. 1, and 18 October 1946, p. 1.

47. 關於拘留,Geoffrey Charles Emerson, *Hong Kong Internment, 1942–1945: Life in the Japanese Civilian Camp at Stanley* (Hong Kong: Hong Kong University Press, 2008); Bernice Archer, *The Internment of Western Civilians under the Japanese, 1941–1945: A Patchwork of Internment* (London: RoutledgeCurzon, 2004); 關於詹遜和營裡的政治,見Alan Birch, 'Confinement and Constitutional Conflict in Occupied Hong Kong 1941–45', *Hong Kong Law Journal* 3:3 (1973), pp. 293–318.

48. Kent Fedorowich, ‘Decolonization Deferred? The Re-establishment of Colonial Rule in Hong Kong, 1942–45’, *Journal of Imperial and Commonwealth History* 28:3 (2000), pp. 25–50; Felicia Yap, ‘A “New Angle of Vision”: British Imperial Reappraisal of Hong Kong during the Second World War’, *Journal of Imperial and Commonwealth History* 42:1 (2014), pp. 86–113.
49. Steve Tsang, *Hong Kong: An Appointment with China* (London: I. B. Tauris, 1997), pp. 34–9.
50. *The Times*, 11 November 1942, p. 4.
51. Jay Taylor, *The Generalissimo: Chiang Kai-shek and the Struggle for Modern China* (Cambridge, MA: Belknap Press, 2011), pp. 245–52; Field Marshal Lord Alanbrooke, *War Diaries, 1939–1945*, ed. Alex Danchev and Daniel Todman (London: Weidenfeld and Nicolson, 2001), p. 480. 關於開羅會議，Keith Sainsbury, *The Turning Point: Roosevelt, Stalin, Churchill, and Chiang Kai-shek, 1943. The Moscow, Cairo, and Tehran Conferences* (Oxford: Oxford University Press, 1986).
52. *FRUS*, 1943, *China*, pp. 476–9.
53. 李度的日記：一九四四年八月三日、一九四四年十一月六日、一九四四年六月二十三日。
54. Rana Mitter, *China’s War with Japan, 1937–1945: The Struggle for Survival* (London: Allen Lane, 2013), pp. 323–6.
55. Luoyang, Semi-Official no. 134, 20 June 1944: Harvard University, Houghton Library, Lester Knox Little Papers, Ms Am 1999.1, ‘Letters, Memoranda etc Relating to Customs Affairs 1941 to 1944’.
56. ‘First Informal Impressions of the North Shensi Communist Base’, 28 July 1944, in Joseph W. Esherick (ed.), *Lost Chance in China: The World War II Dispatches of John S. Service* (New York: Random House, 1974), pp. 178–81. 關於跳舞：Peter Vladimirov, *The Vladimirov Diaries: Yenan, China, 1942– 1945* (New York: Doubleday, 1975), p. 296,

19 November 1944.

57. 引言也收錄在Stuart Gelder, *The Chinese Communists* (London: Victor Gollancz, 1946), p. ××viii.

58. *The New York Times*, 20 August 1944, p. 23.

59. Harrison Forman, *Report from Red China* (New York: Henry Holt, 1945), p. 177. See also 'Interview with Mao Tze-Tung – August 10, 1944', Harrison Forman Diary, China, June–August 1944, Harrison Forman Papers, Special Collections and University Archives, University of Oregon Libraries.

60. *The New York Times*, 6 October 1944, p. 12; Vladimirov, *Vladimirov Diaries*, pp. 214–15, 3 April 1944. Michael Lindsay, *The Unknown War: North China 1937–1945* (London: Bergstrom and Boyle Books, 1975); Hsiao Li Lindsay, *Bold Plum: With the Guerrillas in China's War against Japan* (Morrisville, NC: Lulu Press, 2007).

61. Vladimirov, *Vladimirov Diaries*, pp. 297–8, 23 November 1944.

62. Robert Bickers, 'The Business of a Secret War: Operation "Remorse" and SOE Salesmanship in Wartime China', *Intelligence and National Security* 16:4 (2001), pp. 11–37.

63. White and Jacoby, *Thunder out of China*, p. 114. 兌換率一直是美國擔憂的問題，例如Franklin D. Roosevelt Presidential Library and Museum, PSF, Series 3, Box 27, 'China, January–June 1944', passim.

64. Lin Yutang, *Between Tears and Laughter* (New York: John Day, 1943), 引言出自pp. 117, 2–4.

65. Lin, *Between Tears and Laughter*, pp. 89 and 5; Qian Suoqiao, *Liberal Cosmopolitan: Lin Yutang and Middling Chinese Modernity* (Leiden: Brill, 2011), p. 183; *The New York Times*, 1 August 1943, p. BR3, and 4 August 1943, p. 13.

66. Minute, 31 May 1943, on Chungking no. 886, 21 April 1943, F2351/632/10, TNA: FO 371/35813. 本節取材自這份關於蔣

介石著作的檔案，後續TNA: FO 371/35813（亦包含四處流通的非官方翻譯，頁二四二—四七指出外國評論擔心的問題），and FO 371/53722, and *FRUS*, 1943, *China*, pp. 244–7, 252, 310–12, 347–8, and *FRUS*, 1944, *China*, pp. 472–4, 708–11. 本書末授權的翻譯點出兩個中文版的差異，並附上編輯Philip Jaffe極度批判的評論，*A China's Destiny and Chinese Economic Theory* (New York: Roy Publishers, 1947); 王寵惠的授權翻譯由林語堂作序，同年出版。

67. John King Fairbank, *Chinabound: A Fifty-Year Memoir* (New York: Harper and Row, 1982), p. 452; Robert Payne, *China Awake* (New York: William Heinemann, 1947), pp. 244–5.

68. Pearl S. Buck, 'A Warning about China', *Life*, 10 May 1943, pp. 53–4. 關於路思義的支持，Jespersen, *American Images of China*.

69. James Farrer and Andrew David Field, *Shanghai Nightscapes: A Nocturnal Biography of a Global City* (Chicago, IL: University of Chicago Press, 2015), pp. 131–2.

第八章　外國專家

1. 關於沙面島：*SCMP*, 3 May 1946, p. 12, 18 August 1946, p. 4, and 16 March 1947, p. 6; 10 December 1947, p. 16; *The Observer*, 27 February 1949, p. 6; 關於衝突：*SCMP*, 17–19 January 1948, passim;《申報》一九四八年一月十七日，頁一。完整的說明，見張俊義，〈1948年廣州「沙面事件」之始末——以宋子文檔案為中心〉，《中國社會科學院》六（二〇〇八），頁一八五—二〇〇。

2. 本段取材自Peter Wesley-Smith, *Unequal Treaty, 1898–1997: China, Great Britain, and Hong Kong's New Territories* (Hong Kong: Oxford University Press, 1998), pp. 177–88; *SCMP*, 6 January 1948, pp. 1 and 11; *China*

Mail, 6 January 1948, p. 1; *Wah Kiu Yat Po*, 6 January 1948, p. 4. 亦見the Foreign Office minute of 4 February 1948, in S. R. Ashton, G. Bennett and K. A. Hamilton (eds), *Documents on British Policy Overseas, Series 1, Volume 8: Britain and China, 1945–1950* (London: Routledge, 2013), pp. 126–31.

3. Alexander Grantham, *Via Ports: From Hong Kong to Hong Kong*(Hong Kong: Hong Kong University Press, 1965), pp. 130–33; *Shenbao*, 18 January 1948, p. 4; *SCMP*, 18–19 January 1948, passim.

4. *SCMP*, 30 January 1948, p. 1; *Shenbao*, 17 January 1948, p. 1.

5. See *FRUS*, 1948, vol. 8, *The Far East: China*, pp. 46–55, 針對美國對事件的分析與報告。引言取自p. 50.

6. Shun-hsin Chou, *The Chinese Inflation, 1937–1949* (New York: Columbia University Press, 1963), p. 34.

7. *Shenbao*, 1 February 1948, p. 4; Andrew David Field, *Shanghai's Dancing World: Cabaret Culture and Urban Politics, 1919–1954* (Hong Kong: Chinese University Press, 2010), pp. 232–61; Ma Jun, *1948 nian: Shanghai wuchao an. Dui yiqi Minguo nuxing jiti baoli kangyi shijian de yanjiu (1948: Shanghai Dance Unrest. Towards the Study of Republican Women's Collective Protest*) (Shanghai: Shanghai guji chubanshe, 2005).

8. 關於這點巧妙的分析，Joseph W. Esherick (ed.), *Lost Chance in China: The World War II Despatches of John S. Service* (New York: Random House, 1974).

9. Lloyd E. Eastman, 'Who Lost China? Chiang Kai-shek Testifies', *China Quarterly* 88 (1981), pp. 658–68.

10. 這個主題適切的切入，Robert P. Newman's *Owen Lattimore and the 'Loss' of China* (Berkeley, CA: University of California Press, 1992).

11. Frederic Wakeman Jr, *Spymaster: Dai Li and the Chinese Secret Service* (Berkeley, CA: University of California Press, 2003), pp. 344– 6; Robert Payne, *China Awake* (London: William Heinemann, 1947), p. 419; 聞一多的引言出

自Pei-kai Cheng and Michael Lestz, with Jonathan D. Spence, *The Search for Modern China: A Documentary Collection* (New York: W. W. Norton, 1999), pp. 337–8.

12. Suzanne Pepper, *Civil War in China: The Political Struggle, 1945–1949*, 2nd edition (Lanham, MD: Rowman and Littlefield, 1999); Odd Arne Westad, *Decisive Encounters: The Chinese Civil War, 1946–1950* (Stanford, CA: Stanford University Press, 2003); Diana Lary, *China's Civil War: A Social History, 1945–1949* (Cambridge: Cambridge University Press, 2015), 引言出自p. 126.

13. 關於外國參與建議中國的部分，可參考兩部優秀的概論：Jonathan D. Spence, *To Change China: Western Advisers in China, 1620–1960* (Boston, MA: Little, Brown, 1969), and James C. Thomson Jr., *While China Faced West: American Reformers in Nationalist China, 1928–1937* (Cambridge, MA: Harvard University Press, 1969).

14. Robert Bickers, ' "Good Work for China in Every Possible Direction": The Foreign Inspectorate of the Chinese Maritime Customs, 1854–1950', in Bryna Goodman and David S. G. Goodman (eds), *Twentieth-Century Colonialism and China: Localities, the Everyday and the World* (London: Routledge, 2012), pp. 25–36; Hans van de Ven, *Breaking with the Past: The Maritime Customs Service and the Global Origins of Modernity in China* (New York: Columbia University Press, 2014).

15. 相關著作眾多，例如Ryan Dunch, *Fuzhou Protestants and the Making of a Modern China, 1857–1927* (New Haven, CT: Yale University Press, 2001); Jun Xing, *Baptized in the Fire of Revolution: The American Social Gospel and the YMCA in China, 1919–1937* (Bethlehem, PA: Lehigh University Press, 1996).

16. Albert Feuerwerker, *The Foreign Establishment in China in the Early Twentieth Century* (Ann Arbor, MI: Center for Chinese Studies, University of Michigan, 1976), p. 39.

17. Andrew J. Nathan, *A History of the China International Famine Relief Commission* (Cambridge, MA: East Asian Research Center, Harvard University, 1965). 優秀的研究。Andrea Janku, 'The Internationalization of Disaster Relief in Early Twentieth-Century China', *Berliner China-Hefte/Chinese History and Society* 43 (2013), pp. 6–28.
18. 明代末期與十八世紀清朝，外國專家顧問常見的領域包括外國建築、數學、音樂、製圖：Liam Matthew Brockey, *Journey to the East: The Jesuit Mission to China, 1579–1724* (Cambridge, MA: Harvard University Press, 2007).
19. H. G. W. Woodhead and H. T. Montague Bell, *China Year Book, 1914* (London: George Routledge and Sons, 1914), p. 312; Lo Hui-min (ed.), *The Correspondence of G. E. Morrison*, 2 vols (Cambridge: Cambridge University Press, 1976, 1978).
20. F. A. Sutton, *One Arm Sutton* (London: Macmillan, 1933).
21. 見Arthur N. Young, *China and the Helping Hand, 1937–1945* (Cambridge, MA: Harvard University Press, 1962) and *China's Wartime Finance and Inflation, 1937–1945* (Cambridge, MA: Harvard University Press, 1965); Antony Best, 'The Leith-Ross Mission and British Policy towards East Asia, 1934–7', *The International History Review* 35:4 (2013), pp. 681–701.
22. *The China Year Book 1936* (Shanghai: North-China Daily News and Herald, 1936), p. 158.
23. William C. Kirby, *Germany and Republican China* (Stanford, CA: Stanford University Press, 1984), passim.
24. Hans van de Ven, *War and Nationalism in China, 1925–1945* (London: RoutledgeCurzon, 2003), pp. 19–63; Jay Taylor, *The Generalissimo: Chiang Kai-shek and the Struggle for Modern China* (Cambridge, MA: Belknap Press, 2011), pp. 286–95.
25. 關於史迪威最近的研究，Taylor, *The Generalissimo*; and van de Ven, *War and Nationalism in China*, pp. 19–63; 關

於德國軍事任務：Kirby, *Germany and Republican China*；關於日本人：Donald G. Gillin and Charles Etter, 'Staying On: Japanese Soldiers and Civilians in China, 1945–1949', *Journal of Asian Studies* 42:3 (1983), pp. 497–518; 關於岡村寧次：Barak Kushner, 'Ghosts of the Japanese Imperial Army: The "White Group" (*Baituan*) and Early Post-War Sino-Japanese Relations', *Past and Present* 218, Supplement 8 (2013), pp. 117–50; 亦見'Political Information: Japanese Activities in Shanghai, Nanking and North China', 6 November 1947, Central Intelligence Group intelligence report SO 10724, CIA Freedom of Information Act Electronic Reading Room (hereafter CIAFOI), at http://www.foia.cia.gov/document/519697ee993294098d50d1dc, accessed 10 October 2015.

26. Aglaia De Angeli, 'Early 1930s China: State, Fascism and Law', unpublished paper presented at the Seventeenth Biennial Conference of the European Association for Chinese Studies, Lund, 2008; 亦見以下的案例研究：Jedidiah J. Kroncke, *The Futility of Law and Development: China and the Dangers of Exporting American Law* (New York: Oxford University Press, 2016).

27. Michael H. Hunt, 'The American Remission of the Boxer Indemnity: A Reappraisal', *Journal of Asian Studies* 31:3 (1972), pp. 539–59.

28. 此估計數字出自一九五四年的調查，見Stacey Bieler, *'Patriots' or 'Traitors'? A History of American-Educated Chinese Students* (Armonk, NY: M. E. Sharpe, 2004), p. 381.

29. Laurence D. Schneider, 'The Rockefeller Foundation, the China Foundation, and the Development of Modern Science in China', *Social Science and Medicine* 16:12 (1982), pp. 1217– 21; Charlotte Furth, *Ting Wen-chiang: Science and China's New Culture* (Cambridge, MA: Harvard University Press, 1970), pp. 34–58.

30. Chan Lau Kit-ching and Peter Cunich (eds), *An Impossible Dream: Hong Kong University from Foundation to*

Re-establishment, 1910–1950 (Oxford: Oxford University Press, 2002), pp. 201–3.

31. 關於庚子賠款的歷史，Stanley F. Wright, *China's Customs Revenue since the Revolution of 1911*, 3rd edition, revised and enlarged with the assistance of John H. Cubbon (Shanghai: Statistical Department of the Inspectorate General of Customs, 1935), pp. 169–230, and appendix 3, pp. 442–591; 亦見Frank H. H. King, 'The Boxer Indemnity: "Nothing but Bad" ', *Modern Asian Studies* 40:3 (2006), pp. 663–89.

32. 第一個受惠於此的是卜凱的第一任妻子張洛梅：*The New York Times*, 4 June 1944, p. 40, and 14 August 1944, p. 8.

33. Milton T. Stauffer (ed.), *The Christian Occupation of China: A General Survey of the Numerical Strength and Geographical Distributon [sic] of the Christian Forces in China... 1918–1921* (Shanghai: China Continuation Committee, 1922), pp. 419, 425, 429.

34. 本節主要取材自Mary Brown Bullock, *An American Transplant: The Rockefeller Foundation and Peking Union Medical College* (Berkeley, CA: University of California Press, 1980); Mary Brown Bullock, *The Oil Prince's Legacy: Rockefeller Philanthropy in China* (Washington, DC: Woodrow Wilson Center Press, 2011); John Z. Bowers, *Western Medicine in a Chinese Palace: Peking Union Medical College, 1917–1951* (Philadelphia, PA: The Josiah Macy Jr. Foundation, 1972). 亦見Warren I. Cohen, *The Chinese Connection: Roger S. Greene, Thomas W. Lamont, George E. Sokolsky and American-East Asian Relations* (New York: Columbia University Press, 1978), pp. 7–40.

35. 'Activities of the China Medical Board', in *Addresses and Papers: Dedication Ceremonies and Medical Conference, Peking Union Medical College, September 15–22, 1921* (Peking: Peking Union Medical College, 1922), p. 4. Sherman Cochran, *Encountering Chinese Networks: Western, Japanese, and Chinese Corporations in China,*

1880–1937 (Berkeley, CA: University of California Press, 2000), pp. 12–43.

36. Jeffrey W. Cody, *Building in China: Henry K. Murphy's 'Adaptive Architecture', 1914–1935* (Hong Kong: Chinese University Press, 2001), p. 76. 關於使館，J. E. Hoare, *Embassies in the East: The Story of the British Embassies in Japan, China and Korea from 1859 to the Present* (Richmond, Surrey: Curzon Press, 1999), pp. 17–92.
37. *NCH*, 3 September 1921, p. 698; Bullock, *An American Transplant*, p. 113.
38. 這位是出生新加坡、留學英國的陳祀邦，當時內政部的醫療顧問：*Addresses and Papers: Dedication Ceremonies and Medical Conference*, p. 49.
39. 「自給自足的小島」一詞出自Bowers, *Western Medicine in a Chinese Palace*, p. 77.
40. 其他意見，Bullock, *An American Transplant*, pp. 1–23，尤其是pp. 18–20.
41. Zuoyue Wang, 'Saving China through Science: The Science Society of China, Scientific Nationalism, and Civil Society in Republican China', *Osiris* 17 (2002), pp. 291–322.
42. SHAC 679(1), 3611, 'Dossier: Meteorology, 1923–1934', Acting Coast Inspector Terry to I. G. Maze, 10 March 1934; *The Academia Sinica and Its National Research Institutes* (Nanking: Academia Sinica, 1931), pp. 79–80.
43. Robert Bickers, ' "Throwing Light on Natural Laws": Meteorology on the China Coast, 1869–1912', in Robert Bickers and Isabella Jackson (eds), *Treaty Ports in Modern China: Law, Land and Power* (London: Routledge, 2016), pp. 179–200.
44. Lewis Pyenson, *Civilizing Mission: Exact Sciences and French Overseas Expansion, 1830–1940* (Baltimore, MD: Johns Hopkins University Press, 1993); Augustin Udias, *Searching the Heavens and the Earth: The History of Jesuit Observatories* (Dordrecht: Kluwer Academic Publishers, 2003).

45. Pyenson, *Civilizing Mission*, p. 180; SHAC 679(1), 3853, 'History of the Customs Meteorological Service'.

46. Kirby, *Germany and Republican China*, chapter 4; William C. Kirby, 'The Chinese War Economy', in James C. Hsiung and Steven I. Levine (eds), *China's Bitter Victory: The War with Japan, 1937–1945* (Armonk, NY: M. E. Sharpe, 1992), pp. 185–212.

47. SHAC 679(1), 3852, 'Meteorology, 1937–1945', appendix X of letter from Coast Inspector Carrel to I. G. Maze, 16 November 1937.

48. Pyenson, *Civilizing Mission*, p. 176; P. H. B. Kent to Sir Archibald Clark-Kerr, 27 June 1942, TNA: FO 371/31668.

49. 本節取材自Bullock, *An American Transplant*, pp. 100–116, 126–7, 引言出自p. 196.

50. Robert Bickers, 'The Chinese Maritime Customs at War, 1941–45', *Journal of Imperial and Commonwealth History* 36:2 (2008), pp. 305–7. 宋子文的評論出自與李度的訪談：李度的日記，一九四六年十一四八日。儘管如此，普里契德上任不久之後便死於結核病，後繼是華人。

51. 引言出自*The Times*, 20 February 1947, p. 6. 見溫克剛，《中國氣象史》（北京：氣象出版社，二〇〇四年），頁三三八。

52. *Shanghai Evening Post and Mercury* (New York), 11 September 1945, p. 1. 亦見John Dower, *Embracing Defeat: Japan in the Wake of World War II* (London: Allen Lane, 1999), pp. 59, 112–19.

53. Frederic Wakeman Jr, ' "Liberation": The Shanghai Police, 1942–1952', in Yves Chevrier, Alain Roux and Xiaohong Xiao-Planes(eds), *Citadins et citoyens dans la Chine du ××e siecle: Essais d'histoire sociale. En hommage a Marie-Claire Bergere* (Paris: Editions de la Maison des sciences de l'homme, 2010), p. 506.

54. *Shanghai Evening Post and Mercury* (New York), 13 September 1946, pp. 1, 8; 18 October 1946, p. 4, 張寧，〈從跑馬

廳到人民廣場：上海跑馬廳收回運動〉，《中央研究院近代史研究所集刊》四十八，（二〇〇五年），頁九七一一三六。

55. *UNRRA in China, 1945–1947* (Washington, DC: United Nations Relief and Rehabilitation Administration, 1948), pp. 190– 281.

56. *Life*, 13 May 1946, pp. 29–35; Pepper, *Civil War in China*, pp. 152–3; Lloyd E. Eastman, *Seeds of Destruction: Nationalist China in War and Revolution, 1937–1949* (Stanford, CA: Stanford University Press, 1984), pp. 71–3.

57. Payne, *China Awake*, p. 421.

58. Recorded in William G. Sewell, *I Stayed in China* (London: George Allen and Unwin, 1966), p. 169.

59. Micah S. Muscolino, *The Ecology of War in China* (Cambridge: Cambridge University Press, 2015), pp. 172–235; Rana Mitter, *China's War with Japan, 1937–1945: The Struggle for Survival* (London: Allen Lane, 2013), p. 57.

60. Sherman Cochran and Andrew Hsieh, *The Lius of Shanghai* (Cambridge, MA: Harvard University Press, 2013), pp. 263–7.

61. 例如，'CNRRA Charges', *China Mail*, 30 September 1947; 'CNRRA Men Jailed for Corruption', *NCDN*, 2 April 1948, p. 3.

62. *UNRRA in China*, pp. 69–72.

63. T. Y. Lin (Lin Daoyang), 一九四五至四六年廣東區主任，引言出自李度的日記，一九四六年十一月二十六日。

64. Rana Mitter, 'Imperialism, Transnationalism, and the Reconstruction of Post-War China: UNRRA in China, 1944–7', *Past and Present* 218, Supplement 8 (2013), pp. 51–69; *UNRRA in China*, p. 210.

65. George H. Kerr, *Formosa Betrayed* (Boston, MA: Houghton Mifflin, 1965), p. 158.

66. Dower, *Embracing Defeat*, pp. 48–53. 不同但仍然嚴重的數據，Louise Young, *Japan's Total Empire: Manchuria*

and the Culture of Wartime Imperialism (Berkeley, CA: University of California Press, 1998), pp. 408–11.

67. 關於印度人：*NCDN*, 30 November 1945, 2 December 1945; Marcia Reynders Ristaino, *Port of Last Resort: The Diaspora Communities of Shanghai* (Stanford, CA: Stanford University Press, 2001), pp. 242–72.

68. 《申報》，一九四七年十一月二十一日，頁四；*NCDN*, 21 November 1921, p. 3; 阿徹也曾於香港入獄：*SCMP*, 24 May 1940, p. 8; *SCMP*, 20 September 1947, p. 12; *NCDN*, 18 February 1949, p. 5; *SCMP*, 27 July 1956, p. 8. 阿徹最後被放出來，一九五六年被遣送到香港。

69. 關於這個案例，Robert Shaffer, 'A Rape in Beijing, December 1946: GIs, Nationalist Protests, and U.S. Foreign Policy', *Pacific Historical Review* 69:1 (2000), pp. 31–64; Yanqiu Zheng, 'A Specter of Extraterritoriality: The Legal Status of U.S. Troops in China, 1943–1947', *Journal of American-East Asian Relations* 22:1 (2015), pp. 17–44. 關於形象：Adam Cathcart, 'Atrocities, Insults, and "Jeep Girls": Depictions of the U.S. Military in China, 1945–1949', *International Journal of Comic Art* 10:1 (2008), pp. 140–54. 亦見Mark F. Wilkinson, 'American Military Misconduct in Shanghai and the Chinese Civil War: The Case of Zang Dayaozi', *Journal of American-East Asian Relations* 17:2 (2010), pp. 146–73. 關於戰爭期間對於女性與美國軍人廝混的厭惡，Graham Peck, *Two Kinds of Time* (Boston, MA: Houghton Mifflin, 1950), p. 636, and *Shanghai Evening Post and Mercury* (hereafter *SEPM*) (New York), 15 June 1945, pp. 1–2.

70. 首次公開，*Life Magazine*, 17 October 1949, pp. 129–38, 141–2, 後來又再版，Henri Cartier-Bresson, *China in Transition: A Moment in History* (London: Thames and Hudson, 1956).

71. Jurgen Osterhammel, 'Imperialism in Transition: British Business and the Chinese Authorities, 1931–37', *China Quarterly* 98 (1984), pp. 282–3.

72. FRUS, 1949, vol. 8, *The Far East: China*, pp. 1303–27, 引言出自Clark, Canton, to Secretary of State, 5 August 1949, p. 1308. 本卷亦有其他美國官員落入中共手中的經驗。

73. 重要的資料收錄在S. R. Ashton, G. Bennett and K. A. Hamilton (eds), *Documents on British Policy Overseas, Series 1, Volume 8: Britain and China, 1945–1950* (London: Frank Cass, 2002), pp. 397–402, 417–26. 此事件的過程紀錄，David Clayton, *Imperialism Revisited: Political and Economic Relations between Britain and China, 1950–54* (Basingstoke: Macmillan, 1997).

74. 'Cable, Mao Zedong [via Kovalev] to Stalin', 14 June 1949, Archive of the President of the Russian Federation (hereafter APRF), f. 45, op. 1, d. 331, ll. 101–11. Reprinted in Andrei Ledovskii, Raisa Mirovitskaia and Vladimir Miasnikov, *Sovetsko-Kitaiskie Otnosheniia*, vol. 5, book 2, 1946–February 1950 (Moscow: Pamiatniki Istoricheskoi Mysli, 2005), pp. 141–6. Translated for the Cold War International History Project, History and Public Policy Program, Wilson Center (hereafter CWIHP), by Sergey Radchenko at http://digitalarchive.wilsoncenter.org/document/113377.

75. *United States Relations with China, with Special Reference to the Period 1944–49* (Washington, DC: Department of State, 1949); Nancy Bernkopf Tucker (ed.), *China Confidential: American Diplomats and Sino-American Relations, 1945–1996* (New York: Columbia University Press, 2001), pp. 24 and 62.

76. 'Cable, Kovalev to Stalin, Report on the 22 May 1949 CCP CC Politburo Discussion', 23 May 1949, APRF, f. 45, op. 1, d. 331, ll. 66–9. Reprinted in Ledovskii, Mirovitskaia and Miasnikov, *Sovetsko-Kitaiskie Otnosheniia*, vol. 5, book 2, pp. 132–4. Translated for CWIHP by Sergey Radchenko at http://digitalarchive.wilsoncenter.org/document/113365.

77. *NCDN*, 24 April 1949, pp. 1–2; A. C. S. Trivett, ' "Topside Jossman" or "The Indiscretions of a Dean" ', unpublished

memoir, c. 1966, p.103. 加拿大籍的Alexander C. S. Trivett (1890–1981) 一九二八至五一年間於聖三一堂擔任樞機主教長；Malcolm H. Murfett, *Hostage on the Yangtze: Britain, China and the Amethyst Crisis of 1949* (Annapolis, MD: Naval Institute Press, 1991).

78. Chicago Tribune, 23 April 1949, p. 5; John Leighton Stuart, *Fifty Years in China: The Memoirs of John Leighton Stuart, Missionary and Ambassador* (New York: Random House, 1954), p. 234.

79. 關於這個過程，Thomas N. Thompson, *China's Nationalization of Foreign Firms: The Politics of Hostage Capitalism, 1949–57* (Baltimore, MD: School of Law, University of Maryland Occasional Papers, no. 6, 1979). 這個過程新穎的分析，Jonathan J. Howlett, 'Accelerated Transition: British Enterprises in Shanghai and the Transition to Socialism', *European Journal of East Asian Studies* 13:2 (2014), pp. 163–87, and ' "The British Boss is Gone and Will Never Return": Communist Takeovers of British Companies in Shanghai (1949–1954)', *Modern Asian Studies* 47:6 (2013), pp. 1941– 76.

80. 'Record of Conversation between I. V. Stalin and... Mao Zedong [in Moscow] on 16 December 1949', APRF, f. 45, op. 1, d. 329, ll. 9–17. Translated by Danny Rozas, at http://digitalarchive.wilson center.org/document/111240; 竺可禎，〈中國氣象學會第一屆代表大會開幕詞〉，一九五一年四月十五日，以及竺可禎，〈中國過去在氣象學上的成就〉，收錄於《竺可禎全集》，卷三（上海：上海科技教育出版社，二〇〇四年），頁五六，五六一六〇。

81. Bullock, *An American Transplant*, pp. 206–8; 報導出自*Daily News Release* (Beijing), 22 June 1952, reproduced in Peter Lum, *Peking 1950–1953* (London: Robert Hale, 1958), p. 181;《人民日報》，一九五二年六月十日，頁三。二十五年後，北京大學的歷史課堂仍然譴責此事（根據與Frances Wood的私人通訊）。

82. *SCMP*, 25 March 1951, p. 12; 5 February 1952, p. 1; 16 December 1952, p. 1; 31 July 1953, p. 4.

83. Steve Tsang, *Hong Kong: An Appointment with China* (London: I. B. Tauris, 1997), p. 69; Chi-kwan Mark, *Hong Kong and the Cold War: Anglo-American Relations 1949–1957* (Oxford: Oxford UniversityPress, 2004), pp. 26–30; Moises Silva Fernandes, 'Macao in Sino-Portuguese Relations, 1949–1955', *Portuguese Studies Review* 16:1 (2008), pp. 153–70; Grantham, *Via Ports*, pp. 185–8; *SCMP*, 18 October 1949, pp. 1 and 9; 21 October 1949, p. 8.
84. Robert Bickers, *Britain in China: Community, Culture, and Colonialism* (Manchester: Manchester University Press, 1999), pp. 92–5; Jane Hunter, *The Gospel of Gentility: American Women Missionaries in Turn-of-the-Century China* (New Haven, CT: Yale University Press, 1984). 關於傳教與殖民主義關係的優秀調查，Dana L. Robert, 'Introduction', in Dana L. Robert (ed.), *Converting Colonialism: Visions and Realities in Mission History, 1706–1914* (Grand Rapids, MI: William B. Eerdmans, 2008), pp. 1–20.
85. Sewell, *I Stayed in China*, p. 160.
86. 《南方日報》，一九五〇年十二月十五、十六日，英文翻譯Canton no.44, 18 December 1950, TNA: FO 371/92330.
87. George Hood, *Neither Bang nor Whimper: The End of a Missionary Era in China* (Singapore: Presbyterian Church in Singapore, 1991), pp. 102–12; Gao Wangzhi, 'Y. T. Wu: A Christian Leader under Communism', in Daniel H. Bays (ed.), *Christianity in China: From the Eighteenth Century to the Present* (Stanford, CA: Stanford University Press, 1996), pp. 338–52; 關於宣言內文：Francis Price Jones (ed.), *Documents of the Three-Self Movement: Source Materials for the Study of the Protestant Church in Communist China* (New York: National Council of the Churches of Christ in the United States ofAmerican, 1963), pp. 19–20.
88. Paul P. Mariani, *Church Militant: Bishop Kung and Catholic Resistance in Communist Shanghai* (Cambridge, MA: Harvard University Press, 2011); 關於孤兒的審判，見以下眾多的通訊TNA: FO 371/92230, 92331; 關於天津，Robert

Bickers, *The Scramble for China: Foreign Devils in the Qing Empire, 1832–1914* (London: Allen Lane, 2011), pp. 231–6.

89. Yang Kuisong, 'Reconsidering the Campaign to Suppress ounter-Revolutionaries', *China Quarterly* 193 (2008), pp. 102– 21; Julia C. Strauss, 'Paternalist Terror: The Campaign to Suppress Counter-Revolutionaries and Regime Consolidation in the People's Republic of China, 1950– 1953', *Comparative Studies in Society and History* 44:1 (2002), pp. 80–105; Frank Dikotter, *The Tragedy of Liberation: A History of the Chinese Revolution, 1945–57* (London: Bloomsbury, 2013); 關於掩護的襲擊行動，Frank Holober, *Raiders of the China Coast: CIA Covert Operations during the Korean War* (Annapolis, MD: Naval Institute Press, 1999); James Lilley, with Jeffrey Lilley, *China Hands: Nine Decades of Adventure, Espionage, and Diplomacy in Asia* (New York: PublicAffairs, 2004).

90. 關於北京審理的案件，TNA: FO 371/92332. 兩人最有可能符合美國情報網絡的描述，但精心籌畫的暗殺經過是中國人捏造的。CIAFOI: Director's Log, 11 September 1951, at http://www.foia.cia.gov/sites/default/files/document_conversions/1700319/1951-09-01.pdf.

91. *NCDN*, 21 October 1950, p. 2.

92. 《解放日報》六九三（一九五一年四月二十九日）與七五四（一九五一年七月一日）：*New China News Agency*, 4 June 1951; *Manchester Guardian*, 14 November 1951, p. 6; John Craig William Keating, *A Protestant Church in Communist China: Moore Memorial Church Shanghai, 1949–1989* (Bethlehem, PA: Lehigh University Church, 2012), p. 99; *Jiefang ribao* 754 (1 July 1951).

93. Frederick C. Teiwes, 'Establishment and Consolidation of the New Regime', in Roderick MacFarquhar and John K. Fairbank (eds), *The Cambridge History of China, Volume 14: The People's Republic, Part 1: The Emergence of*

Revolutionary China, 1949–1965 (Cambridge: Cambridge University Press, 1987), pp. 88–92.

94. Strauss, 'Paternalist Terror', p. 87; 'On the correct handling of contradictions among the people' (speaking notes), in Roderick MacFarquhar, Timothy Cheek and Eugene Wu (eds), *The Secret Speeches of Chairman Mao: From the Hundred Flowers to the Great Leap Forward* (Cambridge, MA: Council on East Asian Studies, Harvard University, 1989), p. 142.

95. Shanghai no. 266, 5 June 1951, in TNA: FO 371/92332.

96. *NCDN*, 3 August and 17 December 1950, 25 February 1951; Ewo Brewery: Shanghai nos 76, 79, 82, in TNA: FO 371/99283, file FC1105/43.

97. 細節出自CIA的調查，'Soviet Economic Installations and Personnel in Communist China', 6 October 1954, pp. 11–15: CIAFOI, at http://www.foia.cia.gov/sites/default/files/document_conversions/89801/DOC_0000474341.pdf, accessed 21 October 2015. 本節感謝以下著作：Deborah A. Kaple, 'Soviet Advisors in China in the 1950s', in Odd Arne Westad (ed.), *Brothers in Arms: The Rise and Fall of the Sino-Soviet Alliance, 1945–1963* (Washington, DC: Woodrow Wilson Center Press, 1998), pp. 117–40; Austin Jersild, *The Sino-Soviet Alliance: An International History* (Chapel Hill, NC: University of North Carolina Press, 2014).

98. Suzanne Pepper, 'Education for the New Order', in MacFarquhar and Fairbank (eds), *The Cambridge History of China, Volume 14*, pp. 201–2.

99. 最全面的調查是Thomas P. Bernstein and Hua-Yu Li (eds), *China Learns from the Soviet Union, 1949–Present* (Plymouth: Lexington Books, 2010), and Yan Li, 'In Search of a Socialist Modernity: The Chinese Introduction of Soviet Culture', unpublished PhD thesis, Northeastern University, 2012.

100. Odd Arne Westad, *Restless Empire: China and the World since 1750* (London: The Bodley Head, 2012), p. 305.

101. Shu Guang Zhang, *Economic Cold War: America's Embargo against China and the Sino-Soviet Alliance, 1949–1963* (Washington, DC: Woodrow Wilson Center Press, 2001), p. 163; 亦見Lorenz M. Luthi, *The Sino-Soviet Split: Cold War in the Communist World* (Princeton, NJ: Princeton University Press, 2008), pp. 39–41. 數據依據文獻各有不同，而且結盟崩盤後又成為互相控訴的主題。

102. 'Letter... [from] Aleksei Vasil'evich Stozhenko', 1956, Russian State Archive of Contemporary History, f. 5, op. 28, r. 5200, d. 506, ll.94–7. Obtained and translated for CWIHP by Austin Jersild, at http://digitalarchive.wilsoncenter.org/document/116815.

103. Guangzhou: *SCMP*, 7 April 1951, p. 12; 7 September 1951, p. 12; Bin Zhongjun，《沙面》（廣東：廣東人民出版社），頁一三三一一九。本段取自：Mikhail A. Klochko, *Soviet Scientist in China*, trans. Andrew MacAndrew (London: Hollis and Carter, 1963), pp. 56–69; Anne-Marie Brady, *Making the Foreign Serve China: Managing Foreigners in the People's Republic* (Lanham, MD: Rowman and Littlefield, 2003), pp. 86–8; Michael Schoenhals, *Spying for the People: Mao's Secret Agents, 1949–1967* (New York: Cambridge University Press, 2013), pp. 102–9.

104. Sergei N. Goncharov, John W. Lewis and Xue Litai, *Uncertain Partners: Stalin, Mao, and the Korean War* (Stanford, CA: Stanford University Press, 1993), pp. 125–6; Shu Guang Zhang, 'Sino-Soviet Economic Cooperation', in Westad (ed.), *Brothers in Arms*, p. 199. 文字與分析，'Relations between the Chinese Communist Regime and the USSR: Their Present Character and Probable Future Courses', National Intelligence Estimate 58, 10 September 1952: CIAFOI, at http://www.cia.gov/library/readingroom/docs/DOC_0001086032.pdf.

105. Pepper, 'Education for the New Order', p. 202.

106. Christian A. Hess, 'Big Brother is Watching: Local Sino-Soviet Relations and the Building of New Dalian, 1945–55', in Jeremy Brown and Paul G. Pickowicz (eds), *Dilemmas of Victory: The Early Years of the People's Republic of China* (Cambridge, MA: Harvard University Press, 2007), pp. 160–83.

107. Charles Kraus, 'Creating a Soviet "Semi-Colony"? Sino-Soviet Cooperation and Its Demise in Xinjiang, 1949–1955', *Chinese Historical Review* 17:2 (2010), pp. 129–65.

108. Nicholas R. Lardy, 'Economic Recovery and the 1st Five-Year Plan', in MacFarquhar and Fairbank (eds), *The Cambridge History of China, Volume 14*, p. 149.

109. *Peking Review*, 6 June 1966, pp. 6–7. 這段結盟的歷史，Elez Biberaj, *Albania and China: A Study of an Unequal Alliance* (Boulder, CO, and London: Westview Press, 1986). 亦見Harry Hamm, *Albania: China's Beachhead in Europe*, trans. Victor Andersen (London: Weidenfeld and Nicolson, 1963).

第九章　亞洲之光

1. Him Mark Lai, *Chinese American Transnational Politics* (Chicago, IL: University of Illinois Press, 2010), p. 95; *China Weekly Review*, 14 November 1936, pp. 377–9, and 21 November 1936, pp. 420–29; *Life*, 25 January 1937, pp. 9–14; and 1 February 1937, pp. 42–5.

2. Anne-Marie Brady, *Making the Foreign Serve China: Managing Foreigners in the People's Republic* (Lanham, MD: Rowman and Littlefield, 2003), pp. 46–7; A. T. Steele, *The American People and China* (New York: McGraw-Hill, 1966), p. 171.

3. Edgar Snow, *Red Star over China* (1937) (Harmondsworth: Penguin Books, 1972, revised and enlarged edition), p. 157. 關於斯諾的事業，Robert M. Farnsworth, *From Vagabond to Journalist: Edgar Snow in Asia, 1928–1941* (Columbia, MI: University of Missouri Press, 1996), pp. 213–52; S. Bernard Thomas, *Season of High Adventure: Edgar Snow in China* (Berkeley, CA: University of California Press, 1996), pp. 126–89.

4. T. Christopher Jespersen, *American Images of China, 1931–1949* (Stanford, CA: Stanford University Press, 1996), pp. 130–31.

5. Kathryn Weathersby, 'Deceiving the Deceivers: Moscow, Beijing, Pyongyang, and the Allegations of Bacteriological Weapons Use in Korea', Cold War International History Project Bulletin 11 (1998), pp. 176–85; Milton Leitenberg, 'New Russian Evidence on the Korean War Biological Warfare Allegations: Background and Analysis', Cold War International History Project *Bulletin* 11 (1998), pp. 185–99.

6. Lucien Bianco, *Peasants without the Party: Grass-Roots Movements in Twentieth-Century China* (Armonk, NY: M. E. Sharpe, 2001); Stephen R. Platt, *Autumn in the Heavenly Kingdom: China, the West, and the Epic Story of the Taiping Civil War* (New York: Knopf, 2012); Paul A. Cohen, *History in Three Keys: The Boxers as Event, Experience and Myth* (New York: Columbia University Press, 1997).

7. Chang-tai Hung, *Going to the People: Chinese Intellectuals and Folk Literature, 1918–1937* (Cambridge, MA: Council on East Asian Studies, Harvard University, 1985); James A. Flath, *The Cult of Happiness: Nianhua, Art and History in Rural North China* (Vancouver: University of British Columbia Press, 2004); David Holm, *Art and Ideology in Revolutionary China* (Oxford: Clarendon Press, 1991).

8. William C. Kirby, *Germany and Republican China* (Stanford, CA: Stanford University Press, 1984), pp. 76–101.

9. Pearl Buck, 'Introduction' (1949), *The Good Earth* (London: Methuen and Co., 1953).

10. Theodore H. White and Annalee Jacoby, *Thunder out of China* (New York: William Sloane Associates, 1946), pp. 20–32, 201–5.

11. James Bertram, *Unconquered: Journal of a Year's Adventures among the Fighting Peasants of North China* (New York: John Day Press, 1939); George Hogg, *I See a New China* (London: Victor Gollancz, 1945).

12. 'Chinese "Communism" in Action', *The Times*, 25 January 1945, p. 5; 關於英國更宏觀的觀點，Brian Porter, *Britain and the Rise of Communist China: A Study of British Attitudes, 1945–1954* (London: Oxford University Press, 1967), pp. 1–24.

13. 'Record of Conversation between I. V. Stalin and... Mao Zedong [in Moscow] on 16 December 1949', APRF, f. 45, op. 1, d. 329, ll. 9–17. Translated by Danny Rozas, at http://digitalarchive.wilsoncenter.org/document/111240.

14. Nicholas R. Lardy, 'Economic Recovery and the 1st Five-Year Plan', in Roderick MacFarquhar and John K. Fairbank (eds), *The Cambridge History of China, Volume 14: The People's Republic, Part 1: The Emergence of Revolutionary China, 1949–1965* (Cambridge: Cambridge University Press, 1987), pp. 144–84.

15. Peter J. Seybolt, *Throwing the Emperor from his Horse: Portrait of a Village Leader in China, 1923–1995* (Boulder, CO: Westview Press, 1996), pp. 35–6; Huang Shu-min, *The Spiral Road: Change in a Chinese Village through the Eyes of a Communist Party Leader*, 2nd edition (Boulder, CO: Westview Press, 1998), pp. 46–7; Edward Friedman, Paul G. Pickowicz and Mark Selden, with Kay Ann Johnson, *Chinese Village, Socialist State* (New Haven, CT: Yale University Press, 1991), pp. 104–7.

16. William Hinton, *Fanshen: A Documentary of Revolution in a Chinese Village*(New York: Monthly Review Press,

1966), p. 141; Isabel and David Crook, *Revolution in a Chinese Village: Ten Mile Inn* (London: Routledge and Kegan Paul, 1959), p. 151.

17. 簡明的調查，Frederick C. Teiwes, 'Establishment and Consolidation of the New Regime', in MacFarquhar and Fairbank (eds), *The Cambridge History of China, Volume 14*, pp. 83–8. See also Frank Dikotter, *The Tragedy of Liberation: A History of the Chinese Revolution, 1945–57* (London: Bloomsbury, 2013).

18. 本節取材自Sun Tan-wei, 'A Village Moves to Socialism', supplement to *China Reconstructs*, October 1956; 'A Peasants' Letter to Chairman Mao', *People's China*, 1 July 1950, p. 14; 關於「李順達」，Wolfgang Bartke, *Who Was Who in the People's Republic of China* (Munich: K. G. Saur, 1997), p. 239; Xing Long, 'Zai cunzhuang yu guojia zhi jian: Laodong mofan Li Shunda de geren shenguo shi' ('Between Village and Nation: The Personal Life of Model Worker Li Shunda'), *Shanxi daxue xuebao (Zhexue yu shehui kexue ban)* 30:3 (2007), pp. 143–53.

19. 《山西日報》，一九五二年九月二十七日。關於代表團，Friedman, Pickowicz and Selden, with Johnson, *Chinese Village, Socialist State*, pp. 130–32.

20. Xing Long, 'Zai cunzhuang yu guojia zhi jian', p. 148.

21. William C. Kirby, 'China's Internationalization in the Early People's Republic: Dreams of a Socialist World Economy', *China Quarterly* 188 (2006), pp. 878–9.

22. Huang, *Spiral Road*, pp. 47–8, and passim.

23. Lu Xun, 'What Happens after Nora Leaves Home?', in Hua R. Lan and Vanessa L. Fong (eds), *Women in Republican China: A Source book* (Armonk, NY: M. E. Sharpe, 1999), pp. 176–81; Elisabeth Eide, *China's Ibsen: From Ibsen to Ibsenism* (London: Curzon Press, 1987).

24. Louise Edwards, *Gender, Politics, and Democracy: Women's Suffrage in China* (Stanford, CA: Stanford University Press, 2008); 關於秋瑾：Joan Judge, *The Precious Raft of History: The Past, the West and the Woman Question in China* (Stanford, CA: Stanford University Press, 2008); 關於謝冰瑩：Lin Yutang, *Letters of a Chinese Amazon and War-Time Essays* (Shanghai: Commercial Press, 1934); Hsieh Ping-ying, *Girl Rebel: The Autobiography of Hsieh Ping-ying* (New York: John Day Company, 1940), and also *Autobiography of a Chinese Girl: A Genuine Autobiography*, trans. Tsui Chi (London: George Allen and Unwin, 1943).

25. 最佳的調查是Karl Gerth, *China Made: Consumer Culture and the Creation of the Nation* (Cambridge, MA: Harvard University Asia Center, 2003)，本節亦取材自pp. 285–332。

26. Neil J. Diamant, *Revolutionizing the Family: Politics, Love and Divorce in Urban and Rural China, 1949–1968* (Berkeley, CA: University of California Press, 2000); 隨之而來的政治宣傳，案例Li Fengjin, *How the New Marriage Law Helped Chinese Women Stand Up*, ed. and trans. Susan Glosser (Portland, OR: Opal Mogus Books, 2005).

27. 本文寫作之時，她已經因為六十年來在人民大會從未投過反對票為人詬病多年。

28. 早期優秀的討論，James P. Harrison, 'Chinese Communist Interpretations of the Chinese Peasant Wars', in Albert Feuerwerker (ed.), *History in Communist China* (Cambridge, MA: The MIT Press, 1968), pp. 189–215.

29. Cohen, *History in Three Keys*, pp. 227–34, 241–51.

30. Mao Zedong, 'The Chinese Revolution and the Chinese Communist Party', December 1939, in *Selected Works of Mao Tse-tung, Volume 2* (Beijing: Foreign Languages Press, 1975), pp. 305–34.

31. Luke S. K. Kwong, 'Oral History in China: A Preliminary Review', *Oral History Review* 20:1–2 (1992), pp. 23–50; 亦見Cohen, *History in Three Keys*, pp. 321–2, n. 97.

32. Chang-tai Hung, *Mao's New World: Political Culture in the Early People's Republic* (Ithaca, NY: Cornell University Press, 2011), pp.111–26.

33. 本文取材自Chang-tai Hung, 'The Dance of Revolution: *Yangge* in Beijing in the Early 1950s', *China Quarterly* 181 (2005), pp. 82– 99; 亦見David Holm, 'Folk Art as Propaganda: The *Yangge* Movement in Yan'an', in Bonnie S. McDougall (ed.), Popular Chinese Literature and Performing Arts in the People's Republic of China, 1949–1979 (Berkeley, CA: University of California Press, 1984), pp. 3–35.

34. James A. Flath, 'Managing Historical Capital in Shandong: Museum, Monument, and Memory in Provincial China', *The Public Historian* 24:2 (2002), pp. 41–59; Sigrid Schmalzer, *The People's Peking Man: Popular Science and Human Identity in Twentieth-Century China* (Chicago, IL: University of Chicago Press, 2008), pp. 102–3.

35. Pei Wen-chung, 'New Light on Peking Man', *China Reconstructs* 3:4 (1954), pp. 33–5. 這件事情的調查，Jia Lanpo and Huang Weiwen, *The Story of Peking Man: From Archaeology to Mystery* (Beijing: Foreign Languages Press; Hong Kong: Oxford University Press, 1990).

36. Hung, *Mao's New World*, pp. 111–26.

37. Brady, *Making the Foreign Serve China*, pp. 90–91; Cagdas Ungor, 'Reaching the Distant Comrade: Chinese Communist Propaganda Abroad 1949–1976', unpublished PhD thesis, State University of New York at Binghamton, 2009; Lanjun Xu, 'Translation and Internationalism', in Alexander C. Cook (ed.), *Mao's Little Red Book: A Global History* (New York: Cambridge University Press, 2014), pp. 76–95.

38. 'The Voice of Peace, Construction and Friendship', *China Pictorial*, 5 April 1959. Esther Cheo Ying, *Black Country Girl in Red China* (London: Hutchinson, 1980); Sidney Rittenberg and Amanda Bennett, *The Man Who Stayed*

Behind (Durham, NC: Duke University Press, 2001).

39. Anne-Marie Brady, *Friend of China: The Myth of Rewi Alley* (London: Taylor and Francis, 2004); Israel Epstein, *My China Eye: Memoirs of a Jew and a Journalist* (San Francisco, CA: Long River Press, 2005); Sam Ginsbourg, *My First Sixty Years in China* (Beijing: New World Press, 1982). 相關調查,Margaret Stanley, *Foreigners in Areas of China under Communist Jurisdiction before 1949: Biographical Notes and a Comprehensive Bibliography of the Yenan Hui* (Lawrence, KS: University of Kansas, 1987).

40. Takeo Ito¯ , *Life along the South Manchurian Railway*, trans. Joshua A. Fogel (Armonk, NY: M. E. Sharpe, 1988), p. 190; 'Obituary' (Yokogawa Jiro), *Sino-Japanese* Studies 2:2 (1990), p. 2; Yang Xianyi, *White Tiger: An Autobiography of Yang Xianyi* (Hong Kong: Chinese University Press, 2002).

41. William Hinton, *Iron Oxen: A Documentary of Revolution in Chinese Farming* (New York: Monthly Review Press, 1970); Joan Hinton: *Southeast Weekly Bulletin*, 6 January 1966; Isabel Crook, 'Preface', in Isabel Brown Crook and Christina Kelley Gilmartin, with Yu Xiji, *Prosperity's Predicament: Identity, Reform, and Resistance in Rural Wartime China* (Lanham, MD: Rowman and Littlefield, 2013), p. xvii. 亦見澳大利亞共產黨的交流:Lachlan Strahan, *Australia's China: Changing Perceptions from the 1930s to the 1990s* (Cambridge: Cambridge University Press, 1996), pp. 181– 208.

42. Alan Winnington, *Breakfast with Mao: Memoirs of a Foreign Correspondent* (London: Lawrence and Wishart, 1986); *Hampstead Heath to Tian An Men: The Autobiography of David Crook*, at http://www.david crook.net (1990); James M. Broughton, 'The Case against Harry Dexter White: Still Not Proven', IMF Working Paper WP/00/149 (August 2000).

43. Brady, *Making the Foreign Serve China*, p. 132; Cheo Ying, *Black Country Girl in Red China*, pp. 156–7.

44. 關於米爾達：Perry Johansson, 'Mao and the Swedish United Front against the USA', in Zheng Yangwen, Hong Liu and Michael Szonyi (eds), *The Cold War in Asia: The Battle for Hearts and Minds* (Leiden: Brill, 2010), pp. 223–5; Stephen Endicott, *James G. Endicott: Rebel Out of China* (Toronto: University of Toronto Press, 1980).

45. Crook, *Hampstead Heath to Tian An Men*, chapter 8, p. 8, at http://www.davidcrook.net/pdf/DC11_Chapter8.pdf, accessed 1 October 2015; William H. Hinton, 'Background Notes to *Fanshen* ', *Monthly Review* 55:5 (2003); Daniel Raymond Husman, 'Long Bow: Memory and Politics in a Chinese Village', unpublished PhD thesis, University of California, Berkeley, 2011, pp. 13–15.

46. Tom Buchanan, *East Wind: China and the British Left, 1925–1976* (Oxford: Oxford University Press, 2012), pp. 136–41; Michael Shapiro, *Changing China* (London: Lawrence and Wishart, 1958), p.46. 有些信念長久不衰，例如「中國農民是在相對較小的逼迫之下接受社會主義」：Vivenne Shue, *Peasant China in Transition: The Dynamics of Development toward Socialism, 1949–1956* (Berkeley, CA: University of California Press, 1980), p. 7.

47. Jack Chen, *New Earth: How the Peasants in One Chinese County Solved the Problems of Poverty* (Peking: New World Press, 1957), p. 23.

48. David Hare, 'Author's Preface', *Fanshen* (London: Faber and Faber, 1976).

49. Herbert Passin, *China's Cultural Diplomacy* (New York: Praeger, 1963), p. 1.

50. Buchanan, *East Wind*, pp. 115 and 117.

51. Percy Timberlake, *The 48 Group: The Story of the Icebreakers in China* (London: The 48 Group Club, 1994); Buchanan, *East Wind*, pp. 156–9; John Keswick, quoted in James Tuck-Hong Tang, *Britain's Encounter with*

Revolutionary China, 1949–54 (Basingstoke: Macmillan, 1992), p. 160.

52. Yunxiang Gao, 'W. E. B. and Shirley Graham Du Bois in Maoist China', *Du Bois Review* 10:1 (2013), pp. 59–85; Matthew D. Johnson, 'From Peace to the Panthers: PRC Engagement with African-American Transnational Networks, 1949–1979', *Past and Present* 218, Supplement 8 (2013), pp. 233–57; Simone de Beauvoir, *The Long March: An Account of Modern China (La Longue marche*, 1957), paperback edition (London: Phoenix Press, 2001), p. 501.

53. Matthew D. Rothwell, *Transpacific Revolutionaries: The Chinese Revolution in Latin America* (London: Routledge, 2013), pp. 20–21; Passin, *China's Cultural Diplomacy*, pp. 1–12; Philip Snow, *The Star Raft: China's Encounter with Africa* (London: Weidenfeld and Nicolson, 1988), pp. 72–4.

54. Gordon Barrett, 'Foreign Policy, Propaganda, and Scientific Exchange: Scientists in China's Cold War Foreign Relations', unpublished PhD thesis, University of Bristol, 2015.

55. Mark Clapson, 'The Rise and Fall of Monica Felton, British Town Planner and Peace Activist, 1930s to 1950s', *Planning Perspectives* 30:2 (2015), pp. 211–29; Buchanan, *East Wind*, pp. 130–35.

56. Tom Buchanan, 'The Courage of Galileo: Joseph Needham and the "Germ Warfare" Allegations in the Korean War', *History* 86:284 (2001), pp. 503–22; Ruth Rogaski, 'Nature, Annihilation, and Modernity: China's Korean War Germ-Warfare Experience Reconsidered', *Journal of Asian Studies* 61:2 (2002), pp. 381– 415.

57. Hung, *Mao's New World*, pp. 25–72.

58. *China Reconstructs* 6 (November/December 1952), pp. 1–5, 28–32; Brady, *Friend of China*, pp. 68–73; Crook, *Hampstead Heath to Tian An Men*, chapter 10, p. 21.

59. Preface, *What We Saw in China, by 15 Americans* (New York: Weekly Guardian Associates, 1952); Joan Hinton, 'A Statement to the Japanese Delegation', in *Important Documents of the Peace Conference of the Asian and Pacific Regions, October 2–12, 1952, Peking* (Beijing: Secretariat of the Peace Conference of the Asian and Pacific Regions, 1952).
60. George McTurnan Kahin, *The Asian-African Conference, Bandung, Indonesia, April 1955* (Port Washington, NY: Kennikar Press, 1972).
61. James Cameron, *Mandarin Red: A Journey behind the 'Bamboo Curtain'* (London: Michael Joseph, 1955), pp. 250–51.
62. Zhou Xun, *The Great Famine in China, 1958–1962: A Documentary History,* (New Haven, CT: Yale University Press, 2012), p. 80.
63. Nicholas R. Lardy, 'The Chinese Economy under Stress, 1958–1965', in MacFarquhar and Fairbank (eds), *The Cambridge History of China, Volume 14*, pp. 363–78; Frank Dikotter, *Mao's Great Famine: The History of China's Most Devastating Catastrophe, 1958–62* (London: Bloomsbury, 2010); Felix Wemheuer, 'Dealing with Responsibility for the Great Leap Famine in the People's Republic of China', *China Quarterly* 201 (2010), pp. 176–94.
64. Joan Robinson, *Reports from China: 1953–1976* (London: Anglo-Chinese Educational Institute, 1977), p. 45.
65. Guo Wu, 'Recalling Bitterness: Historiography, Memory, and Myth in Maoist China', *Twentieth-Century China* 39:3 (2014), pp. 245–68.
66. Xiaobing Li, *China's Battle for Korea: The 1951 Spring Offensive* (Bloomington, IN: Indiana University Press, 2014),

pp. 239–41.

67. John Wilson Lewis and Xue Litai, *China Builds the Bomb* (Stanford, CA: Stanford University Press, 1988).

68. Lewis and Xue, *China Builds the Bomb*, p. 66.

第十章　怪物與惡魔

1. J. G. Ballard, *Miracles of Life: Shanghai to Shepperton. An Autobiography* (London: Fourth Estate, 2008).

2. J. G. Ballard, 'A Place and a Time to Die', *New Worlds* (September/October 1969), pp. 4–5; J. G. Ballard, *Empire of the Sun* (1984) (London: Fourth Estate, 2012), pp. 26 and 29.

3. Roderick MacFarquhar and Michael Schoenhals, *Mao's Last Revolution* (Cambridge, MA: The Belknap Press of Harvard University Press, 2006), pp. 222–7. 套用代辦處的說詞，「英國群眾」八月初展開刺激的「肖像行動」反擊，半夜跑出去把掛在外面首相哈羅德．威爾遜（Harold Wilson）的肖像摘下來：Peking Despatch no. 23, 8 August 1967, TNA: FCO 21/33.

4. 'Minutes of Chairman Mao Zedong's First Meeting with Nehru', 19 October 1954, PRC Ministry of Foreign Affairs 204-00007-01, 1–10, at http://digitalarchive.wilsoncenter.org/document/117825, accessed 1 November 2015.

5. Thomas Robinson, 'China Confronts the Soviet Union: Warfare and Diplomacy on China's Inner Asian Frontiers', in Roderick MacFarquhar and John K. Fairbank (eds), *The Cambridge History of China, Volume 15: The People's Republic, Part 2: Revolutions within the Chinese Revolution, 1966–1982* (Cambridge: Cambridge University Press, 1991), pp. 227–31; Peter Van Ness, *Revolution and Chinese Foreign Policy: Peking's Support for Wars of National*

Liberation (Berkeley, CA: University of California Press, 1970).

6. Alexander C. Cook (ed.), *Mao's Little Red Book: A Global History* (New York: Cambridge University Press, 2014).
7. 本節取材自MacFarquhar and Schoenhals, *Mao's Last Revolution*, and Michael Schoenhals (ed.), *China's Cultural Revolution, 1966–1969: Not a Dinner Party* (Armonk, NY: M. E. Sharpe, 1996). Li Zhensheng, *Red-Color News Soldier* (London: Phaidon, 2003), 本書亦提供一位攝影師了不起的影像紀錄。亦見Frank Dikotter, *The Cultural Revolution: A People's History, 1962–1976* (London: Bloomsbury, 2016).
8. 'Verbatim of talk between French delegation and Mao Tse-tung at Hangchow, September 11, 1964', in Peking to FO, CS1015/272, 29 July 1967, TNA: FO 371/186984.
9. Yang Su, *Collective Killings in Rural China during the Cultural Revolution* (New York: Cambridge University Press, 2011), pp. 37–8. 絕大部分的死者在鄉村。
10. Boyd to Wilson, 31 August 1966, FC1015/141, TNA: FO 371/186982.
11. Peking to FO, 19 December 1966, 1018/66, FC1018/262, TNA: FO 371/186984.
12. Emily Honig, 'Socialist Sex: The Cultural Revolution Revisited', *Modern China* 29:2 (2003), pp. 143–75.
13. MacFarquhar and Schoenhals, *Mao's Last Revolution*, p. 113.
14. 董為焜編，《上海今昔》（上海人民美術出版社，一九五八年）；《上海》（上海：上海人民對外文化協會上海市分會編，一九五八年）。關於此類的歷史，更廣泛的調查Martin Parr and Wassink Lundgren (comps), *The Chinese Photobook: From the 1900s to the Present* (New York: Aperture, 2015).
15. Lynn T. White III, *Careers in Shanghai: The Social Guidance of Personal Energies in a Developing Chinese City, 1949–1966* (Berkeley, CA: University of California Press, 1978), pp. 56–61; Richard Gaulton, 'Political Mobilization

in Shanghai, 1949–1951', in Christopher Howe (ed.), *Shanghai: Revolution and Development in an Asian Metropolis* (Cambridge: Cambridge University Press, 1981), pp. 45–7. 更廣大的計畫，包括數百萬人的全國計畫，見Thomas P. Bernstein, *Up to the Mountains and Down to the Villages: The Transfer of Youth from Urban to Rural China* (New Haven, CT: Yale University Press, 1977).

16. D. S. Brookfield to Peking, 3 July 1966, FC1015/91, TNA: FO 371/186980.
17. 重要的資料來源 Wong Siu-lun, *Emigrant Entrepreneurs: Shanghai Industrialists in Hong Kong* (Hong Kong: Oxford University Press, 1988)，其中有數據，引言出自p. 13。隨著東南亞華僑在幾個獨立國家裡感到不自在，資產也從東南亞遷移過來。亦見David R. Meyer, *Hong Kong as a Global Metropolis* (Cambridge: Cambridge University Press, 2000).
18. D. S. Brookfield to Peking, 3 July 1966, FC1015/91, TNA: FO 371/186980.
19. 何亞平，〈建國以來上海外國人口變遷與人口國際化研究〉，《社會科學》九（二〇〇九年），頁六七；*SCMP*, 6 October 1962, p. 18; 4 February 1964, p. 26; 26 April 1966, p. 18; *The Times of India*, 20 September 1963, p. 3; Linda Benson and Ingvar Svanberg, 'The Russians in Xinjiang: From Immigrants to National Minority', *Central Asian Survey* 8:2 (1989), p. 120.
20. George Stafford Gale, *No Flies in China* (New York: George Morrow and Co., 1955), pp. 77–81; J. E. Hoare, *Embassies in the East: The Story of the British Embassies in Japan, China and Korea from 1859 to the Present* (Richmond, Surrey: Curzon Press, 1999), pp. 74–7.
21. 相關說明，Colin Mackerras and Neale Hunter, *China Observed* (Melbourne: Nelson, 1967), pp. 170–73; Sophia Knight, *Window on Shanghai: Letters from China, 1965–67* (London: Andre Deutsch, 1967), passim.

22. 關於馬汀：NCH, 23 November 1938, p. 347；關於顛地：*SCMP*, 19 December 1970, p. 9, and 3 July 1982, p. 8；關於麥士尼：*NCH*, 20 December 1919, pp. 769 and 795；關於麥克班：*NCH*, 18 February 1904, pp. 338–9, and 25 February 1904, p. 363; *SCMP*, 23 April 1971, p. 1; 'Domestic Servants in Shanghai', 9 June 1967; TNA: FCO 21/33. 關於記者：Gale, *No Flies in China*, pp. 153–6.

23. Douglas Hurd, in M. D. Kandiah (ed.), *Witness Seminar: The Role and Functions of the British Embassy in Beijing, 7 June 2012* (London: Foreign and Commonwealth Office, 2013), p. 19; *SCMP*, 21 January 1963, p. 8.

24. *The Sunday Times Magazine*, 10 October 1965, pp. 18–19；亦見K. S. Karol, *China: The Other Communism* (London: Heinemann, 1967), p. 233。照片p. 314; James Cameron, *Mandarin Red: A Journey behind the 'Bamboo Curtain'* (London: Michael Joseph, 1955), pp. 224 and 194–8; Sherman Cochran and Andrew Hsieh, *The Lius of Shanghai* (Cambridge, MA: Harvard University Press, 2013), pp. 206–15. 亦見Christopher Russell Leighton, 'Capitalists, Cadres and Culture in 1950s China', unpublished PhD thesis, Harvard University, 2010.

25. 本段與下一段取材自*South China Morning Post*, 8 September 1966, p. 16; TNA: FO 371/186982, Shanghai no. 510/14/66, 29 August 1966; Andrew G. Walder, *Chang Ch'un-ch'iao and Shanghai's January Revolution* (Ann Arbor, MI: University of Michigan Center for Chinese Studies, 1978), pp. 18–19; Denise Y. Ho, 'Revolutionizing Antiquity: The Shanghai Cultural Bureaucracy in the Cultural Revolution, 1966–1968', *China Quarterly* 207 (2011), pp. 692–3; Chi Ti, ' "The East is Red" Rings out over Shanghai', *China Reconstructs* (February 1967), p. 10; Colin Mackerras and Neale Hunter, *China Observed* (London: Sphere Books, 1968), p. 140; face: TNA: FO 371/187045, FO telegram to Peking, 25 August 1966.

26. Honig, 'Socialist Sex', p. 148; Nien Cheng, *Life and Death in Shanghai* (London: Grafton, 1986), pp. 58–9; 關於呂

布：*The Sunday Times*, 10 October 1965, p. 26; Xin Liliang, 'Chairman Mao Gives us a Happy Life' ('Mao zhuxi gei women de xingfu shenghuo') (1954); 中國的海報，http://chineseposters.net/gallery/e16-269.php.

27. Percy Cradock to J. B. Denson, 27 September 1966: TNA, FO 371/186983.

28. Schoenhals (ed.), *China's Cultural Revolution, 1966–1969*, p. 106; Antonia Finnane, *Changing Clothes in China: Fashion, History, Nation* (London: Hurst and Co., 2007), pp. 227– 40.

29. Boyd to Wilson, 31 August 1966, FC1015/141: TNA, FO 371/186982; MacFarquhar and Schoenhals, *Mao's Last Revolution*, pp. 117–18; Elizabeth J. Perry and Li Xun, *Proletarian Power: Shanghai in the Cultural Revolution* (Boulder, CO: Westview, 1997), pp. 11–12, 201, n. 20; Ho, 'Revolutionizing Antiquity', p. 701.

30. 見TNA: FO 371/181020.

31. Cheng, *Life and Death in Shanghai*, pp. 63–84, 317–19; Cochran and Hsieh, *The Lius of Shanghai*, pp. 351–2.

32. Austin Jersild, *The Sino-Soviet Alliance: An International History* (Chapel Hill, NC: University of North Carolina Press, 2014), pp. 93–7, 149– 55.

33. Robert Bickers, ' "The Greatest Cultural Asset East of Suez": The History and Politics of the Shanghai Municipal Orchestra and Public Band, 1881–1946', in Chi-hsiun Chang (ed.), *China and the World in the Twentieth Century: Selected Essays, Volume 2* (Nankang: Institute of Modern History, Academia Sinica, 2001), pp. 835–75; Chen Xieyang (chief ed.), *The 120th Anniversary Album of the Shanghai Symphony Orchestra (1879–1999)* (Shanghai: Shanghai Symphony Orchestra, 1999).

34. 《人民日報》，一九五五年三月二十四日。

35. Fu Lei, 'My Son Fu Tsung', *China Reconstructs* (April 1957), pp. 9–11; Richard Curt Kraus, *Pianos and Politics in*

China: Middle-Class Ambitions and the Struggle over Western Music (New York: Oxford University Press, 1989), pp. 70–99.

36. Kraus, *Pianos and Politics*, pp. 106–7.
37. *Peking Review*, 8 June 1962; *Chinese Literature*, September 1963, p. 115, and August 1966, pp. 141–2; *Peking Review*, 10 June 1966, pp. 6–8.
38. Kraus, *Pianos and Politics*, p. 93.
39. Cheng, *Life and Death in Shanghai*, pp. 44–54;《解放日報》，一九六八年四月二十八日；Sheila Melvin and Jindong Cai, *Rhapsody in Red: How Western Classical Music Became Chinese* (New York: Algora Publishing, 2007), pp. 233–4, 240.
40. Liao Fangzhou, 'Downbeats and Upbeats', *Global Times*, 2 December 2013; 徐燕琴，〈文革時期中國鋼琴改編曲的藝術特徵〉，《文學教育》（二〇〇七年三月），頁一三四。
41. 本節取自以下著作的文章Robert Bickers and Ray Yep (eds), *May Days in Hong Kong: Riot and Emergency in 1967* (Hong Kong: Hong Kong University Press, 2009).
42. D. C. Hopson to E. Bollard, 15 March 1966, FC 1891/3 TNA, FO 371/187045. 本節取自以下的報告TNA: FCO 21/33, 尤其P. M. Hewitt to D. C. Hopson, 29 June 1967.
43. *The Times*, 14 September 1967, p. 5.
44. 'British Premises in Shanghai', 15 September 1967, Rodgers minute, 16 September 1967, in TNA, FO 371/187045. 原本的租約雖然要求租金，但外交官找不到任何該位址租金的付款紀錄。
45. D. C. Hopson to George Brown, 31 August 1967, 'The Burning of the British Office in Peking'; 以及附在TNA, FC

21/34. 英國員工D. C. Hopson to J. B. Denson九月十四日的個人說明。事件的說明，Hoare, *Embassies in the East*, pp. 82–6; Anthony Grey, *Hostage in Peking* (London: Michael Joseph, 1970), pp. 120–32.

46. A. J. de la Mare minute, 15 September 1967, on TNA: FCO 21/34, 'British Premises in Shanghai'; Chi-kwan Mark, 'Hostage Diplomacy: Britain, China, and the Politics of Negotiation, 1967– 1969', *Diplomacy & Statecraft* 20:3 (2009), pp. 473–93.

47. Grey, *Hostage in Peking* ; George Watt, *China 'Spy'* (London: Johnson, 1972). 瓦特的罪行在中國仍被視為事實；關於寇斯科：'A Tolerant Man Savours Freedom', *SCMP*, 19 February 1986, p. 31. ，四年後寇斯科才成功離開中國。

48. M. Uysal, Lu Wei and L. M. Reid, 'Development of International Tourism in PR China', *Tourism Management* 7:2 (1986), pp. 113–19; 'British Agents Plan More Routes to China', *The Times*, 16 July 1965, p. 18.

49. Anne-Marie Brady, *Making the Foreign Serve China: Managing Foreigners in the People's Republic* (Lanham, MD: Rowman and Littlefield, 2003), pp. 146–69.

50. Honours: *SCMP*, 3 April 1970, p. 1; *SCMP*, 12 October 1969, p. 1; 何亞平，〈建國以來上海外國人口變遷與人口國際化研究〉，頁六七。

51. *SCMP*, 5 February 1967, p. 1.

52. 本節取材自：*SCMP*, 13 February 1967, p. 18; Thomas W. Robinson, 'The Sino-Soviet Border Dispute: Background, Development and the March 1969 Clashes', *American Political Science Review* 66:4 (1972), pp. 1175– 202; Yang Kuisong, 'The Sino-Soviet Border Clash of 1969: From Zhenbao Island to Sino-American *Rapprochement*', *Cold War History* 1:1 (2000), pp. 21–52; Christian F. Ostermann, 'East German Documents on the Border Conflict, 1969', Cold War International History Project *Bulletin* 6/7 (1995–6), pp. 186–93.

53. Grey, *Hostage in Peking*, p. 72
54. 全面的研究調查，M. Taylor Fravel, *Strong Borders, Secure Nation: Cooperation and Conflict in China's Territorial Disputes* (Princeton, NJ: Princeton University Press, 2008).
55. Arkady N. Shevchenko, *Breaking with Moscow* (London: Jonathan Cape, 1985), p. 164.
56. Elizabeth McGuire, 'The Book that Bombed: Mao's Little Red Thing in the Soviet Union', in Cook (ed.), *Mao's Little Red Book*, pp. 149–50; Elizabeth McGuire, 'China, the Fun House Mirror: Soviet Reactions to the Chinese Cultural Revolution, 1966–1969', Berkeley Program in Soviet and Post-Soviet Studies Working Paper (spring 2001), pp. 25–34; Yevtuschenko's 'On the Red Ussuri Snow', published in *Literaturnaya Gazeta*, no. 12, 19 March 1969: translation from *Studies in Comparative Communism* 2:3/4 (1969), pp. 211–13; Andrei Amalrik, *Will the Soviet Union Survive until 1984?* (London: Allen Lane, 1970).
57. Harold R. Isaacs, *Scratches on Our Minds: American Images of China and India* (New York: John Day, 1958); William G. Mayer, *The Changing American Mind: How and Why American Public Opinion Changed between 1960 and 1988* (Ann Arbor, MI: University of Michigan Press, 1993), pp. 58–9, 420. 魯斯克否認此事，但軍隊真的非常靠近：*Chicago Defender*, 15 March 1967, p. 13; *The New York Times*, 15 October 1967, p. 204; *The Washington Post*, 17 October 1967, p. A1.
58. 關於電影，Naomi Greene, *From Fu Manchu to Kung Fu Panda: Images of China in American Film* (Hong Kong: Hong Kong University Press, 2014), pp. 95–150.
59. Tom Buchanan, *East Wind: China and the British Left, 1925–1976* (Oxford: Oxford University Press, 2012), pp. 199–204; Richard Wolin, *The Wind from the East: French Intellectuals, the Cultural Revolution, and the Legacy of the*

1960s (Princeton, NJ: Princeton University Press, 2010); Edward P. Morgan, *The 60s Experience: Hard Lessons about Modern America* (Philadelphia, PA: Temple University Press, 1991); Quinn Slobodian, *Foreign Front: Third World Politics in Sixties West Germany* (Durham, NC: Duke University Press, 2012). 引言出自Frida Knight, 'Another View of the Red Guards', *Society for Anglo-Chinese Understanding News*, 1:12 (October 1966), pp. 1– 2.

60. Lanjun Xu, 'Translation and Internationalism', in Cook (ed.), *Mao's Little Red Book*, pp. 85–6; Slobodian, *Foreign Front*, p. 286.

61. Carol Hanisch, 'Impact of the Chinese Cultural Revolution on the Women's Liberation Movement', in *Women of the World, Unite: Writings by Carol Hanisch* (1996), at http://www.carolhanisch.org/Speeches/ChinaWLMSpeech/ChinaWLspeech.html.

62. Clem Gorman, *Making Communes* (Bottisham: Whole Earth Tools, 1971), p. 96. 須特別注意的是，中文並無「毛澤東主義」一詞，而是稱為「毛澤東思想」。

63. 黑爾自此斷絕評論：David Hare, *Fanshen* (London: Faber and Faber, 1976), pp. 7–10; David Hare, *Writing Left-Handed* (London: Faber and Faber, 1991), pp. 64–72; 'After *Fanshen*: A Discussion... ', in David Bradby, Louis James and Bernard Sharratt (eds), *Performance and Politics in Popular Drama: Aspects of Popular Entertainment in Theatre, Film and Television, 1800–1976* (Cambridge: Cambridge University Press, 1980), pp. 297–314.

64. *Vogue*, September 1967, p. 231; 'Le Petite Livre *Rose* de Mao', *Lui*, June 1967, pp. 46–53; *Life*, 10 December 1971, pp. 59–65; *Daily Mail*, 10 October 1967, p. 6.

65. Wolin, *The Wind from the East*, pp. 197–203.

66. Robeson Taj Frazier, *The East is Black: Cold War China in the Black Radical Imagination* (Durham, NC: Duke University Press, 2014).

67. Zachary A. Scarlett, 'China after the Sino-Soviet Split: Maoist Politics, Global Narratives, and the Imagination of the World', unpublished PhD thesis, Northeastern University, 2013, pp. 169–238.

68. *Peking Review*, 22 July 1966, pp. 6–11.

69. *Daily Mail*, 28 August 1967, p. 2; *Peking Review*, 8 September 1967, pp. 28–9.

70. 《人民日報》，一九七〇年十二月二十五日，頁一；Edgar Snow, *Red Star over China* (1937) (Harmondsworth: Penguin Books, 1972, revised and enlarged edition), p. 324.

第十一章　未竟之業

1. Xu Guoqi, *Olympic Dreams: China and Sports, 1895–2008* (Cambridge, MA: Harvard University Press, 2008), pp. 117–48; Tim Broggan, *Ping-Pong Oddity* (1999), chapter 5, online at http://www.usatt.net/articles/ppoddity05.shtml.

2. 關於「令人吃驚」：Marshall Green, Assistant Secretary for Far Eastern Affairs, 引言出自*The New York Times*, 18 April 1971, p. E1; 關於坦尼希爾：*The New York Times*, 13 April 1971, p. 14; 關於杜勒斯：*The New York Times*, 23 May 1954, p. SM10; Evelyn Shuckburgh, *Descent to Suez: Diaries 1951–56* (London: Weidenfeld and Nicolson, 1986), pp. 163–4, 185–6; Zhou, in 'Memorandum of Conversation... Monday, February 21, 1972, 5:58 p.m.– 6:55 p.m.', at http://nsarchive.gwu.edu/nsa/publications/DOC_readers/kissinger/nixzhou/11-01.htm.

3. Yafeng Xia, *Negotiating with the Enemy: U.S.–China Talks during the Cold War, 1949–1972* (Bloomington, IN: Indiana University Press, 2006).

4. George Brathwaite, 'My China Visit as a Ping Pong Diplomat', *Ebony*, November 1971, pp. 84–92; 'NBC News Special Report: American Ping Pong Team Visits China', 20 April 1971; *Time*, 26 April 1971; *Life*, 30 April 1971.

5. 據說船上所有人落入中國人手中後自殺：Mary Ann Harbert, *Captivity: 44 Months in Red China* (New York: Delacourt Press, 1973).

6. Shih Ta-peng, 'US Imperialism Means War and Aggression', *China Reconstructs* (May 1971), p. 12.

7. Robert Accinelli, 'In Pursuit of a Modus Vivendi: The Taiwan Issue and Sino-American Rapprochement, 1969–1972', in William C. Kirby, Robert S. Ross and Gong Li (eds), *Normalization of U.S.–China Relations: An International History* (Cambridge, MA: Harvard University Asia Center, 2005), pp. 9–55.

8. 關於一九七一至七二年的訪問有許多文獻。也有許多認為季辛吉和尼克森為追求己利的說法，這一點新的資料不是很完整，現在較多材料來自中國。我參考的是：Evelyn Goh, *Constructing the U.S. Rapprochement with China, 1961–1974* (Cambridge: Cambridge University Press, 2004); Henry Kissinger, *White House Years* (London: Phoenix Press, 2000); and the National Security Archive Electronic Briefing Books.

9. Shuckburgh, *Descent to Suez*, p. 178; 實際上如何拒絕握手，仍然沒有共識，Nancy Bernkopf Tucker, *The China Threat: Memories, Myths, and Realities in the 1950s* (New York: Columbia University Press, 2012), pp. 28 and 64–5.

10. *Oakland Tribune*, 28 September 1950, p. 6.

11. Jay Taylor, *The Generalissimo: Chiang Kai-shek and the Struggle for Modern China* (Cambridge, MA: Harvard

University Press, 2009), p. 426.

12. 尤其可見Joyce Mao, *Asia First: China and the Making of Modern American Conservatism* (Chicago, IL: University of Chicago Press, 2015), and Stanley D. Bachrack, *The Committee of One Million: 'China Lobby' Politics, 1953–1971* (New York: Columbia University Press, 1976).
13. 'Record of conversation between... Edward Heath... and Premier Chou En-lai. . . 27 May 1974', TNA: FCO 21/1240.
14. *Life*, 30 April 1971, pp. 25 and 34; *SCMP*, 22 April 1971, p. 18.
15. Robert Hoppens, *The China Problem in Postwar Japan: Japanese National Identity and Sino-Japanese Relations* (London: Bloomsbury Academic, 2015), pp. 80–98; *The New York Times*, 25 September 1972, pp. 1–2.
16. Hoppens, *The China Problem*, pp. 86–91.
17. 優秀的調查，Robert Boardman, *Britain and the People's Republic of China 1949–74* (Basingstoke: Macmillan, 1976).
18. A. V. Waters to H. Llewellyn Davies, 19 September 1972, TNA: FCO 21/993.
19. E. J. Richardson to H. Llewellyn Davies, 8 November 1972, TNA: FCO 21/995.
20. A. Douglas-Home, 'A Fleeting Visit to Peking', 6 November 1972, FCO, 21/995; 關於田中：United States Embassy (Japan), Confidential, Cable, 16 October 1972: Digital National Security Archive collection, Japan and the US, 1960–76.
21. 'Secretary of State's Visit to China', K. M. Wilford drafting edits, 19 October 1972, TNA: FCO 21/994.
22. 'Record of conversation between the Prime Minister of China and the Foreign & Commonwealth Secretary… 1 November 1972', TNA: FCO 21/995.

23. Sir Anthony Galsworthy, 'The Possibility of a British Withdrawal from Hong Kong', 31 May 1967, TNA: DEFE 13/857; and 'Cabinet Ministerial Committee on Hong Kong', Minutes, 22 September 1967; and 'Feasibility Study on Evacuation of Hong Kong', 20 September 1967, TNA: CAB 134/2945.

24. 'Meeting between Chair Mao Tse-tung and Mr. Heath, 25 May 1974', TNA: FCO 21/1240.

25. 'Memorandum of Conversation', Kissinger and Zhou, 20 October 1971, National Security Archive Electronic Briefing Book No. 70, at sarchive.gwu.edu/NSAEBB/NSAEBB70/doc10.pdf, accessed 16 December 2015.

26. 本節取材自'Cultural Relations between China and UK', TNA: FCO 21/1007; file on 'Exchange of Wild Animals by China as Tokens of Friendship', 1959, TNA: FO 371/141348; Boardman, *Britain and the People's Republic of China*; and Amy Jane Barnes, *Museum Representations of Maoist China: From Cultural Revolution to Commie Kitsch* (Farnham: Ashgate, 2014); Richard Curt Kraus, *Pianos and Politics in China: Middle-Class Ambitions and the Struggle over Western Music* (New York: Oxford University Press, 1989), pp. 169–73.

27. 我的資料來源是'Cultural Relations between China and UK', TNA: FCO 21/1007; Royal Academy Archives, 'Genius of China Files', RAA/EXH/1/16/1–2; Royal Society Archives, NCUACS/2/1/88, Great Britain China Centre records in papers of Sir Harold Thompson.

28. *Editor-in-Chief: The Fleet Street Memoirs of Sir Denis Hamilton* (London: Hamish Hamilton, 1989), pp. 154–6. 這個展覽普遍的名稱是「The Genius of China」，但其實《泰晤士報》的廣告較委婉，因為Hamilton的怒氣，只簡單稱為「中國的展覽」（The Chinese Exhibition）。多倫多的皇家安大略博物館使用英國的目錄，作者是London University's Percival David Foundation的館長暨藝術史家William Watson，但略過標題。

29. *The Genius of China: An Exhibition of Archaeological Finds of the People's Republic of China Held at the Royal*

Academy, London... (London: Times Newspapers, 1973); Tracey L-D Lu, *Museums in China: Power, Politics and Identities* (London: Routledge, 2014), pp.132–3; 'Chinese Change Catalogue in US Exhibition', *The Times*, 31 December 1974, p. 9. Longmen Caves: Karl E. Meyer and Shareen Blair Brysac, *The China Collectors: America's Century-Long Hunt for Asian Art Treasures* (New York: Palgrave Macmillan, 2015), pp.90–101; 夏鼐對研究中國考古學的外國學者之態度，以及廣大的政治脈絡，Enzheng Tong, 'Thirty Years of Chinese Archaeology (1949–1979)', in Philip L. Kohl and Clare Fawcett (eds), *Nationalism, Politics and the Practice of Archaeology* (Cambridge: Cambridge University Press, 1995), pp. 177–97; ticket: *The Times*, 29 September 1973, p. 1.

30. Adam Cathcart, 'Nixon, Kissinger and Musical Diplomacy in the Opening of China, 1971–1973', *Yonsei Journal of International Studies* 4:1 (2012), pp. 131–9.

31. *The Times*, 24 September 1971, p. 9, and 5 October 1971, p. 14.

32. *A Vicious Motive, Despicable Tricks – A Criticism of M. Antonioni's Anti-China Film China* (Beijing: Foreign Languages Press, 1974). 關於此事，Jiwei Xiao, 'A Traveller's Glance: Antonioni in China', *New Left Review* 79 (2013), pp. 103–20; Xin Liu, 'China's Reception of Michelangelo Antonioni's *Chung Kuo* ', *Journal of Italian Cinema & Media Studies* 2:1 (2014), pp. 23–40; Sun Hongyun, 'Two Chinas? Joris Ivens' *Yukong* and Antonioni's *China*', *Studies in Documentary Film* 3:1 (2009), pp. 45–59.

33. Beverley Hooper, *Inside Peking: A Personal Report* (London: Macdonald and Jane's, 1979), pp. 75–7; Isabel Hilton, 'Struggling with Antonioni', 24 October 2012, *ChinaFile*, at https://www.chinafile.com/struggling-antonioni, accessed 1 December 2015.

34. Hilary Spurling, *Pearl Buck in China: Journey to the Good Earth* (New York: Simon and Schuster, 2010), p. 251.

35. Except where specified, this section draws on 除非特別註明，本節取自Ralph Clough, 'Taiwan under Nationalist Rule, 1949–1982', in Roderick MacFarquhar and John K. Fairbank (eds), *The Cambridge History of China, Volume 15: The People's Republic, Part 2: Revolutions within the Chinese Revolution, 1966–1982* (Cambridge: Cambridge University Press, 1991), pp. 815–74; Taylor, *Generalissimo* ; and Tucker, *The China Threat*.

36. 《新聞報》，一九五一年三月二十四，以及《大公報》一九五一年五月二十日。

37. Bruce A. Elleman, *High Seas Buffer: The Taiwan Patrol Force, 1950–1979* (Newport, RI: Naval War College Press, 2012).

38. Steve Tsang, 'Target Zhou Enlai: The "Kashmir Princess" Incident of 1955', *China Quarterly* 139 (1994), pp. 766–82.

39. 'Memorial in Beijing Sheds Light on Communist Spies', *SCMP*, 16 February 2014.

40. Tehyun Ma, 'Mobilizing Taiwan: The Building of the Chinese Nationalist State on Taiwan, 1945–1955', unpublished PhD, University of Bristol, 2010.

41. Paul A. Cohen, *History and Popular Memory: The Power of Story in Moments of Crisis* (New York: Columbia University Press, 2014), pp. 94–104; Ralph C. Croizier, *Koxinga and Chinese Nationalism: History, Myth, and the Hero* (Cambridge, MA: East Asian Research Center, Harvard University, 1977). 一六八一年後，國姓爺恢復明朝的意圖有所爭議。

42. 《國民小學國語課本》六（臺北：臺灣書店，一九八一年），頁七五—六。

43. Duncan Norton-Taylor, 'The Sword Aimed at Red China', *Life International*, 27 January 1967, pp. 80–85. 原本刊登在*Fortune*.

44. 本節來源包括 John W. Garver, *The Sino-American Alliance: Nationalist China and American Cold War Strategy in*

Asia (London: Routledge, 2015). Taylor幫蔣介石與他兒子所作的傳記，以及Murray A. Rubinstein (ed.), *Taiwan: A New History* (Armonk, NY: M. E. Sharpe, 1999).

45. 一九五四年後，政治處決逐漸不再，Jay Taylor, *The Generalissimo's Son: Chiang Ching-kuo and the Revolutions in China and Taiwan* (Cambridge, MA: Harvard University Press, 2000), pp. 211–12, 221; Taylor, *Generalissimo*, pp. 464–5; M. Taylor Fravel, 'Towards Civilian Supremacy: Civil-Military Relations in Taiwan's Democratization', *Armed Forces & Society* 29:1 (2002), pp. 57–84.

46. Taylor, *Generalissimo*, pp. 501 and 549.

47. Taylor, *Generalissimo*, pp. 426 and 437.

48. Wu Ming (ed.), *Meiguo hua (American)* (Taibei: Zhongtai shudian, 1983), pp. 59 and 63.

49. *The New York Times*, 26 May 1957, pp. 1 and 37. 這個事件以及美軍援助的歷史，Stephen G. Craft, *American Justice in Taiwan: The 1957 Riots and Cold War Foreign Policy* (Lexington, KY: University Press of Kentucky, 2016).

50. 關於此事Kirby, Ross and Li (eds), *Normalization of U.S.–China Relations*.

51. 關於葡屬澳門正式建設，始於一五五七年。關於一九四九年後的中葡與澳門關係，Moises Silva Fernandes, *Confluencia de Interesses: Macau nas Relacoes Luso-Chinesas Contemporaneas, 1945–2005* (Lisbon: Ministerio dos Negocios Estrangeiros, 2008).

52. J. E. Holmes to John Coles, 6 December 1982, TNA: PREM 19/1053.

53. *SCMP*, 10 April 1987, pp. 1–3.

54. Steve Tsang, *Governing Hong Kong: Administrative Officers from the Nineteenth Century to the Handover to China, 1862–1997* (London: I. B. Tauris, 2007).

55. 這個數字包括廓爾喀軍人，而且說是「大英國協」的居民較正確，但又刻意不提：這裡和以下的數據來自Defence Review Working Party, 'Hong Kong', January 1968, TNA: T317/902.
56. *SCMP*, 21 May 1971, p. 10, and 31 March 1978, p. 8.
57. *SCMP*, 10 December 1994, p. 6, and 19 August 1995, p. 5.
58. 本節取材自Mark Hampton, *Hong Kong and British Culture, 1945–97* (Manchester: Manchester University Press, 2016), 以及個人資訊。
59. Henry Lethbridge, *Hard Graft in Hong Kong: Scandal, Corruption, the ICAC* (Hong Kong: Oxford University Press, 1985); Ray Yep, 'The Crusade against Corruption in Hong Kong in the 1970s: Governor MacLehose as a Zealous Reformer or Reluctant Hero?', *China Information* 27:2 (2013), pp. 197–221.
60. *SCMP*, 26 March 1966, p. 6; 14 March 1975, p. 7; 9 March 1973, p. 8; 28 October 1996, p. 6.
61. 《天天日報》社論，引用在*SCMP*, 14 August 1968, p. 11; 9 March 1969, p. 1.
62. Fan Shuh Ching, *The Population of Hong Kong* (Hong Kong: Committee for International Coordination of National Research in Demography, 1974). 本節也多方取材自David Faure, 'Reflections on being Chinese in Hong Kong', in Judith M. Brown and Rosemary Foot (eds), *Hong Kong's Transitions, 1842–1997* (Basingstoke: Macmillan Press, 1997), pp. 103–20; Helen F. Siu, 'Remade in Hong Kong: Weaving into the Chinese Cultural Tapestry', in Tao Tao Liu and David Faure (eds), *Unity and Diversity: Local Cultures and Identities in China* (Hong Kong: Hong Kong University Press, 1996), pp. 177–96; 關於殖民地的行政工作，例如TNA: FCO 40/105-6, 'Disturbances in Hong Kong: Propaganda'.
63. 關於這些發展Catherine R. Schenk, *Hong Kong as an International Financial Centre: Emergence and Development*

1945–65 (London: Routledge, 2001), and David R. Meyer, *Hong Kong as a Global Metropolis* (Cambridge: Cambridge University Press, 2000).

64. Beijing no. 432, 11 May 1979, TNA: PREM 19/963.
65. 持這樣意見的不只是她，Hampton, *Hong Kong and British Culture*, pp. 42–71.
66. Leo F. Goodstadt, *Poverty in the Midst of Affluence: How Hong Kong Mismanaged Its Prosperity* (Hong Kong: Hong Kong University Press, 2014), p. 73.
67. Lord Carrington minute, 9 October 1979, TNA: PREM 19/789; 'Record of a discussion between the Prime Minister and Premier Hua Guofeng', 1 November 1979, TNA: PREM 19/3.
68. Thatcher Mss, Churchhill Archive Centre, THRC 1/10/39-2 f52.
69. 與中國領導開會的紀錄，收錄在TNA: PREM 19/962. For a recent analysis see Chi-kwan Mark, 'To "Educate" Deng Xiaoping in Capitalism: Thatcher's Visit to China and the Future of Hong Kong in 1982', *Cold War History*, forthcoming 2017. 本節關於香港談判的種種調查，Steve Tsang, *Hong Kong: An Appointment with China* (London: I. B. Tauris, 1997).
70. FCO, 'The Future of Hong Kong: A Special Study', August 1982, TNA: PREM 19/792.
71. 'A Hasty Guide to the History of China', September 1982, TNA: PREM 19/962; 'Speech at Chinese Welcoming Banquet, 22 September 1982', Margaret Thatcher Foundation, archives, www.margaretthatcher.org/document/105022.
72. 例子和討論收錄在TNA: PREM 19/1053. 柴契爾的意見，PM/83/17, 'Future of Hong Kong'.
73. 說此話的是柯利達，見'Note of a Meeting, 5 September 1983 at 10 Downing Street', TNA: PREM 19/1057.

74. Zhou Nan, quoted in Beijing no. 571, Cradock, 21 June 1983, TNA: PREM 19/1055.

75. Zhao Ziyang to Margaret Thatcher, 28 April 1983, text in Beijing no. 439, 12 May 1983, TNA: PREM 19/1055.

76. 這是柯利達和姚廣的對話，在Beijing no. 932, 23 September 1983, and Beijing no. 927, 22 September 1983, TNA: PREM 19/1057.

77. 彭定康在他自己的著作記敘這段雲霄飛車般的經過*East and West* (London: Macmillan, 1998), and Jonathan Dimbleby, *The Last Governor: Chris Patten and the Handover of Hong Kong* (London: Little, Brown and Company, 1997).

78. Wm. Roger Louis, 'Hong Kong: The Critical Phase, 1945–1949', *American Historical Review* 102:4 (1997), pp. 1052–84.

79. *SCMP*, 27 April 1974, p. 1.

80. *SCMP*, 31 May 1974, p. 5. 本節取自Cathryn H. Clayton, *Sovereignty at the Edge: Macau and the Question of Chineseness* (Cambridge, MA: Harvard University Asia Center, 2009); Moises Silva Fernandes, 'The Normalization of Portuguese- Chinese Relations and Macao's Handover to Mainland China, 1974–1979', *China: An International Journal* 13:1 (2015), pp. 3–21; and Lo Shiu-hing, 'Aspects of Political Development in Macao', *China Quarterly* 120 (1989), pp. 837–51.

81. Yoshiko Nozaki, *War Memory, Nationalism and Education in Postwar Japan, 1945–2007: The Japanese History Textbook Controversy and Ienega Saburo's Court Challenges* (London: Routledge, 2008); Ienaga Saburo, *The Pacific War: 1931–1945* (New York: Pantheon Books, 1978). 關於戰後時期，John Dower, *Embracing Defeat: Japan in the Wake of World War II* (London: Allen Lane, 1999).

82. Hoppens, *The China Problem*, pp. 62–3, 95–6.

83. Yang Chan, 'Reconsidering the Sino-Japanese history problem: remembrance of the Fifteen-year War in mainland China prior to the 1982 textbook incident', unpublished PhD thesis, University of Bristol, 2014.

84. Caroline Rose, *Interpreting History in Sino-Japanese Relations: A Case Study in Political Decision-Making* (London: Routledge, 1998).

85. Iris Chang, *The Rape of Nanking: The Forgotten Holocaust of World War II* (New York: Basic Books, 1997); Honda Katsuichi, *The Nanjing Massacre: A Japanese Journalist Confronts Japan's National Shame* (Armonk, NY: M. E. Sharpe, 1999); Jing-Bao Nie, Nanyan Guo, Mark Selden and Arthur Kleinman, *Japan's Wartime Medical Atrocities: Comparative Inquiries in Science, History, and Ethics* (Abingdon: Routledge, 2010); Joshua A. Fogel (ed.), *The Nanjing Massacre in History and Historiography* (Berkeley, CA: University of California Press, 2000); Bob Tadashi Wakabayashi (ed.), *The Nanking Atrocity 1937–38: Complicating the Picture* (New York: Berghahn Books, 2007).

86. 關於太平洋戰爭雙方陣營之邪惡，John W. Dower, *War without Mercy: Race and Power in the Pacific War* (New York: Pantheon Books, 1986). See also Kai Bird and Lawrence Lifschultz (eds), *Hiroshima's Shadow: Writings on the Denial of History and the Smithsonian Controversy* (Stony Creek, NY: Pamphleteer's Press, 1998).

87. 關於這些博物館，Kirk A. Denton, 'Heroic Resistance and Victims of Atrocity: Negotiating the Memory of Japanese Imperialism in Chinese Museums', *Asia-Pacific Journal* 5:10 (2007), at http://japanfocus.net/-Kirk_A_-Denton/2547/article.html, accessed 15 January 2016; Rana Mitter, 'Educating Citizens through War Museums in Modern China', in Veronique Benei (ed.), *Manufacturing Citizenship: Education and Nationalism in Europe, South*

Asia and China* (London: Routledge, 2005), pp. 129–42.

88. *SCMP*, 26 October 1981, p. 10, 'How Wham! Baffled Chinese Youth in First Pop Concert', *Guardian*, 9 May 2005; 在文化部的交流收錄在電影*Foreign Skies* (1986, dir. Lindsay Anderson); Simon Napier-Bell, *I'm Coming to Take You to Lunch* (New York: Wenner Books, 2009), p. 47; Rod Wye, Beijing, to John Boyd, FCO, 18 April 1985, PC293/301/2, at http://www.theguardian.com/politics/foi/images/0,9069,1480049,00.html; Ying Ruocheng and Claire Conceison, *Voices Carry: Behind Bars and Backstage during China's Revolution and Reform* (Lanham, MD: Rowman and Littlefield, 2009), p. ××iii; Arthur Miller, *Salesman in Beijing* (London: Methuen, 1984).

89. Hugh Baker, series Chief Editorial Consultant, 引言出自Cao Qing, *China under Western Gaze: Representing China in British Television Documentaries, 1980–2000* (Singapore: World Scientific Publishing, 2014), p. 221; Alasdair Clayre, *Heart of the Dragon* (London: Harvill Press, 1984), p. 103.

90. 本節取材自Ezra F. Vogel, *Deng Xiaoping and the Transformation of China* (Cambridge, MA: Belknap Press of Harvard University Press, 2011), pp. 394–422.

91. Liu Haiyan and Kristin Stapleton, 'Chinese Urban History: State of the Field', *China Information* 20:3 (2006), pp. 391–427.

92. Vogel, *Deng Xiaoping*, pp. 595–639, 引言出自p. 617.

93. William A. Callahan, *China: The Pessoptimist Nation* (Oxford: Oxford University Press, 2010).

94. 見書中列出的幾百所：《中國紀念館》（*Chinese Museum Guide*）（上海：中國博物館協會紀念館專業委員會，二〇一〇年），韶山相關，頁五七九－八〇。

第十二章　歷史的夢魘

1. Geremie R. Barme, *In the Red: On Contemporary Chinese Culture* (New York: Columbia University Press, 1999). 有關艾敬歌曲額外的解讀，Nimrod Baranovitch, *China's New Voices: Popular Music, Ethnicity, Gender, and Politics, 1978–1997* (Berkeley, CA: University of California Press, 2003), pp. 162–72.
2. 關於這一點優秀的說明，Joe Studwell, *The China Dream: The Elusive Quest for the Greatest Untapped Market on Earth* (London: Profile Books, 2002).
3. 謝晉的引言見路透社的報導：9 June 1997, 'Britain and China Refight Opium War on Film'; 'China's Epic Exorcism', *The Guardian*, 12 June 1997, p. 17. 本節取材自以下兩篇論文：Zhiwei Xiao: 'The Opium War: History, Politics and Propaganda', *Asian Cinema* 11:1 (2000), pp. 68–83, and 'Nationalism in Chinese Popular Culture: A Case Study of *The Opium War* ', in C. X. George Wei and Xiaoyuan Liu (eds), *Exploring Nationalisms of China: Themes and Conflicts* (Westport, CT: Greenwood Press, 2002), pp. 41–54.
4. 上海公園標示也有連貫性，見《上海租界的黑幕》（上海：上海特別市，宣傳部，一九四三年）。
5. 關於這些變化絕佳的導覽，Peter Hessler的著作*River Town: Two Years on the Yangtze* (New York: HarperCollins, 2001), *Oracle Bones: A Journey through Time in China* (New York: HarperCollins, 2006), and *Country Driving: A Chinese Road Trip* (New York: HarperCollins, 2010), and Duncan Hewitt, *Getting Rich First: Life in a Changing China* (London: Chatto and Windus, 2007).
6. 見James Farrer and Andrew David Field, *Shanghai Nightscapes: A Nocturnal Biography of a Global City* (Chicago, IL: University of Chicago Press, 2015). 有關新來的上海外國居民影響，優秀的討論，James Farrer, 'Foreigner

Street: Urban Citizenship in Multicultural Shanghai', in Nam-Kook Kim (ed.), *Multicultural Challenges and Redefining Identity in East Asia* (Farnham: Ashgate, 2013), pp. 17–43.

7. Louisa Lim, *The People's Republic of Amnesia: Tiananmen Revisited* (New York: Oxford University Press, 2014), pp. 148–50.

8. Maurizio Marinelli, 'The "New I-Style Town": From Italian Concession to Commercial Attraction', *China Heritage Quarterly* 21 (2010), at http://www.chinaheritagequarterly.org.

9. 這裡的細節來自個人造訪，以及高達，《黃浦公園今昔》（上海：上海人民美術出版社，一九九九年）。

10. 本節取材自Annetta Fotopoulos, 'Understanding the Zodiac Saga in China: World Cultural Heritage, National Humiliation, and Evolving Narratives', *Modern China* 41:6 (2015), pp. 603–30; Peter Hays Gries, Derek Steiger and Tao Wang, 'Popular Nationalism and China's Japan Policy: The Diaoyu Islands Protests, 2012–2013', *Journal of Contemporary China* (early online, 26 November 2015). 亦見以下論文Jing Wang and Winnie Won Yin Wong (eds), 'Reconsidering the 2006 MIT Visualizing Cultures Controversy', special issue of *positions: east asia critique* 23:1 (2015). 亦見William A. Callahan, *China Dreams: 20 Visions of the Future* (New York: Oxford University Press, 2013), 以及他的著作*China: The Pessoptimist Nation* (Oxford: Oxford University Press, 2010).

11. 有關這個博物館，以及多次開放與關閉的曲折過程、重新展示與歷史評價，Anne Hennings, 'The National Museum of China: Building Memory, Shaping History, Presenting Identity', unpublished PhD thesis, Ruperto Carola University of Heidelberg, 2012; see pp. 152–70 on the 'Road to Rejuvenation'. 關於習近平的參訪，見《人民日報》，二〇一二年十一月三十日，頁一，and 'Xi Pledges "Great renewal of Chinese nation" ', at http://news.xinhuanet.com/english/china/2012-11/29/c_132008231.htm.

歷史與現場261

滾出中國：
十九、二十世紀的國恥，如何締造了民族主義的中國
Out of China: How the Chinese Ended the Era of Western Domination

作者　畢可思（Robert Bickers）
譯者　胡訢諄
主編　陳怡慈
責任編輯　蔡佩錦
執行企劃　林進韋
美術設計　許晉維
內文排版　新鑫電腦排版工作室
發行人　趙政岷
出版者　時報文化出版企業股份有限公司
10803 台北市和平西路三段240號一至七樓
發行專線｜02-2306-6842
讀者服務專線｜0800-231-705｜02-2304-7103
讀者服務傳真｜02-2304-6858
郵撥｜1934-4724 時報文化出版公司
信箱｜台北郵政79～99信箱
時報悅讀網　www.readingtimes.com.tw
電子郵件信箱　ctliving@readingtimes.com.tw
人文科學線臉書　www.facebook.com/jinbunkagaku
法律顧問　理律法律事務所｜陳長文律師、李念祖律師
印刷　盈昌印刷有限公司
初版一刷　2018年12月
定價　新台幣600元

ISBN 978-957-13-7612-7 | Printed in Taiwan

時報文化出版公司成立於一九七五年，並於一九九九年股票上櫃公開發行，於二〇〇八年脫離中時集團非屬旺中，以「尊重智慧與創意的文化事業」為信念。

滾出中國：十九、二十世紀的國恥，如何締造了民族主義的中國／畢可思（Robert Bickers）；胡訢諄 譯. - 初版. -- 台北市：時報文化, 2018.12｜544面；14.8x21公分. --（歷史與現場；261）｜譯自：Out of China : how the Chinese ended the era of western domination｜ISBN 978-957-13-7612-7（平裝）｜1. 東西方關係 2. 中國史｜630.9｜107019481